本课题研究及本书出版得到中国人民大学科学研究基金（中央高校基本科研业务费专项资金资助）项目"中国古代交通史研究"（10XNL001）支持

王子今 ○ 著

战国秦汉交通格局与区域行政

中国社会科学出版社

图书在版编目（CIP）数据

战国秦汉交通格局与区域行政/王子今著 .—北京：中国社会科学出版社，2015.12（2020.4 重印）

ISBN 978-7-5161-2580-9

Ⅰ.①战… Ⅱ.①王… Ⅲ.①交通运输史—研究—战国时代~秦汉时代 Ⅳ.①F512.9

中国版本图书馆 CIP 数据核字（2015）第 097131 号

出 版 人	赵剑英
选题策划	郭沂纹
责任编辑	郭沂纹　安　芳
特约编辑	丁玉灵
责任校对	韩天炜
责任印制	李寡寡

出　　版	中国社会科学出版社
社　　址	北京鼓楼西大街甲 158 号
邮　　编	100720
网　　址	http://www.csspw.cn
发 行 部	010-84083685
门 市 部	010-84029450
经　　销	新华书店及其他书店
印　　刷	北京明恒达印务有限公司
装　　订	廊坊市广阳区广增装订厂
版　　次	2015 年 12 月第 1 版
印　　次	2020 年 4 月第 2 次印刷
开　　本	710×1000　1/16
印　　张	19.5
插　　页	2
字　　数	330 千字
定　　价	68.00 元

凡购买中国社会科学出版社图书，如有质量问题请与本社营销中心联系调换
电话：010-84083683
版权所有　侵权必究

目 录

序 ·· 宋杰教授(1)

中原交通优势与文化重心地位 ································· (1)
  一　河洛地区:战国晚期的会盟中心 ····························· (1)
    (一)列国会盟的记录 ······································· (2)
    (二)河洛会盟与秦人东进态势 ······························· (5)
    (三)周王室的地位 ··· (6)
    (四)"天下"与"天下之中" ································· (7)
  二　论吕不韦封君河南 ··· (9)
    (一)吕不韦出身及其以财富影响政治进程的成功 ··············· (10)
    (二)桃色污点与"六国之亡人"的舆论渲染 ····················· (11)
    (三)《吕览》:东方学士的集体创作 ··························· (12)
    (四)阳翟·濮阳·河南洛阳:吕不韦的人生轨迹 ················· (14)
    (五)吕不韦"食河南雒阳十万户" ····························· (16)
    (六)"吕母冢"遗恨 ··· (17)
    (七)关于"吕不韦舍人" ····································· (18)
  三　秦汉时期中原的"群都" ··································· (19)
    (一)中原"群都"的"前绪""旧闻" ··························· (20)
    (二)列国盟会热点与秦王巡行方向 ··························· (22)
    (三)司马迁"适故大梁之墟""讲业齐、鲁之都" ················· (24)
    (四)秦汉中州"群都" ······································· (25)
    (五)蔡邕《述行赋》"历观群都" ······························ (27)
  四　秦汉时期的"天下之中" ··································· (29)
    (一)秦人的"三川"经营 ····································· (30)

（二）汉帝心中的"天下冲阸"、"天下咽喉" ……………………（30）
　　（三）"洛阳东贾齐、鲁，南贾梁、楚" ……………………………（31）
　　（四）"王者必居天下之中" ………………………………………（32）
　　（五）东汉洛阳文化重心的地位 …………………………………（32）
　五　南阳的交通地理形势与诸葛亮躬耕故事 ……………………（33）
　　（一）武关道与南阳的交通地位 …………………………………（33）
　　（二）宛，一都之会 ………………………………………………（37）
　　（三）东汉南阳政治地位的提升和交通作用的增强 ……………（38）
　　（四）"真人南巡" …………………………………………………（40）
　　（五）"南阳好商贾" ………………………………………………（41）
　　（六）中原文化向南传布的中继站 ………………………………（42）
　　（七）作为信息中心的南阳和诸葛亮的选择 ……………………（44）

秦扩张路径的政治地理和交通地理考察 ……………………………（48）
　一　从鸡峰到凤台：周秦时期关中经济重心的移动 ………………（48）
　　（一）关中西部地区的早期开发与秦立国 ………………………（48）
　　（二）秦定都咸阳与关中中部地区的经营 ………………………（50）
　　（三）鸡峰·凤台：神话的衍生与历史的进步 ……………………（53）
　二　秦人的蜀道经营 …………………………………………………（55）
　　（一）"怒特祠"与相关传说 ………………………………………（56）
　　（二）"石牛""五丁"故事 …………………………………………（58）
　　（三）蜀道与秦兼并蜀地的战争 …………………………………（59）
　　（四）蜀道对于秦实现统一的意义 ………………………………（62）
　　（五）秦代的蜀道建设 ……………………………………………（63）
　三　秦汉区域地理学的"大关中"概念 ……………………………（64）
　　（一）"关中"：不同的地域界定 …………………………………（65）
　　（二）《货殖列传》的"大关中"观 …………………………………（67）
　　（三）张家山汉简的新证 …………………………………………（69）
　　（四）"关中"区域概念的由来和演变 ……………………………（73）

彭城与"梁砀之间"：交通形势与政治文化 ………………………（75）
　一　战国秦汉时期楚文化重心的移动 ………………………………（75）
　　（一）"亡秦必楚"的文化地理学分析 ……………………………（76）
　　（二）关于"西楚霸王王九郡" ……………………………………（78）

（三）两汉的楚国 …………………………………………………（80）
　　（四）垓下"楚歌"的地域定位 …………………………………（81）
　　（五）《巫山高》"楚歌"说 ………………………………………（83）
二　论西楚霸王项羽"都彭城" ……………………………………（84）
　　（一）"衣绣夜行"说与"沐猴而冠"批判 …………………………（84）
　　（二）彭城：军事地理与政治地理形胜 …………………………（86）
　　（三）"都彭城"决策与项羽的理想 ………………………………（88）
　　（四）"都彭城"决策与项羽的性格 ………………………………（91）
　　（五）"都彭城"战略设计的积极意义 ……………………………（92）
三　芒砀山泽与汉王朝的建国史 …………………………………（94）
　　（一）刘邦在芒砀的早期反秦活动 ………………………………（95）
　　（二）秦汉之际芒砀地区自然历史地图 …………………………（96）
　　（三）汉初执政集团中的芒砀功臣 ………………………………（98）
　　（四）砀兵·砀郡兵：刘邦军的主力 ……………………………（100）
　　（五）汉初梁国的文化风景 ………………………………………（102）
四　两汉"梁宋"的商路 ……………………………………………（105）
　　（一）"梁宋"地理界定 …………………………………………（105）
　　（二）殷商文明的旧墟 ……………………………………………（108）
　　（三）陶、睢阳亦一都会也 ………………………………………（110）
　　（四）"梁宋"工商业成功的交通条件 ……………………………（112）
五　论申屠蟠"绝迹于梁砀之间" …………………………………（115）
　　（一）申屠蟠事迹的历史闪光点 …………………………………（116）
　　（二）"梁砀之间"：特殊的生态环境·特殊的文化空间 ………（118）
　　（三）崛然独立："处士"的精神 …………………………………（122）
　　（四）汉末政治灾变与"处士"的表现 ……………………………（124）
　　（五）申屠蟠脸谱与历史舞台的变光灯 …………………………（126）
六　"沛谯"英雄的两次崛起与汉王朝的兴亡 ……………………（130）
　　（一）刘邦沛中功臣——"沛谯"英雄群体第一次
　　　　　历史表演 …………………………………………………（131）
　　（二）曹操谯系功臣——"沛谯"英雄群体第二次
　　　　　历史表演 …………………………………………………（132）
　　（三）曹氏父子"行自谯过梁""祀桥玄"事 ………………………（135）
　　（四）"沛谯"地方的经济文化优势 ………………………………（137）
　　（五）关于"黄龙见谯" ……………………………………………（138）

（六）豪族兴起与曹操谯系功臣集团的结构 …………………（140）

北边：交通经营与行政建设 …………………………………………（142）
　一　北边交通与汉帝国的文化扩张 ………………………………（142）
　　（一）北边军事与北边交通 …………………………………（143）
　　（二）河西四郡的设置与丝绸之路的开通 …………………（143）
　　（三）辽东与朝鲜半岛的文化交往 …………………………（144）
　　（四）北方草原通路的"闭"与"开" …………………………（145）
　　（五）北边交通对汉帝国交通建设的带动作用 ……………（145）
　　（六）北边交通与汉帝国的世界形象 ………………………（146）
　　（七）"客"、"亡人"和"匈奴降者"：北边交通的活跃因子 ……（148）
　二　秦汉时期河套地区的历史文化地位 …………………………（149）
　　（一）军事争夺的焦点 ………………………………………（150）
　　（二）经济开发的新区 ………………………………………（153）
　　（三）汉军远征的基地 ………………………………………（156）
　　（四）民族交往的走廊 ………………………………………（157）
　三　秦汉关中水利经营模式在北河的复制 ………………………（159）
　　（一）秦人"水利"成就 ………………………………………（159）
　　（二）云中郡的"咸阳" ………………………………………（163）
　　（三）"新秦中"建设 …………………………………………（166）
　　（四）朔方的"白渠水" ………………………………………（167）
　四　汉代燕地的文化坐标 …………………………………………（170）
　　（一）两条战略道路的交叉点 ………………………………（170）
　　（二）三个文化区域的过渡带 ………………………………（172）
　　（三）汉皇帝卧榻东北角的"镇" ……………………………（173）
　　（四）关于《安世房中歌》"纷乱东北"与"盖定燕国" ………（175）
　　（五）燕地贵族军阀"与胡连和"事 …………………………（178）
　　（六）燕地的交通条件 ………………………………………（179）
　　（七）"西王母降"：又一条中外交通道路 …………………（180）
　五　秦汉"北边"交通格局与九原的地位 …………………………（183）
　　（一）"北边"的文化定义 ……………………………………（183）
　　（二）"天下苦其劳"："北边"经营导致的军事交通压力 …（186）
　　（三）从九原郡到五原郡 ……………………………………（188）
　　（四）九原："北边"的中心和重心 …………………………（190）

（五）九原：直道与北边道的枢纽 …………………………… (193)
　　（六）九原：民族交往通道 ………………………………… (196)

区域文化史视野中的人口流动问题 ……………………………… (199)
　一　汉代民族交融中北边"亡人"的文化作用 ……………………… (199)
　　（一）汉代北边"亡人"的历史存在 ……………………………… (199)
　　（二）汉代北边"亡人"的民族立场 ……………………………… (205)
　　（三）汉代北边"亡人"的文化表现 ……………………………… (210)
　二　秦汉农人流动与都市"浮食者众"问题 ………………………… (216)
　　（一）农人流动的几种情形 …………………………………… (216)
　　（二）流民涌入都市 …………………………………………… (220)
　　（三）"游手为巧，充盈都邑"：城市人口膨胀与管理危机 ……… (223)
　　（四）社会动荡与都市文明的破坏 ……………………………… (226)
　　（五）由乡村到乡村的流动通路 ………………………………… (227)

战国秦汉交通格局与区域行政的个案研究 ……………………… (231)
　一　公元前3世纪至前2世纪晋阳城市史料考议 ………………… (231)
　　（一）"赵山北"之地的政治文化中心 …………………………… (232)
　　（二）秦王政即位初"晋阳反" ………………………………… (233)
　　（三）"太原郡为毒国" ………………………………………… (236)
　　（四）"高皇帝居晋阳" ………………………………………… (237)
　　（五）代王"都晋阳" …………………………………………… (239)
　　（六）汉文帝"幸太原""复晋阳、中都民三岁" ………………… (240)
　二　《封龙山颂》及《白石神君碑》"北岳"考论 ………………… (242)
　　（一）封龙山"北岳之英援"说 ………………………………… (242)
　　（二）白石神君"气通北岳"说 ………………………………… (245)
　　（三）欧阳修《北岳碑》误会 …………………………………… (246)
　　（四）秦汉恒山之祀 …………………………………………… (247)
　　（五）"北岳"的转移 …………………………………………… (249)
　三　西汉"齐三服官"辨正 ………………………………………… (251)
　　（一）两汉"齐三服官" ………………………………………… (252)
　　（二）"三服官"与"三季衣服"误解 …………………………… (253)
　　（三）"三服官""言其有官舍三所"说 ………………………… (254)
　　（四）《历代职官表》的理解 …………………………………… (257)

- （五）"三服官""作输"成品 …………………………………… (258)
- 四　秦汉时期环渤海地区的文化风格 ………………………………… (259)
  - （一）"燕齐""缘海之边" …………………………………… (260)
  - （二）"燕人""卢生"故事 …………………………………… (261)
  - （三）"燕、齐海上之方士"的文化影响 …………………… (262)
  - （四）秦皇汉武"并海"之行 ………………………………… (263)
  - （五）渤海"神山"追求 ……………………………………… (266)
  - （六）环渤海地区的行政控制 ………………………………… (268)
  - （七）环渤海地区人才分布 …………………………………… (269)
  - （八）环渤海地区经济与交通 ………………………………… (272)
- 五　泰山：秦汉时期的文化制高点 …………………………………… (273)
  - （一）齐鲁先进文化的象征 …………………………………… (274)
  - （二）"泰山""大海"组合 …………………………………… (275)
  - （三）东方神学体系的重心 …………………………………… (276)
  - （四）东方万物始，故主人生命 ……………………………… (277)
  - （五）帝王封禅的文化圣地 …………………………………… (279)
- 六　《全汉赋》辑注班彪《冀州赋》疑议 …………………………… (282)
  - （一）历九土而观风 …………………………………………… (282)
  - （二）《冀州赋》？《游居赋》？ …………………………… (283)
  - （三）赋文校记讨论 …………………………………………… (284)
- 七　西河郡建置与汉代山陕交通 ……………………………………… (285)
  - （一）两汉西河郡跨河为治的特殊形势 ……………………… (286)
  - （二）汉代西河地区的交通条件 ……………………………… (287)
  - （三）黄河中游地理形势的变化与西河郡沿革 ……………… (292)

本书内容初刊信息 ……………………………………………………… (295)

后记 ……………………………………………………………………… (297)

序

　　王子今先生的大作《战国秦汉的交通格局与区域行政》即将付梓，嘱我为之作序，因而有幸先行拜读。作者十余年来倾注心力，在相关领域发表了数十篇论文，取得了丰硕的成果，该书就是在这样雄厚的研究基础上汇聚成书的。

　　在古代中国的历史发展过程里，战国秦汉属于新时代的奠基阶段。经过七雄的兼并与秦皇汉武的扩张，先后建立起区域性和全国性的统一政权。"左东海，右渠搜，前番禺，后陶涂，东南一尉，西北一候。"① 演变为幅员万里的泱泱大邦。封建王朝通过整齐法令制度和道德风俗，"车同轨，书同文，行同伦"，② 使神话万众的民族意识得以凝聚，对中国后世的存续进化起到了深远的影响；虽然屡经战乱和改朝易姓，却能将国体延续下来，屹立东方二千余年；而不像西方的波斯、罗马、阿拉伯帝国那样，只是充当了匆匆过客。战国秦汉社会的繁荣与巨大进步，得益于交通事业的迅速发展。如果说经济是这个国家的血肉，政权组织是骨骼，文化思想是灵魂，那么交通可以视为其脉络。只有人员、军队、财赋和信息的顺畅流通，才能保证庞大国家机器的正常运转。严耕望先生曾言："秦皇统一六国，大治驰道，汉武开疆拓土，通道四夷，中国交通建设，至此可谓已具基础，对于当时政治之统一，民族之融铸，与夫各地区社会风俗之齐和，经济文化之沟通，皆与有力焉。故史公传货殖，已著眼于此。"又云："就中国历史而言，每一统一时代之初期皆倾全力建设交通，以期增强其统治力，秦皇驰道盖其选也。至于边疆开拓，尤以治道通轨为第一要务。秦汉制度，县有蛮夷者曰'道'，正以通道为统治蛮夷地区之首要政策耳。"③

---

① 《汉书》卷八七下《扬雄传下》。
② 《礼记·中庸》。
③ 谭宗义：《汉代国内陆路交通考·严序》，新亚研究所，1967年。

由于交通问题对战国秦汉历史尤为重要，曾引起许多学者的关注，涌现出不少论著，其中王子今先生贡献非凡，堪称翘楚。他早年成名的专著《秦汉交通史稿》全面深入地探讨了当时道路津桥的建设，舟车制造，水陆运输状况，都市与主要文化区域间的交通，仓储与漕运线路，产业布局运销区划，乃至人口的迁移流动和通信形式，域外通路和人们的交通心理与习尚，受到诸多专家的好评。[1] 李学勤先生曾言："长期以来，在秦汉交通史方面一直没有较为详细系统的专著，实为学术界的憾事。现在，这一缺憾已经由王子今同志的这部《秦汉交通史稿》补足了。"[2] 他新近完成的《战国秦汉的交通格局与区域行政》，则是在此前研究基础上的进一步深化。这部著作在宏观体系和研究方法上均有鲜明的特色，即从结构的角度来看待和分析当时的交通问题，将中国划分为若干个区域，它们在经济、政治、文化上情况迥异，因而在交通系统中具有不同的地位和影响，但是相互之间又存在着密切的联系。子今先生曾对秦汉区域文化做过精深的研究，从这一视角来认识和探讨交通及行政虽属另辟蹊径，对他来说却是驾轻驭熟。《战国秦汉的交通格局与区域行政》一书采取了专题论文组合的形式，总共28篇文章分为6组，即：中原交通优势与文化重心地位，秦扩张路径的政治地理和交通地理考察，彭城与"梁砀之间"：交通形势与政治文化，北边：交通经营与行政建设，交通史与区域文化史视野中的人口流动的问题，战国秦汉交通格局与区域行政的个案研究。可以看出，作者的意旨并非求"全"，而是要抓住研究对象中的一些核心要点来作深入细致的考察。子今先生的《秦汉交通史史稿》是全面、系统地研讨交通问题，使人在整体上对其状况有清晰的了解。而这部著作则是将宏博的研究对象解剖为相互关联的几个有机组成部分，再分别予以探析，并与历史事件和人物活动紧密结合。采用上述方法研究交通问题，不仅是内容更为细致，而且和当时社会的政治、文化生活联系密切。如果说单纯对交通制度、路线与区域行政问题的探讨比较枯燥，属于那种"非人性化"的研究，而这部著作的情况则完全不是那样。例如书中的下列文章：《河洛地区：战国晚期的会盟中心》、《南阳的交通地理形势与诸葛亮躬耕故事》、《秦人的蜀道经营》、《论西楚霸王项羽"都彭城"》、《芒砀山泽与

---

[1] 参见周苏平《读〈秦汉交通史稿〉》，《历史研究》1995年第3期。余仁《〈秦汉交通史稿〉对秦汉历史文化的心认识》，《北京社会科学》1995年第1期。刘昭瑞《秦汉历史文化研究的心收获——读〈秦汉交通史稿〉》，《学术界》1995年第1期。

[2] 李学勤：《〈秦汉交通史稿〉序》，《秦汉交通史稿》，中共中央党校出版社，1994年，第2页。

汉王朝的兴亡》、《北边交通与汉帝国的文化扩张》、《汉代燕地的文化坐标》，所讲述的都是生动的历史，有人物，有故事，还有发人深省的结论，既给予专业人士启发与收获，又能吸引广大业余读者的关注，因此是值得赞许的。

另外，作者凭借深厚的功力，在著作的选题上独具慧眼，致使书中的许多个案具有很高的研究价值和精辟论述。例如：作为"开下之中"的河洛与联系南北的枢纽南阳，因其交通方面的优势和文化重心地位而发挥了特殊的历史作用；秦国东扩造成的关中经济、政治重心地区的移动；秦人经营蜀道对当时中国西部文化优势、经济强势和军事威胁形成的重要影响；以简牍资料结合文献来论证秦汉"关中"概念的不同含义；项羽定都彭城的经济、政治原因；芒砀地区对汉王朝的政权巩固与初期建设所发挥的突出作用；"梁宋"区域的地理基础与交通形势；汉王朝在起初之兴与最后之亡与"沛谯"或"谯沛"英雄集团的崛起有着密切的关系；汉帝国北边交通建设对其文化扩张与政治威势形成的显著促进作用；九原是汉代北边道和直道的交叉点，因而成为重要的交通枢纽和民族交往途径；北边双方的"亡人"推进了草原游牧文明与中原农耕文明的融合；战国晚期到西汉前期的亚阳，依然保持着赵国兴起时代的区域领导地位，受到权力集团的特殊重视，其政治、文化地理方面的优势，超过西汉时期一般的郡国行政中心；两汉西河郡的特殊交通形势使其采取了跨河分治的行政建置，东汉以降黄河在此区段的下切作用严重阻碍了当地交通，故难以维持讨夫的行政管理形式。诸如此类，推出了许多颇具新意的见解。

除了宏观的研究，书中还有一些精微的考证，例如通过对吕不韦在洛阳的政治文化活动，来认识当时河洛地区对于中原交通格局和行政控制的意义；从"梁砀之间"生态环境、文化空间的特点来理解申屠璠的社会理念和人生追求；根据河北元氏《封龙山颂》及《白石神君碑》铭文记载，来考察"北岳"祭祀内容前后发生的变化；关于西汉齐地"二服官"设置情况各种岐说的辨证；对《全汉赋》辑注班彪《冀州赋》的篇名和文字内容之疑议；这些论述亦反映了作者厚重的学术功底。

我与子今同城居住，相识多年，深知其为人的诚恳热情。他在业内硕果累累，有口皆碑，这应是重要原因之一。子今先生待人处世颇有古道热肠，他在学界身负要任，却从不会冷面白眼、盛气凌人。如今职场如官场、似战场，各方压迫之下居大不易，故常有同仁遭遇缓急前来寻助，他总是有求必应，或竭力提携，或慷慨解囊，或上下奔走，厚施而薄望，其无私的精神与平易之态赢得了广泛的人脉。子今先生的热情又表现在业务钻研上，学术研究需要殚精竭虑，本是艰苦的劳动，时人戏称为"自戕"，先哲所谓站在科学的入口处如同是在地狱的入口处，而子今虽年过花甲仍精神矍铄，乐于笔耕不疲。他研究秦汉历史涉猎范围之广，发表文章数量之众，当代同行未有其匹，而创作的动力正是来处自他对历史学的由衷热爱。子今史近年来事务缠身，各种应酬、会议应接不暇，经常拖延到深夜，而他在结束后往往还坚持工作至凌晨才辍笔休息。外人只见其成果泉涌，却不知其背后付出的辛劳和汗水。记得有一次朋友聚会，席间有人戏问：若有来世大家会选择什么职业？唯有子今先生认真地说他还要从事史学研究。作为熟人，我相信这是他的肺腑之言而并非逢场作秀。历史对于他既是工作和事业，又是乐趣与精神寄托，唯此才能成就斐然。希望读者不仅从其著作中吸取养分，获得启示，还能以其行为举止作为楷模。勉为此序，以示敬意。

宋杰

2013 年 1 月 7 日

中原交通优势与文化重心地位

一 河洛地区：战国晚期的会盟中心

杨宽在《战国史》中曾经使用"战国初期"、"战国前期"、"战国中期"等时段概念。他写道："春秋末年晋国六卿分别进行了田亩制度的改革，其中赵、魏、韩三家取得成效较大，于是在兼并过程中造成'三家分晋'的局面，到战国初期三晋顺着这个潮流的趋势，进一步谋求改革"，"战国前期各国先后进行变法"，"战国前期秦连续攻魏，迫使魏献给河西之地"，"战国中期以后，铁工具能够普遍使用于农业生产，使得耕作技术飞跃地进步"。① 如果对战国史进行分期，也许以公元前308年作为战国晚期的起点是适宜的。《史记》卷五《秦本纪》记载，在这一年，秦武王表示了"寡人欲容车通三川，窥周室，死不恨矣"的愿望。事又见《史记》卷七一《樗里子甘茂列传》及《战国策》卷四《秦策二》。② 秦武王于是与甘茂有息壤之盟。这是秦史中所仅见的君臣之盟的史例。甘茂随即艰苦作战，攻克宜阳③，事在公元前307年。④ 发生于河

---

① 杨宽：《战国史》（增订本），上海人民出版社1998年版，第188页，前言第1、2、7页。

② 《史记》卷七一《樗里子甘茂列传》："寡人欲容车通三川，以窥周室，而寡人死不朽矣。"《战国策·秦策二》："寡人欲车通三川，以闚周室，而寡人死不朽乎！"

③ 《战国策·秦策二》："甘茂攻宜阳，三鼓之而卒不上。秦之右将有尉对曰：'公不论兵，必大困。'甘茂曰：'我羁旅而得相秦者，我以宜阳饵王。今攻宜阳而不拔，公孙衍、樗里疾挫我于内，而公中以韩穷我于外，是无伐之日已！请明日鼓之而不可下，因以宜阳之郭为墓。'于是出私金以益公赏，明日鼓之，宜阳拔。"

④ 秦始皇陵兵马俑博物馆收藏的一件战国青铜鼎，口沿有"宜阳"、"咸"、"临晋厨鼎"等刻铭，"文物专家们鉴定认为，此鼎为战国晚期韩国所铸，秦统一战争时进入咸阳，秦亡后归汉所有"。杨永林：《一战国青铜鼎回归西安故里》，《光明日报》2006年4月11日。今按："宜阳"之鼎归于"咸"，或与秦军宜阳之战的胜利有关。"宜阳"与"咸"铭文，也可以作为战国晚期秦人对河洛地区特别关注的物证之一。

洛地区的这一事件，开始了秦军凯歌东进的历程，也宣告历史进入了秦逐步实现统一的阶段。

（一）列国会盟的记录

自秦武王时代至战国时期结束，史籍记载各国间以"会"为标志的外交活动凡19次：（见表1）

表1　　　　　各国间以"会"为标志的外交活动

序号	时间	会盟国	会盟地点	资料出处
1	前310	秦—魏	临晋（今陕西大荔东）	《史记》卷五《秦本纪》①、卷一五《六国年表》、卷四四《魏世家》
2	前308	秦—韩	临晋外（今陕西大荔东）	《史记》卷五《秦本纪》②、卷一五《六国年表》③、卷四五《韩世家》
3	前308	魏—秦	应（今河南宝丰南）	《史记》卷一五《六国年表》④、卷四四《魏世家》⑤
4	前304	秦—楚	黄棘（今河南南阳南）	《史记》卷五《秦本纪》、卷一五《六国年表》、卷四〇《楚世家》
5	前302	魏—秦	临晋应亭（今陕西大荔东）⑥	《史记》卷五《秦本纪》、卷一五《六国年表》、卷四四《魏世家》⑦
6	前302	韩—秦	临晋（今陕西大荔东）	《史记》卷一五《六国年表》、卷四五《韩世家》⑧

---

① 《史记》卷五《秦本纪》："武王元年，与魏惠王会临晋。"裴骃《集解》："徐广曰：'《表》云哀王。'"张守节《正义》："按：魏惠王卒已二十五年矣。"

② 《史记》卷五《秦本纪》："（秦武王）三年，与韩襄王会临晋外。"张守节《正义》："'外'谓临晋城外。'外'字一作'水'。"

③ 《史记》卷一五《六国年表》：韩襄王四年（前308），"与秦会临晋。"

④ 《史记》卷一五《六国年表》：魏哀王十一年（前308），"与秦会应。"裴骃《集解》："徐广曰：'在颍川父城。'"

⑤ 《史记》卷四四《魏世家》："（哀王）十一年，与秦武王会应。"

⑥ 杨宽指出："梁玉绳以为《秦本纪》'应亭'为'临晋'之误，《年表》、《魏世家》可证。此说不确。""应亭当为秦临晋靠近关塞之要地，因而成为魏王来朝之处。"《战国史料编年辑证》，上海人民出版社2001年版，第636页。

⑦ 《史记》卷五《秦本纪》："（秦昭襄王）五年，魏王来朝应亭。"卷一五《六国年表》："（秦昭襄王五年）魏王来朝。""（魏哀王十七年）与秦会临晋。"卷四四《魏世家》："（魏哀王）十七年，与秦会临晋。"

⑧ 《史记》卷一五《六国年表》："（韩襄王十年）太子婴与秦王会临晋，因至咸阳而归。"卷四五《韩世家》："（韩襄王）十年，太子婴朝秦而归。"裴骃《集解》："徐广曰：'与秦会临晋，因至咸阳而归。'"

续表

序号	时间	会盟国	会盟地点	资料出处
7	前300	魏—薛	釜丘（今山东定陶西）	《水经注·济水一》引《竹书纪年》①
8	前299	齐—魏	韩（今河南新郑）	《史记》卷一五《六国年表》、卷四五《韩世家》②
9	前285	秦—楚	宛（今河南南阳）	《史记》卷五《秦本纪》、卷一五《六国年表》、卷四〇《楚世家》③
10	前285	秦—赵	中阳（今山西中阳）	《史记》卷五《秦本纪》、卷一五《六国年表》、卷四三《赵世家》
11	前284	魏—秦	西周（今河南洛阳）宜阳（今河南宜阳西）	《史记》卷五《秦本纪》、卷一五《六国年表》、卷四四《魏世家》④
12	前284	韩—秦	西周（今河南洛阳）新城	《史记》卷五《秦本纪》、卷一五《六国年表》、卷四五《韩世家》⑤
13	前283	秦—楚	鄢（今河南漯河西）	《史记》卷五《秦本纪》、卷四〇《楚世家》⑥
14	前283	秦—楚	穰（今河南邓州）	《史记》卷五《秦本纪》、卷一五《六国年表》、卷四〇《楚世家》
15	前282	秦—韩	新城	《史记》卷五《秦本纪》
16	前282	秦—魏	新明邑	《史记》卷五《秦本纪》

---

① 《水经注》卷七《济水一》："《竹书纪年》魏襄王十九年，'薛侯来会王于釜丘'者也。"钱穆《魏襄王十九年会薛侯于釜邱考》有所考论。《先秦诸子系年》，河北教育出版社2002年版，第431—434页。杨宽以为其说"不符合当时形势之发展，并不足信"。《战国史料编年辑证》，上海人民出版社2001年版，第655—656页。

② 《史记》卷一五《六国年表》："（魏哀王二十年）与齐王会于韩。""（韩襄王十三年）齐、魏王来。"卷四五《韩世家》："齐、魏王来。"

③ 《史记》卷四〇《楚世家》："十四年，楚顷襄王与秦昭王好会于宛，结和亲。"

④ 《史记》卷五《秦本纪》："（秦昭襄王二十三年）王与魏王会宜阳。"卷一五《六国年表》："（魏昭王十二年）与秦王会西周。"卷四四《魏世家》："（魏昭王十二年）与秦王会西周。"张守节《正义》："王城也，今河南郡城也。"

⑤ 《史记》卷五《秦本纪》："（秦昭襄王二十三年）与韩王会新城。"卷一五《六国年表》："（韩釐王十二年）与秦王会西周。"卷四五《韩世家》："（韩釐王）十二年，与秦昭王会西周。"

⑥ 《史记》卷四〇《楚世家》："（楚顷襄王）十六年，与秦昭王好会于鄢。"

续表

序号	时间	会盟国	会盟地点	资料出处
17	前 282	韩—秦	两周间（今河南洛阳）	《史记》卷一五《六国年表》、卷四五《韩世家》
18	前 279	赵—秦	渑池（今河南渑池西）	《史记》卷一五《六国年表》、卷四三《赵世家》
19	前 278	秦—楚	襄陵（今河南睢县）	《史记》卷五《秦本纪》①

其中"新城"地望不详，谭其骧《中国历史地图集》"战国"部分可见 3 处"新城"，一在今河南伊川西，一在今河南密县东，一在今山西朔州南。② 清人陈厚耀《春秋战国异辞》卷首下《春秋战国通表下》"周赧王三十一年"（前 284）条下写道："秦昭王与魏昭王会宜阳，与韩釐王会新城。《年表》云：与秦王会西周。""周赧王三十三年"（前 282）条下写道："秦王与韩王会新城。《年表》：韩与秦会西周间。"似陈厚耀以为"新城"其地即在今河南洛阳。《史记》卷五《秦本纪》：秦昭襄王二十五年（前 282），"与韩王会新城，与魏王会新明邑。"按照常理分析，"新明邑"应在韩魏地方，很可能也在河洛地区。

对于这些国君相"会"的外交记录中"会"的理解，与《史记》卷四三《赵世家》所谓赵武灵王九年（前 317）"楚、魏王来，过邯郸"及赵惠文王十六年（前 283）"王与赵王遇"等一般性会面不同，多有学者称之为"会盟"③。这样的认识应当是可以成立的。

如此，前举战国晚期各国会盟 20 例中，其地属于河洛周边地区者，有（1）（2）（3）（4）（5）（6）（9）（13）（14）9 例；其地位于河洛中心地区者，有（8）（11）（12）（15）（16）（17）（18）7 例；与河洛地

---

① 裴骃《集解》："《地理志》河东有襄陵县。"张守节《正义》："《括地志》云：'襄陵在晋州临汾县东南三十五里。阚骃《十三州志》云襄陵，晋大夫雔邑也。'"今按：按照当时形势，襄陵位置，应从谭其骧主编《中国历史地图集》说。地图出版社 1982 年版，第 1 册第 35—36 页。

② 谭其骧：《中国历史地图集》，地图出版社 1982 年版，第 1 册第 35—36 页，第 37—38 页。

③ 杨宽、吴浩坤主编《战国会要》将这些历史现象系于《礼十一·宾礼·会盟》题下。上海古籍出版社 2005 年版，上册第 192—194 页。其中资料的处理多有不应出现的舛误。

区距离较远者，只有（7）（10）（19）3 例。

战国晚期河洛地区成为会盟中心，是值得重视的历史现象。

（二）河洛会盟与秦人东进态势

河洛地区之所以能够在战国晚期成为会盟中心，原因之一，是强大的秦国在向东方扩张的进程中首先将这一地区作为侵吞的目标，并随即进而以河洛为兵员和作战物资的中继基地，向赵、楚、齐、燕等强国进军。

秦国是战国晚期河洛地区国际会盟的主角。前举 19 例中，除（7）（8）之外，其余 17 例都是秦王与其他国君会盟。《史记》卷三二《齐太公世家》所谓"秦穆公辟远，不与中国会盟"的传统已经完全改变。秦国国君频繁出没于河洛地方，成为引人注目的历史现象。[①] 秦王积极的会盟行为，可以看作秦国在实施战争打击的同时，采用外交方式作为强化政治威慑，进行心理征服的手段。从前引例（18）可以看到相关情形的细节。《史记》卷八一《廉颇蔺相如列传》：

> 秦王使使者告赵王，欲与王为好会于西河外渑池。赵王畏秦，欲毋行。廉颇、蔺相如计曰："王不行，示赵弱且怯也。"赵王遂行，相如从。廉颇送至境，与王诀曰："王行，度道里会遇之礼毕，还，不过三十日。三十日不还，则请立太子为王。以绝秦望。"王许之，遂与秦王会渑池。秦王饮酒酣，曰："寡人窃闻赵王好音，请奏瑟。"赵王鼓瑟。秦御史前书曰"某年月日，秦王与赵王会饮，令赵王鼓瑟"。蔺相如前曰："赵王窃闻秦王善为秦声，请奏盆缻秦王，以相娱乐。"秦王怒，不许。于是相如前进缻，因跪请秦王。秦王不肯击缻。相如曰："五步之内，相如请得以颈血溅大王矣！"左右欲刃相如，相如张目叱之，左右皆靡。于是秦王不怿，为一击缻。相如顾召赵御史书曰"某年月日，秦王为赵王击缻"。秦之群臣曰："请以赵十五城为秦王寿。"蔺相如亦曰："请以秦之咸阳为赵王寿。"秦王竟酒，终不能加胜于赵。赵亦盛设兵以待秦，秦不敢动。

[①] 参见王子今《秦国君远行史迹考述》，《秦文化论丛》第 8 辑，陕西人民出版社 2001 年版。

《史记》生动的记述颇得后人赞誉,① 然而其中文学笔法似不免渲染成分。不过,基本史实应当是可信的。所谓"赵王畏秦,欲毋行","王不行,示赵弱且怯也",都显示出这种所谓"好会"背后军事霸权的实质。

本书讨论的"会",《史记》称作"好会"者,又有卷四〇《楚世家》:"十四年,楚顷襄王与秦昭王好会于宛,结和亲。""(楚顷襄王)十六年,与秦昭王好会于鄢。"

(三) 周王室的地位

河洛地区成为会盟中心,很可能也与周王朝政治权力虽然衰败,然而依然余威残存,有一定的政治影响有关。

秦王对于这种政治权威,久有侵夺之心,在战国晚期,则以日益强大的军事实力为依恃,终于将此意图付诸行动。

《史记》卷五《秦本纪》:"武王元年,……武王谓甘茂曰:'寡人欲容车通三川,窥周室,死不恨矣!'其秋,使甘茂、庶长封伐宜阳。"张守节《正义》:"在河南府福昌县东十四里,故韩城是也。此韩之大都,伐取之,三川路乃通也。"关于秦武王"欲容车通三川,窥周室"的愿望,《史记》卷七一《樗里子甘茂列传》写作:"寡人欲容车通三川,以窥周室,而寡人死不朽矣!"《战国策·秦策二》写作:"寡人欲车通三川,以阚周室,而寡人死不朽乎!"宋人鲍彪《鲍氏战国策注》卷三曰:"'阚'、'窥'同,小视也。周室,洛邑。盖欲取之,不正言耳。言三川,知其志不止镐京也。"

《战国策·秦策一》记载司马错和张仪在秦惠文王面前的一次争论,张仪主张伐韩,其说曰:"下兵三川,塞轘辕、缑氏之口,当屯留之道,……攻新城、宜阳,以临二周之郊,诛周主之罪,侵楚、魏之地。周自知不救,九鼎宝器必出。据九鼎,按图籍,挟天子以令天下,天下莫敢不听,此王业也。"已经表露了"据九鼎,按图籍,挟天子以令天下",志在"王业"的雄心。

《史记》卷七一《樗里子甘茂列传》说,秦惠文王去世后,秦武王刚刚即位,虽罢免了张仪,然而立即开始实践张仪的主张。"秦惠王卒,太

---

① 如凌稚隆《史记评林》卷八一写道:"相如渑池之会,如请秦王击缻,如召赵御史书,如咸阳为寿,一一与之相匹,无纤毫挫于秦。一时勇敢之气,真足以襥秦人之魄者,太史公每于此等处,更著精神。"李晚芳《读史管见》卷二《廉蔺列传》写道:"进缻叱左右处,声色如生。奇事偏得奇文以传之,遂成一段奇话,琅琅于汗青陷糜间,千古凛凛。"汤谐《史记半解·廉蔺列传》也说:"其结撰之微密,摹画之精彩,更令人游赏不尽也。"

子武王立，逐张仪、魏章，而以樗里子、甘茂为左右丞相。秦使甘茂攻韩，拔宜阳。使樗里子以车百乘入周。周以卒迎之，意甚敬。"这次秦武王"使樗里子以车百乘入周"，是一次规格甚高的出使，而周的接待也"意甚敬"，同样规格甚高。于是导致了楚国的外交干预。"楚王怒，让周，以其重秦客。游腾为周说楚王曰：'知伯之伐仇犹，遗之广车，因随之以兵，仇犹遂亡。何则？无备故也。齐桓公伐蔡，号曰诛楚，其实袭蔡。今秦，虎狼之国，使樗里子以车百乘入周，周以仇犹、蔡观焉，故使长戟居前，强弩在后，名曰卫疾，而实囚之。且夫周岂能无忧其社稷哉？恐一旦亡国以忧大王。'楚王乃悦。"游腾所谓"周岂能无忧其社稷哉"，表明秦的动向对"周""社稷"的威胁，是显见的事实。

秦武王后来果然亲临河洛地区，遂了"欲容车通三川，窥周室"之心愿。《史记》卷七一《樗里子甘茂列传》记载："武王竟至周，而卒于周。"他的死，竟然直接与周鼎有关。《孟子·告子下》正义引皇甫士安《帝王世说》："秦武公好多力之士，乌获之徒，并皆归焉。秦王于洛阳举周鼎，乌获两目血出，六国时人也。"徐宗元案："武公"当作"武王"[①]。《史记》卷五《秦本纪》："武王有力好戏，力士任鄙、乌获、孟说皆至大官。王与孟说举鼎，绝膑。八月，武王死。族孟说。"又卷四三《赵世家》："秦武王与孟说举龙文赤鼎，绝膑而死。"杨宽以为"乌获两目血出"，可理解为秦武王事："《帝王世纪》谓武王至洛阳举周鼎，因两目出血、绝膑而死，其说可信。"杨宽还指出："《韩非子·定法》云：'惠王死，武王即位，甘茂以秦殉周。'其实并非'以秦殉周'，欲以秦挟周耳。秦武王在打通三川之后，即亲往周都洛阳，与力士在此比武而举鼎，所举者未必真是九鼎。但在其心目中，周鼎为传国之神器，为天下最高权力所凭依，必欲亲往举之而后甘心。"[②]

秦人频繁在河洛地区与诸国会盟，用强国外交"以临二周之郊"，似乎也有威慑周室，令周人"忧其社稷"，甚至形成"周自知不救"的心理影响的用意。

（四）"天下"与"天下之中"

河洛地区成为会盟中心，还与当时社会观念中"天下"意识已经成熟，而河洛为"天下之中"的地位已经受到重视有关。

---

① 徐宗元：《帝王世纪辑存》，中华书局1964年版，第105页。
② 杨宽：《战国史料编年辑证》，上海人民出版社2001年版，第588、592页。

"天下"的说法，最早见于《尚书·大禹谟》，这就是所谓"奄有四海，为天下君"。可见"天下"的观念，一开始就是和"大一统"的观念相联系的。这一观念，显然不是单纯的地理观念，也不是单纯的文化观念，而是一种政治观念。《管子·霸言》："使天下两天子，天下不可理也。"战国时期"天下"意识的普及，体现于许多思想家都以这一命题阐说相应的政治主张。《孟子·梁惠王上》说，梁襄王问孟子："天下恶乎定？"孟子回答："定于一。"孟子又说："今夫天下之人牧，未有不嗜杀人者也。如有不嗜杀人者，则天下之民皆引领而望之矣。"此外，孟子还强调说："夫国君好仁，天下无敌。"①"仁人无敌于天下。"②"得道者多助，失道者寡助。寡助之至，亲戚畔之。多助之至，天下顺之。"③《荀子·王霸》也提出"人主者，天下之利势也"的观点。《易·系辞上》也说，"圣人"以"易"为思想基础，就可以"通天下之志"，"成天下之务"，"定天下之业"。管理"大一统"的"天下"，已经成为许多政治家的最高追求。《墨子·尚同中》曾经提出过"一同天下"的说法。甚至《庄子》中也有类似的涉及"天下"这一政治命题的讨论。如："一心定而王天下"④，"唯无以天下为者，可以托天下也。"⑤

　　成为战国晚期秦国政治建设和政治管理指南的《韩非子》一书，可能是先秦诸子中说到"天下"一语频率最高的，竟然多达267次。其中多见所谓"霸天下"，"强天下"，"制天下"，"有天下"，"取天下"，"治天下"，"王天下"，"一匡天下"，"强匡天下"，"进兼天下"，"谓天下王"，"为天下主"，"取尊名于天下"，"令行禁止于天下"等。而"一匡天下"凡4见，"治天下"凡6见，"王天下"凡6见。很显然，谋求对"天下"的统治，谋求"大一统"政治体制的建立，已经成为十分明确的政治目的，已经成为十分急切的政治要求。

　　这种"天下"观既已普及并形成广泛的社会历史影响，河洛地区于"天下"中心且曾经作为重心的地位自然愈为突出。

　　《易·系辞上》所谓"河出图，洛出书，圣人则之"，体现出河洛文化优势对于华夏文明奠基的特殊意义。《逸周书·作雒》说，洛阳地处"土中"，"为天下之大凑"。《史记》卷四《周本纪》记载，周公曾经强

---

① 《孟子·离娄上》。
② 《孟子·尽心下》。
③ 《孟子·公孙丑下》。
④ 《庄子·天道》。
⑤ 《庄子·让王》。

调:"此天下之中,四方入贡道里均。"《史记》卷一二九《货殖列传》说,"周人都河南",是充分重视到其地"在天下之中"的地位的。战国时期,"洛阳东贾齐、鲁,南贾梁、楚",河洛地区商人或"转毂以百数,贾郡国,无所不至"。这一地区又成为天下行商的中心。①

战国时期,东周、西周两个政权的存在,虽极弱小,仍然得到列国的尊重。然而以强大军力积极东向的秦国终于不能容忍这两个小国控制河洛文化优势地区的事实。据《史记》卷五《秦本纪》,公元前256年,秦取阳城、负黍之后,又发军攻西周,次年,"周民东亡,其器九鼎入秦,周初亡"。秦人占有具有重要地位的西周属地对于进取东方的意义,可以由第二年即"天下来宾"得到体现。秦庄襄王即位初,就命令相国吕不韦诛东周君,"尽入其国",并"初置三川郡"。让出身商人,极可能曾经于这一地区从事过经济、政治活动的相国吕不韦实际控制这一地区,也体现出其地位的重要。② 而秦王嬴政亲自行临河洛地区,③ 更是河洛地区的地位受到特殊重视的历史例证之一。

秦时以权臣李斯之子李由任三川郡守。④ 汉代河洛地区作为"天下之中"的地位仍未动摇。⑤ 与李由故事类似的史例,又有《汉书》卷七四《魏相传》所见霍光语:"幼主新立,以为函谷京师之固,武库精兵所聚,故以丞相弟为关都尉,子为武库令。"这里所说的"武库令",是"雒阳武库令"。

二 论吕不韦封君河南

吕不韦以富商身份参与政治,其思想与实践对于战国晚期乃至秦代历

---

① 参看王子今《战国至西汉时期河洛地区的交通地位》,《河洛史志》1993年4期;《周秦时期河洛地区的交通形势》,《文史知识》1994年3期。
② 参看王子今《论吕不韦及其封君河南事》,《洛阳工学院学报》2002年1期。
③ 《史记》卷一五《六国年表》:秦王政十三年(前234),"王之河南"。
④ 秦末战争中,三川守李由统率的部队曾经是与反秦起义军对抗的主力。李由军拒守荥阳,"吴叔弗能下"(《史记》卷四八《陈涉世家》),又与起义军会战于雍丘等地。"击李由军","破李由军",成为刘邦所部军官最重要的战功记录之一。参见《史记》卷五三《曹相国世家》、卷五七《绛侯周勃世家》、卷九五《樊郦滕灌列传》、卷九八《傅靳蒯成列传》。
⑤ 参看王子今《秦汉时期的"天下之中"》,《光明日报》2004年9月21日,又载《根在河洛——第四届河洛文化国际研讨会论文集》,大象出版社2004年版;《西汉末年洛阳的地位和王莽的东都规划》,《河洛史志》1995年4期。

史产生了显著的影响。他主持编纂的《吕氏春秋》，在中国文化史上也有重要的地位。吕不韦出身于以洛阳为中心的工商业发达地区，他为秦灭东周的举措一时震动天下。吕不韦显赫时曾经食河南洛阳十万户，失势后亦于洛阳结束了人生悲剧。考察吕不韦在洛阳的政治文化实践，有益于全面真实地认识这位历史人物，也有益于理解当时河洛地区对于中原交通格局和行政控制的意义。

（一）吕不韦出身及其以财富影响政治进程的成功

秦国在公元前3世纪后期结束战国纷争局面，实现了统一。这是中国古代历史进程中划时代的大事。吕不韦作为秦国上层执政核心中的重要人物，在这一历史演进过程中发挥了不可忽视的作用。唐人李商隐《井泥四十韵》诗所谓"嬴氏并六合，所来因不韦"①，就强调了这一事实。吕不韦的生涯富于戏剧性波澜，曾经极尽显贵，最终又归于悲剧结局。历代史家每多特意渲染其奇诡经历，或以政治道德油彩重加涂抹，使其文化形象大失其真。回顾这位风云人物的表演，我们不妨借用鲁迅《作文秘诀》一文所谓"有真意，去粉饰，少做作，勿卖弄"的"白描"笔意②，勾勒其人其事的历史真迹。而吕不韦与河南洛阳的特殊关系，也有必要说明。

据《史记》卷八五《吕不韦列传》记载，吕不韦出身富商，"往来贩贱卖贵，家累千金"。然而他与一般的商人不同，能够凭借非同寻常的政治敏感，发现质于赵国的秦贵族子楚"奇货可居"，于是决心进行政治投机，出谋出资支持这位"秦诸庶孽孙"取得王位继承权。吕不韦不惜"破家"以"钓奇"的政治策划终于取得成功。公元前249年，子楚即位，是为秦庄襄王，吕不韦任丞相，封为文信侯，食洛阳十万户。其政治投资获得回报。三年后，秦庄襄王去世，太子嬴政立为王。这就是后来的秦始皇。吕不韦为相国，号称"仲父"。③

从秦庄襄王元年（前249）起，到秦王政十年（前237）免职，吕不韦在秦国专权十二年。而这一历史阶段，正是秦国军威大振，统一战争取得决定性胜利的时期。秦庄襄王元年，吕不韦亲自率领秦军灭东周，扫荡了周王室的残余，真正结束了以周天子为天下宗主的时代。如《吕氏春

---

① 《李义山诗集》卷下。
② 《鲁迅全集》，人民文学出版社1981年1月版，第4卷第614页。
③ 《史记》卷八五《吕不韦列传》。张守节《正义》："仲，中也，次父也。盖效齐桓公以管仲为仲父。"《释名·释亲属》："父之弟曰'仲父'。仲，中也，位在中也。"

秋·谨听》所说:"今周室既灭,而天子已绝,乱莫大于无天子。……今之世当之矣。"①提出了新的"天子"当政的时代要求。同年,秦军伐韩,取得成皋和荥阳,置三川郡。次年,秦军强攻魏、赵,得赵地37城。秦庄襄王三年(前247),秦军又攻韩、赵,置太原郡,并瓦解了进逼函谷关的五国联军。秦王政幼弱,而吕不韦实际执政的数年间,秦军顺利进取韩、赵、魏,又击破五国联军,逼迫楚国迁都。如果以太行山、白河、汉江下游一线贯通南北,这条线以西的辽阔地域,都已经成为秦国的疆土。应当看到,当时这一界线虽然大体两分天下,而西部地区却实际已经占据了能够控制并进取东部地区的优势。后来刘邦战胜项羽,汉景帝平定吴楚七国之乱,都同样是据这一界线以西地方,举军东进,取得成功的。在吕不韦时代,秦国的经济实力已经远远优越于东方六国,秦国的军事实力也已经强锐无敌。当时,"以天下为事",期望"得志于天下",已经成为秦人直接的政治目标。应当说,秦实现统一,在吕不韦专权时大势已定。后来大一统的中央集权的秦王朝的建立,吕不韦是当之无愧的奠基者之一。秦国用客可以专信,如商鞅、楼缓、张仪、魏冉、蔡泽、吕不韦、李斯等,如明人张燧《千百年眼》卷四所说,"皆委国而听之不疑"。而论其功业,吕不韦可以与商鞅并居前列。

吕不韦是中国历史上以个人财富影响政治进程的第一人。从这一角度认识当时的社会与经济,或可有所新知。吕不韦以富商身份参政,并取得非凡成功,就仕进程序来说,也独辟新径。秦政治文化实用主义的特征,与东方文化"迂大而闳辩"②风格大异。而商人务实精神,正与此相合。司马迁笔下洛阳巨商白圭自称"权变""决断"类同"商鞅行法"③,是发人深思的。吕不韦的出身,自然也是他身后招致毁谤的原因之一。而这种由商从政的道路,虽然履行者罕迹,对于政治文化风貌的影响,也许是有特殊意义的。

(二)桃色污点与"六国之亡人"的舆论渲染

司马迁在《史记》卷八五《吕不韦列传》最后说道,嫪毐发动蕲年宫政变,导致败亡,"而吕不韦从此绌矣。孔子之所谓'闻'者,其吕子乎?"注家多以为"孔子之所谓'闻'者",即《论语·颜渊》中所谓

---

① 陈奇猷校释:《吕氏春秋校释》,学林出版社1984年版,第705页。
② 同上书,第2348页。
③ 《史记》卷一二九《货殖列传》。

"夫闻也者：色取仁而行违，居之不疑……"政治史上所见"闻人"，前有《荀子·宥坐》称少正卯，后有《汉书》卷九九下《王莽传下》称王莽。看来司马迁以"闻"谓"吕子"，可能是暗含批评之义的。吕不韦的情感经历污染宫闱，又有嫪毐秽事，都见于司马迁的记载，所根据的，应当是秦国史《秦记》，大约是可靠的。不过我们通过《战国策·韩策二》秦宣太后言及性事毫不避忌，可知这是秦人风俗特征。秦人记史不予隐讳，也反映了秦国上层的文化习性。秦重女权，秦国政治史上屡次发生太后把握朝政的情形。这种政治异常往往又与道德异常相伴随，即太后专权时每有后宫秽行的传闻。① 然而吕不韦和赵姬两位出身东方的男女发生同类事情，或许不应当对秦政形成显著冲击。舆论的渲染，当有另外的文化深层次的原因。

实际上掌握着秦国军政大权的吕不韦据说与太后关系暧昧，在传统史家笔下其政治形象于是蒙上了深重的阴影。然而我们今天回顾这一现象，则应当持较为冷静的历史主义的态度，更看重他的政治实践和文化倾向的历史效应。

吕不韦事迹中最为世俗之人所瞩目的，是关于秦始皇血统的传说。秦始皇身世之谜中赵姬有孕，后归子楚的说法始见于司马迁《史记》卷八五《吕不韦列传》，然而明代已有学者指出此说乃"战国好事者为之"。梁玉绳《史记志疑》据司马迁说赵姬"至大期时，生子政"，以为本已"别嫌明微"，人们不应"误读《史记》"。所谓"大期"，有十月和十二月两种解说，但无疑不能理解为不足月。自然也不能排除这种可能，即如王世贞《读书后》所推想，吕不韦客借此丑化秦皇，"而六国之亡人侈张其事，欲使天下之人谓秦先六国亡也。"② 而后世文人炒作这一传闻，以艳市俗，则是出于另外的目的。而秦始皇私生之说即使属实，这种男女私秘，知情者也只有吕不韦、赵姬和子楚，而他们都是绝无可能宣露于外的。以严肃的眼光看历史，秦始皇就是秦始皇，嬴政也罢，赵政也罢，吕政也罢，都不应当影响我们对于他的历史作用的评价。

（三）《吕览》：东方学士的集体创作

司马迁在《史记》卷一三〇《太史公自序》中用这样一句话概括吕

---

① 参看王子今《秦国上层社会礼俗的性别关系考察——以秦史中两位太后的事迹为例》，《秦陵秦俑研究动态》2002年4期。

② 梁玉绳：《史记志疑》，中华书局1981年版，第1308页。

不韦事迹："结子楚亲，使诸侯之士斐然争入事秦。"可以说，吕不韦时代，是秦国吸引东方士人西行参与秦政，从而使秦的文化实力空前扩充的时代；也是秦文化汲取东方文化的成熟内涵，取得历史性跃进的时代。这一文化进步的突出的标志，是《吕氏春秋》的问世。《史记》卷八五《吕不韦列传》写道："当是时，魏有信陵君，楚有春申君，赵有平原君，齐有孟尝君，皆下士喜宾客以相倾。吕不韦以秦之强，羞不如，亦招致士，厚遇之，至食客三千人。是时诸侯多辩士，如荀卿之徒，著书布天下。吕不韦乃使其客人人著所闻，集论以为八览、六论、十二纪，二十余万言。以为备天地万物古今之事，号曰《吕氏春秋》。布咸阳市门，悬千金其上，延诸侯游士宾客有能增损一字者予千金。"吕不韦"招致士"，组织他们各自著述所见所思，"集论"以为《吕氏春秋》。据说书成之后，曾经公布于咸阳市门，请列国诸侯游士宾客修正，号称有能增减一字者，给予千金奖励。可见这部书当时在秦国已经占据了某种文化权威的地位。

《汉书》卷六二《司马迁传》载司马迁《报任安书》有"不韦迁蜀，世传《吕览》"的名言，又与《周易》、《春秋》、《离骚》、《国语》、《孙子兵法》、《韩非子》以及《诗经》等名著相并列，称其"贤圣发愤之所为作"。虽然"迁蜀""世传"时序有误，却是高度肯定了《吕氏春秋》的文化价值的。《汉书》卷三〇《艺文志》将《吕氏春秋》归入"杂家"之中，又说"杂家"的特点，是兼采合化儒家、墨家、名家、法家诸说，而所谓"国体""王治"，即合理的政体和成功的政策，正应当兼合诸学，博采众说，取百家思想之所长。

《吕氏春秋》的这一特点，应当与吕不韦往来各地，千里行商的个人经历有关。这样的人生阅历，或许可以使得见闻较为广博，眼光较为阔远，胸怀比较宽容，策略比较灵活。不过，《吕氏春秋》能够成为杂家集大成之作的更主要的原因，可能还在于即将来临的"大一统"时代，对文化形态提出了涵容百家的要求。而曾经领略过东方多种文化因素不同风采的吕不韦及其宾客们，敏锐地发现了这一文化进步的方向，明智地顺应了这一文化发展的趋势。

据《吕氏春秋·序意》，有人问这部书中《十二纪》的思想要点，吕不韦回答：调整天、地、人的关系使之和谐，要点在于"无为而行"。他的这番话，很可能是说明《吕氏春秋》中《十二纪》写作宗旨的序言，全书的著述意图，自然也可以因此得到体现。所谓"无为而行"，对于未来政治的设计，是有其历史合理性的。汉初的文景之治，证明了这一点。由于吕不韦政治生涯的终结，也由于秦王朝统治年祚的短暂，以致《吕氏春秋》中提出的有关思想，并没有来得及走向真正的成熟。

《吕氏春秋》的重要的文化价值，突出表现在撰著者有意在大一统的政治体制即将形成的时代，为推进这一历史进步进行着一种文化准备。在政治文化的总体构想方面，吕氏为秦的最高统治者进行了精心的设计。《序意》申明"智"识应当"由公"的理念，①《顺民》强调执政要"顺民心"的原则，指出："先王先顺民心，故功名成。夫以德得民心以立大功名者，上世多有之矣。失民心而立功名者，未之曾有也。""凡举事，必先审民心然后可举。"②《贵公》发表了政治公平的主张："昔先圣王之治天下也，必先公。公则天下平矣。平得于公。""凡主之立也，生于公。"至于"天下非一人之天下也，天下人之天下也"的思想，③尤其体现了相当开明的政治意识。

《吕氏春秋》是战国百家争鸣时代最后的文化成就，同时作为文化史即将进入新的阶段的重要的文化标志，可以看作一座文化进程的里程碑。尽管吕不韦在秦王朝建立时已经退出历史舞台，然而《吕氏春秋》的文化倾向，对秦政依然有一定的影响。

宋代仍然有学者称美《吕氏春秋》，"云其中甚有好处"④，"道里面煞有道理"⑤，"道他措置得事好"⑥。推想所谓"措置得事好"，很可能是在肯定《吕氏春秋》的政治设计。

或许可以说，《吕氏春秋》一书的文化内涵，体现了吕不韦较其政治实践更为突出的历史贡献。

（四）阳翟·濮阳·河南洛阳：吕不韦的人生轨迹

司马迁在《史记》卷八五《吕不韦列传》中说，"吕不韦者，阳翟大贾人也。"以为出身阳翟（今河南禹州）。而《战国策·秦策五》则写道："濮阳人吕不韦贾于邯郸。"又以为出身濮阳（今河南濮阳西南）。《史记》卷八五《吕不韦列传》司马贞《索隐》说："《战国策》以不韦为濮

---

① 陈奇猷校释：《吕氏春秋校释》，第648页。
② 同上书，第478—480页。
③ 同上书，第44页。
④ 《朱子语类》卷一三八。
⑤ 《朱子语类》卷一一九。
⑥ 《朱子语类》卷九九。

阳人，又记其事迹亦多，与此传不同。班固虽云太史公采《战国策》，然为此传当别有所闻见，故不全依彼说。或者刘向定《战国策》时，以己异闻改彼书，遂令不与《史记》合也。"

事实上，无论阳翟或者濮阳，都是战国时期工商发达、经济富足之地。有的学者分析："作为商人，迁居是常有的事。《史记》所说的可能是原籍，《战国策》所说的可能是新居。濮阳离陶（今山东定陶）较近，而陶是当时的交通枢纽，也是各国间的贸易中心。'朱公以为陶天下之中，诸侯四通，货物所交易也。'后来更名为陶朱公的范蠡就是在那里'三致千金'的。① 吕氏为了进一步发展自己的事业，把家移到陶的附近，是极有可能的。"② 原籍阳翟，新居濮阳之说固然猜测意味过浓，但是并取二说，并且联系与陶的关系，依然有可取之处。对于战国时期陶的经济地位，史念海早有论著发表。他指出，洛阳作为周的都城，有居于"天下之中"的地位，但是从春秋末年以迄于战国，另外有一个新的"天下之中"的都会兴起，这就是济水流域的陶。对于陶以外的经济都会，史念海依然举出洛阳。他写道："黄河以南、荥阳以西的经济都会要数到洛阳。洛阳本为东周的都城，由于周室衰微，强国称霸，洛阳已失去其政治都会的意义。但洛阳并未因此萧条下去。"洛阳的人口众多，不能以洛阳为东周的都城来解释。因为战国时代东周只能算是一个小国，小国的都城是难与大国相比拟的。"洛阳的人口众多当有其经济的原因。洛阳很早以来就是居于东夏和关西的要冲，这样的地理条件并不因为东周的弱小而告消灭。洛阳人在战国时代以善于经营商业著称，当时名闻各国的白圭就是洛阳的商人。耕地不足固然是促成这种经商风气的一种原因。交通便利自然也是商人能够辗转贸迁的一个条件。"他重视《史记》卷一二九《货殖列传》的记载，"洛阳'东贾齐鲁，南贾梁楚'"，指出："这是说洛阳的商人能够充分利用荥阳以下鸿沟系统中各水道，和东方富庶的区域作贸易的往来。"特别值得注意的，是史念海在这篇论文中多次说到吕不韦。在论述太行山以东的商业交通时，他指出："吕不韦就是在赵国经营商业的人物。邯郸及与其相距不十分过远的中山及郑国，皆以倡伎众多闻于时，倡伎众多是当时都市繁荣的一种现象。"史念海还写道，"洛阳附近的阳翟"，其经济地位也有"相当的重要性"。阳翟"其俗多商贾"，《史记》卷八五《吕不韦列传》所谓"吕不韦者，阳翟大贾也"被作为例证。对

---

① 《史记》卷一二九《货殖列传》。
② 洪家义：《吕不韦评传》，南京大学出版社1993年版，第68页。

于吕不韦出身一为濮阳一为阳翟的异说，史念海指出："濮阳、阳翟皆当时的大都会。"①

洛阳形势"为天下之大凑"②，当"天下咽喉"③，"天下冲阨"④，"街居在齐秦楚赵之中"⑤，经济地理优势十分突出。阳翟在洛阳附近，而当时洛阳商人往往"转毂以百数，贾郡国，无所不至"⑥，濮阳也可以算是"相距不十分过远"。在这一经济地理知识的基点上考虑阳翟、濮阳的地位，或许是有益的。如果兼及陶的经济作用，我们又注意到，洛阳—阳翟—濮阳—陶的地理关系，恰恰形成了一个形式如▱的平行四边形。而其上侧的长边，又恰与当时黄河的走向一致。

（五）吕不韦"食河南雒阳十万户"

吕不韦直接参政后首次震动天下的动作，也是他政治实践的突出功绩，是于秦庄襄王元年（前249）率军灭东周。东周有继承周王朝正统的政治影响，又有集聚天下富商的经济优势。灭东周事，史书所谓"东周君与诸侯谋秦，秦使相国吕不韦诛之，尽入其国，秦不绝其祀，以阳人地赐周君，奉其祭祀"⑦，被有的史家誉为"出手不凡"之举。⑧ 吕不韦的这一成功，是以他的政治识见和政治魄力为条件的。而他的从商经历以及对洛阳商情市情民情的熟悉，自然也有利于东周的顺利征服和平稳控制。

可能正是与此有关，吕不韦得以"食河南雒阳十万户"，或说"封君河南，食十万户。"⑨

由于《战国策·秦策五》有"子楚立，以不韦为相，号曰文信侯，食蓝田十二县"的说法，多有学者怀疑吕不韦封君河南洛阳之说。《史记》卷八五《吕不韦列传》司马贞《索隐》："《战国策》曰'食蓝田十二县'。而《秦本纪》庄襄王元年初置三川郡，《地理志》高祖更名河南。

---

① 史念海：《释〈史记·货殖列传〉所说的"陶为天下之中"兼论战国时代的经济都会》，《河山集》，三联书店1963年版，第124—125页。
② 《逸周书·作雒》。
③ 《史记》卷一二六《滑稽列传》褚先生补述。
④ 《史记》卷六〇《三王世家》褚先生补述。
⑤ 《史记》卷一二九《货殖列传》。
⑥ 同上。
⑦ 《史记》卷五《秦本纪》。
⑧ 林剑鸣：《吕不韦传》，人民出版社1995年版，第93页。
⑨ 《史记》卷八五《吕不韦列传》。

此秦代而曰'河南'者，《史记》后作，据汉郡而言之耳。"王蘧常据此说："案河南秦名三川郡，汉高时始改河南。史略误。《秦策》作食蓝田十二县。"① 梁玉绳《史记志疑》引金耀辰曰："河南即周王城，洛阳即成周，并东、西周之地，其名旧矣，《索隐》谓河南之称，《史》据汉郡言之，谬也。而《国策》曰'食蓝田十二县'，与此不同。考蓝田属秦内史，岂河南洛阳为封国，而蓝田其采邑欤？"② 林剑鸣则推定："公元前二四九年，庄襄王即位，吕不韦为相国，被封为'文信侯'，以蓝田（陕西省蓝田县西）十二个县为其食邑（见《战国策·秦策》），后来又改封至三川郡的河南雒阳（洛阳附近）食邑十万户。"③ 总之，简单否定吕不韦封河南洛阳，似乎缺乏说服力。陈直曾经指出，"中国科学院考古研究所，在洛阳王城发掘，有文信钱石范，盖为吕不韦自铸之钱"④，也可以作为吕不韦封君河南的助证之一。

（六）"吕母冢"遗恨

秦王嬴政成年之后，与吕不韦的矛盾日渐尖锐。后来终于决心调整上层权力结构，下令吕不韦免相就国。《史记》卷八五《吕不韦列传》记载：

> 秦王十年十月，免相国吕不韦。及齐人茅焦说秦王，秦王乃迎太后于雍，归复咸阳，而出文信侯就国河南。
>
> 岁余，诸侯宾客使者相望于道，请文信侯。秦王恐其为变，乃赐文信侯书曰："君何功于秦？秦封君河南，食十万户。君何亲于秦？号称'仲父'。其与家属徙处蜀！"吕不韦自度稍侵，恐诛，乃饮鸩而死。

《史记》卷六《秦始皇本纪》写道："十二年，文信侯吕不韦死。"《史记》卷八五《吕不韦列传》裴骃《集解》引徐广曰，也以为事在"十二年"。则吕不韦失势后在洛阳居住达一年多，是比较确定的。

所谓"岁余，诸侯宾客使者相望于道，请文信侯"，说明吕不韦的政治影响和文化影响是相当广泛的。"秦王恐其为变"，反映嬴政已经感受

---

① 王蘧常：《秦史》，上海古籍出版社2000年版，第215页。
② 梁玉绳：《史记志疑》，中华书局1981年版，第1309页。
③ 林剑鸣：《秦史稿》，上海人民出版社1981年版，第315页。
④ 陈直：《史记新证》，天津人民出版社1979年版，第143页。

到吕不韦的严重威胁,以致不得不迫使他离开他所熟悉并可能演生政治变故的洛阳地方。

有的学者以为吕不韦之死,是在迁蜀道中。① 然而从关于吕不韦墓所在的传说看,其自杀应当是在被逼"与家属徙处蜀"当行未行之时。《史记》卷六《秦始皇本纪》说,吕不韦死,"窃葬"。司马贞《索隐》:"按:不韦饮鸩死,其宾客数千人窃共葬于洛阳北芒山。"《史记》卷八五《吕不韦列传》裴骃《集解》引《皇览》曰:"吕不韦冢在河南洛阳北邙道西大冢是也。民传言'吕母冢'。不韦妻先葬,故其冢名'吕母'也。"可见,吕不韦人生的终点,很可能是在洛阳。

(七)关于"吕不韦舍人"

吕不韦曾经"招致士,厚遇之,至食客三千人"。也就是说,在他周围,形成了一个实力可观的人才群体。如果司马贞《索隐》"其宾客数千人窃共葬"的说法确实,则可知吕不韦遭到贬斥乃至被逼而死时,他的"宾客"群体大概并没有受到严重迫害,甚至依然凝聚在一起,至少保持着比较密切的联系。

当然"窃葬"事的发生,暴露了这一集团的存在。《史记》卷六《秦始皇本纪》写道:

> 十二年,文信侯不韦死,窃葬。其舍人临者,晋人也逐出之;秦人六百石以上夺爵,迁;五百石以下不临,迁,勿夺爵。自今以来,操国事不道如嫪毐、不韦者籍其门,视此。秋,复嫪毐舍人迁蜀者。

张守节《正义》:"临,力禁反,临哭也。若是三晋之人,逐出令归也。""若是秦人哭临者,夺其官爵,迁移于房陵。""若是秦人不哭临不韦者,不夺官爵,亦迁移于房陵。"看来对吕不韦舍人中"秦人"的处罚要重一些,对"三晋之人"则表现出相对的宽容。而史家随即记载的"秋,复嫪毐舍人迁蜀者"事,也体现了对嫪毐附从者的饶恕。《史记》卷八五《吕不韦列传》记载:"秦王所加怒吕不韦、嫪毐皆已死,乃皆复归嫪毐舍人迁蜀者。"可知对"嫪毐舍人"的"迁"和"复",也与吕不韦有关。据《史记》卷六《秦始皇本纪》,蕲年宫政变平定之后,嫪毐集团被

---

① 林剑鸣:《吕不韦传》,第263页。

清剿,"及其舍人,轻者为鬼薪。及夺爵迁蜀四千余家,家房陵"。事在秦王政九年(前238)。也就是说,"嫪毐舍人迁蜀者"三年之后得以"皆复归"。

《史记》卷八七《李斯列传》记载:"(李斯)至秦,会庄襄王卒,李斯乃求为秦相文信侯吕不韦舍人。不韦贤之,任以为郎。李斯因以得说说秦王。"李斯虽然曾经是"吕不韦舍人"[1],且"不韦贤之,任以为郎",受到特殊欣赏,却并没有因此为秦王嬴政也就是后来的秦始皇所疑忌。他甚至受到秦始皇的深心信用,成为最高执政集团的核心人物。郡县制的推行和焚书政策的实施,都是由于他的提议和坚持。认识和理解嬴政对东方"客"的态度,以及东方文化对秦的影响,李斯事迹有重要的参考价值。

三 秦汉时期中原的"群都"

蔡邕《述行赋》记录作者中原行旅感受,最后写道:"乱曰:跋涉遐路,艰以阻兮。终其永怀,窬阴雨兮。历观群都,寻前绪兮。考之旧闻,厥事举兮。登高斯赋,义有取兮。则善戒恶,岂云苟兮。翩翩独征,无俦与兮。言旋言复,我心胥兮。"这是综合空间和时间诸条件进行历史文化思考之后,发出的深沉感叹。其中所谓"历观群都,寻前绪兮"告知我们,所谓"述行"或"述征"[2],既记录了交通的实践,也寄托着怀古的深思。秦汉时期的中原地方曾经的政治中心"都"的集中,是可以称作"群都"的。相关现象在一些都城史、都市史论著中似乎有所忽略。中原"群都"的历史存在,体现出这一地区作为文化重心的地位。相关的探索,也有益于说明秦汉时期区域文化和区域行政的若干特征。

---

[1] 《太平御览》卷二四九引《史记》曰:"李斯,上蔡人也,为丞相吕不韦舍人。"
[2] 《蔡中郎集》卷四。费振刚、胡双宝、宗明华辑校《全汉赋》校记:"本篇以四部备要海源阁校勘本《蔡中郎集》所录为底本,以四库全书本为校本,并参校《古文苑》、《艺文类聚》卷二七、《水经注·济水注》、《古文苑》、《汉魏六朝百三家集》本及《文选》李善注。李善注引作'述行赋'。"北京大学出版社1993年版,第568页。今按:参校本不知为何两列《古文苑》。《文选》卷一四鲍照《舞鹤赋》李善注引作《述行赋》。卷二八陆机《前缓声歌》李善注引作《述征赋》。又《水经注》卷七《清水》亦引作《述征赋》。

（一）中原"群都"的"前绪""旧闻"

中原地方是早期部族国家最初生成的文明先进地区，后来又有夏商周三代久远的文化积累：夏都阳翟、斟寻、商丘、斟灌、原、老丘、西河等地，商都亳、隞（嚣）、相、邢（庇、耿）、奄、殷等地。① 文献记录的这些地点，有的已经为考古学所证实。这些都城，多数可以确定位于中原。周则在洛阳建设了空前规模的都城。于是对于中国都城史的分期，有按照地域集中的特征，将前期称为"中原期"的。② 对于夏商时代都城"屡迁"的说法，有学者以为没有任何理由可以导致这一现象，而考古资料证明"商周时代都城并非'屡迁'"，认为当时实行着"主辅都制度"。③ "主辅都制度"说和"屡迁"说的区别，一说在大致同一时间使用这些都城，一说在不同时间相继使用这些都城。这样的争论，并不严重影响我们对上古中原"群都"现象的考察。

进入春秋时期，诸强国逐渐崛起，出现了外围地区强势政治实体压迫中原的新局面。这一历史变化，正如《荀子·王霸》所说："虽在僻陋之国，威动天下，五伯是也。""齐桓、晋文、楚庄、吴阖闾、越勾践，是皆僻陋之国也，威动天下，强殆中国。"有学者论说，因楚、吴、越的兴起，"重心开始南移"，"中国国都的精神，也开始钟灵于南部。"④

战国时期最为强盛的主要大国均处于中原外围，依然"是皆僻陋之国也，威动天下，强殆中国"。《荀子·强国》说秦的"威强""广大"，也使用了"地遍天下"，"威动海内，强殆中国"语。对照理解"中国"和"天下"、"海内"概念，有一定的合理性。但是并不可以简单地以为

---

① 参见张国硕《夏商时代都城制度研究》，河南人民出版社2001年版，第9—38页。
② 参见叶骁军《都城论》，甘肃文化出版社1994年版，第7—8页。
③ 张国硕：《夏商时代都城制度研究》，河南人民出版社2001年版，第45—66页。论者以为这种"主辅都制"对东周一些诸侯国形成影响。"楚之都城为郢，但《国语·楚语上》记载楚灵王在陈、蔡、不羹三县筑城，'赋皆千乘'，称为'三国'。韦昭注曰：'三国，楚别都也。'武城也是楚的辅都之一。""武城有宗庙，楚王常到武城驻次。鄢更是楚的辅都之一。""齐国在战国时代曾实行五都制度。据《战国策·燕策一》记载，除主都临淄之外，齐国在四境分设平陆、高唐、即墨、莒辅都。燕之主都为蓟，另设下都辅都。""郑国曾有别都栎。""战国时期秦国都城雍、栎阳二都并存，亦应为主辅都制。"（第222页）今按：所说栎阳为秦都不确。认真分析文献记载，并证以考古资料，可知栎阳非秦都。参见王子今《秦献公都栎阳说质疑》，《考古与文物》1982年第5期；《栎阳非秦都辨》，《考古与文物》1990年第3期。
④ 姜渭水：《中国都城史》，和平出版社1957年版，第136—137页。

"中国"与"天下"、"海内"可以完全等同。① 《史记》卷七四《孟子荀卿列传》载邹衍说:"儒者所谓'中国'者,于天下乃八十一分居其一耳。""中国"与"天下"的空间感觉极其悬殊。② 清代学者胡渭《禹贡锥指》卷一九则写道:"古之所谓'中国'者,《禹贡》甸侯绥方三千里之地也。"所提出的认识,可能接近多数人的理解。

战国时期多数强国都有都城迁徙的历史。不过,列国都城的迁徙却出现了一种与前说历史现象呈反向的趋势,即向中原的靠拢。以楚国为例,楚都起初在江陵郢城(今湖北江陵),楚顷襄王迁至陈(今河南淮阳)。于是其统治中心由江滨向北移动,迁到淮滨。其地临鸿沟,已经处于方城以外。此后,楚都又迁至巨阳(今安徽阜阳北),楚考烈王又迁都至寿春(今安徽寿县)。楚都沿淮河向东移动的迹象是非常明显的。人们可以察觉,这一态势,与楚文化向北扩张,向北进取,方向是大体一致的。③ 趋向共同的历史现象,是赵国都城从晋阳南移,④ 魏都由安邑迁至大梁,秦都自雍城移至咸阳。⑤ 燕国在蓟都之后,燕下都成为国家行政中心,也体

---

① 对照《荀子》书中有关"中国"的表述,有助于理解"中国"的文化地理含义。《荀子·王制》论"王者之法""四海之内若一家",有这样的文句:"北海则有走马吠犬焉,然而中国得而畜使之。南海则有羽翮、齿革、曾青、丹干焉,然而中国得而财之。东海则有紫紶、鱼盐焉,然而中国得而衣食之。西海则有皮革、文旄焉,然而中国得而用之。"可知"中国"是指四海之内。又《荀子·致士》说:"川渊深而鱼鳖归之,山林茂而禽兽归之,刑政平而百姓归之,礼义备而君子归之。故礼及身而行修,义及国而政明,能以挟礼而贵名白,天下愿,令行禁止,王者之事毕矣。《诗》曰:'惠此中国,以绥四方。'此之谓也。"其语言"天下""王者",而注家有谓:"《诗·大雅·民劳》之篇。'中国',京师也。'四方',诸夏也。引此以明自近及远也。"(《荀子》杨倞注)"中国"与"四方"为对,但是其空间界域,可能并不限于"京师"。应是指文化重心地带。

② 《盐铁论·论邹》载文学言:"邹衍非圣人,作怪误惑六国之君,以纳其说。此《春秋》所谓匹夫荧惑诸侯者也。孔子曰:未能事人,焉能事鬼神?近者不达,焉能知瀛海,故无补于用者,君子不为;无益于治者,君子不由。三王信经道,而德光于四海。战国信嘉言,破亡而泥山。昔秦始皇已吞天下,欲并万国,亡其三十六郡。欲达瀛海而失其州县。知大义如斯,不如守小计也。"是汉儒对于"中国"、"天下"、"四海",有不同的理解。对于谋求"治"的"君子"来说,"中国"似是倾向于"近""小"的空间概念。或只看作文化坐标,如清代学者李光地《记南怀仁问答》写道:"所谓'中国'者,谓其礼乐政教得天地之正理。岂必以形而中乎?譬心之在人也,不如脐之中也。而卒必以心为人之中,岂以形哉?"《榕村集》卷二〇《杂著三》。

③ 参见王子今《战国秦汉时期楚文化重心的移动——兼论垓下的"楚歌"》,《北大史学》第 12 辑,北京大学出版社 2007 年版。

④ 参见王子今《公元前 3 世纪至公元前 2 世纪晋阳城市史料考议》,《晋阳学刊》2010 年第 1 期。

⑤ 参见王子今《秦定都咸阳的生态地理学与经济地理学分析》,《人文杂志》2003 年第 5 期;《从鸡峰到凤台:周秦时期关中经济重心的移动》,《咸阳师范学院学报》2010 年第 3 期。

现出往中原移动的趋向。趋向中原迁都动幅最大的，是越国自山阴迁都至琅邪。有学者指出，这一举措，与"句践灭吴后急于争霸关东的心态"有关。① 历史文献的相关遗存，有《吴越春秋》卷六《越王伐吴外传》："越王既已诛忠臣，霸于关东，从琅邪起观台，周七里，以望东海。"《越绝书》卷八《外传记地传》："句践伐吴，霸关东，从琅琊起观台，台周七里，以望东海。"《水经注·潍水》："琅邪，山名也，越王句践之故国也。句践并吴，欲霸中国，徙都琅邪。"②

（二）列国盟会热点与秦王巡行方向

在东周时代列国政治领袖出行的历史记录中，以秦国历代国君远行经历最为醒目。他们主要的出行方向，有面对中原的一致性。以秦昭襄王为例，远行记录有：（1）"三年，王冠，与楚王会黄棘"。（2）十七年，"王之宜阳"。（3）"二十年，王之汉中"。（4）二十年，"又之上郡、北河"。（5）二十二年，"与楚王会宛"。（6）二十二年，"与赵王会中阳"。（7）二十三年，"王与魏王会宜阳"。（8）二十三年，"与韩王会新城"。（9）"二十四年，与楚王会鄢"。（10）二十四年，与楚王"又会穰"。（11）二十五年，"与韩王会新城"。（12）二十五年，"与魏王会新明邑"③。（13）二十八年，与赵惠文王"会黾池"④。（14）"二十九年，王与楚王会襄陵"⑤。（15）四十六年，"王之南郑"⑥。（16）四十七年，"秦王闻赵食道绝，王自之河内，赐民爵各一级，发年十五以上悉诣长平，遮绝赵救及粮食。"⑦ 除（3）"之汉中"，（4）"之上郡、北河"，（15）"之南郑"外，都是往中原方向。⑧ 这当然与中原地方文化先进、

---

① 曲英杰：《先秦都城复原研究》，黑龙江人民出版社1991年版，第411页。
② 或说句践所迁琅邪在吴越间。已有学者驳议。徐文靖《管城硕记》卷一九《史类二》："《笔丛》曰：《竹书》：'贞定王元年，于越徙都琅邪。'《吴越春秋》文颇与此合。然非齐之琅邪，或吴越间地名有偶同者。按：《山海经》琅邪台在渤海间琅邪之东。郭璞曰：'琅邪者，越王句践入霸中国之所都。'《越绝书》曰：'句践徙琅邪，起观台，台周七里，以望东海。'何谓非齐之琅邪？"
③ 《史记》卷五《秦本纪》。
④ 《史记》卷一五《六国年表》。
⑤ 《史记》卷五《秦本纪》。
⑥ 《史记》卷一五《六国年表》。
⑦ 《史记》卷七三《白起王翦列传》。
⑧ 参见王子今：《秦国君远行史迹考述》，《秦文化论丛》第8辑，陕西人民出版社2001年版。

经济富足有关。"武王谓甘茂曰：'寡人欲容车通三川，窥周室，死不恨矣！'"① 这种向往，与楚人"问鼎"② 颇有相似处。

其中（1）（5）（6）（7）（8）（9）（10）（11）（12）（13）（14）是与楚（5次）、赵（2次）、魏（2次）、韩（2次）国君的外交会见。中原地区在这一时期成为列国盟会的中心。除了秦国参与的外交活动之外，还有魏与薛、齐与魏的会盟。③ 而外交盟会的地点，一般应在具有良好交通条件和接待设施的都会。

在秦统一的进程中，秦王政曾经3次出巡。据《史记》卷六《秦始皇本纪》记载：

> 十三年，桓齮攻赵平阳，杀赵将扈辄，斩首十万。王之河南。
>
> 十九年，王翦、羌瘣尽定取赵地东阳，得赵王。引兵欲攻燕，屯中山。秦王之邯郸，诸尝与王生赵时母家有仇怨，皆坑之。秦王还，从太原、上郡归。
>
> 二十三年，秦王复召王翦，强起之，使将击荆。取陈以南至平舆，虏荆王。秦王游至郢陈。

嬴政的出行，有特意移置最高指挥中心临近统一战争前线的意义。二十三年（前224）的郢陈之行，是秦王政行临距离战争前线最近地方的记录。对于嬴政亲至楚地新占领区的这次出行，云梦睡虎地秦简《编年记》中有对当时楚地战争背景的记录。简文写道："廿三年，兴，攻荆，□□守阳□死。四月，昌文君死。"睡虎地秦墓竹简整理小组解释说，"兴，指军兴，征发军队"。"昌文君，据《史记·秦始皇本纪》曾与昌平君同时为秦臣，参预攻嫪毐。"④ 从简文内容可知，当时战争形势尚十分险恶。秦王政在这样的情况下"游至郢陈"，表现出对楚地军情战况的特殊重视，而作为握有全权的君主和最高军事统帅，这一行为不仅有益于振奋军心、鼓舞士气，自然也可以对把握战机、控制局势产生积极的作用。⑤

---

① 《史记》卷五《秦本纪》。卷七一《樗里子甘茂列传》则写道："秦武王三年，谓甘茂曰：'寡人欲容车通三川，以窥周室，而寡人死不朽矣。'"
② 《左传·宣公三年》："楚子伐陆浑之戎，遂至于雒，观兵于周疆。定王使王孙满劳楚子。楚子问鼎之大小轻重焉。"
③ 参见王子今《论战国晚期河洛地区成为会盟中心的原因》，《中州学刊》2006年第4期。
④ 睡虎地秦墓竹简整理小组：《睡虎地秦墓竹简》，文物出版社1978年版，第13页。
⑤ 参见王子今《秦始皇嬴政的统一事业》，《秦汉史论——何清谷教授八十华诞庆祝文集》，三秦出版社2009年版。

嬴政所行，至于河南、邯郸、郢陈，都是中原名都。对这些地方的重视，体现出一种清醒的政治地理意识和文化地理认识。嬴政在统一之前的这 3 次出巡，可以看作他成为秦始皇帝之后 5 次大规模出巡的先声。

秦王朝执政者对原六国文化的尊重，不仅表现为对诸种祠祀传统的继承，对不同思想体系的兼容，也表现为各地文化都会以"历观"实践为标志的看重。

（三）司马迁"适故大梁之墟""讲业齐、鲁之都"

先秦列国故都在秦汉时期依然表现出某种文化优势。司马迁撰著《史记》的文化准备，即包括对历代名都的实地考察。

司马迁曾经以"太史公曰"的形式回顾这种特殊的考史的历程。《史记》卷一《五帝本纪》："余尝西至空桐，北过涿鹿，东渐于海，南浮江淮矣，……"《封禅书》："余从巡祭天地诸神名山川而封禅焉。"《河渠书》："太史公曰：余南登庐山，观禹疏九江，遂至于会稽太湟，上姑苏，望五湖；东窥洛汭、大邳，迎河，行淮、泗、济、漯洛渠；西瞻蜀之岷山及离碓；北自龙门至于朔方。……余从负薪塞宣房，……"《齐太公世家》："吾适齐，自泰山属之琅邪，北被于海，……"《魏世家》："太史公曰：吾适故大梁之墟。"《孔子世家》："余读孔氏书，想见其为人。适鲁，观仲尼庙堂车服礼器。"《伯夷列传》："太史公曰：余登箕山，……"《孟尝君列传》："太史公曰：吾尝过薛，其俗闾里率多暴桀子弟，与邹、鲁殊。"《魏公子列传》："太史公曰：吾过大梁之墟，求问其所谓夷门。夷门者，城之东门也。"《春申君列传》："太史公曰：吾适楚，观春申君故城，宫室盛矣哉！"《屈原贾生列传》："太史公曰：余读《离骚》、《天问》、《招魂》、《哀郢》，悲其志。适长沙，观屈原所自沈渊，未尝不垂涕，想见其为人。"《蒙恬列传》："太史公曰：吾适北边，自直道归，行观蒙恬所为秦筑长城亭障，……"《淮阴侯列传》："太史公曰：吾如淮阴，……"《樊郦滕灌列传》："太史公曰：吾适丰沛，问其遗老，观故萧、曹、樊哙、滕公之家，……"《龟策列传》："余至江南，……"卷一三〇《太史公自序》："迁生龙门，耕牧河山之阳。年十岁则诵古文。二十而南游江、淮，上会稽，探禹穴，窥九疑，浮于沅、湘；北涉汶、泗，讲业齐、鲁之都，观孔子之遗风，乡射邹、峄；厄困鄱、薛、彭城，过梁、楚以归。于是迁仕为郎中，奉使西征巴、蜀以南，南略邛、笮、昆明，还报命。"司马迁在《太史公自序》中所说到的"二十"之游，王国维《太史公行年考》说:"史公此行,据卫宏说,以为奉使乘传行天下,求古诸侯之史记也。然史公此时尚未服官,下文云于是迁始'仕为郎中',明此时尚未仕,则此行殆为宦学而非奉使矣。"王国维说,"是史公足迹殆遍宇内,所未至者,朝鲜、河西、岭南诸初郡耳。"①

司马迁行旅经历中,"吾适故大梁之墟","吾过大梁之墟","吾适楚,观春申君故城",都是"历观"故都的行旅实践。其中所谓"讲业齐、鲁之都",对于"吾适齐"、"适鲁,观仲尼庙堂车服礼器"之"齐""鲁"也明确有"都"的定位。至于"吾尝过薛"及对"彭城"等地的考察,也可以理解为意义相近的访古行历。②

(四) 秦汉中州"群都"

有学者说:"都城是每个朝代的政治中心。"③ 其实,应当注意到中国古史有若干政权分立的时期。如果仅仅以统一王朝的政治模式理解历史,会形成空白和缺失。而秦统一以前如两周历史文化灿烂的局面,如果只以周王朝的"政治中心"来理解社会文明的基点、枢纽和重心,也是不符合历史真实的。

秦始皇实现统一之后,以郡县制为行政基础的"大一统"政体奠基。中央集权的一项非常重要的举措,就是秦始皇三十二年(前215)"坏城郭"。碣石刻石:"遂兴师旅,诛戮无道,为逆灭息。武殄暴逆,文复无罪,庶心咸服。惠论功劳,赏及牛马,恩肥土域。皇帝奋威,德并诸侯,初一泰平。堕坏城郭,决通川防,夷去险阻。地势既定,黎庶无繇,天下咸抚。男乐其畴,女修其业,事各有序。惠被诸产,久并来田,莫不安所。群臣诵烈,请刻此石,垂著仪矩。"所谓"堕坏城郭",张守节《正义》解释说:"堕,毁也。坏,坼也。言始皇毁坼关东诸侯旧城郭也。"④ 作为创造"天下咸抚"之重要条件的措施,似未可排除决策者在"土域"、"地势"、"险阻"诸层面之上,另有文化象征方面之考虑的可能。

---

① 王国维:《太史公行年考》,《观堂集林》卷一一,中华书局1959年版,第485、487页。
② 彭城据说历史上也曾经作为古都。彭祖立国与"徐偃王作乱",都曾经以此为地理依托。《史记》卷五《秦本纪》:"(周穆王)西巡狩,乐而忘归。徐偃王作乱,造父为缪王御,长驱归周,一日千里以救乱。"裴骃《集解》:"《地理志》:临淮有徐县,云故徐国。"张守节《正义》:"《括地志》云:'大徐城在泗州徐城县北三十里,古徐国也。'"参见王子今《论西楚霸王项羽"都彭城"》,《湖湘论坛》2010年第5期。
③ 杨宽:《中国古代都城制度史研究》,上海古籍出版社1993年版,第9页。
④ 《史记》卷六《秦始皇本纪》。

一如《艺文类聚》卷六引《地理志》曰"秦望气者云东南有天子气①,使赭衣徒凿云阳县北冈,改名曲阿,又曰天门"故事。② 这种"堕坏",很可能只是象征性的破坏。所以我们今天看到的战国名都遗址,"关东诸侯旧城郭"如燕下都、赵王城、郑韩故城等依然保持着惊人的高伟。先秦旧都,在一定意义上仍保留有秦始皇以为"无道"、"暴逆"的政治影响的遗存。

大一统王朝首都之外的次要的行政中心和文化中心,也称作"都"。例如西汉甘泉宫所在"云阳都"。③ 班固《两都赋》并称"东都"、"西都"。④ 张衡《南都赋》称刘秀出身地南阳为"南都"。⑤《通志》卷四一《都邑略》"两汉都"条:"光武又以南阳为别都,谓之'南都'。"其实,王莽时代已经有"五都"之称。"南都"的说法,正始于王莽。《汉书》卷二四下《食货志下》:"于长安及五都立五均官,更名长安东西市令及洛阳、邯郸、临淄、宛、成都市长皆为五均司市师。东市称京,西市称畿,洛阳称中,余四都各用东西南北为称,皆置交易丞五人,钱府丞一人。"除成都外,其他四都都可以说位于中原或者邻近中原。汉魏之际又有变化。《初学记》卷八引《魏略》曰:"以长安、谯、许昌、邺、洛阳为五都。"则其中四都均在中原。

汉王朝曾经的行政中心和其他非正统王朝的局部或者短暂的政治中

---

① 《史记》卷八《高祖本纪》:"秦始皇帝常曰'东南有天子气',于是因东游以厌之。"《汉书》卷一上《高帝纪上》:"秦始皇帝尝曰'东南有天子气',于是东游以厌当之。"《三国志补注》卷六引《胡综别传》曰:"吴时掘得铜印,以琉璃盖画布云布于其上。间之得白玉如意。太子因问综,综曰:'秦王以金陵有天子气象,处处埋宝物以当王者之气。此即是也。'"

② 《续汉书·郡国志四》:"(吴郡)由拳。"刘昭注补:"干宝《搜神记》曰:秦始皇东巡,望气者云:五百年后,江东有天子气。始皇至,令囚徒十万人堀污其地,表以恶名,故改之曰由拳县。"

③ 西汉中期,云阳成为皇家重要祭祀中心之一,又因甘泉宫为帝王常居之处,取得有时得与长安并列的作为第二政治中心的地位,于是有"云阳都"之称。《汉书》卷六《武帝纪》:"赐云阳都百户牛酒",颜师古注引晋灼曰:"云阳甘泉,黄帝以来祭天圆丘处也。武帝常以避暑,有宫观,故称'都'也。"又《汉书》卷二二《礼乐志》载《郊祀歌·齐房》有"玄气之精,回复此都"句,歌谓"元封二年芝生甘泉开房作"。颜师古解释说:"言天气之精,回旋反复于此云阳之都,谓甘泉也。"陈直《汉书新证》也说:"西汉未央、长乐二宫规模阔大之外,则数甘泉宫。甘泉在云阳,比其它县为重要,故称以'云阳都'。"居延汉简中,又可见"官先夏至一日以除隧取火授中二千石官在长安云阳者"(5.10)的内容,也是云阳曾得与长安并列的实例。

④ 《后汉书》卷七○上《班固传》:"乃上《两都赋》,盛称洛邑制度之美,以折西宾淫侈之论。其辞曰:'有西都宾问于东都主人曰……'"李贤注:"中兴都洛阳,故以东都为主,而谓西都为宾也。"

⑤ 《水经注·沔水中》,《水经注·溠水》。

心，其实也具有"都"的地位。例如陈胜"张楚"政权的指挥中心陈，[①] 西楚霸王项羽的都城彭城。刘邦称帝之氾水之阳，也曾经有政治重心的地位。[②] 又如刘邦尚未确定定都关中时，曾经在洛阳暂居。封功臣的重要政治举措就在这里进行。[③] 两汉之际更始帝所都宛城[④]、洛阳[⑤]等。

洛阳既为中原的中心，又称"天下之中"[⑥]。刘邦曾经在这里建立行政中心，王莽有东都洛阳规划，[⑦] 更始帝定都洛阳，直至刘秀建国成功，东京帝业再现了中原文化的辉煌。东汉晚期移民南下导致了江南的开发，开创了六朝繁华的基础，为全国文化重心向东南的转移准备了条件。人口、技术和文化的南流，人都是以中原为出发点的。

（五）蔡邕《述行赋》"历观群都"

中原名都作为重要的文化营养源，战国以来滋育过苏秦、张仪、韩非、李斯等诸多历史名人。至于吕不韦这样的人物，则首先是通过游历中原"群都"的经济实践取得文化经验的。司马迁在《史记》卷八五《吕不韦列传》中说："吕不韦者，阳翟大贾人也。"谓出身阳翟（今河南禹州）。而《战国策·秦策五》："濮阳人吕不韦贾于邯郸。"又说出身濮阳

---

① 《史记》卷四八《陈涉世家》："攻陈，陈守令皆不在，独守丞与战谯门中。弗胜，守丞死，乃入据陈。数日，号令召三老、豪杰与皆来会计事。三老、豪杰皆曰：'将军身被坚执锐，伐无道，诛暴秦，复立楚国之社稷，功宜为王。'陈涉乃立为王，号为张楚。"

② 《史记》卷八《高祖本纪》："即皇帝位氾水之阳。"张守节《正义》："《括地志》云：'高祖即位坛在曹州济阴县界。'张晏曰：'氾水在济阴界，取其氾爱弘大而润下。'"

③ 《史记》卷八《高祖本纪》："天下大定。高祖都雒阳，诸侯皆臣属。""高祖置酒雒阳南宫。高祖曰：'列侯诸将无敢隐朕，皆言其情。吾所以有天下者何？氏之所以失天下者何？'"《史记》卷五五《留侯世家》："汉六年正月，封功臣。""上已封大功臣二十余人，其余日夜争功不决，未得行封。上在雒阳南宫，从复道望见诸将往往相与坐沙中语。上曰：'此何语？'留侯曰：'陛下不知乎？此谋反耳。'"于是从张良建议，"上乃置酒，封雍齿为什方侯，而急趣丞相、御史定功行封"。

④ 《后汉书》卷一上《光武帝纪上》："更始元年正月甲子朔，汉军复与甄阜、梁丘赐战于沘水西，大破之，斩阜、赐。伯升又破王莽纳言将军严尤、秩宗将军陈茂于淯阳，进围宛城。""二月辛巳，立刘圣公为天子，以伯升为大司徒，光武为太常偏将军。""九月庚戌，三辅豪桀共诛王莽，传首诣宛。"李贤注："时城中少年朱弟张鱼等攻莽于渐台，商人杜吴杀莽，校尉公宾就斩莽首，将军申屠建等传莽首诣宛。"

⑤ 《后汉书》卷一上《光武帝纪上》："更始将北都洛阳，以光武行司隶校尉，使前整修宫府。于是置僚属，作文移，从事司察，一如旧章。""及更始至洛阳，乃遣光武以破虏将军行大司马事。十月，持节北度河，镇慰州郡。"

⑥ 王子今：《秦汉时期的"天下之中"》，《光明日报》2004年9月21日。

⑦ 王子今：《西汉末年洛阳的地位和王莽的东都规划》，《河洛史志》1995年4期。

(今河南濮阳西南)。其实，无论阳翟或者濮阳，战国时期均是工商发达、经济富足的地方。有的学者以为阳翟可能是原籍，濮阳可能是后来居地。[①] 此说固然多猜测意味，但是并取二说，又言及与陶的关系，依然有可取之处。对于战国时期陶的经济地位，史念海早有论著发表。对于陶以外的经济都会，史念海依然举出洛阳："黄河以南，荥阳以西的经济都会要数到洛阳。洛阳本为东周的都城，由于周室衰微，强国称霸，洛阳已失去其政治都会的意义。但洛阳并未因此萧条下去。"史念海在这篇论文中多次说到吕不韦。在论述太行山以东的商业交通时，他指出："吕不韦就是在赵国经营商业的人物。邯郸及与其相距不十分过远的中山及郑国，皆以倡伎众多闻于时，倡伎众多是当时都市繁荣的一种现象。"史念海还写道，"洛阳附近的阳翟"，其经济地位也有"相当的重要性"。阳翟"其俗多商贾"，《史记》卷八五《吕不韦列传》所谓"吕不韦者，阳翟大贾也"被引为例证。对于吕不韦出身一为濮阳一为阳翟的异说，史念海也提示人们注意，"濮阳、阳翟皆当时的大都会"[②]。

司马迁则通过对于中原"群都"的实地考察完善了自己的史学资质。据蔡邕《述行赋》，他所谓"历观群都"的行旅体验，也以"存古"之心，坚定了人生原则。"历观群都，寻前绪兮。考之旧闻，厥事举兮。登高斯赋，义有取兮。则善戒恶，岂云苟兮。"蔡邕写道："延熹二年秋，霖雨逾月。是时梁冀新诛，而徐璜、左悺等五侯擅贵于其处又起显明苑于城西。人徒冻饿不得其命者甚众。白马令李云以直言死，鸿胪陈君以救云抵罪。璜以余能鼓琴，自朝廷勅陈留郡守，遣余到偃师。病不前，得归。心愤此事，遂托所过述而成赋。"[③]

关于"所过""历观群都"，赋文可见："余有行于京洛兮，遘淫雨之经时。涂迍邅其蹇连兮，潦污滞而为灾。乘马蹯而不进兮，心郁悒而愤思。聊弘虑以存古兮，宣幽情而属词。久余宿于大梁兮，消无忌之称神。哀晋鄙之无辜兮，忿朱亥之篡军。历中牟之旧城兮，憎佛肸之不臣。问宁

[①] 洪家义《吕不韦评传》写道："作为商人，迁居是常有的事。《史记》所说的可能是原籍，《战国策》所说的可能是新居。濮阳离陶（今山东定陶）较近，而陶是当时的交通枢纽，也是各国间的贸易中心。'朱公以为陶天下之中，诸侯四通，货物所交易也。'后来更名为陶朱公的范蠡就是在那里'三致千金'的。吕氏为了进一步发展自己的事业，把家移到陶的附近，是极有可能的。"南京大学出版社 1995 年版，第 68 页。

[②] 史念海：《释〈史记·货殖列传〉所说的"陶为天下之中"兼论战国时代的经济都会》，《河山集》，三联书店 1963 年版，第 124—125 页。

[③] 《后汉书》卷六〇下《蔡邕传》："桓帝时，中常侍徐璜、左悺等五侯擅恣，闻邕善鼓琴，遂白天子，勅陈留太守督促发遣。邕不得已，行到偃师，称疾而归。闲居翫古，不交当世。"

越之裔胄兮，蕤髣髴而无闻。经圃田而瞰北境兮，晤卫康之封疆。迄管邑而增感叹兮，愠叔氏之启商。过汉祖之所隘兮，吊纪信于荥阳。降虎牢之曲阴兮，路丘墟以盘萦。勤诸侯之远戍兮，侉申子之美城。""行游目以南望兮，览太室之威灵。顾太河于北垠兮，瞰洛汭之始并。追刘定之攸仪兮，美伯禹之所营。悼太康之失位兮，愍五子之歌声。""哀衰周之多故兮，眺濑隈而增感。忿子带之淫逸兮，喑襄王于坛坎。悲宠嬖之为梗兮，心恻怆而怀。懆操舫舟而沂湍流兮，浮清波以横厉。想宓妃之灵光兮，神幽隐以潜翳。实熊耳之泉液兮，摏伊瀍与涧瀍。通渠源于京城兮，引职贡乎荒裔。操吴榜其万艘兮，充王府而纳最。济西溪而容与兮，息巩都而后逝。愍简公之失师兮，疾了朝之为害。玄云黯以凝结兮，集零雨之溙溙。路阻败而无轨兮，涂汙溺而难遵。率陵阿以登降兮，赴偃师而释勤。壮田横之奉首兮，义二士之侠坟。""命仆夫其就驾兮，吾将往乎京邑。皇家赫而天居兮，万方徂而并集。贵宠扇以弥炽兮，金守利而不戢。前车覆而未远兮，后乘驱而竞入。……"一路"存古""属词"，满怀"愤思"。所言"群都"，除目的地"京洛"、"京城"、"京邑"外，比较明确的有：大梁，中牟，管邑，荥阳，巩都，偃师等。不很明确的如"卫康之封疆"，"申子之美城"。所谓"路丘墟以盘萦"的"丘墟"，有可能也是古城。

体会和理解一个知识分子面对黑暗政治"心郁悒"、"心恻怆"，以及"哀"、"忿"，"憎"、"愠"、"悲"、"悼"、"愍"、"疾"，乃至更为积极的"壮"、"义"的心态，自然是有意义的事，然而由于讨论主题的限定，我们更为注意的是这样一种文化地理现象，即直到东汉末年，中原地方曾经放射过历史光亮的前代"群都"，依然在社会的历史记忆中保留着相当深刻的文化印记。

四 秦汉时期的"天下之中"

战国时期曾经有"陶为天下之中"的说法，据说著名巨商范蠡就是利用这一交通优势，在今山东定陶地方致富的。然而，秦汉以来更为明确的"天下之中"，则是指河洛地区。河洛地区以经济、文化方面的优胜地位，后来又成为行政的中心。

(一) 秦人的"三川"经营

战国时期,河洛地区"为天下之大凑"①,"街居在齐秦楚赵之中"②的特殊的地理形势,使得列国兵战往往于此争夺,由此进取。秦人东进,首先倾力于河洛战事。《史记》卷五《秦本纪》记载,公元前309年,秦武王曾经对秦名将甘茂说:"寡人欲容车通三川,窥周室,死不恨矣!"后来不久就派甘茂拔宜阳。公元前293年,秦昭襄王命白起为将,在伊阙会战中大破韩魏联军。三年之后,"东周君来朝"。同年,秦昭襄王亲临宜阳。公元前256年,秦军攻西周,次年,"周民东亡,其器九鼎入秦,周初亡"。秦人占有西周属地对于攻略东方的意义,可以由第二年"天下来宾"得到体现。秦庄襄王即位初,就命令相国吕不韦诛东周君,"尽入其国",并"初置三川郡",实现了对河洛地区的全面控制。秦王政十三年(前234),嬴政在统一战争中亲自行临河洛地区,表明未来的大一统帝国的最高统治者对于这一地区特殊的文化地位的重视。

秦始皇平生8次出巡,大约其中6次都行历河洛地区。《史记》卷五五《留侯世家》记述刘邦与张良在洛阳南宫讨论行封功臣事,说到"上在雒阳南宫,从复道望见诸将往往相与坐沙中语"。洛阳南宫有"复道"建筑,显然不可能是仓促营造,应是秦时故宫。由"南宫"之定名,可推知洛阳秦宫应当不止一处。看来,秦王朝曾经把洛阳看作统治东方的政治重心所在。秦始皇特别信用的重臣李斯,其长男李由被任命为三川郡(郡治在今洛阳)行政长官,而为赵高所忌恨,也有助于说明这一历史事实。

(二) 汉帝心中的"天下冲阨"、"天下咽喉"

刘邦出关击项羽,在洛阳为义帝发丧,又发使者约诸侯共击楚等史实,也可以体现洛阳的战略地位。

刘邦初定天下,娄敬建议定都关中。他强调关中地理形势的优越,但是也肯定了河洛地区的地位。娄敬说:"成王即位,周公之属傅相焉,乃营成周洛邑,以此为天下之中也,诸侯四方纳贡职,道里均矣。"③

---

① 《逸周书·作雒》。
② 《史记》卷一二九《货殖列传》。
③ 《史记》卷九九《刘敬叔孙通列传》。

《史记》卷六〇《三王世家》和卷一二六《滑稽列传》褚先生补述，说到汉武帝所幸王夫人为其子刘闳请封洛阳，汉武帝以洛阳"天下冲阨"，"天下咽喉"的重要地位予以拒绝。可见河洛地区"在于土中"①的政治地理及文化地理的形势，已经受到了重视。

（三）"洛阳东贾齐、鲁，南贾梁、楚"

《史记》卷一二九《货殖列传》说："洛阳东贾齐、鲁，南贾梁、楚。"俨然是联系地域相当宽远的经济中心。当地取得特殊成功的富商如白圭、师史等，其行为风格其实也表现出河洛地区的区域文化特征。师史"转毂以百数，贾郡国，无所不至"，"能致七千万"。而按照《盐铁论·力耕》的说法，周地"商遍天下"，"商贾之富，或累万金"。《盐铁论·通有》又说，"三川之二周，富冠海内"，"为天下名都"。汉武帝时代的理财名臣桑弘羊，就是洛阳商人之子。桑弘羊曾经推行"均输"制度，以改善运输业的管理。而两汉之际河南郡荥阳仍然存留"均输官"设置，②由此也可以看到河洛地区经济地位的特殊。《汉书》卷二八下《地理志下》在分析河洛地区的区域文化特征时指出，"周地"风习，有"巧伪趋利，贵财贱义，高富下贫，憙为商贾，不好仕宦"的特点。班固说，这是"周人之失"。然而，如果承认商业对于增益经济活力的积极作用，则"周人"对于经济流通的贡献，其实是值得肯定的。《汉书》卷二四下《食货志下》记载，王莽"于长安及五都立五均官"。"五都"，即洛阳、邯郸、临菑、宛、成都，而"洛阳居中"，也说明随着关东地区经济文化的发展，洛阳的地位愈益重要。

到了东汉时期，洛阳及其附近地区在全国经济格局中居于领导地位，商业活动尤其繁荣，以致"牛马车舆，填塞道路，游手为巧，充盈都邑，务本者少，游食者众"③，"船车贾贩，周于四方，废居积贮，满于都城"④。洛阳成为全国"利之所聚"的最重要的商业大都市。当时，据说"其民异方杂居"，"商贾胡貊，天下四会"⑤，事实上已经成为东方世界的经济中心。

---

① 《史记》卷一二九《货殖列传》。
② 《后汉书》卷一一《刘盆子传》。
③ 《后汉书》卷四九《王符传》。
④ 《后汉书》卷四九《仲长统传》。
⑤ 《三国志》卷二一《魏书·傅嘏传》注引《傅子》。

（四）"王者必居天下之中"

《荀子·大略》说："欲近四方，莫如中央；故王者必居天下之中，礼也。"执政者应当在所谓"天下之中"的"中央"之地施行统治，被看做天经地义的制度。《吕氏春秋·慎势》："古之王者，择天下之中而立国。"《盐铁论·地广》："古者，天子之立于天下之中。"都以为帝王居于"天下之中"是传统定制。西汉定都长安，有依托关中"沃野千里"，"天府之国"的经济条件的动机，也有"阻三面而守，独以一面东制诸侯"的战略地理方面的考虑。① 至于汉武帝时代，政治形势发生了显著的变化，"大一统"的政体已经巩固，于是有封周子南君，以期继承周祀的举措。汉武帝封周后诏中，有"瞻望河洛，巡省豫州，观于周室，邈而无祀"的感叹，② 透露出对以往居于"天下之中"的"周室"的深心敬仰。由于当时东方的经济也得到突出发展，于是，接受"王者必居天下之中"思想的人们在进行新的政治设计时，视线又集中到河洛地区。

王莽夺权之后，在进行"分州定域"的新的政治地理规划时，提出了"以洛阳为新室东都，常安为新室西都"的设想，随后确定了将迁都于洛阳，"即土之中雒阳之都"③ 的时间表。不过，由于新莽政权的迅速崩溃，这一计划没有能够实现。④ 东汉建国，定都洛阳。全国的政治重心正式东移。

（五）东汉洛阳文化重心的地位

东汉时，国立学校太学的发展进入空前的繁荣期。汉光武帝刘秀爱好经术，于是"四方学士""云会京师"。汉明帝曾亲自到太学讲经，"观听者盖亿万计"⑤。朝廷要求贵族子弟入学受业，甚至匈奴王子也远道前来就读。一时"诸生横巷，为海内所集"⑥。据说汉顺帝时，进一步扩建太学校舍，于是游学增盛，至三万余生。推算洛阳当时人口19.3万多人，而太学至3万余生，数量是十分惊人的。

出身于洛阳的名士，西汉时期就有杰出的青年政论家、文学家贾谊。

---

① 《史记》卷五五《留侯世家》。
② 《汉书》卷六《武帝纪》。
③ 《汉书》卷九九中《王莽传中》。
④ 王子今：《西汉末年洛阳的地位和王莽的东都规划》，《河洛史志》1995年4期。
⑤ 《后汉书》卷七九上《儒林列传上》。
⑥ 《后汉书》卷四八《翟酺传》。

汉武帝时代，还有一位著作等身的"小说家"虞初，后来在文学史上享有盛名。据《汉书》卷三〇《艺文志》记载，"小说家十五家，千三百八十篇"，其中"《虞初周说》九百四十三篇"，属于虞初名下的作品竟然超过小说类论著总数的 68.33%。顾实《汉书艺文志讲疏》于是说："本志篇帙，莫此为众。"后来的小说家尊奉虞初为始祖。借名"虞初"的晚世小说如所谓《虞初志》、《虞初新志》、《续虞初志》、《虞初续志》、《广虞初新志》等，也都可以看作对汉代河洛文化代表人物之一虞初的一种纪念。

《后汉书》卷四九《王充传》说，王充"到京师，受业太学"，"家贫无书，常游洛阳书肆，阅所卖书，一见辄能诵忆，遂博通众流百家之言"。"洛阳书肆"中所卖书籍有"众流百家之言"，人们可以方便地阅读，可见洛阳当时有相当优越的文化环境。除了数量众多的太学生而外，洛阳市民似乎普遍也有慕好文化的风气。《后汉书》卷六〇下《蔡邕传》记载，蔡邕书丹于碑，正定《五经》文字，来观看和摹写的人，每天有一千多辆车，以致堵塞了道路。"其观视及摹写者，车乘日千余两，填塞街陌"的情景，可以看作"洛阳纸贵"之前另一能够体现洛阳人文化素养与价值取向的著名史例。

五 南阳的交通地理形势与诸葛亮躬耕故事

南阳在汉代具有重要的交通地理地位。南阳和以南阳为枢纽的交通结构，曾经发挥了特殊的历史作用。考察汉代交通史和汉代区域文化史，不能不重视南阳的交通地理形势。

东汉以来，南阳的地位更为突出。随着南下移民浪潮的兴起，南阳作为四通的枢纽，联系南北的交通重心的地位愈益显著。诸葛亮选择南阳作为居所，以眼观天下，分析形势，等待时机，显然注意到南阳集中交汇四方信息的优势，体现出不同凡响的政治家、军事家的战略眼光。

（一）武关道与南阳的交通地位

以南阳为一端，联系关中平原和江汉平原的武关道，春秋战国时期已经成为秦楚之间的交通要道。

《史记》卷五《秦本纪》记录了秦穆公以五羊皮赎还贤臣百里傒的故事："五年，晋献公灭虞、虢，虏虞君与其大夫百里傒，以璧马赂于虞故也。既虏百里傒，以为秦缪公夫人媵于秦。百里傒亡秦走宛，楚鄙人执之。缪公闻百里傒贤，欲重赎之，恐楚人不与，乃使人谓楚曰：'吾媵臣百里傒在焉，请以五羖羊皮赎之。'楚人遂许与之。当是时，百里傒年已七十余。缪公释其囚，与语国事。谢曰：'臣亡国之臣，何足问！'缪公曰：'虞君不用子，故亡，非子罪也。'固问，语三日，缪公大说，授之国政，号曰五羖大夫。"虞国在今山西平陆北。百里傒"亡秦走宛"，很可能是计划由宛北上回乡。由此可以推知当时由今南阳地方通往秦地和洛阳方向的道路都是畅通的。

吴王阖闾和伍子胥伐楚，攻破楚都，《左传·定公四年》记载，楚大夫申包胥由武关道奔秦告急，"立依于庭墙而哭，日夜不绝声，勺饮不入口。七日，秦哀公为之赋《无衣》，九顿首而坐，秦师乃出"。《左传·定公五年》：秦师"五百乘以救楚"，败吴师。《史记》卷五《秦本纪》："（秦哀公）三十一年，吴王阖闾与伍子胥伐楚，楚王亡奔随，吴遂入郢。楚大夫申包胥来告急，七日不食，日夜哭泣。于是秦乃发五百乘救楚，败吴师。吴师归，楚昭王乃得复入郢。""申包胥如秦乞师"和秦军出援均经行武关道。秦昭襄王十二年（前295），"予楚粟五万石"①，大约动用两千辆运车的这次大规模的运输行动，也是通过武关道实现的。此外，秦楚之间王族婚姻关系的缔结，双方"迎妇"，秦女东南行临江汉，楚女西北至于渭水，也都应当经由武关道。楚怀王人生悲剧的演出，武关道也是重要的舞台。② 陕西蓝田蓝桥河发现的古栈道遗迹，许多迹象表明，可能

---

① 《史记》卷五《秦本纪》。
② 《史记》卷四〇《楚世家》："秦昭王遗楚王书曰：'始寡人与王约为弟兄，盟于黄棘，太子为质，至欢也。太子陵杀寡人之重臣，不谢而亡去，寡人诚不胜怒，使兵侵君王之边。今闻君王乃令太子质于齐以求平。寡人与楚接境壤界，故为婚姻，所从相亲久矣。而今秦楚不欢，则无以令诸侯。寡人愿与君王会武关，面相约，结盟而去，寡人之愿也。敢以闻下执事。'楚怀王见秦王书，患之。欲往，恐见欺；无往，恐秦怒。昭雎曰：'王毋行，而发兵自守耳。秦虎狼，不可信，有并诸侯之心。'怀王子子兰劝王行，曰：'奈何绝秦之欢心！'于是往会秦昭王。昭王诈令一将军伏兵武关，号为秦王。楚王至，则闭武关，遂与西至咸阳，朝章台，如蕃臣，不与亢礼。楚怀王大怒，悔不用昭子言。秦因留楚王，要以割巫、黔中之郡。楚王欲盟，秦欲先得地。楚王怒曰：'秦诈我而又强要我以地！'不复许秦。秦因留之。""秦要怀王不可得地，楚立王以应秦，秦昭王怒，发兵出武关攻楚，大败楚军，斩首五万，取析十五城而去。二年，楚怀王亡逃归，秦觉之，遮楚道，怀王恐，乃从间道走赵以求归。赵主父在代，其子惠王初立，行王事，恐，不敢入楚王。楚王欲走魏，秦追至，遂与秦使复之秦。怀王遂发病。顷襄王三年，怀王卒于秦，秦归其丧于楚。楚人皆怜之，如悲亲戚。"又《屈原贾生列传》："时秦昭王与楚婚，欲与怀王会。怀王欲行，屈平曰：'秦虎狼之国，不可信，不如毋行。'怀王稚子子兰劝王行：'奈何绝秦欢！'怀王卒行。入武关，秦伏兵绝其后，因留怀王，以求割地。怀王怒，不听。亡走赵，赵不内。复之秦，竟死于秦而归葬。"

是先秦重要交通道路武关道的遗存。①

秦统一战争中，以强大军力控制了武关道，于是形成了对楚地的严重威胁。"（秦昭襄王）十五年，大良造白起……攻楚，取宛。十六年，左更错取轵及邓。……封公子市宛，公子悝邓。"秦军占据南阳地方，进一步打开了东进的通路。秦昭襄王二十二年，"与楚王会宛"。"二十四年，与楚王会鄢，又会穰。""二十六年，赦罪人迁之穰。""二十七年，错攻楚。赦罪人迁之南阳。"②"二十八年，大良造白起攻楚，取鄢、邓，赦罪人迁之。二十九年，大良造白起攻楚，取郢为南郡，楚王走。"③宛，在今河南南阳。鄢，在今河南漯河西。穰，在今河南邓州。邓，在今湖北襄樊西北。秦王政即位时，"秦地已并巴、蜀、汉中，越宛有郢，置南郡矣"。"（秦王政）二十四年，王翦、蒙武攻荆，破荆军，昌平君死，项燕遂自杀。"④在灭楚的战役中，秦军主力已经未必专行武关道。⑤然而南阳交通四方的便利条件必然被充分利用。

秦始皇东巡，曾经多次经行这条道路。秦王政二十三年（前224），"秦王游至郢陈"。秦始皇二十八年（前219）东巡，"之衡山、南郡"。"上自南郡由武关归。"三十七年（前210），"行至云梦"⑥。郢陈，在今河南淮阳。云梦，在今湖北潜江、沔阳一带。除了"自南郡由武关归"的明确记载外，"游至郢陈"以及"行至云梦"，也都可能由武关道而行，途经南阳。

秦末，陈胜起义军曾经有由南阳入武关进取关中的计划，不过这一计划最终被挫败。《史记》卷四八《陈涉世家》："初，陈王至陈，令铚人宋留将兵定南阳，入武关。留已徇南阳，闻陈王死，南阳复为秦。宋留不能入武关，乃东至新蔡，遇秦军，宋留以军降秦。秦传留至咸阳，车裂留以徇。"刘邦军就是由这条道路先项羽入关的。在项羽与秦军主力艰苦相拒，血战中原时，刘邦却率军迂回经由南阳地区向西北进军，抢先控制了秦政权的重心地带。刘邦军在西向途中没有遭遇秦军主力，进取陈留（今河南开封东南）后，缴获了充足的粮储，又从宛、武关、蓝田一线进

---

① 王子今、焦南峰：《古武关道栈道遗迹调查简报》，《考古与文物》1986年2期。

② 《史记》卷一二九《货殖列传》："秦末世，迁不轨之民于南阳。"所说事相近，而年代有异。

③ 《史记》卷五《秦本纪》。

④ 《史记》卷六《秦始皇本纪》。

⑤ 《史记》卷七三《白起王翦列传》说，"李信及蒙恬将二十万南伐荆。"王翦出征，也有"王翦既至关，使使还请善田者五辈"的情节。这里所说的"关"，很可能是指函谷关。

⑥ 《史记》卷六《秦始皇本纪》。

军,兵锋直指关中。《史记》卷六《秦始皇本纪》:"沛公将数万人已屠武关","楚将沛公破秦军入武关,遂至霸上"。都记录了这一历史过程。据《史记》卷八《高祖本纪》,对于宛地的策略,因张良的建议有正确的择定。南阳守舍人陈恢请降时所谓"宛,大郡之都也"以及得宛则"足下通行无所累"等语,都说明了南阳的交通形势。①

楚汉之争的最初发生,刘邦也有由武关而南阳的军事行动。《史记》卷八《高祖本纪》写道:"汉王用韩信之计"北定关中之后,"令将军薛欧、王吸出武关,因王陵兵南阳,以迎太公、吕后于沛"。关于王陵在武关道和南阳的活动,裴骃《集解》:"如淳曰:'王陵亦聚党数千人,居南阳。'"又张守节《正义》:"《括地志》云:'王陵故城在商州上洛县南三十一里。《荆州记》云:昔汉高祖入秦,王陵起兵丹水以应之,此城王陵所筑,因名。'"刘邦军在荥阳被项羽军击败,退回关中休整之后再次东进,其主力选择了由武关道进军南阳的路线。《史记》卷八《高祖本纪》:"汉王之出荥阳入关,收兵欲复东。袁生说汉王曰:'汉与楚相距荥阳数岁,汉常困。愿君王出武关,项羽必引兵南走,王深壁,令荥阳成皋间且得休。使韩信等辑河北赵地,连燕、齐,君王乃复走荥阳,未晚也。如此,则楚所备者多,力分,汉得休,复与之战,破楚必矣。'汉王从其计,出军宛叶间,与黥布行收兵。"关于楚汉在南阳作战的情形,司马迁记述:"项羽闻汉王在宛,果引兵南。汉王坚壁不与战。是时彭越渡睢水,与项声、薛公战下邳,彭越大破楚军。项羽乃引兵东击彭越。汉王亦引兵北军成皋。"

吴楚七国之乱爆发,汉景帝任用周亚夫为太尉,作为最高统帅,往东方平定叛乱。《汉书》卷四〇《周亚夫传》记载:"亚夫既发,至霸上,赵涉遮说亚夫曰:'将军东诛吴楚,胜则宗庙安,不胜则天下危,能用臣

---

① 《史记》卷八《高祖本纪》:"与南阳守齮战犨东,破之。略南阳郡,南阳守齮走,保城守宛。沛公引兵过而西。张良谏曰:'沛公虽欲急入关,秦兵尚众,距险。今不下宛,宛从后击,彊秦在前,此危道也。'于是沛公乃夜引兵从他道还,更旗帜,黎明,围宛城三匝。南阳守欲自刭。其舍人陈恢曰:'死未晚也。'乃逾城见沛公,曰:'臣闻足下约,先入咸阳者王之。今足下留守宛。宛,大郡之都也,连城数十,人民众,积蓄多,吏人自以为降必死,故皆坚守乘城。今足下尽日止攻,士死伤者必多;引兵去宛,宛必随足下后:足下前则失咸阳之约,后又有彊宛之患。为足下计,莫若约降,封其守,因使止守,引其甲卒与之西。诸城未下者,闻声争开门而待,足下通行无所累。'沛公曰:'善。'乃以宛守为殷侯,封陈恢千户。引兵西,无不下者。至丹水,高武侯鳃、襄侯王陵降西陵。还攻胡阳,遇番君别将梅鋗,与皆,降析、郦。""因袭攻武关,破之。又与秦军战于蓝田南,益张疑兵旗帜,诸所过毋得掠卤,秦人喜,秦军解,因大破之。又战其北,大破之。乘胜,遂破之。汉元年十月,沛公兵遂先诸侯至霸上。"

之言乎？'亚夫下车，礼而问之。涉曰：'吴王素富，怀辑死士久矣。此知将军且行，必置间人于殽黾阸陜之间。且兵事上神密，将军何不从此右去，走蓝田，出武关，抵雒阳，间不过差一二日，直入武库，击鸣鼓。诸侯闻之，以为将军从天而下也。'太尉如其计。至雒阳，使吏搜殽黾间，果得吴伏兵。"周亚夫从武关道前往洛阳，是出于"兵事上神密"的考虑，以致"诸侯闻之，以为将军从天而下"。周亚夫所行，与百里傒"亡秦走宛"选择的路线是大体一致的。周亚夫用赵涉计经武关道东行的故事还告诉我们，从长安出发，"右去，走蓝田，出武关，抵雒阳"，与通常经行"殽黾间"的路线相比，"间不过差一二日"。可知当时南阳通往长安和洛阳的道路，通行状况都十分便利。南阳作为重要交通枢纽的地位，是显而易见的。

据《史记》卷一一八《淮南衡山列传》，淮南王谋反，曾经有"发南阳兵守武关"的计划。也都可以说明南阳与武关道的特殊关系。

（二）宛，一都之会

《史记》卷一二九《货殖列传》说："南阳西通武关、郧关，东南受汉、江、淮。宛亦一都会也。"其经济地位已经相当可观。《汉书》卷二八下《地理志下》也写道："宛，西通武关，东受江、淮，一都之会也。"可见，西汉时期南阳已经因交通地理方面的优势实现了繁荣。南阳的繁荣，是以优越的交通地理因素为重要条件的。除了控制武关道交通而外，所谓"东南受汉、江、淮"，"东受江、淮"所记述南阳与东方和东南方向地域的交通关系，也值得重视。

司马迁曾经强调南阳地方"商贾"的作用。《史记》卷一二九《货殖列传》："秦、夏、梁、鲁好农而重民。三河、宛、陈亦然，加以商贾。"《汉书》卷二八下《地理志下》所谓"南阳好商贾"，也指明了这一地方突出的经济特征。南阳这一特殊的经济地理条件，在两汉之际尤为突出。

据《汉书》卷九九中《王莽传中》，王莽"分三辅为六尉郡，河东、河内、弘农、河南、颍川、南阳为六队郡，置大夫，职如太守"[①]，南阳成为特别行政区之一。又《汉书》卷二四下《食货志下》："于长安及五都立五均官，更名长安东西市令及洛阳、邯郸、临菑、宛、成都市长皆为五均司市师。东市称京，西市称畿，洛阳称中，余四都各用东西南北为

---

① 《后汉书》卷一上《光武帝纪上》李贤注："王莽置六队，郡置大夫一人，职如太守。南阳为前队，河内为后队，颍川为左队，弘农为右队，河东为兆队，荥阳为祈队。"

称,皆置交易丞五人,钱府丞一。"南阳又被正式确定为具有特殊地位的经济都市。其"南都"地位的形成,已经预示此后南阳将作为中原地区与江南地区交通的重要联系点。

(三) 东汉南阳政治地位的提升和交通作用的增强

王莽专政时代,曾经有将行政中心向东方迁移的意图。[①] 这一决策,其实是适应了全国经济文化重心逐渐东移的形势的。[②]

翟义起兵时,王莽除发七将军率军镇压外,又以重兵屯卫战略要地,其中南阳是防卫的重心。《汉书》卷八四《翟义传》记载,翟义兵起,王莽大惧,"乃拜其党亲轻车将军成武侯孙建为奋武将军,光禄勋成都侯王邑为虎牙将军,明义侯王骏为强弩将军,春王城门校尉王况为震威将军,宗伯忠孝侯刘宏为奋冲将军,中少府建威侯王昌为中坚将军,中郎将震羌侯窦况为奋威将军,凡七人,自择除关西人为校尉军吏,将关东甲卒,发奔命以击义焉。复以太仆武让为积弩将军屯函谷关,将作大匠蒙乡侯逯并为横野将军屯武关,羲和红休侯刘歆为扬武将军屯宛,太保后丞丞阳侯甄邯为大将军屯霸上,常乡侯王恽为车骑将军屯平乐馆,骑都尉王晏为建威将军屯城北,城门校尉赵恢为城门将军,皆勒兵自备"。屯军7处,4处在关中。其余除函谷关外,即武关与宛。由此可见王莽对南阳地方的重

---

① 王子今:《西汉末年洛阳的地位和王莽的东都规划》,《河洛史志》1995 年 4 期。
② 王莽始建国四年(12),曾经公开宣布:周王朝有东都、西都之居。现今受命,仍旧遵照周代制度,其以洛阳为新室东都,常安为新室西都。于是洛阳已经具有了与常安(长安)相并列的地位。第二年,王莽又策划迁都于洛阳,也就是以洛阳取代长安,使其成为唯一的正式国都。这一决定,曾经一时在长安引起民心浮动,据史书记载,当时,长安城中百姓听说王莽准备迁都洛阳,不肯修缮房屋,甚至有的不惜将住宅拆毁。王莽于是借口以符命为根据,预定在三年之后,即始建国八年,正式迁都洛阳。宣布在此之前,西都常安(长安)的城市建设,不能受到影响。不过,历史上却没有出现所谓"始建国八年",在第二年,王莽就决定改元为"天凤"。天凤元年(14)正月,王莽又宣示天下,要从二月起"行巡狩之礼"。这一"巡狩之礼",将完成东巡、南巡、西巡、北巡,在北巡之礼完毕之后,就要将政治重心转移到"土中",正式定居于"雒阳之都"了。也就是说,原定迁都于洛阳的时间表又将大大提前。王莽"一岁四巡"的计划被大臣们以为不可行而提出反对。王莽于是又推迟了迁都洛阳的计划,迁都计划预定将在公元 21 年正式实施。由于民众起义的迅速爆发和蔓延,王莽以洛阳为都的预定计划没有能够真正落实。但是洛阳的地位在这一时期仍然在上升。当时人对于严重威胁新莽政权的民间武装暴动,称作"百姓怨恨,盗贼并起","欲动秦、雒阳"。地皇三年(22),在起义军威势日益壮大的情况下,王莽发军征抚东方,又以洛阳作为主要的指挥中心与后勤基地。在当时非常的战争形势下,实际上洛阳已经被赋予仅次于长安的另一政治军事中心的地位。王莽的东都规划虽然并没有能够完全实现,但是仍然为东汉定都洛阳初步奠定了根基,为此后全国经济重心和政治文化重心的东移准备了必要的条件。

视。"横野将军屯武关","扬武将军屯宛",动机正在扼守武关道。可知南阳地位之重要,主要基于交通条件的考虑。《汉书》卷九九下《王莽传下》所谓"析人邓晔、于匡起兵南乡百余人,时析宰将兵数千屯鄡亭,备武关"①,也说明了同样的情形。

范晔在《后汉书》卷二二《朱景王杜马刘傅坚马列传》论中,说到东汉前期"功臣专任"②、"南阳多显"③的政治现象。所列"功臣之次",32人中,竟有13人出身于南阳地方。这些刘秀政治军事集团的中坚,其中有些本身就是豪族,或者和豪族的关系相当密切。例如:刘隆"南阳安众侯宗室也"④,李通"世以货殖著姓","居家富逸,为闾里雄"⑤,邓禹"豪赡"⑥,任光"为乡啬夫","冠服鲜明"⑦,吴汉"所至皆交结豪杰"⑧,都反映了这样的历史事实。⑨ 值得我们特别注意的,是"世以货殖著姓","所至皆交结豪杰"这些与交通行为有关的职业特征和个性特征。

刘秀及其政权的统治阶层本来就属于豪强地主集团,当政后凭借其政治权势,更为变本加厉地搜括土地,占夺人口。《后汉书》卷二二《刘隆传》记载,因检核垦田数而发生了中央政府和河南、南阳地方豪强地主集团的矛盾。当时,天下垦田多不如实统计,又户口年纪也互有增减,豪强地主以所控制耕地和人口的虚假数字,对抗中央政府的经济管理。建武十五年(39),汉光武帝刘秀颁布诏书,下令州郡检核其事,而刺史太守多不能公正执法,豪右之家依然得到优遇,当时官场有所谓"颍川、弘农可问,河南、南阳不可问"的说法,这正是因为"河南帝城,多近臣,南阳帝乡,多近亲,田宅逾制,不可为准"。可见南阳在当时居于仅次于首都的特殊地位。

---

① 颜师古注:"析,南阳之县。南乡,析县之乡名。"
② 李贤注引《郑兴传》曰:"(郑)兴征为太中大夫,上疏曰:'道路咸曰朝廷欲用功臣,功臣用则人位谬矣。'"
③ 李贤注引《郭伋传》曰:"光武以(郭)伋为并州牧,帝引见,伋因言:'选补众职,当简天下贤俊,不宜专用南阳人也。'帝深纳其言。"
④ 《后汉书》卷二二《刘隆传》。
⑤ 《后汉书》卷一五《李通传》。
⑥ 《后汉书》卷一五《李王邓来列传》赞。
⑦ 《太平御览》卷六四六引《东观汉记》。
⑧ 《后汉书》卷一八《吴汉传》。
⑨ 王子今:《秦汉区域文化研究》,四川人民出版社1998年版,第186—187页。

（四）"真人南巡"

体现南阳地区交通条件的资料，有东汉诸帝多以南阳为出巡目的地，多次临幸南阳的历史记录。

刘秀平定天下后，建武十七年（41），"夏四月乙卯，南巡狩，皇太子及右翊公辅、楚公英、东海公阳、济南公康、东平公苍从，幸颍川，进幸叶、章陵。五月乙卯，车驾还宫。"十九年（43），"秋九月，南巡狩。壬申，幸南阳，进幸汝南南顿县舍，置酒会，赐吏人，复南顿田租岁。父老前叩头言：'皇考居此日久，陛下识知寺舍，每来辄加厚恩，愿赐复十年。'帝曰：'天下重器，常恐不任，日复一日，安敢远期十岁乎？'吏人又言：'陛下实惜之，何言谦也？'帝大笑，复增一岁。进幸淮阳、梁、沛"①。

汉明帝永平十年（67），"闰月甲午，南巡狩，幸南阳，祠章陵。日北至，又祠旧宅。礼毕，召校官弟子作雅乐，奏鹿鸣，帝自御埙篪和之，以娱嘉宾。还，幸南顿，劳飨三老、官属。冬十一月，征淮阳王延会平舆，征沛王辅会睢阳。十二月甲午，车驾还宫"②。汉章帝元和元年（84）八月，"丁酉，南巡狩，诏所经道上，郡县无得设储跱。命司空自将徒支柱桥梁。有遣使奉迎，探知起居，二千石当坐。其赐鳏、寡、孤、独、不能自存者粟，人五斛。（九月）辛丑，幸章陵，祠旧宅园庙，见宗室故人，赏赐各有差。冬十月己未，进幸江陵，诏庐江太守祠南岳，又诏长沙、零陵太守祠长沙定王、舂陵节侯、郁林府君。还，幸宛。十一月己丑，车驾还宫，赐从者各有差"③。汉和帝永元十五年（103），"九月壬午，南巡狩，清河王庆、济北王寿、河间王开并从。赐所过二千石长吏以下、三老、官属及民百年者钱布，各有差。是秋，四州雨水。冬十月戊申，幸章陵，祠旧宅。癸丑，祠园庙，会宗室于旧庐，劳赐作乐。戊午，进幸云梦，临汉水而还。十一月甲申，车驾还宫"④。据《后汉书》卷五二《崔骃传》，"元和中，肃宗始修古礼，巡狩方岳。骃上四巡颂以称汉

---

① 《后汉书》卷一下《光武帝纪下》。
② 《后汉书》卷二《明帝纪》。
③ 《后汉书》卷三《章帝纪》。章和元年（87）又一次"南巡狩"，却没有至于南阳，其实是"东巡狩"及"东南巡狩"："八月癸酉，南巡狩。壬午，遣使者祠昭灵后于小黄园。甲申，征任城王尚会睢阳。戊子，幸梁。己丑，遣使祠沛高原庙，丰枌榆社。乙未，幸沛，祠献王陵，征会东海王政。乙未晦，日有食之。九月庚子，幸彭城，东海王政、沛王定、任城王尚皆从。辛亥，幸寿春。……己未，幸汝阴。冬十月丙子，车驾还宫。"
④ 《后汉书》卷四《和帝纪》。

德，辞甚典美，文多故不载"。《东汉文纪》卷一〇记录了其《南巡颂序》："建初九年，秋谷始登，犹斯嘉时，举先王之大礼，假于章陵，遂南巡楚路，临江川以望衡山，顾九嶷，叹虞舜之风。是时庶绩咸熙，罔可黜陟，惟休蒸之鸿德，允天覆而无遗，壮云行之，博惠淑雨，施于庶黎。"

张衡名作《南都赋》也有关于"真人南巡"的辞句："于是乎鲵齿眉寿，鲐背之叟，皤皤然被黄发者，喟然相与歌曰：'望翠华兮葳蕤，建太常兮裶裶。驷飞龙兮骙骙，振和鸾兮京师。总万乘兮徘徊，按平路兮来归。'岂不思天子南巡之辞者哉！遂作颂曰：皇祖止焉，光武起焉。据彼河洛，统四海焉。本枝百世，位天子焉。永世克孝，怀桑梓焉。真人南巡，睹旧里焉。"① 所谓"总万乘兮徘徊，按平路兮来归"，可以作交通史料读。

显然，南阳交通条件必须具备可以频繁通过皇帝乘舆车队的能力。通过所谓"诏所经道上，郡县无得设储跱"以及"命司空自将徒支柱桥梁"等，可知皇帝巡临南阳，当会促进这一地区建设优越于其他地方的交通设施。

汉灵帝中平元年（184），"春二月，钜鹿人张角自称'黄天'，其部帅有三十六方，皆著黄巾，同日反叛。安平、甘陵人各执其王以应之。三月戊申，以河南尹何进为大将军，将兵屯都亭。置八关都尉官"。据李贤注，"八关谓函谷、广城、伊阙、大谷、轘辕、旋门、小平津、孟津也"②。"八关"中的伊阙关、大谷关、轘辕关都在洛阳南面，可知洛阳与南阳间的交通受到特殊的重视。

（五）"南阳好商贾"

《南巡颂序》所谓"假于章陵，遂南巡楚路"，说明了南阳交通与其他地区交通系统的关系。南阳与其他地方的交通关联，还可以通过南阳商业的繁荣和南阳商人的活跃得到体现。司马迁关于"夏"地和"宛"地风习，有"好农而重民"，"加以商贾"的评价，又说："宛亦一都会也，俗杂好事，业多贾。"③ 班固对南阳的重商风习也有记录。他说，南阳"其俗夸奢"，"好商贾"，汉宣帝时，召信臣为南阳太守，"信臣劝民农桑，去末归本，郡以殷富"。于是又有"南阳好商贾，召父富以本业"的

---

① 李善注："《东观汉记》曰：光武征秦丰，幸旧宅。郦元《水经注》曰：光武征秦丰，张衡以为真人南巡，观旧里焉。"
② 《后汉书》卷八《灵帝纪》。
③ 《史记》卷一二九《货殖列传》。

赞叹。① 其实，东汉以来，南阳"好商贾"的乡土风习更为炽盛。张衡《南都赋》所说当地"宝利珍怪"，应是南阳输出的主要商品："其宝利珍怪，则金彩玉璞，随珠夜光。铜锡铅锴，赭垩流黄。绿碧紫英，青䪨丹粟。太一余粮，中黄瑴玉。松子神陂，赤灵解角。"

反映南阳商运状况的比较突出的史例，又有贾复从事盐运经营的故事。《后汉书》卷一七《贾复传》记述南阳冠军人贾复事迹："王莽末，为县掾，迎盐河东，会遇盗贼，等比十余人皆放散其盐，复独完以还县，县中称其信。"贾复主持的"迎盐河东"事，应是政府行为，与一般民间贩运不同，但是也可以从一个侧面说明南阳与河东的交通联系。而张家山汉简说到的盐运"济汉"即很可能出产于河东的食盐满足汉水以南需求的运输活动，② 应当也是经过南阳地方的。

（六）中原文化向南传布的中继站

《后汉书》卷七六《循吏列传·茨充》写道，卫飒任桂阳太守，以中原文化为基点移风易俗，"南阳茨充代飒为桂阳，亦善其政，教民种殖桑柘麻纻之属，劝令养蚕织屦，民得利益焉"。茨充的故事，可以说明南阳曾经是中原先进农耕技术向南方传布的中继站。

南阳在交通方面的显著作用，还突出体现于在两汉之际和东汉末年曾经成为南下移民运动的重要的转徙中心。

两汉之际，中原兵争激烈，"民人流亡，百无一在"③，"小民流移"④，往往"避乱江南"⑤。东汉时期，"连年水旱灾异，郡国多被饥困"，"饥荒之余，人庶流进，家户且尽"，其中往往有渡江而南者。永初初年实行"尤困乏者，徙置荆、扬孰郡，既省转运之费，且令百姓各安其所"的政策。⑥ 通过所谓"令百姓各安其所"，可知流民向往的安身之地，亦即民间自发流移的大致方向，本来正是"荆、扬孰郡"。东汉末年剧烈的社会动乱再一次激起以江南为方向的流民运动。两汉之际和东汉末年中原人口向江南的移徙，是中国社会史、中国经济史和中国文化史的重大事变。

---

① 《汉书》卷二八下《地理志下》。
② 参看王子今《张家山汉简〈二年律令〉所见盐政史料》，《文史》2002 年 4 期。
③ 《三国志》卷六《魏书·董卓传》注引《续汉书》。
④ 《续汉书·天文志上》。
⑤ 《后汉书》卷七六《循吏列传·杜延》。
⑥ 《后汉书》卷三二《樊准传》。

由"荆、扬"之说，可知中原士民南迁目的地有两个大略的区域方向，即：

1. 江汉平原—江南荆州地
2. 江淮平原—江南扬州地。

我们可以根据《汉书》卷二八《地理志》及《续汉书·郡国志》提供的资料，分析两汉分属"荆、扬"的丹阳等十数郡国户口的变化：(见表2、表3)

表2　　　　　　　　　　　荆州诸郡户口的变化

元始二年			永和五年			增长率（%）	
郡国	户	口	郡国	户	口	户	口
南阳郡	359316	1942051	南阳郡	528551	2439618	47.10	25.62
江夏郡	56844	219218	江夏郡	58434	265464	2.79	21.10
南郡	125579	718540	南郡	162570	747604	29.46	4.04
长沙国	43470	235825	长沙郡	255854	1059372	488.58	349.22
桂阳郡	28119	156488	桂阳郡	135029	501403	380.21	220.41
零陵郡	21092	139378	零陵郡	212284	1001578	906.47	618.61
武陵郡	34177	185738	武陵郡	46672	250913	36.56	35.08
合计	668597	3597258		1399394	6265952	109.30	74.19

表3　　　　　　　　　　　扬州诸郡户口的变化

元始二年			永和五年			增长率（%）	
郡国	户	口	郡国	户	口	户	口
丹扬郡	107541	405171	丹阳郡	136518	630545	26.95	55.62
九江郡	150052	780525	九江郡	89436	432426	-40.40	-44.60
庐江郡	124383	457333	庐江郡	101392	424683	-37.70	-33.22
六安国	38345	178616					
会稽郡	223038	1032604	吴郡	164164	700782	28.79	14.47
			会稽郡	123090	481196		
豫章郡	67462	351965	豫章郡	406496	1668906	502.56	374.17
合计	710821	3206214		1021096	4338538	43.65	35.32

从以上数字可以看出，扬州地方有两个郡户口出现负增长，总的增长率也明显低于荆州地方。而豫章郡接受移民数量突出，户口增长率达502.56%和374.17%。户口增长率最为惊人的是零陵郡，达到906.47%和618.61%。长沙郡的488.58%和349.22%，桂阳郡的380.21%和220.41%，也显示增长迅速。户口的增长，自然有山地少数民族逐渐入籍成为编户的因素，但是更主要的来源是南下的中原移民。这一现象，通过户数增长超过口数增长的情形也可以得到反映。而南阳作为荆州最北的一郡，户口增长依然可观。最终以零陵郡、长沙郡、桂阳郡为定居地点的来自黄河流域的南下移民，其实应当都经过南阳郡，利用过南阳郡的交通条件，有些移民也可能曾经在南阳地方居留。

（七）作为信息中心的南阳和诸葛亮的选择

南阳是经受移民浪潮冲击的南北交通要道上的枢纽，这里也很自然地成为联通各地的信息中心。

《续汉书·郡国志一》刘昭《注补》引《帝王世纪》说："昔汉永和五年，南阳户五十余万，汝南户四十余万，方之于今，三帝鼎足，不蹢二郡，加有食禄复除之民，凶年饥疾之难，见可供役，裁若一郡。以一郡之人，供三帝之用，斯亦勤矣。"《续汉书·百官志五》刘昭《注补》引应劭《汉官》也说："《前书·百官表》云，万户以上为令，万户以下为长。三边始孝武皇帝所开，县户数百而或为令。荆扬江南七郡，唯有临湘、南昌、吴三令尔。及南阳穰中，土沃民稠，四五万户而为长。"袁术在南阳时，据说"户口尚数十百万"①。东汉末年，当天下纷乱之时，长安久已残破，河洛地区的文明积累亦大被摧毁，而南阳地区则相对安定，原有经济文化基础似乎大体保全。

《后汉书》卷七三《刘虞传》记载："朝廷幼冲，逼于董卓，远隔关塞"，"（刘虞）选掾右北平田畴、从事鲜于银蒙险间行，奉使长安。献帝既思东归，见畴等大悦。时虞子和为侍中，因此遣和潜从武关出，告虞将兵来迎。道由南阳"。刘和离开长安的路线，是"潜从武关出"，"道由南阳"，说明这条交通道路相对安全，南阳局势亦相对稳定。吕布出关中，也选择了同样的路线，"走出武关，奔南阳。"②

当时南阳的交通形势，据《续汉书·郡国志四》刘昭《注补》引

---

① 《后汉书》卷七五《袁术传》。
② 《后汉书》卷七五《吕布传》。

《荆州记》:"襄阳旧楚之北津,从襄阳渡江,经南阳,出方关,是周、郑、晋、卫之道,其东津经江夏,出平皋关,是通陈、蔡、齐、宋之道。"如果说,洛阳为"天下之中"[1]的地位已经不复存在,则南阳或许实际上又形成了新的"天下之中"。这一变化,其实是和全国经济文化中心南移的历史趋向一致的。在这样的条件下,南阳"三方是通"[2]的优势更为突出,而作为信息积聚中心的特点,也为明智之士所注重。

《三国志》卷三五《蜀书·诸葛亮传》关于诸葛亮定居南阳事,有这样的记载:"诸葛亮字孔明,琅邪阳都人也。汉司隶校尉诸葛丰后也。父珪,字君贡,汉末为太山郡丞。亮早孤,从父玄为袁术所署豫章太守,玄将亮及亮弟均之官。会汉朝更选朱皓代玄。玄素与荆州牧刘表有旧,往依之。玄卒,亮躬耕陇亩,好为《梁父吟》。身长八尺,每自比于管仲、乐毅,时人莫之许也。"裴松之注引《汉晋春秋》:"亮家于南阳之邓县,在襄阳城西二十里,号曰'隆中'。"时诸葛亮15岁以上,方届青壮之年,应正是雄心勃发时。[3] 诸葛亮定居南阳,有观察形势、等待时机的用心。即《全唐文》卷三〇〇严从《拟三国名臣赞序》所谓"孔明躬耕南阳,盘桓俟主"。

诸葛亮十分重视信息的采集和分析。传其所著《便宜十六策》第三即为《视听》,就是专门讲述一切相关情报信息的收集的。其中所说"务于多闻","察微形,听细声",除强调体察下情外,也包含关注多方面信息的意思。有人说,诸葛亮当时的心理是"苟全性命","不求闻达"[4],如宋人洪迈《容斋随笔》卷八"诸葛公"条就写道:"使无徐庶之言、玄德之三顾,则苟全性命,不求闻达必矣。"然而其真实情形,可能未必如此。[5]《卧龙冈志》卷二闫兴邦《重建南阳卧龙冈诸葛书院碑记》写道,诸葛亮所谓躬耕南阳,抱膝长啸,"比之耕莘钓渭者,先后一辙"。其说至确。

---

[1] 《史记》卷九九《刘敬叔孙通列传》:"成王即位,周公之属傅相焉,乃营成周洛邑,以此为天下之中也,诸侯四方纳贡职,道里均矣。"《史记》卷一二九《货殖列传》:"洛阳街居在齐秦楚赵之中","在于土中"。

[2] 张衡《南都赋》:"尔其地势,则武阙关其西,桐柏揭竭其东。流沧浪而为隍,廓方城而为墉。汤谷涌其后,淯育水荡其胸。推淮引湍,三方是通。"李善注:"三方,东西及南也。"

[3] 明天一阁刻本《诸葛武侯文集》附《诸葛忠武侯年谱》、清人梁章钜《诸葛公年谱》将诸葛玄将诸葛亮及弟之官及往依刘表,玄卒,诸葛亮遂寓南阳襄、邓间事均系于"乙亥兴平二年,公年十五岁"句下。明人杨时伟《诸葛忠武侯年谱》、清人张鹏翮《诸葛武侯年表》则说,"侯寓襄、邓,当在此年以后"。

[4] 《三国志》卷三五《蜀书·诸葛亮传》。

[5] 何景强:《对诸葛亮的两点新认识》,《惠州大学学报》1995年第1期。

正是因为诸葛亮对利用南阳交通条件所获取的政治军事信息的整理和分析，使得他能够对于天下大势了然于心。著名的"隆中对"，就体现出诸葛亮的战略胸怀："自董卓已来，豪杰并起，跨州连郡者不可胜数。曹操比于袁绍，则名微而众寡，然操遂能克绍，以弱为强者，非惟天时，抑亦人谋也。今操已拥百万之众，挟天子而令诸侯，此诚不可与争锋。孙权据有江东，已历三世，国险而民附，贤能为之用，此可以为援而不可图也。荆州北据汉、沔，利尽南海，东连吴会，西通巴、蜀，此用武之国，而其主不能守，此殆天所以资将军，将军岂有意乎？益州险塞，沃野千里，天府之土，高祖因之以成帝业。刘璋闇弱，张鲁在北，民殷国富而不知存恤，智能之士思得明君。将军既帝室之胄，信义著于四海，总揽英雄，思贤如渴，若跨有荆、益，保其岩阻，西和诸戎，南抚夷越，外结好孙权，内修政理；天下有变，则命一上将将荆州之军以向宛、洛，将军身率益州之众出于秦川，百姓孰敢不箪食壶浆以迎将军者乎？诚如是，则霸业可成，汉室可兴矣。"① 这种对于总体军事政治形势的全面认识，对于各地域形势、各军事集团实力及其领袖人物才具性格的真切了解，绝非单纯"躬耕陇亩"、"抱膝长啸"者能够闭门自思所得。近年有学者对《隆中对》的合理性和可行性提出异议，② 然而其中体现的战略思想的价值却无疑是可贵的。诸葛亮身居南阳而了解天下大局，如果没有借助便利的交通条件而形成的信息渠道，是不可想象的。诸葛亮之所以能够"识时务"③，是基于他"对天下大势的周密考虑和分析"。正如有的学者所指出的，"他始终留意着时局的变化，并针对变化有自己的策略"，"他的《草庐对》所以能一鸣惊人，正在于他综合了各种信息，深刻地把握了天下大势，从而提出正确的应对办法。"论者还指出，"在诸葛亮隐居荆州的时候，在他的周围有一个名士群"，"这些人大多是从各地避难而来"，于是形成了特殊的"消息来源渠道"④。所谓"诸葛亮寓居隆中，天下大势，了如指掌"⑤，信息的充分占有应当是主要因素之一。

诸葛亮在南阳与汝南孟建等俱游学，据《三国志》卷三五《蜀书·诸葛亮传》裴松之注引《魏略》，"后公威思乡里，欲北归，亮谓之曰：

---

① 《三国志》卷三五《蜀书·诸葛亮传》。
② 何景强：《对诸葛亮的两点新认识》，《惠州大学学报》1995年第1期；屈玉堂：《诸葛亮新论》，《许昌师专学报》1995年第3期。
③ 《三国志》卷三五《蜀书·诸葛亮传》裴松之注引《襄阳记》。
④ 王大良：《"三顾茅庐"和〈草庐对〉献疑》，《南都学坛》1995年第3期。
⑤ 罗民介：《诸葛亮寓居襄阳谈》，《新东方》2000年第11期。

'中国饶士大夫，遨游何必故乡邪！'"裴松之则写道："臣松之以为《魏略》此言，谓诸葛亮为公威计者可也，若谓兼为己言，可谓未达其心矣。老氏称知人者智，自知者明，凡在贤达之流，固必兼而有焉。以诸葛亮之鉴识，岂不能自审其分乎？夫其高吟俟时，情见乎言，志气所存，既已定于其始矣。若使游步中华，骋其龙光，岂夫多士所能沈翳哉！委质魏氏，展其器能，诚非陈长文、司马仲达所能颉颃，而况于余哉！苟不患功业不就，道之不行，虽志恢宇宙而终不北向者，盖以权御已移，汉祚将倾，方将翊赞宗杰，以兴微继绝克复为己任故也。岂其区区利在边鄙而已乎！此相如所谓'鹓鹏已翔于辽廓，而罗者犹视于薮泽'者矣。"汉代人重乡土之情。[①] 诸葛亮所言，则表露"遨游"四方之志。然而裴松之却以狭隘意境理解诸葛亮"中国饶士大夫"句，似乎此言"谓诸葛亮为公威计者可也，若谓兼为己言，可谓未达其心矣"，说以诸葛亮才具，在"中国"亦必闪烁光耀，"若使游步中华，骋其龙光，岂夫多士所能沈翳哉！委质魏氏，展其器能，诚非陈长文、司马仲达所能颉颃，而况于余哉！"诸葛亮"终不北向"，只是由于"权御已移，汉祚将倾"，志在"兴微继绝克复"，"岂其区区利在边鄙而已乎！"裴松之有将诸葛亮政治抱负理想化的倾向，其所谓"边鄙"，不知是指巴蜀，还是兼称南阳。如果以为东汉末年的南阳地方是"边鄙"，显然是历史人文地理的误识。孟建所归乡里在汝南，汝南与南阳相邻，似乎不可以说汝南就是"中国"，而南阳竟是"边鄙"。

关于诸葛亮择定居地的考虑，有学者强调当地政局稳定，于是"社会相对安定，经济有所发展"的条件。[②] 其实，交通条件也是不宜忽略的重要因素。事实上，正如诸葛亮所说，荆州地势"北据汉、沔，利尽南海，东连吴会，西通巴、蜀"，是有交通的优势的。由所谓"北据汉、沔"可知，这里所说的"荆州"，指荆州总体地域，主要是南阳以南地方，而南阳的交通地理形势，显然有更优越的条件。

[①] 王子今：《秦汉人的乡土意识》，《中共中央党校学报》1997年第1期。
[②] 罗民介：《诸葛亮寓居襄阳谈》，《新东方》2000年第11期。

秦扩张路径的政治地理和交通地理考察

一 从鸡峰到凤台：周秦时期关中经济重心的移动

周秦时期关中地方的开发获得突出成就。考察关中经济重心移动的轨迹，可以发现关中西部地区得到早期开发，而后以咸阳为中心的关中中部地区成为经济重心的发展趋势。秦定都咸阳，开始了新的农业跃进的高潮。而这一历史变化的策划中心和指挥中心，就设在咸阳。咸阳附近也自此成为关中经济的重心地带。咸阳在当时因生态地理与经济地理条件的优越，本身已经成为富足的"天府"，同时又具有能够领导关中地方的地位。秦人在以咸阳为中心的祭祀格局中河川崇拜的地位特别突出，也值得我们重视。咸阳形胜，因生态地理条件和经济地理形势的优越，有力地促成了秦始皇的帝业。回顾秦人由雍城到咸阳的历程，可以与"鸡峰"到"凤台"神话传说情节的演变对应思考。

（一）关中西部地区的早期开发与秦立国

利用《中国文物地图集·陕西分册》观察老官台文化遗存分布，渭河流域以宝鸡为中心的地区和以华县为中心的地区较为密集。① 读其中的《陕西省仰韶文化遗存图》，可以看到渭河川道遗址分布普遍，而以宝鸡、凤翔、眉县、扶风、武功地方密度最大。② 新石器时代晚期遗存的分布，依然是这样的形势。③ 这一情形，和远古炎帝传说在这一地区的发生，可

---

① 张在明主编：《中国文物地图集·陕西分册》，西安地图出版社1998年版，上册第51页。
② 同上书，上册第53页。
③ 同上书，上册第55页。

以彼此对应。①

关中地区夏商时期的遗存,以宝鸡的戴家湾遗址、扶风的周原遗址和西安以东的老牛坡遗址为中心有所分布。而西安、咸阳之间地方,只有丰镐遗址相对比较孤立地存在。②西周遗存,则出现宝鸡、周原和丰镐三个重心。人们已经可以看到渭河流域的农耕发展,呈示出由西向东拓进的趋势。宝鸡地方显现出文化原生区的地位。而这一时期西安附近遗址的分布,只是集中在渭河南岸。③

秦人有早期以畜牧业作为主体经济形式的历史。我们还应当看到,作为秦早期经济发展基地的西垂之地,长期是林产丰盛的地区。④原生林繁密的生态条件,可以成为特殊的物产优势的基础,同时也在一定意义上表现出不利于农耕经营之发展的影响。《汉书》卷二八下《地理志下》说秦先祖柏益事迹,"养育草木鸟兽"。与《史记》卷五《秦本纪》记载"调驯鸟兽"有所不同,经营对象包括"草木"。所谓"养育草木",暗示林业在秦早期经济形式中也曾经具有相当重要的地位。天水放马滩秦墓出土木板地图中的信息,⑤也可以作林业史料的解读。⑥

关中西部的开发,有周人的历史功绩。周王朝的统治重心东迁洛阳后,秦人在这一地区获得显著的经济成就。秦人起先在汧渭交汇的地方建设了畜牧业基地,又团结西戎,得到周王室的肯定,秦于是立国。⑦后来逐步向东发展,在雍(今陕西凤翔)定都,成为西方诸侯国家,与东方列国发生外交和战争关系。建都于雍的秦国,已经明确将东进作为发展方向。雍城是生态条件十分适合农耕发展的富庶地区,距离周人早期经营农

---

① 参看王子今《秦陇地方的姜炎文化纪念遗存》,《宝鸡文理学院学报》(社会科学版) 2009 年第 5 期。

② 张在明主编:《中国文物地图集·陕西分册》,上册第 57 页。

③ 同上书,上册第 59 页。

④ 《汉书》卷二八下《地理志下》:"天水、陇西,山多林木,民以板为室屋。""故《秦诗》曰'在其板屋'。"

⑤ 参看雍际春《天水放马滩木板地图研究》,甘肃人民出版社 2002 年版。

⑥ 参看王子今《放马滩秦地图林业交通史料研究》,早期丝绸之路暨早期秦文化国际学术研讨会论文,兰州,2012 年 8 月。

⑦ 《史记》卷五《秦本纪》:"非子居犬丘,好马及畜,善养息之。犬丘人言之周孝王,孝王召使主马于汧渭之间,马大蕃息。孝王欲以为大骆适嗣。申侯之女为大骆妻,生子成为适。申侯乃言孝王曰:'昔我先郦山之女,为戎胥轩妻,生中潏,以亲故归周,保西垂,西垂以其故和睦。今我复与大骆妻,生适子成。申骆重婚,西戎皆服,所以为王。王其图之。'于是孝王曰:'昔伯翳为舜主畜,畜多息,故有土,赐姓嬴。今其后世亦为朕息马,朕其分土为附庸。'邑之秦,使复续嬴氏祀,号曰秦嬴。亦不废申侯之女子为骆适者,以和西戎。"

耕，创造的农业奇迹的所谓"周原膴膴"①的中心地域，东西不过咫尺。而许多学者是将其归入广义的"周原"的范围之内的。② 秦国的经济进步，有利用"周余民"较成熟农耕经验的因素。③

秦穆公时代"益国十二，开地千里，遂霸西戎"，"广地益国，东服强晋，西霸戎夷"④，是以关中西部地区作为根据地实现的政治成功。

（二）秦定都咸阳与关中中部地区的经营

《中国文物地图集·陕西分册》中的《陕西省春秋战国遗存图》显示，春秋战国时期西安、咸阳地方的渭河北岸开始出现重要遗址。⑤ 而史书记载，商鞅推行变法，确定将秦都由雍迁到了咸阳。《史记》卷五《秦本纪》，"（秦孝公）十二年，作为咸阳，筑冀阙，秦徙之"。《史记》卷六《秦始皇本纪》："孝公享国二十四年。……其十三年，始都咸阳。"《史记》卷六八《商君列传》："于是以鞅为大良造。……居三年，作为筑冀阙宫庭于咸阳，秦自雍徙都之。"这些历史记载都明确显示，秦孝公十二年（前350）开始营造咸阳城和咸阳宫，于秦孝公十三年（前349）从雍城迁都到咸阳。⑥

定都咸阳，是秦史具有重大意义的事件，因此形成了秦国兴起的历史过程中的显著转折。定都咸阳，是秦政治史上的辉煌亮点。如果我们从生态地理学和经济地理学的角度分析这一事件，也可以获得新的有意义的发现。

秦的政治中心，随着秦史的发展，呈现由西而东逐步转移的轨迹。比较明确的秦史记录，即从《史记》卷五《秦本纪》所谓"初有史以纪事"的秦文公时代起，秦人活动的中心，经历了这样的转徙过程：西

---

① 《诗·大雅·绵》。

② 史念海：《周原的变迁》，《河山集》二集，三联书店1981年版，第214—231页；《周原的历史地理与周原考古》，《西北大学学报》（哲学社会科学版）1978年第2期，收入《河山集》三集，人民出版社1988年版，第357—373页。林剑鸣也说："雍位于沣河上游的雍水附近，这里是周原最富庶的地区。"《秦史稿》，上海人民出版社1981年版，第43页。

③ 《史记》卷五《秦本纪》："十六年，文公以兵伐戎，戎败走。于是文公遂收周余民有之，地至岐。"

④ 《史记》卷五《秦本纪》。张守节《正义》引韩安国云："秦穆公都方三百里，并国十四，辟地千里。"

⑤ 张在明主编：《中国文物地图集·陕西分册》，上册第61页。

⑥ 亦有秦曾迁都栎阳之说。根据史籍的明确记载和考古工作的收获，可知栎阳不曾作为秦都。参看王子今《秦献公都栎阳说质疑》，《考古与文物》1982年第5期；《栎阳非秦都辨》，《考古与文物》1990年第3期。

垂——汧渭之会——平阳——雍——咸阳。秦都由西垂东迁至于咸阳的过程，是与秦"东略之世"① 国力不断壮大的历史同步的。秦迁都的历程，又有生态地理和经济地理的背景。②

迁都咸阳的决策，有将都城从农耕区之边缘转移到农耕区之中心的用意。秦自雍城迁都咸阳，实现了重要的历史转折。一些学者将"迁都咸阳"看作商鞅变法的内容之一。翦伯赞主编《中国史纲要》在"秦商鞅变法"题下写道："公元前356年，商鞅下变法令"，"公元前350年，秦从雍（今陕西凤翔）迁都咸阳，商鞅又下第二次变法令……"③ 杨宽《战国史》（增订本）在"秦国卫鞅的变法"一节"卫鞅第二次变法"题下，将"迁都咸阳，修建宫殿"作为变法主要内容之一，又写道："咸阳位于秦国的中心地点，靠近渭河，附近物产丰富，交通便利。"④ 林剑鸣《秦史稿》在"商鞅变法的实施"一节，也有"迁都咸阳"的内容。其中写道："咸阳（在咸阳市窑店东）北依高原，南临渭河，适在秦岭怀抱，既便利往来，又便于取南山之产物，若浮渭而下，可直入黄河；在终南山与渭河之间就是通往函谷关的大道。"⑤ 这应当是十分准确的历史认识。《史记》卷六八《商君列传》记载，商鞅颁布的新法，有扩大农耕的规划，奖励农耕的法令，保护农耕的措施。于是使得秦国掀起了一个新的农业跃进的高潮。而这一历史变化的策划中心和指挥中心，就设在咸阳。咸阳附近也自此成为关中经济的重心地域。

咸阳位于关中之中，是两分关中的中界。正如有的学者所指出的，"咸阳位当关中平原的中心地带，恰在沣、渭交会以西的大三角地带。这里有着大片的良田沃土，早为人们所开发利用，是个农产丰富的'奥区'。"⑥ 咸阳在当时因生态地理与经济地理条件的优越，本身已经成为富足的"天府"，同时又具有能够领导关中地方的地位。秦人在以咸阳为中心的祭祀格局中河川崇拜的地位特别突出，值得我们重视。这就是所谓"霸、产、长水、沣、涝、泾、渭皆非大川，以近咸阳，尽得比山川祠"，

---

① 王国维：《秦都邑考》，《王国维遗书·观堂集林》，上海古籍书店1983年版。
② 王子今：《秦定都咸阳的生态地理学与经济地理学分析》，《人文杂志》2003年第5期。
③ 翦伯赞：《中国史纲要》，人民出版社1979年版，第75页。
④ 杨宽：《战国史》（增订本），上海人民出版社1998年版，第206页。
⑤ 林剑鸣：《秦史稿》，上海人民出版社1981年版，第189页。
⑥ 王学理：《咸阳帝都记》，三秦出版社1999年版，第41页。

以及"沣、滈有昭明、天子辟池"等等。①

目前我们所知"水利"这一语汇的最早使用，见于成书于秦国，由吕不韦组织编纂的《吕氏春秋》一书中。《吕氏春秋·慎人》："掘地财，取水利。"高诱解释说："水利，灌溉。"《吕氏春秋·任地》引后稷语："子能藏其恶而揖之以阴乎？"高诱注："'阴'犹润泽也。"夏纬瑛说："'阴'指湿润之土而言，则'恶'当是指干燥之土而言了。"可知秦地农人对土壤墒情的重视，已经作为成熟的经验总结著入农书之中。同篇又讲到"泽"，俞樾以为"'泽'者雨泽也"。《吕氏春秋·辨土》也说到田土的"泽"。保证土地的"泽"，应当是当时关中农人已经掌握的生产技术。其主要方式，已经不只是单纯依赖"雨泽"，而凭借"灌溉"。"近咸阳"诸水尽管"皆非大川"，均得列入高等级的正统的"山川祠"系统之中，主要因素应在于咸阳附近的水资源对于秦国主要农耕区的"灌溉"发挥了重要的作用。②后来的一些历史事实，如秦人大规模修建水利工程，③以及《史记》卷六《秦始皇本纪》记载秦始皇"更名河曰德水，以为水德之始"等等，都可以与以咸阳为中心的河川崇拜联系起来分析。而"近咸阳"诸水"尽得比山川祠"这一现象，显然与秦人始都咸阳之后因农业经济的发展对相关生态环境的特别重视有关。

咸阳形胜，因生态地理条件和经济地理形势的优越，有力地促成了秦始皇的帝业。汉并天下，定都长安，依然企图沿袭这一优势。据《中国文物地图集·陕西分册》的《陕西省秦汉遗存图》，在这一历史时期，西安、咸阳附近地区的遗址分布已经十分密集。④对于这一历史转变，有学者指出："在新石器时代，关中平原是一个聚落密度很高的地区。……可是渭水北岸的咸阳市秦都区渭城区两区只发现了9处该时代的聚落遗址。而且这些遗址都在渭水之滨，没有一处在咸阳塬上。""到了西周时期，……咸阳塬地区和新石器时代一样，几乎没有多少人类活动的迹象。""战国时期，秦将首都从雍迁移到咸阳，首都周围的地

---

① 《史记》卷二八《封禅书》。《封禅书》还写道："陈宝节来祠。其河加有尝醪。此皆在雍州之域，近天子之都，故加车一乘，駵驹四。""霸、产、长水、沣、涝、泾、渭皆非大川，以近咸阳，尽得比山川祠，而无诸加。"裴骃《集解》引韦昭曰："无车駵之属。"则咸阳附近河川祭祀只是没有"车一乘，駵驹四"。

② 参看王子今《秦统一原因的技术层面考察》，《社会科学战线》2009年第9期。

③ 战国晚期秦国修建的大型水利工程，最著名的有李冰主持的都江堰工程和郑国主持的郑国渠工程。而后者对关中东部地区的农耕繁荣有重要作用。参看林剑鸣《秦史稿》，上海人民出版社1981年版，第279—282页。

④ 张在明主编：《中国文物地图集·陕西分册》，上册第63页。

区人口增加……但是首都北部的咸阳塬地区的聚落还是少之又少。""到了汉代,咸阳塬地区的聚落大幅增加,成为关中地区聚落最为密集的地区。"①

(三) 鸡峰·凤台:神话的衍生与历史的进步

在关中西部地区得以初步开发的时期出现的"陈宝"神话,是秦文化的历史遗存中引人注目的现象。据说秦文公在陈仓得到状貌似"雉"即"野鸡"的神物,于是恭敬祭祀,尊称为"陈宝"。祀所后人称作"宝鸡祠"。《史记》卷五《秦本纪》:"(秦文公) 十九年,得陈宝。"司马贞《索隐》:"按:《汉书·郊祀志》云:'文公获若石云,于陈仓北阪城祠之,其神来,若雄雉,其声殷殷云,野鸡夜鸣,以一牢祠之,号曰陈宝。'又臣瓒云:'陈仓县有宝夫人祠,岁与叶君神会,祭于此者也。'苏林云:'质如石,似肝。'云,语辞。"张守节《正义》:"《括地志》云:'宝鸡祠在岐州陈仓县东二十里故陈仓城中。'"又引《晋太康地志》云:"秦文公时,陈仓人猎得兽,若彘,不知名,牵以献之。逢二童子,童子曰:'此名为猬,常在地中,食死人脑。'即欲杀之,拍捶其首。猬亦语曰:'二童子名陈宝,得雄者王,得雌者霸。'陈仓人乃逐二童子,化为雉,雌上陈仓北阪,为石,秦祠之。"

《史记》卷二八《封禅书》说:"陈宝节来祠。"裴骃《集解》引服虔曰:"陈宝神应节来也。""陈宝"神话形成影响,正在秦人以关中西部为基地取得成功发展的时代。

对"陈宝""宝鸡"的崇拜,也许与有的学者指出的秦人来自东方,以鸟为图腾的文化传统有关。② 后来人们以猛禽比喻秦政治军事方面表现的特殊风格,如《史记》卷八六《刺客列传》:"以雕鸷之秦,行怨暴之怒。"《史记》卷四《楚世家》:"秦为大鸟,负海内而处,东面而立,左臂据赵之西南,右臂傅楚鄢郢,膺击韩魏,垂头中国,处既形便,势有地利,奋翼鼓翅,方三千里,则秦未可得独招而夜射也。"《文选》卷三张衡《东京赋》:"秦政利觜长距","嬴氏搏翼"。也透露出相关的历史文化迹象。

---

① 陈力:《西汉时期咸阳塬地区地方社会的空间像——据文物地图资料和卫星照片的统计和分析》,牟发松主编:《汉唐历史变迁视野下的社会和国家关系》,华东师范大学出版社 2006 年版。

② 徐旭生:《中国古史的传说时代》(增订本),文物出版社 1985 年版,第 104 页。林剑鸣:《秦史稿》,上海人民出版社 1981 年版,第 15—17 页。

"宝鸡"地名，正是由来于秦的"陈宝"神话。宝鸡地方流传的"宝鸡山"、"鸡峰山"传说，是相关历史现象在民间意识中的文化化石。乾隆《陕西通志》卷一〇《山川三·凤翔府宝鸡县》："陈仓山（一名宝鸡山，又名鸡峰），在县东南四十里，一名鸡峰山（《雍大记》）。秦文公十九年，得陈宝于陈仓北坂（《史记·封禅书》）。陈仓县（有陈仓山，山上有宝鸡鸣祠。《水经注》：陈仓故城在县东）山在县南十里，南接梁凤二州界（《元和志》）。宝鸡县有宝鸡山（《唐书·地理志》）。山有三峰并峙，为邑之胜（《明一统志》）。秦文公使髦头骑伐梓树即此，相传山有石鸡，与山鸡不别，故名鸡峰（《贾志》）。"陈后主《同江仆射游摄山栖霞寺》诗："时宰磻溪心，非关狎竹林。鹫岳青松绕，鸡峰白日沉。"[1] 就借用了相关传说。

咸阳有与弄玉、箫史爱情故事相关的"凤台"遗址。

秦穆公女弄玉与箫史的爱情故事应发生在雍。《水经注·渭水中》："又有凤台、凤女祠。秦穆公时有箫史者，善吹箫，能致白鹄、孔雀。穆公女弄玉好之，公为作凤台以居之。积数十年，一旦随风去云。雍宫世有箫管之声焉。今台倾祠毁，不复然矣。"又《艺文类聚》卷七八引《列仙传》曰："萧史，秦缪公时善吹箫，能致白鹄、孔雀。公女字弄玉，好之，以妻焉。遂教弄玉作凤鸣。居数十年，凤皇来止其屋。为作凤台，夫妇止其上。不下数年，一旦皆随凤皇飞去。故秦氏作凤女祠。雍宫世有箫声。"弄玉传说都说"凤台"在"雍宫"，而后人亦相信其地在咸阳宫。咸阳城中有传"凤凰台"处，保留了更为鲜明的历史记忆。金人完颜璹《朝中措》写道："襄阳古道灞陵桥，诗兴与秋高。千古风流人物，一时多少雄豪。霜清玉塞，云飞陇首，风落江皋。梦到凤凰台上，山围故国周遭。"[2] 清人张大森有《咸阳凤凰台》诗："台起凌虚空，丹凤栖云表。磴道挂三峰，首尾俱缭绕。立神擎栋宇，天风响柏杪。开户吞明月，卷帘惊宿鸟。千家树稀密，万岭烟昏晓。秋色何处来，不忍肆凭眺。秦宫粉黛假，五陵尽荒渺。土穴窜鼯鼪，残碑杂蘮□。还念人世间，荣枯徒扰扰。惟有南山色，亘古青未了。"[3] 形容当时凤凰台十分高大。清人朱维鱼《渭城竹枝词》写道："凤凰台迥连烟霄，跨凤人归镇寂寥。从此春城花

---

[1] 《文苑英华》卷二三三。
[2] （清）乾隆《陕西通志》卷九七《艺文十三》。
[3] （清）乾隆《陕西通志》卷九五《艺文十一》。

月夜，犹疑台上教吹箫。"① 所说即咸阳"凤凰台"。

唐代诗人骆宾王《上吏部诗廊帝京篇》："三条九陌丽城隈，万户千门平旦开。复道斜通鹝鹊观，交衢直指凤凰台。剑履南宫入，簪缨北阙来。声名冠寰宇，文物象昭回。"② "凤凰台"已经是"帝京"著名的地标性建筑。

回顾秦人由雍城到咸阳的历程，可以与"鸡峰"到"凤台"的神话传说情节的演变对应思考。随着关中地区经济重心的移动，关中得到比较充分的开发。《战国策·秦策一》所见战国辩士关于秦地所谓"田肥美，民殷富"，"沃野千里，蓄积饶多，地势形便，此所谓'天府'，天下之雄国"的赞美，是与关中经济获得显著的先进地位为背景的。而与关中经济重心之移动相应的秦人由西而东的发展趋势，导致了秦的统一。全国经济文化重心继续向东方移动，则是汉代以后的历史变化。

二 秦人的蜀道经营

回顾华夏文明初步萌生的历史，可以看到秦岭巴山是几个基本文化区之间相互联系的最大的天然阻障。可以说，穿越秦岭巴山的早期道路，是我们民族文化显现出超凡创造精神和伟大智慧和勇力的历史纪念。而秦岭巴山古道路系统中，连通重要区域方向的蜀道地位尤其重要。在中国古代道路中，蜀道在经济联系、文化沟通、政令宣达、军事攻防等方面的历史作用，乃至工程规划组织水准所体现的领先性和代表性，都是历史学者和地理学者应当认真关注的研究课题。

新石器时代秦岭南北的重要遗址已经表现出共同的文化面貌。③ 商周

---

① 《眉洲诗钞·峣南集》。土利器、王慎之、王子今辑：《历代竹枝词》，陕西人民出版社2003年版，第2册第1591—1592页。参看王慎之、王子今《朱维鱼〈渭城竹枝词〉小议》，《竹枝词研究》，泰山出版社2009年版。

② （唐）骆宾王著、（清）陈熙晋笺注：《骆临海集笺注》，上海古籍出版社1985年版，第7—8页。

③ 考古学者对于新石器时代大地湾文化的分布区域，指出："主要分布于甘肃的陇东地区和陕西的关中地区，以渭河下游地区较为密集，另外，陕南的汉水上游地区也有分布。"汉水地区的遗址包括西乡李家村、何家湾、紫阳白马石、马家营、南郑龙岗寺等。仰韶文化的分布，"包括关中—陕南—晋南—豫西区"。半坡文化的典型遗址包括南郑龙岗寺、西乡何家湾等。中国社会科学院考古研究所编著：《中国考古学·新石器时代》，中国社会科学出版社2010年版，第114—115、208—209、211、215页。

时期蜀道已得早期开通。① 周原甲骨所见"［克］蜀"文字（H11：97），② 也证明了蜀道交通条件已经得到初步开发的事实。周武王伐纣，从行有"蜀"人。③《水经注·渭水上》：扞水"出周道谷北，迳武都故道县之故城西"。而西周中晚期铜器散氏盘铭文中亦有"周道"。据王国维考定，周散国在散关一带，此"周道"即《水经注》"周道谷"之"周道"④。可见这条道路的开通年代相当早。至于影响周王朝命运的褒姒的故事，更是人们熟知的。⑤ 而春秋战国时期是我们民族文化得到显著跃进和空前积累的历史阶段，这一山地通道的建设又实现了新的历史进步。对于蜀道交通的历史贡献，以秦人最为突出。

（一）"怒特祠"与相关传说

秦人有重视交通的传统。传说中秦先祖事迹多有交通能力优胜的情节。费昌"为汤御"。孟戏、中衍亦才技不凡，"帝太戊闻而卜之使御，吉，遂致使御而妻之"。而"蜚廉善走"，"以材力事殷纣"。其后造父更是交通史上著名的人物。据《史记》卷五《秦本纪》："造父以善御幸于周缪王，得骥、温骊、骅骝、騄耳之驷，西巡狩，乐而忘归。徐偃王作乱，造父为缪王御，长驱归周，一日千里以救乱。"而后来居于犬丘的非子，则以"好马及畜，善养息之"，为周孝王"主马于汧渭之间"，以"马大蕃息"深受信用。马是当时最重要的交通动力。秦人立国，也直接与一次重要的交通活动有关，即"周避犬戎难，东徙雒邑，襄公以兵送周平王。平王封襄公为诸侯，赐之岐以西之地"。据《毛传》，《诗·秦风》中数见体现秦人"有车马之好"的诗句。《史记》卷二八《封禅书》记载秦时四方诸祠，唯地处关中者有车马之祭，谓"此皆在雍州之域，

---

① 有学者指出："在四川三星堆文化中，虽然主要的铜器，如大型的青铜人像、人头像、大小面具以及青铜树等与中原商文化的铜器有极大的差别，但是，从其文化总体来考察，也不乏类似于中原商文化的器物，如铜器中的尊、罍、盘、瓿、器盖以及青铜兵器中的戈、钺等。这些类似于中原商文化的成分，只能理解为是商文化向外辐射的结果。"宋新潮：《殷商文化区域研究》，陕西人民出版社1991年版，第262页。

② 曹玮编著：《西周甲骨文》，世界图书出版公司2002年版，第71页。

③ 《尚书·牧誓》："王曰：'嗟！我友邦冢君，御事司徒、司马、司空，亚旅、师氏，千夫长、百夫长，及庸、蜀、羌、髳、微、卢、彭、濮人，称尔戈，比尔干，立尔矛，予其誓。'"

④ 王国维《散氏盘跋》写道："'散氏'者即《水经·渭水注》'大散关''大散岭'之'散'，又铭中'瀗水'即《渭水注》中之'扞水'，'周道'即'周道谷'，'大沽'即《漾水注》之'故道水'。"《观堂集林》卷一八。

⑤ 《国语》卷七《晋语一》："周幽王伐有褒，褒人以褒姒女焉，褒姒有宠，生伯服，于是乎与虢石甫比，逐太子宜臼而立伯服。太子出奔申，申人、鄫人召西戎以伐周，周于是乎亡。"

近天子之都，故加车一乘，騑驹四"。雍地四時祭祀，"時驹四匹，木禺龙栾车一駟，木禺车马一駟，各如其帝色。"① 天水放马滩秦墓出土年代大致为战国中期的木板地图鲜明标识道路和关隘，② 也体现出对交通建设的特别重视。

对于放马滩秦木板地图交通道路的走向，学者有不同意见。据日本学者藤田胜久的研究，以为所表现的是"通往南方的路线"③。雍际春也发表了认为"这条交通线乃是从天水经西汉水至武都的交通线"的认识。④ 这样的判断值得重视。这一交通线路，也可以归入"蜀道"交通体系之中。

秦人的扩张呈向东发展的基本趋势，但是不能排除曾经进行多方向寻求发展空间，选择进取路径的试探的可能。沿这一思路，我们应当关注秦人在"南山""武都"的表现。《史记》卷五《秦本纪》记载："（秦文公）二十七年，伐南山大梓，丰大特。"裴骃《集解》写道：

> 徐广曰："今武都故道有怒特祠，图大牛，上生树本，有牛从木中出，后见丰水之中。"

《秦本纪》张守节《正义》引《括地志》则有另外的说法：

> 大梓树在岐州陈仓县南十里仓山上。《录异传》云："秦文公时，雍南山有大梓树，文公伐之，辄有大风雨，树生合不断。时有一人病，夜往山中，闻有鬼语树神曰：'秦若使人被发，以朱丝绕树伐汝，汝得不困耶？'树神无言。明日，病人语闻，公如其言伐树，断，中有一青牛出，走入丰水中。其后牛出丰水中，使骑击之，不胜。有骑堕地复上，发解，牛畏之，入不出，故置髦头。汉、魏、晋因之。武都郡立怒特祠，是大梓牛神也。"

张守节按："今俗画青牛障是。"其实，也有可能《录异传》的这段文字

---

① 参看王子今《秦国交通的发展与秦的统一》，《史林》1989 年第 4 期；《秦统一原因的技术层面考察》，《社会科学战线》2009 年第 9 期。
② 甘肃省文物考古研究所编：《天水放马滩秦简》，中华书局 2009 年版。
③ ［日］藤田胜久：《战国秦的领域形成和交通路线》，李淑萍译，《秦文化论丛》第 6 辑，西北大学出版社 1998 年版。
④ 雍际春：《天水放马滩木板地图研究》，甘肃人民出版社 2002 年版，第 145 页。

为张守节《正义》直接引录，而并非由《括地志》转引。①

对于这一"大梓牛神"的传说发生地和祠祀纪念地，有"武都故道"和"岐州陈仓县南十里仓山上"、"雍南山"等不同的说法。"武都故道"明确可知是蜀道的一条线路。所谓"岐州陈仓县南十里仓山上"、"雍南山"等，应当也可以和蜀道联系起来考虑。

特别值得注意的，是这一传说中"牛"、"青牛"、"大牛"、"大梓牛"以及"大特"、"怒特"等情节，都使人联想到后来蜀道"石牛"传说。

（二）"石牛""五丁"故事

秦与蜀的交通往来，有久远的历史记录。《华阳国志》卷三《蜀志》说，蜀人传说时代的先王"卢帝"当政时，曾经"攻秦，至雍"。春秋战国时期，这种联系更为频繁。《史记》卷五《秦本纪》记载："厉共公二年，蜀人来赂。"又秦惠公十三年（前 387），"伐蜀，取南郑"。同一史实《史记》卷一五《六国年表》则写作"蜀取我南郑"。又《秦本纪》："惠文君元年"（前 337），"蜀人来朝"。同一史实《六国年表》写作"秦惠文王元年""蜀人来"。

《华阳国志》卷三《蜀志》记录了反映秦巴山地道路早期开通的著名的"石牛""五丁"故事：

> 周显王之世，蜀王有褒汉之地，因猎谷中，与秦惠王遇。惠王以金一笥遗蜀王。王报珍玩之物。物化为土，惠王怒。群臣贺曰："天奉我矣，王将得蜀土地。"惠王喜，乃作石牛五头，朝泻金其后，曰："牛便金。"有养卒百人。蜀人悦之，使使请石牛，惠王许之。乃遣五丁迎石牛。既不便金，怒遣还之。乃嘲秦人曰："东方牧犊儿。"秦人笑之曰："吾虽牧犊，当得蜀也。"

秦王和蜀王"褒汉""谷中"之遇，反映蜀道的早期开通，已经具备了比较好的通行条件。《水经注》卷二七《沔水上》引来敏《本蜀论》：

> 秦惠王欲伐蜀而不知道，作五石牛，以金置尾下，言能屎金。蜀王负力，令五丁引之，成道。秦使张仪、司马错寻路灭蜀，因曰

---

① 王子今：《秦汉民间信仰体系中的"树神"和"木妖"》，《周秦汉唐文化研究》第 3 辑，三秦出版社 2004 年版。

"石牛道"。

所谓"使使请石牛"和"遣五丁迎石牛","令五丁引之,成道",体现因交通需求的变化,道路形制有所进步。

《华阳国志》卷三《蜀志》中,又可以看到这样的记载:"周显王二十二年,蜀侯使朝秦。秦惠王数以美女进,蜀王感之,故朝焉。惠王知蜀王好色,许嫁五女于蜀。蜀遣五丁迎之。还到梓潼,见一大蛇入穴中。一人揽其尾,掣之,不禁。至五人相助,大呼抴蛇。山崩,同时压杀五人及秦五女,并将从;而山分为五岭。直顶上有平石。蜀王痛伤,乃登之。因命曰五妇冢山。川平石上为望妇堠。作思妻台。今其山,或名五丁冢。"蜀使朝秦,秦王嫁女,五丁迎之,都是秦蜀交通过程。堠,是古道路记程的土堆。① 因而这一传说,也可以与"蜀王负力,令五丁引之,成道"之说对照理解,看作蜀道早期开通的历史真实的反映。②

通过相关传说"蜀王有褒汉之地,因猎谷中,与秦惠王遇","秦惠王欲伐蜀而不知道,作五石牛","蜀王负力,令五丁引之,成道",以及秦惠王"许嫁五女于蜀,蜀遣五丁迎之"等情节,可知早期蜀道的开通,是秦人和蜀人共同的历史功绩。然而由"石牛""五女"谋略之设计,可以得到秦人可能发挥了更多的主动性这一认识。

(三) 蜀道与秦兼并蜀地的战争

秦惠文王时代,秦完成了对蜀地的占有。秦人兼并蜀地,是秦首次实现面积达数十万平方公里的大规模的领土扩张,于是为后来统一事业的成功奠定了最初的基础。通过这一历史过程,我们也可以看到秦文化在与其他地域文化体系相互融合相互影响时保持主动地位,体现积极态势的事实。

秦惠文王确定出兵伐蜀的战略决策之前,最高统治集团中曾经就此发生争论。据《史记》卷七〇《张仪列传》记载:"苴、蜀相攻击,各来告急于秦。秦惠王欲发兵以伐蜀,以为道险狭难至,而韩又来侵秦,秦惠王

---

① 古代交通道路管理曾经有以所谓"封堠"划界分程的制度,据说"十里双堠,五里只堠"。有的学者引经据典,指出黄帝游幸天下时,"道路有记里堆",因而以为"封堠"之制,启始于黄帝时代。(明)杨慎:《丹铅总录》卷二《地理类》"封堠﹏堠"条。

② 《华阳国志》还有其他有关"五丁"开路的传说。卷二《汉中志》:"梓潼县,(梓潼)郡治。有五妇山,故蜀五丁士所拽蛇崩山處也。"卷三《蜀志》:"时蜀有五丁力士,能移山。""武都有一丈夫,化为女子,美而艳,盖山精也。蜀王纳为妃。不习水土,欲去。王必留之,乃为《东平》之歌以乐之。无几,物故。蜀王哀之。乃遣五丁之武都担土,为妃作冢,盖地数亩,高七丈。"其中"遣五丁之武都担土"情节,也反映了交通过程。

欲先伐韩，后伐蜀，恐不利，欲先伐蜀，恐韩袭秦之敝，犹豫未能决。司马错与张仪争论于惠王之前，司马错欲伐蜀，张仪曰：'不如伐韩。'"司马错则说："臣闻之，欲富国者务广其地，欲强兵者务富其民，欲王者务博其德，三资者备而王随之矣。今王地小民贫，故臣愿先从事于易。夫蜀，西僻之国也，而戎翟之长也，有桀纣之乱。以秦攻之，譬如使豺狼逐群羊。得其地足以广国，取其财足以富民缮兵，不伤众而彼已服焉。拔一国而天下不以为暴，利尽西海而天下不以为贪，是我一举而名实附也，而又有禁暴止乱之名。"秦惠文王对于司马错的见解表示："善，寡人请听子。"予以赞同。

可以看到，司马错作为秦人，张仪作为关东人，各自的政见在某种程度上表现出不同的地域文化的传统。而前者，尤以务实为基本特色。还应当指出，关东人张仪的政治视野中，自然主要为关东地区的大政治舞台所占据，而作为秦人的司马错，却并不对所谓"西僻之国而戎翟之伦"的蜀地存有文化偏见。事实上秦地与蜀地之间，原本也具有若干文化共性。

秦人似乎并不掩饰其进取蜀地的意图。据《史记》卷六九《苏秦列传》，世人其实很早就已经注意到"秦有举巴蜀并汉中之心"。我们以为尤其应当关注的，是秦惠文王进行决策时"欲发兵以伐蜀"，又"以为道险狭难至"的考虑。蜀道的通行条件，影响着秦国君的战略思维。

对于秦兼并蜀地这一重要的历史事实，我们在《史记》中可以看到司马迁如下的记述：

表1

年　　代	公元	史　　事	出　　处
秦惠文王更元九年	前316	（1）司马错伐蜀，灭之 （2）击蜀，灭之 （3）起兵伐蜀，十月，取之，遂定蜀，贬蜀王更号为侯，而使陈庄相蜀	《秦本纪》 《六国年表》 《张仪列传》
秦惠文王更元十四年	前311	（4）蜀相壮杀蜀侯来降 （5）蜀相杀蜀侯	《秦本纪》 《六国年表》
秦武王元年	前310	（6）诛蜀相壮 （7）诛蜀相壮 （8）蜀侯煇、相壮反，秦使甘茂定蜀	《秦本纪》 《六国年表》 《樗里子甘茂列传》
秦昭襄王六年	前301	（9）蜀侯煇反，司马错定蜀 （10）蜀反，司马错往诛蜀守煇，定蜀	《秦本纪》 《六国年表》

其中（8）与（9）（10）有关"蜀侯煇"、"蜀守煇"的记载相互抵牾，当有一误，疑（8）中"侯煇"二字为衍文。①

从起初（1）（2）（3）的"伐蜀，灭之"，"击蜀，灭之"，"伐蜀"，"取之，遂定蜀"，到（9）（10）之最终"定蜀"，秦人征服蜀地，都必然通行蜀道路线进军。

"蜀侯煇"，《华阳国志》作"蜀侯恽"。据说蜀侯恽死后，"蜀人葬恽郭外"。《华阳国志》卷三《蜀志》又记载了这样的神奇故事：

> （周赧王）十七年，②（秦昭襄王）闻恽无罪冤死，使使迎丧入葬之郭内。初则炎旱，三月后又霖雨；七月，车溺不得行。丧车至城北门，忽陷入地中。蜀人因名北门曰咸阳门，为蜀侯恽立祠。其神有灵，能兴云致雨，水旱祷之。

《太平御览》卷一一一引《蜀本纪》则写道：

> 秦王诛蜀侯恽，后迎葬咸阳，天雨，三月不通，因葬成都。故蜀人求雨，祠蜀侯必雨。

二者参照，可能"后迎葬咸阳"之说较为接近史实，"炎旱"及"霖雨"连续数月之久，正形成对枢车远程行进的阻碍。而所谓"名北门曰咸阳门"，也因为成都北门是北上通向咸阳道路的起点。这两则传说所谓"车溺不得行"，"忽陷入地中"，所谓"三月不通"，都可以理解为蜀道交通艰难的象征性表述。

秦军伐蜀行进道路，《史记》卷七〇《张仪列传》张守节《正义》引《华阳国志》："秦遣张仪从子午道伐蜀。"今本《华阳国志》卷三《蜀志》："周慎王五年秋，秦人大张仪、司马错、都尉墨等从石牛道伐蜀。"究竟是"从子午道伐蜀"还是"从石牛道伐蜀"呢？任乃强《华阳国志校补图注》说："《史记正义》引作'从子午道伐蜀'，当是张守节据误本。宋刻'从石牛道'，与上文相应。石牛道，谓自汉入蜀之西道。其路线，自汉中入阳平关，循水道至葭萌，自葭萌溯清水河谷，逾马

---

① 参看王子今《秦兼并蜀地的意义与蜀人对秦文化的认同》，《四川师范大学学报》1998年第2期。

② 今按：公元前298年。

鸣阁（今马角壩）至江油（今彰明），历涪、雒，至成都。与今宝成铁路线同。"① 所谓"马鸣阁"者，不排除"阁"是指"阁道"即栈道的可能。

其实，"从子午道伐蜀"和"从石牛道伐蜀"两说并不矛盾。可能经过秦岭"从子午道"，由巴山南行"从石牛道"。

蜀道的作用为秦兼并蜀地的军事行动提供了条件。秦军进取蜀地对于最终实现统一有重要的战略意义。

（四）蜀道对于秦实现统一的意义

战国秦汉时期关中称"天府"。《史记》和《汉书》六见"天府"的说法，其中五次都是指关中。如《史记》卷九九《刘敬叔孙通列传》娄敬语："秦地被山带河，四塞以为固，卒然有急，百万之众可具也。因秦之故，资甚美膏腴之地，此所谓'天府'者也。"通过相关论说，可以得知关中与巴蜀交通的方便也受到重视。② 自汉末起，已经能够看到巴蜀亦称"天府"的史例。如《三国志》卷三五《蜀书·诸葛亮传》："益州险塞，沃野千里，天府之土，高祖因之以成帝业。"和《三国志》卷三七《蜀书·法正传》："资益州之殷富，冯天府之险阻，以此成业，犹反掌也。"

蜀道使得关中平原和四川平原这两处公认最早的"天府"相互连接，于是形成了中国西部相当长的历史时期内的文化优势、经济强势和军事威势。直到江南得到开发以后，以所谓"扬一益二"③ 为标志，显示出四川平原富足实力外在影响的长久。这种影响也是通过蜀道实现的。

蜀道高效能使用，使得中国西部连通为一个实力雄厚的整体。就天文

---

① 任乃强注还写道："马鸣阁，秦汉梓潼县地。五妇冢山在其侧，为梓潼水源。梓潼蜿蜒似蛇行，《汉志》称为'虵水'。故蜀人有五丁捯蛇（同虵）之说也。"（晋）常璩撰、任乃强校注：《华阳国志校补图注》，上海古籍出版社 1987 年版，第 127 页。

② 如《史记》卷六九《苏秦列传》苏秦语："秦四塞之国，被山带渭，东有河，西有汉中，南有巴蜀，北有代马，此'天府'也。"又《史记》卷五五《留侯世家》张良语："夫关中左殽函，右陇蜀，沃野千里，南有巴蜀之饶，北有胡苑之利，阻三面而守，独以一面东制诸侯。诸侯安定，河渭漕挽天下，西给京师；诸侯有变，顺流而下，足以委输。此所谓金城千里，天府之国也。"

③ 《资治通鉴》卷二五九"唐昭宗景福元年"："时人称'扬一益二'。"胡三省注："言扬州居一，益州为次也。"《全唐诗》卷八七七《盐铁谚》："唐世盐铁转运使在扬州，尽筦利权，商贾如织。天下之盛，扬为首而蜀次之。故谚曰'扬一益二'。"

与人文的对应关系而言，出现了所谓"（蜀地）星应舆鬼，故君子精敏，小人鬼黠；与秦同分，固多悍勇"的说法。① 所谓蜀地"与秦同分"，与所谓"巴、蜀亦关中地也"② 可以对照理解。秦汉"关西"、"山西"也就是"大关中"区域因此成为统一帝国成立之基础。③ 兼并蜀地之后，秦国虽然尚未征服东方文化基础深厚的地区，但是已经远远超越其他六个强国，成为版图面积最大的国度。秦国领土南北纵跨纬度超过12°。这是战国七雄中其他国家无一能够相比的。对包括畜牧区、粟麦耕作区和稻米耕作区的广大区域的综合管理，自然可以提高秦国领导集团的执政能力，而为后来统一帝国的行政提供了预演的条件。

在军事扩张的历程中，秦国将士表现出善于"远攻"④ 的特点，秦人较早创大军团长距离远征，"径数国千里而袭人"⑤ 的历史记录。秦统一战争中，往往调动数十万人的大军连年出击，无疑也需要凭借强大的运输力量保证后勤供给。秦国最终能够完成击灭六国，实现一统的伟业，有强劲的交通实力以为倚助，也是重要因素之一。秦征服蜀地的战争，使包括运输能力在内的军力经历了考验。蜀道，可以看作秦国军运能力的试验场和考场。

秦汉帝国的崛起，影响了东方史的方向，也影响了世界史的格局。而蜀道对于这一具有世界意义的历史变化的作用，是十分显著的。

（五）秦代的蜀道建设

秦始皇实现统一之后，随即进行了大规模的交通建设。《史记》卷六《秦始皇本纪》记载：秦始皇二十七年（前220），"治驰道"。驰道的修筑，是秦汉交通建设事业中最具时代特色的成就。通过秦始皇和秦二世出巡的路线，可以知道驰道当时已经结成沟通全国陆路交通网的基本要络。

据《史记》卷八七《李斯列传》，曾经作为秦中央政权主要决策者之一的左丞相李斯被赵高拘执，在狱中上书自陈，历数功绩有七项，其中包括"治驰道，兴游观，以见主之得意"。可见修治驰道是统治短暂的秦王朝中央权力机构行政活动的主要内容之一。

---

① 《华阳国志》卷三《蜀志》。
② 《史记》卷七《项羽本纪》。
③ 参看王子今《秦汉区域地理学的"大关中"概念》，《人文杂志》2003年第1期；王子今、刘华祝：《说张家山汉简〈二年律令·津关令〉所见五关》，《中国历史文物》2003年第1期。
④ 《史记》卷七九《范睢蔡泽列传》。
⑤ 《史记》卷五《秦本纪》。

《史记》卷八七《李斯列传》可见对秦政严酷导致社会危机的批评："……又作阿房之宫，治直道、驰道，赋敛愈重，戍徭无已。于是楚戍卒陈胜、吴广等乃作乱，起于山东，杰俊相立，自置为侯王，叛秦。"我们虽然现在没有看到秦王朝"治驰道"交通工程涉及蜀地的明确记载，但是秦执政者无疑是不会忽略蜀道交通的。

秦汉之际史籍所见穿越秦岭山脉的道路的通行效率，可以体现秦代蜀道建设也是受到充分重视并且取得了显著成功的。

《史记》卷八《高祖本纪》记载：汉王之国，"从杜南入蚀中"。程大昌《雍录》："此之蚀中，若非骆谷，即是子午谷。"《资治通鉴》胡三省注、《读史方舆纪要》、《史记会注考证》都据《司隶校尉杨君孟文石门颂序》所谓"高祖受命，兴于汉中，道由子午，出散入秦"，以为"蚀中"应当就是子午谷。《三国志》卷四〇《蜀书·魏延传》记述魏延曾经向诸葛亮建议，"欲请兵万人，与亮异道会于潼关，如韩信故事"。裴松之注引《魏略》说，其具体路线是"直从褒中出，循秦岭而东，当子午而北"，直抵长安。由魏延所谓"韩信故事"，可知"道由子午，出散入秦"或许是刘邦分兵而出，北定三秦的路线。看来，子午道在秦汉之际便利通行大致是没有疑义的。

程大昌以为刘邦南下所经"若非骆谷，即是子午谷"的说法，说明他认为当时灙骆道具备行军条件。

故道又称嘉陵道，是刘邦自汉中"出散入秦"的通道，秦有"故道"县，县治在今陕西宝鸡南。可以推知，秦代这条蜀道线路的开通和养护，也应当未曾废止。

三 秦汉区域地理学的"大关中"概念

"关中"，作为区域地理范畴的概念，出现的年代似乎并不遥远。我们看到较早的资料，有《战国策·秦策四》"顷襄王二十年"篇所载楚国使者黄歇对秦昭襄王的说辞。黄歇说道："臣为王虑，莫若善楚。秦、楚合而为一，临以韩，韩必授首。王襟以山东之险，带以河曲之利，韩必为关中之侯。""而魏，亦关内侯矣。"对于"韩必为关中之候"一语，姚宏注："为秦察诸侯动静也。"鲍彪注："比之候吏。"[①] 这

---

① 对于"而魏，亦关内侯矣"，姚宏注："魏为秦察诸侯动静也。"

里所谓"关中",可以理解为"秦"的替代语。或许"关中"一称,最早是秦人用语。

应当说,司马迁的《史记》,是最早频繁使用"关中"这一概念的文献。其中所见"关中"凡92次。

(一)"关中":不同的地域界定

"关中"的区域地理定义,在西汉史学文献中已经有所不同。有学者指出:"西汉时的关中或泛指战国末秦国的故地,如《史记·货殖列传》:'关中之地,于天下三分之一。'或仅指今陕西关中盆地,如《史记·货殖列传》所述'关中,自汧、雍东至河、华'的范围。"[①] 而所谓"今陕西关中"地方,则是说后来通行的"关中"一语所代表的方域。关中,"有人说它是在四关之中,有人却说它是在两关之间。所谓四关是指的东函谷、南武关、西散关、北萧关。[②] 所谓两关之间也有两种不同的说法,一种是函谷关和散关,[③] 一种是函谷关和陇关。"[④] 其实四关之中也有不同的说法,如"西有陇关,东有函谷关,南有武关,北有临晋关,西南有散关"[⑤]。正如史念海所说:"本来关中的名称只是表示函谷关以西的地方。"[⑥] 不过,"就关立论的说法虽说是后来才有的,却相当符合当时的情况。"[⑦]

我们看到,《史记》中所见"关中",含义确有狭义之"关中"和广义之"关中"的区别。

秦末战争中,刘邦先入关受降,然而因兵势弱小,不能不承认项羽的军事霸权。在项羽分定十八诸侯之后,被迫以汉王身份率部众前往汉中。刘邦当时统辖的地域,包括巴、蜀、汉中,以南郑(今陕西汉中)为都城。项羽又特意分封秦降将章邯、司马欣、董翳为雍王、塞王、翟王,以防备刘邦的势力扩张。这一情形,《史记》卷七《项羽本纪》记述:"三分关中,王秦降将以距塞汉王。项王乃立章邯为雍王,王咸阳以西,都废丘。长史欣者,故为栎阳狱掾,尝有德于项梁;都尉董翳者,本劝章邯降

---

① 葛剑雄:《西汉人口地理》,人民出版社1986年版,第131页。
② 《史记·项羽本纪》裴骃《集解》引徐广说。
③ 《读史方舆纪要》卷五二《陕西》引潘岳《关中记》。
④ 《读史方舆纪要》卷五二《陕西》引《三辅旧事》。
⑤ 《资治通鉴》卷八《汉纪三》胡三省注。
⑥ 史念海:《古代的关中》,《河山集》,三联书店1963年版,第26页。
⑦ 史念海:《关中的历史军事地理》,《河山集》四集,陕西师范大学出版社1991年版,第145—146页。

楚。故立司马欣为塞王，王咸阳以东至河，都栎阳；立董翳为翟王，王上郡，都高奴。"《高祖本纪》也写道：

> 三分关中，立秦三将：章邯为雍王，都废丘；司马欣为塞王，都栎阳；董翳为翟王，都高奴。

然而《秦楚之际月表》则记述：

> 羽倍约，分关中为四国。

又分述："分关中为汉。""分关中为雍。""分关中为塞。""分关中为翟。"可见，巴、蜀、汉中，也曾经明确包容于"关中"的地域概念之内。《项羽本纪》记载："项王、范增疑沛公之有天下，业已讲解，又恶负约，恐诸侯叛之，乃阴谋曰：'巴、蜀道险，秦之迁人皆居蜀。'乃曰：'巴、蜀亦关中地也。'故立沛公为汉王，王巴、蜀、汉中，都南郑。"其实，所谓"巴、蜀亦关中地也"，并不完全是强辩之辞。

《史记》"三分关中"的说法，是取"小关中"之义；而"分关中为四国"的说法，则是取"大关中"之义。

司马迁明确使用"小关中"概念的例证，除了"三分关中"之说以及上文提到的《货殖列传》所谓"关中，自汧、雍东至河、华"之外，还有《高祖功臣侯者年表》关于萧何事迹的记载：

> 以客初起，从入汉，为丞相，备守蜀及关中，给军食，佐上定诸侯，为法令，立宗庙，侯，八千户。

"备守蜀及关中"一句，也表明"蜀"是在"关中"以外的。

而《留侯世家》："夫关中左殽函，右陇蜀，沃野千里，南有巴蜀之饶，北有胡苑之利，阻三面而守，独以一面东制诸侯。诸侯安定，河渭漕辇天下，西给京师；诸侯有变，顺流而下，足以委输。此所谓金城千里，天府之国也。"似乎"陇蜀"或"巴蜀之饶"、"胡苑之利"，都在"关中"之外。《货殖列传》又可见"天水、陇西、北地、上郡与关中同俗"的说法，则与"三分关中，王秦降将"，"三分关中，立秦三将"也有所不同。因为由"立董翳为翟王，王上郡，都高奴"可知，在所谓"三分关中"的"关中"概念中，是包括"上郡"的。

这样，我们在司马迁笔下，就可以看到多种关于"关中"的地域界定：

（1）"关中"指渭河平原，即后世所谓"秦川"（"关中，自汧、雍东至河、华"，"左殽函，右陇蜀"，"南有巴蜀之饶，北有胡苑之利"）。

（2）"关中"指秦岭以北的秦地，包括今天的陕北地区（"三分关中，王秦降将"，"三分关中，立秦三将"，"分关中为翟"）。

（3）"关中"指包括巴蜀在内的"殽函"以西的西部地区（"分关中为四国"，"分关中为汉"，"巴、蜀亦关中地也"）。

最后一种界定，可以称作"大关中"说。

（二）《货殖列传》的"大关中"观

《史记》卷一二九《货殖列传》中关于基本经济区划分的论说中，可以看到使用"大关中"概念的典型实例。

司马迁综述各地物产，写道：

> 夫山西饶材、竹、谷、纑、旄、玉石；山东多鱼、盐、漆、丝、声色；江南出柟、梓、姜、桂、金、锡、连、丹沙、犀、瑇瑁、珠玑、齿革；龙门、碣石北多马、牛、羊、旃裘、筋角；铜、铁则千里往往山出棋置：此其大较也。

于是，将全国划分为"山西"、"山东"、"江南"、"龙门、碣石北"4个基本经济区。在司马迁所处的时代，这种划分方式是大致符合当时的历史实际的。

"山西"，通常理解为崤山或华山以西的地区，与所谓"大关中"的含义相近。《史记》卷一三〇《太史公自序》："萧何填抚山西"，张守节《正义》："谓华山之西也。"顾炎武《日知录》卷三一又有"河东山西"条则提出另外的理解："古之所谓'山西'，即今关中。《史记·太史公自序》：萧何填抚山西。《方言》：自山东，五国之交。郭璞解曰：六国惟秦在山西。王伯厚《地理通释》曰：秦、汉之间，称山北、山南、山东、山西者，皆指太行，以其在天下之中，故指此山以表地势。《正义》以为华山之西，非也。"按照《史记》卷一二九《货殖列传》中"山东食海盐，山西食盐卤"的说法，"山东、山西者，皆指太行"之说似亦可成立。① 然而，司马迁在这段文字之后又说道："三河在天下之中，若鼎足，王者所更居也。"则显然已将河东归入"山东"地区。山指"太行"之说似未可从。所谓"山西"，应当大致是指以关中为主体的当时的西部地区。巴蜀地区与关中交通已久，② 又有秦人曾以关中模式进行开发的历史背景，③ 因而有时亦划归同一经济区。④

在进行宏观经济地理分析时，司马迁《史记》卷一二九《货殖列传》将巴、蜀和天水、陇西、北地、上郡与一般狭义的"关中"合而为一，于是形成包容较广的"关中"的概念，并且如此论述这一基本经济区的重要地位：

> 关中自汧、雍以东至河、华，膏壤沃野千里，自虞夏之贡以为上田，而公刘适邠，大王、王季在岐，文王作丰，武王治镐，故其民犹有先王之遗风，好稼穑，殖五谷，地重，重为邪。及秦文、德、缪居雍，隙陇蜀之货物而多贾。献公徙栎邑，栎邑北却戎翟，东通三晋，亦多大贾。孝、昭治咸阳，因以汉都，长安诸陵，四方辐凑并至而会，地小人众，故其民益玩巧而事末也。南则巴蜀。巴蜀亦沃野，地饶卮、姜、丹沙、石、铜、铁、竹、木之器。南御滇僰，僰僮。西近邛笮，笮马、旄牛。然四塞，栈道千里，无所不通，唯褒斜绾毂其口，以所多易所鲜。天水、陇西、北地、上郡与关中同俗，然西有羌中之利，北有戎翟之畜，畜牧为天下饶。然地亦穷险，唯京师要其道。故关中之地，于天下三分之一，而人众不过什三，然量其富，什居其六。

文中出现了两个"关中"。所谓"关中自汧、雍以东至河、华，膏壤沃野千里"的"关中"，和所谓"关中之地，于天下三分之一，而人众不过什三，然量其富，什居其六。"的"关中"，前者为狭义的"关中"，后者为

---

① 张守节《正义》：盐卤，"谓西方咸地也。坚且咸，即出石盐及池盐"。当然，对于所谓"山东食海盐，山西食盐卤"，亦不宜作简单的绝对化的理解，史籍中即可见南阳地区亦食用河东池盐的实例，如《后汉书》卷一七《贾复传》记述南阳冠军人贾复事迹："王莽末，为县掾，迎盐河东，会遇盗贼，等比十余人皆放散其盐，复独完以还县，县中称其信。"
② 参看王子今《秦兼并蜀地的意义与蜀人对秦文化的认同》，《四川师范大学学报》1998年第2期。
③ 《华阳国志·蜀志》说秦惠王时张仪、张若营建成都城，"与咸阳同制"。四川青川郝家坪出秦武王时"更修《为田律》"木牍，也证实蜀地推行秦田制。
④ 参看王子今《秦汉区域文化研究》，四川人民出版社1998年版，第13—14页。

广义的"关中"。

现在看来，在司马迁著作《史记》的时代，广义的"关中"即"大关中"的概念，可能是得到社会一定层面共同认可的。①

（三）张家山汉简的新证

湖北江陵张家山汉简的出土，为秦汉史研究特别是汉初历史的研究提供了新的资料。例如，《二年律令》中《津关令》的有关内容，就有助于对当时"关中"概念的理解。

《津关令》严格规定了关津控制人员和物资出入的制度。② 其中有涉及具体关名的内容，当有益于我们的讨论。如：

例（一）

二、制诏御史，其令扜〈扞〉关、郧关、武关、函谷【关】、临晋关，及诸其塞之河津，禁毋出黄金、诸奠黄金器及铜，有犯令☐（四九二）

例（二）

九、相国下〈上〉内史书言，函谷关上女子痈传，从子虽不封二千石官，内史奏，诏曰：入，令吏以县次送至徙所县。县问：审有引书，毋怪，（五〇二）

☐☐等比·相国、御史复请，制曰：可。（五〇三）

例（三）

☐议，禁民毋得私买马以出扜〈扞〉关、郧关、函谷【关】、武关及诸河塞津关。其买骑、轻车马、吏乘、置传马者，县各以所买（五〇六）

名匹数告买所内史、郡守，内史、郡守各以马所补名为久久马，为致告津关，津关谨以藉（籍）、久案阅，出。（五〇七）

例（四）

☐、相国上南郡守书言，云梦附宝园一所在朐忍界中，任徒治园者出人（入）扜〈扞〉关，故巫为传，今不得，请以园印为传，扜〈扞〉关听。（五一八）

---

① 参看林甘泉主编《中国经济通史·秦汉经济卷》，经济日报出版社1999年版，第40—46页。

② 李均明：《汉简所反映的关津制度》，《历史研究》2002年第3期。

简文所见"扞〈扜〉关、郧关、武关、函谷【关】、临晋关"等，值得我们在讨论"关中"区域界定时予以注意。

例（一）、例（三）、例（四）所见"扞〈扜〉关"，整理小组注释："扜关，即江关，《汉书·地理志》巴郡鱼复县有江关都尉，在今四川奉节东。"① 其实，扜关《史记》两见。《楚世家》："肃王四年，蜀伐楚，取兹方。于是楚为扜关以距之。"又《张仪列传》："秦西有巴蜀，大船积粟，起于汶山，浮江已下，至楚三千余里。舫船载卒，一舫载五十人与三月之食，下水而浮，一日行三百余里，里数虽多，然而不费牛马之力，不至十日而距扜关。扜关惊，则从境以东尽城守矣，黔中、巫郡非王之有。秦举甲出武关，南面而伐，则北地绝。秦兵之攻楚也，危难在三月之内，而楚待诸侯之救，在半岁之外，此其势不相及也。"可见，扜关，是楚地的西界，也是巴蜀的东界。《后汉书》卷一三《公孙述传》："东守巴郡，拒扜关之口。"② "将军任满从阆中下江州，东据扜关，于是尽有益州之地。"也说"扜关"是巴蜀的东部关防。《续汉书·郡国志五》也写道："（巴郡）鱼复，扜水有扜关。"③

例（一）及例（三）所见"郧关"，整理小组注释："郧关，《汉书·地理志》汉中郡长利县有郧关，在今湖北郧县东北。"④《史记》卷一二九《货殖列传》："南阳西通武关、郧关。"有人认为"郧关"是"徇关"之误，⑤ 其说未可信从。郧关，是项羽等以"巴、蜀亦关中地也"，于是"立沛公为汉王，王巴、蜀、汉中"的"汉中"地方的东界。

例（一）及例（三）所见"武关"，整理小组注释："武关，《汉书·地理志》弘农郡商县有武关。商县在今陕西商州东，关在其东南。"⑥ 武关是秦、楚之界。战国时期秦、楚外交、军事许多故事均涉及武关。刘邦正是由武关"破关中"⑦、"定关中"⑧ 的。汉景帝时，周亚夫出击吴楚

---

① 张家山二四七号汉墓竹简整理小组：《张家山汉墓竹简〔二四七号墓〕》，文物出版社2001年版，第206页。
② 李贤注："《史记》曰：楚肃王为扜关以拒蜀。故基在今硖州巴山县。"
③ 刘昭注补："《史记》曰：楚肃王为扜关以拒蜀。"
④ 张家山二四七号汉墓竹简整理小组，《张家山汉墓竹简〔二四七号墓〕》，第206页。
⑤ 《史记》卷一二九《货殖列传》张守节《正义》。
⑥ 张家山二四七号汉墓竹简整理小组，《张家山汉墓竹简〔二四七号墓〕》，第206页。
⑦ 《史记》卷七《项羽本纪》。
⑧ 《史记》卷八《高祖本纪》。

七国叛军，也经武关东进。①

例（一）、例（二）、例（三）所见"函谷【关】"，整理小组注释："据文意'谷'字下脱'关'字。函谷关，《汉书·地理志》弘农郡弘农县有'故秦函谷关'，在今河南灵宝西南。"② 关名一例写作"函谷关"，两例则写作"函谷"，或许未必"'谷'字下脱'关'字"，"函谷"也许是当时曾经通行的简称。

例（一）所见"临晋关"，整理小组注释："临晋关，属左冯翊临晋县，在今陕西大荔东朝邑镇东北。"③ 例（三）未出现"临晋关"，可能是因为已经包括在"诸河塞津关"之内的缘故。④

张家山汉简《二年律令》中的《津关令》，数见"关中"字样，⑤ 理解这里所说的"关中"，应当考虑到同一篇律文中"扞〈扜〉关、郧关、武关、函谷【关】、临晋关"的地位和作用。

很可能张家山汉简《二年律令》中《津关令》的法律条文所体现的区域地理观，是使用了"大关中"的概念的。也就是说，以"扞〈扜〉关、郧关、武关、函谷【关】、临晋关"划定界限的"关中"，是包括了"天水、陇西、北地、上郡"地方，也包括了"巴、蜀、汉中"地方的。

值得注意的是，"扞〈扜〉关、郧关、武关、函谷【关】、临晋关"，由北向南，恰好构成一条大致端正的南北直线，这5座关的位置，竟然都

---

① 参看王子今、焦南峰《古武关道栈道遗迹调查简报》，《考古与文物》1986年第2期。
② 张家山二四七号汉墓竹简整理小组，《张家山汉墓竹简〔二四七号墓〕》，第206页。
③ 同上。
④ 参看王子今《秦汉黄河津渡考》，《中国历史地理论丛》1989年第3辑；《秦汉交通史稿》，中共中央党校出版社1994年版，第71—72页。
⑤ 如："制诏相国、御史，诸不幸死家在关外者，关发索之，不宜，其令勿索，具为令。相国、御史请关外人宜为吏若徭使，有事关中，不幸死，县道各（？）属所官谨视收敛，毋禁物，以令若丞印封椟槥，以印章告关，关完封出，勿索。"（五〇〇至五〇一）"□，相国上中大夫书，请中大夫谒者、郎中、执盾、执戟家在关外者，得私置马关中。"（五〇四）"相国、御史请郎骑家在关外，骑马节（即）死，得买马关中人一匹以补。"（五一三）"其不得□及马老病不可用，自言郎中，郎中案视，为致告关中县道官，卖更买。"（五一四至五一五）"丞相上长信詹事书，请汤沐邑在诸侯，长信詹事者，得买骑、轻车、吏乘、置传马，关中比关外县。"（五一九）"丞相上鲁御史书言，鲁侯居长安，请得买马关中。"（五二〇）"丞相上鲁御史书，请鲁中大夫谒者得私买马关中，鲁御史为书告津关，它如令。"（五二一）"丞相上鲁御史书，请鲁郎中自给马骑，得买马关中，鲁御史为传，它如令。"（五二二）

在东经 110°与 111°之间。①

有学者在陕西三原嵯峨乡天井岸村发现西汉天齐祠遗址,据研究,发现相关几组西汉大型建筑群的轴线竟与汉长安城南北轴线相合。"调查结果证实,西汉时期曾经存在一条超长距离的南北向建筑基线。这条基线通过西汉都城长安中轴线延伸,向北至三原县北塬阶上一处西汉大型礼制建筑遗址;南至秦岭山麓的子午谷口,总长度达 74 公里,跨纬度 47′07″。""该基线设立的时代为西汉初期。"他们还指出:"这条基线不仅长度超过一般建筑基线,而且具有极高的直度与精确的方向性,与真子午线的夹角仅 0.33°。"这条基线最南端为子午谷,向北依次为汉长安城、汉长陵、清河大回转段、天井岸礼制建筑遗址。自子午口至天井岸礼制建筑中心连线上最大水平偏离点为汉长安城南面中央的安门,东偏约 160 米,偏距与总长度的比例为万分之二十二。研究者还提请人们注意,经过武库的这条建筑基线"恰巧将陕西关中盆地中分为左右比较匀称的两部分,而且基线穿越的地点又是关中盆地最宽阔处"。研究者还试将这条建筑基线南北延长,发现西汉汉中郡治和朔方郡治也在其延长线上。如果这两座汉城选址时确实是与这条基线有关,则基线长度实际上长达 870 余公里,更加宏伟可观。《史记》卷六《秦始皇本纪》说,秦始皇曾经"立石东海上朐界中,以为秦东门"。将这一记载与经过天齐祠与长安城的建筑基线相联系,"似乎可以绘出一幅秦汉时期地理坐标图,这幅图的坐标点为长安城(或咸阳),其纵轴上方指向朔方郡,下方指向汉中郡,其横轴东方指向上朐秦东门。这个坐标系与今经纬坐标相较,轴北端偏西约 1°,轴东端偏北约 1°,轴南端偏东约 30′。其纵轴较直,与横轴又相垂直,与今日子午卯酉坐标系有 1°左右的逆时针偏转。这一现象很难仅以巧合揣度"。于是研究者以为,大致可以推定,秦汉时期在掌握长距离方位测量技术的基础之上,可能已初步具备了建立大面积地理坐标的能力。② 从这一思路出发,联想"扜〈扞〉关、郧关、武关、函谷【关】、临晋关"5 关大致同样形成南北轴线的位置关系,③ 不免产生可能内含某种更深层意义的

---

① 一说扜关关址即汉江关都尉所在,据谭其骧主编《中国历史地图集》标注位置,则偏西。然而《玉海》卷一〇引《括地志》:"扜关,今硖州巴山县界故扜关是。"《史记》卷七〇《张仪列传》张守节《正义》:"(扜关)在硖州巴山县界。"《后汉书》卷一三《公孙述传》李贤注也说:"故基在今硖州巴山县。"《华阳国志》卷一《巴志》、《七国考》卷三均同此说。唐代峡州州治在今湖北宜昌,巴山县治在今湖北长阳西。

② 秦建明、张在明、杨政:《陕西发现以汉长安城为中心的西汉南北向超长建筑基线》,《文物》1995 年第 3 期。

③ 这一纵轴的角度偏差,也呈示微弱的逆时针偏转。

猜测。

对于《津关令》中文字表述所体现的"扞〈扜〉关、郧关、武关、函谷【关】、临晋关"5 关的相互关系，似乎也不应理解为法令起草者随意的列述，至少由南而北的顺序，就恰恰是与汉初地图的方向相符合的。例如长沙马王堆 3 号汉墓出土地图，就取上南下北的方向。①

如果以张家山汉简所见"扞〈扜〉关、郧关、武关、函谷【关】、临晋关"划定"关中"与"关外"，其"关中"地域，则与今天所说的"西部"大略相当。

（四）"关中"区域概念的由来和演变

《史记》卷一二九《货殖列传》所谓"关中之地，于天下三分之一，而人众不过什三，然量其富，什居其六"，《汉书》卷二八下《地理志下》写作"故秦地天下三分之一，而人众不过什三，然量其富居什六"。《史记》卷八《高祖本纪》也记载："或说沛公曰：'秦富十倍天下，地形强。今闻章邯降项羽，项羽乃号为雍王，王关中。今则来，沛公恐不得有此。'"同样说明在当时的区域地理概念中，"关中"和"秦地"是大体一致的。又《项羽本纪》写道，"项羽乃召黥布、蒲将军计曰：'秦吏卒尚众，其心不服，至关中不听，事必危，不如击杀之，而独与章邯、长史欣、都尉翳入秦。'于是楚军夜击阬秦卒二十余万人新安城南。"其中"至关中"和"入秦"的含义也是基本相同的。

"关中"的对应概念是"关外"。如《史记》卷六《秦始皇本纪》："隐宫徒刑者七十余万人，乃分作阿房宫，或作丽山。发北山石椁，乃写蜀、荆地材皆至。关中计宫三百，关外四百余。""关中"与"关外"的对应关系，又见于张家山汉简《二年律令》的《津关令》。例如简五〇〇至五〇一就有关于"关外人宦为吏若繇使，有事关中，不幸死"情形的文字。又如简五〇四："请中大夫谒者、郎中、执盾、执戟家在关外者，得私置马关中。"简五一三："请郎骑家在关外，骑马节（即）死，得买马关中人一匹以补。"简五一九："请汤沐邑在诸侯，属长信詹事者，得买骑、轻车、吏乘、置传马，关中比关外县。"也是同样的例证。

"关中"和"关外"，从用词的语气分析，应是秦人立场的体现。《战国策·秦策四》所谓"关中之候"、"关内候"之"关中"、"关内"，明

---

① 马王堆汉墓帛书整理小组：《长沙马王堆三号汉墓出土地图的整理》，《文物》1975 年第 2 期。

显是说秦国。看来，"关中"，很可能是秦占据函谷关之后形成的区域地理概念。

与"关中"形成对应关系的另一说法是"关东"。如《史记》卷六《秦始皇本纪》："盗贼益多，而关中卒发东击盗者毋已。右丞相去疾、左丞相斯、将军冯劫进谏曰：'关东群盗并起，秦发兵诛击，所杀亡甚众，然犹不止。盗多，皆以戍漕转作事苦，赋税大也。请且止阿房宫作者，减省四边戍转。'""关中卒"的作战对象，是"关东群盗"。

"关中"的区界之所以在《史记》这样的史学名著中也未能明确不移，是由"秦地"在统一战争中迅速扩张的历史原因造成的。不同规模的"关中"地域，是与秦国疆土逐渐扩大的历史过程相关的。

司马迁《史记》卷一二九《货殖列传》使用"大关中"概念指代的地域，大体是与秦昭襄王后期秦国的版图相一致的。① 这种"大关中"概念之所以没有能够完全取代此前多种"关中"的概念，或许与秦祚之短暂有关。而理解后来刘邦和项羽"中分天下，割鸿沟以西者为汉，鸿沟而东者为楚"② 的分治格局，以及汉初中央政府直接控制的汉郡与诸侯王国相互并立的形势，③ 也应当考虑到以秦政治文化地图为基点的"大关中"概念的历史文化影响。

---

① 秦王政即位时的政治地理形势，则是秦国已经越过宛（今河南南阳）且占有楚国国都郢（今湖北江陵北），而设置了南郡；北方则兼并了上郡（郡治在今陕西榆林南）以东地方，设置了河东郡（郡治在今山西夏县）、太原郡（郡治在今山西太原西南）、上党郡（郡治在今山西长子）；东方又将国境推进到荥阳（今河南荥阳），灭掉了西周和东周两个政权，置三川郡（郡治在今河南洛阳）。也就是说，如果以太行山、白河、汉江下游一线贯通南北，这条线以西的辽阔地域，都已经成为秦国的疆土。

② 《史记》卷七《项羽本纪》。

③ 参看周振鹤《西汉政区地理》，人民出版社1987年版，第7—12页。

彭城与"梁砀之间"：
交通形势与政治文化

一 战国秦汉时期楚文化重心的移动

李学勤在总结东周时期的区域文化时，曾经将黄河流域和长江流域划分为七个文化圈。在分述中原文化圈、北方文化圈和齐鲁文化圈之后，李学勤指出："长江中游的楚国是另一庞大文化圈的中心，这就是历史、考古学界所艳称的楚文化。随着楚人势力的强大和扩张，楚文化的影响殊为深远。在楚国之北的好多周朝封国，楚国之南的各方国部族，都渐被囊括于此文化圈内。"而淮河流域和长江下游地区，"可划为吴越文化圈"。这个文化圈"虽受中原文化和楚文化的影响，也各有其本身的特色"。他又指出："楚文化的扩展，是东周时代的一件大事。春秋时期，楚人北上问鼎中原，楚文化也向北延伸。到了战国之世，楚文化先是向南大大发展，随后由于楚国政治中心的东移，又向东扩张，进入长江下游以至今山东省境。说楚文化影响所及达到半个中国，并非夸张之词。"李学勤强调的一个历史事实是许多学者所公认的："楚文化对汉代文化的酝酿形成有过重大的影响。"[①] 回顾历史，可以看到楚文化的重心地域曾经有所移动。这一过程，和诸多文化系统相互融合的趋势有关。

这种影响的历史迹象之一，已有学者指出了"楚歌"在当时社会上层的盛起。[②] 讨论秦汉之际以至汉初的"楚歌"，特别是垓下之战时"四面楚歌"的"楚歌"，对于认识当时的社会历史文化，也是有意义的。

---

① 李学勤：《东周与秦代文明》，文物出版社1984年版，第11—12页。
② 鲁迅《汉文学史纲要》第六篇论"汉宫之楚声"，指出："故在文章，则楚汉之际，诗教已熄，民间多乐楚声，刘邦以一亭长登帝位，其风遂亦被宫掖。"《鲁迅全集》，人民文学出版社1981年版，第9卷第385—387页。

（一）"亡秦必楚"的文化地理学分析

秦末民众暴动，项梁、项羽军中谋士范增在分析政治形势时引述了"楚虽三户，亡秦必楚"的民间舆论。《史记》卷七《项羽本纪》记载："居鄛人范增，年七十，素居家，好奇计"，前往军中向项梁建议："陈胜败固当。夫秦灭六国，楚最无罪。自怀王入秦不反，楚人怜之至今，故楚南公曰'楚虽三户，亡秦必楚'也。今陈胜首事，不立楚后而自立，其势不长。今君起江东，楚蜂午之将皆争附君者，以君世世楚将，为能复立楚之后也。"项梁赞同他的话，"乃求楚怀王孙心民间，为人牧羊，立以为楚怀王，从民所望也。陈婴为楚上柱国，封五县，与怀王都盱台。项梁自号为武信君"。

其实，据《史记》卷四八《陈涉世家》，"陈胜者，阳城人也"，"吴广者，阳夏人也"，也都是楚人。起事之大泽乡，裴骃《集解》："徐广曰：'在沛郡蕲县。'"司马迁写道："（陈胜）乃诈称公子扶苏、项燕，从民欲也。袒右，称大楚。"攻占蕲县后，"乃令符离人葛婴将兵徇蕲以东。攻铚、酇、苦、柘、谯皆下之"。符离，司马贞《索隐》："韦昭云：'属沛郡。'"占领陈地后，"数日，号令召三老、豪杰与皆来会计事。三老、豪杰皆曰：'将军身被坚执锐，伐无道，诛暴秦，复立楚国之社稷，功宜为王。'陈涉乃立为王，号为'张楚'"。正如田余庆所说，"陈胜、吴广所率戍卒，至少有一部分是这一带的楚民。这与陈胜举义后立即趋据郢陈，建号张楚，自然有直接关系。"[①] "张楚"的含义，司马贞《索隐》："按：李奇云'欲张大楚国，故称张楚也。'"最先掀起起义高潮，集聚了反秦主力的，确实正是楚地。即所谓"当此时，楚兵数千人为聚者，不可胜数"。

后来成为反秦武装力量中坚的刘邦军和项梁、项羽军，也都是由楚人组成。

看来，所谓"楚虽三户，亡秦必楚"的预言，真的变成了历史事实。于是，马王堆三号汉墓出土帛书《五星占》可见"张楚"纪年，司马迁著《史记》，有《秦楚之际月表》，"后代文献如《太平御览》皇王部历代帝序，于秦汉之间特立楚怀王一目。其他典籍亦有列入楚义帝者"。可

---

① 田余庆：《说"张楚"——关于"亡秦必楚"问题的探讨》，《秦汉魏晋史探微》，中华书局1993年版，重订本，2004年版，第9页。

见秦汉之间,"有楚的法统地位存在,不容抹杀"①。

尤其值得我们注意的,是反秦起义活动最集中的地方,是所谓"东楚"和"西楚"。

将楚地区分为"西楚"、"东楚"和"南楚",是司马迁的说法。《史记·货殖列传》:

> 越、楚则有三俗。
>
> 夫自淮北沛、陈、汝南、南郡,此西楚也。其俗剽轻,易发怒,地薄,寡于积聚。江陵故郢都,西通巫、巴,东有云梦之饶。陈在楚夏之交,通鱼盐之货,其民多贾。徐、僮、取虑,则清刻,矜已诺。
>
> 彭城以东,东海、吴、广陵,此东楚也。其俗类徐、僮。朐、缯以北,俗则齐。浙江南则越。夫吴自阖庐、春申、王濞三人招致天下之喜游子弟,东有海盐之饶,章山之铜,三江、五湖之利,亦江东一都会也。
>
> 衡山、九江、江南、豫章、长沙,是南楚也,其俗大类西楚。郢之后徙寿春,亦一都会也。而合肥受南北潮,皮革、鲍、木输会也。与闽中、干越杂俗,故南楚好辞,巧说少信。江南卑湿,丈夫早夭。多竹木。豫章出黄金,长沙出连、锡,然堇堇物之所有,取之不足以更费。九疑、苍梧以南至儋耳者,与江南大同俗,而杨越多焉。番禺亦其一都会也,珠玑、犀、玳瑁、果、布之凑。

司马迁有关"西楚"、"东楚"和"南楚"的地理学描述,是比较明确的。司马迁有关"西楚"和"东楚"的界定,显然偏向东方。如果考虑到今天江苏连云港、阜宁、盐城、海安一线以东地方当时尚未成陆,则这种偏向更为引人注目。人们都会注意到,秦末战争中最活跃的力量,多形成于淮河流域的西楚和东楚。而以其东部地方涌现出更为集中的政治军事人物。

这一态势,正与战国以来楚文化发展向北取主要扩张方向的情形相一致。

楚都起初在江陵郢城(今湖北江陵),楚顷襄王迁至陈(今河南淮阳)。于是其统治中心由江滨向北移动,迁到淮滨。其地临鸿沟,已经处

---

① 田余庆:《说"张楚"——关于"亡秦必楚"问题的探讨》,《秦汉魏晋史探微》,中华书局1993年版,重订本,2004年版,第3页。

于方城以外。此后，楚都又迁至巨阳（今安徽阜阳北），楚考烈王又迁都至寿春（今安徽寿县）。楚都沿淮河向东移动的迹象是非常明显的。人们可以察觉，这一态势，表现出在向北进取中原的同时，似乎又有趋东避秦兵锋的倾向。

楚文化的向北扩张，向北进取，从另一视角看，也体现出中原文化的凝聚力和吸引力。而楚都东迁，也反映了即使是顺应文化统一趋势的军事强力，在某种意义上也会自然导致地方文化的排拒和规避。

（二）关于"西楚霸王王九郡"

《史记》卷六《秦始皇本纪》说："项羽为西楚霸王，主命分天下，王诸侯。"《史记》卷七《项羽本纪》记载，分封十八诸侯的同时，"项王自立为西楚霸王，王九郡，都彭城"。张守节《正义》："《货殖传》云：'淮以北，沛、陈、汝南、南郡为西楚也。彭城以东，东海、吴、广陵为东楚也。衡山、九江、江南、豫章、长沙为南楚。'孟康云：'旧名江陵为南楚，吴为东楚，彭城为西楚。'"司马迁还记载："汉之元年四月，诸侯罢戏下，各就国。项王出之国，使人徙义帝，曰：'古之帝者地方千里，必居上游。'乃使使徙义帝长沙郴县。"义帝被强行迁徙到"南楚"地方的偏南之地。而"南楚"的开发程度和对全局的影响，当时已经明显远逊于"西楚"和"东楚"。

对于所谓"王九郡，都彭城"，《史记》卷八《高祖本纪》的说法是"项羽自立为西楚霸王，王梁楚地九郡，都彭城"。

"西楚霸王"所据有的"九郡"，历来史家并未十分明确。梁玉绳《史记志疑》卷六写道："项羽王梁楚九郡，《史》、《汉》皆不详，注家亦略。《史诠》谓'泗水、砀、薛、东海、临淮、彭城、广陵、会稽、郯九郡'。然临淮郡，汉武帝元狩六年置。彭城郡，宣帝地节元年置。广陵国，非郡，武帝元狩五年更江都国为广陵，中间为郡止三年。郯郡之置，未知何时。秦无郯郡，岂羽置之乎？《经史问答》言：'秦于楚地置十郡。项王以汉中封高祖，九江封英布，南郡封共敖，长沙为义帝都，而自得东海、泗水、薛、会稽、南阳、黔中。秦于梁地置三郡，项王以河东封魏豹，而自得砀、东郡。凡得郡八，据《史记》益以楚郡，适得九郡之目。'然秦无楚郡，恐是误会《楚世家》之文。南阳、黔中，中隔数国，岂能遥属于楚？程、全两说俱难信。惟钱宫詹大昕《汉书考异》谓《史》称九郡者，据当时分置郡名数之，引《高纪》六年封荆、楚二王作证，以泗水、东阳、东海、砀、薛、鄣、吴、会稽、东郡为九，甚确。"① 泷川资言《史记会注考证》卷七也写道："项羽王梁楚九郡，《史》、《汉》皆不详其目，注家亦略。陈仁锡云：'泗川、砀、薛、东海、临淮、彭城、广陵、会稽、鄣九郡。'梁玉绳驳之云：'临淮郡，汉武帝元狩六年置。彭城郡，宣帝地节元年置。广陵国，非郡，武帝元狩五年更江都国为广陵，中间为郡止三年。鄣郡之置，未知何时。秦无鄣郡，岂羽置之耶？'全祖望云：'秦于楚地置十郡。项王以汉中封高祖，九江封英布，南郡封共敖，长沙为义帝都，而自得东海、泗水、薛、会稽、南阳、黔中，凡得郡八。据《史记》益以楚郡，适得九郡之目。'梁玉绳又驳之云：'秦无楚郡，恐是误会《楚世家》之文。南阳、黔中，中隔数国，岂能遥属于楚？'姚鼐云：'九郡盖为砀、东郡、陈、泗川、东海、南阳、鄣、会稽。砀与东郡，故梁地也。自陈以东，故楚地也。故曰王梁楚。大抵西界故韩，东至海，北界上则距河，下则距泰山，南界上则距淮，下则包逾江东，因天下之膏腴平壤矣。'② 梁玉绳既诋南阳不在九郡之数，秦亦无陈郡，姚说未可以为是。钱大昕曰：'《史》称九郡，据当时分置郡名数之也。九郡者，泗水也，东阳也，东海也（即郯郡），砀也，薛也，鄣也，吴也，会稽也，东郡也。'梁玉绳从之。而张茂炯驳之云：'吴、会稽者，顺帝永建二年始分两郡，汉初安得有是名？梁楚之地，除长沙奉义帝，河东封魏豹，河内封司马卬，河南封瑕丘申阳，南郡封共敖，江夏封吴芮，汉中封沛公，九江六安封英布，所余有陈留、汝南、颍川、山阳、济阴、零阳、桂阳、武陵、泗水、东海、会稽、丹阳、豫章、庐江、广陵、临淮十六郡。而汝南、桂阳、武陵、豫章，皆高帝置，陈留、零阳、临淮，皆武帝置，山阳、济阴，景帝始别为国，楚汉之间尚无是名，惟颍川、泗水（即沛）、郯（即东海）、会稽、鄣（即丹阳）、淮南（即庐江）、东阳（即广陵）、砀（即梁国）、薛（即鲁国）是为九郡，于谊方允。'愚按：颍川，韩国，此时韩王成尚在，亦非梁楚地，张说未确。

---

① 梁玉绳：《史记志疑》，中华书局1981年版，上册第204页。今按：点校者以梁玉绳"然临淮郡，汉武帝元狩六年置。彭城郡，宣帝地节元年置。广陵国，非郡，武帝元狩五年更江都国为广陵，中间为郡止三年。鄣郡之置，未知何时。秦无鄣郡，岂羽置之乎？"诸语为《史诠》文，误。

② 姚鼐：《项羽王九郡考》："史言项羽分割天下，自王梁楚地九郡，而不载九郡之名。余考之，盖为砀、陈、东郡、泗川、薛、东海、东阳、鄣、会稽，是云九郡。砀与东郡，故梁地也。自陈以东，故楚地也。故曰'王梁楚'。大抵西界故韩，东至海，北界上则距河，下则距泰山，南界上则距淮，下则包踰江东。固天下之膏腴平壤矣。"《惜抱轩诗文集》文集卷二。今按：姚鼐，《史记会注考证》误作"姚鼎"。

姑录诸说以存疑。"①

关于西楚霸王"王梁楚地九郡"的具体考定,始终没有十分确定的意见。周振鹤《西汉政区地理》附篇有"楚汉诸侯疆域新志",关于"项羽西楚国封域",分析了以往多种见解,论定项羽所王九郡应为东海、泗水、会稽、东郡、砀郡、薛郡、陈郡、南阳、鄣郡。② 使认识推进了一大步。然而,考虑到湖南龙山里耶秦简首见"洞庭郡"等郡名的现象,可以知道我们对秦郡的设置,知识很可能依然是不完全的。也许关于项羽"王九郡"的讨论,待新的历史地理资料的获得方能定论。

不过,有一点是明确的。这就是"项王自立为西楚霸王,王九郡"所控制的地方,大体包括司马迁所说的"西楚"和"东楚",同时据有部分梁地,实际上实现了"西楚"进一步向西的扩展。而"南楚",被项羽一部分规划为楚怀王居地,一部分分割为九江国、衡山国、临江国地方。这可能也是"西楚霸王"之所以以"西楚"为名号的原因之一。

(三) 两汉的楚国

《元和郡县志》卷一〇《河南道·徐州》说:"(徐州)六国时属楚,秦并天下,为泗水郡。楚汉之际,楚怀王自盱眙徙都之。后项羽迁怀王于郴,自立为西楚霸王,又都于此。汉改泗水郡为沛郡,又分沛郡立楚国。按楚国即今州理是也。宣帝地节元年更为彭城郡,寻复为楚国。"唐代历史地理学者大略说明了秦至西汉时期"楚"的行政地理定位。"楚国"地域向原有分野东北隅的收缩,大体形势已经显示。

周振鹤《西汉政区地理》上篇"高帝十王国地区沿革"中的第一章,即为"楚国沿革"。其中分述"韩信之楚国"、"刘交之楚国"、"景帝三年以后楚国沿革"、"刘余之鲁国沿革"以及"东海郡沿革(含泗水国)"。周振鹤总结了西汉楚国沿革的大体趋势:高帝五年(前202),以秦郡东海、会稽、泗水、薛郡、陈郡置楚国封韩信,翌年国除,分其地置两国。以淮西地之彭城、薛郡、东海三郡另置楚国封帝交。吕后六年(前182),夺楚薛郡置鲁国,文帝时,楚复有三郡,景帝三年(前154),削楚东海郡,随即吴楚七国反,楚国除,以薛郡复置鲁国,又分彭城郡部分地再置楚国,余地置为沛郡。武帝元狩六年(前117),分沛郡、广陵

---

① 泷川资言:《史记会注考证》,上海古籍出版社1986年版,上册第211页。
② 周振鹤:《西汉政区地理》,人民出版社1987年版,第255—256页。

郡（原吴国地）置临淮郡；元鼎三年（前114）分东海郡南部数县置泗水国。宣帝地节元年（前69）楚国除为彭城郡，黄龙元年（前49）复故。①

据《史记》卷八《高祖本纪》，刘邦称帝后，"齐王韩信习楚风俗，徙为楚王，都下邳"。然而此时楚国的疆域，已经绝不能与行"楚风俗"的地区相当。此后楚国废置反复，地域划分也不断变化，但是大体的趋势是逐渐缩小，和战国时期的"楚"，已经根本不能相比了。楚文化的强势地位已经不复存在。这一情形，当然是与楚文化、秦文化和齐鲁文化逐渐合一，形成了统一的汉文化的历史大趋势相一致的。②

从东汉时期楚国的地位看，"楚"只是地方区域代号。楚国、彭城国、楚郡的关系，③ 也反映了"楚"的区域级别，当时已经仅仅相当于普通的郡了。

（四）垓下"楚歌"的地域定位

《史记》卷七《项羽本纪》写道："项王军壁垓下，兵少食尽，汉军及诸侯兵围之数重。夜闻汉军四面皆楚歌，项王乃大惊曰：'汉皆已得楚乎？是何楚人之多也！'项王则夜起，饮帐中。有美人名虞，常幸从；骏马名骓，常骑之。于是项王乃悲歌慷慨，自为诗曰：'力拔山兮气盖世，时不利兮骓不逝。骓不逝兮可奈何，虞兮虞兮奈若何！'歌数阕，美人和之。项王泣数行下，左右皆泣，莫能仰视。"关于虞美人和歌，张守节《正义》引《楚汉春秋》云："歌曰：'汉兵已略地，四方楚歌声。大王意气尽，贱妾何聊生。'"于是随即有乌江悲剧。《高祖本纪》记载："五年，高祖与诸侯兵共击楚军，与项羽决胜垓下。淮阴侯将三十万自当之，孔将军居左，费将军居右，皇帝在后，绛侯、柴将军在皇帝后。项羽之卒可十万。淮阴先合，不利，却。孔将军、费将军纵，楚兵不利，淮阴侯复乘之，大败垓下。项羽卒闻汉军之楚歌，以为汉尽得楚地，项羽乃败而走，是以兵大败。"这就是"四面楚歌"的著名故事。

如果要对"四面楚歌"的"楚歌"进行地域定位，也就是要说明这里所说的"楚"究竟是哪里，应当分析项羽惊语"汉皆已得楚乎？是何楚人之多也！"中的"楚"是指哪里，"以为汉尽得楚地"的"楚地"是

---

① 周振鹤：《西汉政区地理》，人民出版社1987年版，第25页。
② 王子今：《走向大一统的秦汉政治》（《中国政治通史》第3卷），泰山出版社2003年版，第2页。
③ 李晓杰：《东汉政区地理》，山东教育出版社1999年版，第74—75页。

指哪里。

《史记》卷七《项羽本纪》还记载："项王已死，楚地皆降汉，独鲁不下。汉乃引天下兵欲屠之，为其守礼义，为主死节，乃持项王头视鲁，鲁父兄乃降。始，楚怀王初封项籍为鲁公，及其死，鲁最后下，故以鲁公礼葬项王谷城。"《高祖本纪》也说："使骑将灌婴追杀项羽东城，斩首八万，遂略定楚地。鲁为楚坚守不下。汉王引诸侯兵北，示鲁父老项羽头，鲁乃降。遂以鲁公号葬项羽谷城。"这里都说到"楚地"。此所谓"楚地"，很可能是指项羽最后实际控制的地区，也就是包括鲁地的"西楚霸王王梁楚地九郡"地方。

我们在前面已经说到，被称为"西楚"和"东楚"的楚地，是秦末暴动中表现最为积极的地区。严格说来，除陈、汝南、南郡之外的"西楚"和"东楚"地区在秦统一的战争中，没有经历特别激烈的战事，没有遭遇秦军大规模的扫荡，应当保有较为厚实的经济实力和文化基础。姚鼐所谓"固天下之膏腴平壤矣"，可以说明这一地区的经济背景。而陈胜首义的基本队伍，刘邦集团和项羽集团的主要干部都出身在这一地区，也可以反映这一地区在人才构成方面的优势。东阿之战和定陶之战，均发生于东郡地方。"章邯已破项梁军，则以为楚地兵不足忧，乃渡河击赵。"① 也就是说，秦末战争兵火延烧，这里也没有遭遇严重的破坏。这一战国时期楚人最后控制的地方所经历的最惨重的摧残，其实可能是刘项之间的楚人和楚人的战争。

《史记》中还说到另一则有关"楚歌"的故事，也是人们所熟知的。《留侯世家》写道，"上欲废太子，立戚夫人子赵王如意。"吕后惶恐，请教张良。张良建议使人奉太子书，卑辞厚礼，迎商山四皓。"及燕，置酒，太子侍。四人从太子，年皆八十有余，须眉皓白，衣冠甚伟。上怪之，问曰：'彼何为者？'四人前对，各言名姓，曰东园公，甪里先生，绮里季，夏黄公。上乃大惊，曰：'吾求公数岁，公辟逃我，今公何自从吾儿游乎？'四人皆曰：'陛下轻士善骂，臣等义不受辱，故恐而亡匿。窃闻太子为人仁孝，恭敬爱士，天下莫不延颈欲为太子死者，故臣等来耳。'上曰：'烦公幸卒调护太子。'四人为寿已毕，趋去。上目送之，召戚夫人指示四人者曰：'我欲易之，彼四人辅之，羽翼已成，难动矣。吕后真而主矣。'戚夫人泣，上曰：'为我楚舞，吾为若楚歌。'歌曰：'鸿鹄高飞，一举千里。羽翮已就，横绝四海。横绝四海，当可奈何！虽有矰

---

① 《史记》卷七《项羽本纪》。

缴，尚安所施！'歌数阕，戚夫人嘘唏流涕，上起去，罢酒。竟不易太子者，留侯本招此四人之力也。""沛丰邑中阳里人"刘邦所唱"楚歌"，或许可以帮助我们理解垓下"汉军之楚歌"的文化地理背景。

比较《史记》记载的两种"楚歌"，可以发现其中都有"奈何"语汇。这种"楚歌"的旋律，是否都体现出某种悲凉的基调呢？

（五）《巫山高》"楚歌"说

同样可以推定为"楚歌"的，是刘邦的《大风歌》。《史记》卷八《高祖本纪》："高祖还归，过沛，留。置酒沛宫，悉召故人父老子弟纵酒，发沛中儿得百二十人，教之歌。酒酣，高祖击筑，自为歌诗曰：'大风起兮云飞扬，威加海内兮归故乡，安得猛士兮守四方！'令儿皆和习之。高祖乃起舞，慷慨伤怀，泣数行下。"其情调伤感，致使帝王泣下。

汉歌遗存有《汉铙歌十八曲》。据陈直说，"其词句之诘屈，较《郊祀歌》为尤古。因《郊祀歌》载在《汉志》，传习者尚递有注释，若《铙歌》魏晋以来，则向无解诂。后人多以畏难束之高阁，时代愈久，了解愈难"。陈直判断，"(《铙歌》)类型既杂，时代又不一致，但最迟者，不出于西汉宣元之际"。其中有《巫山高》：

> 巫山高，高以大，淮水深，难以逝。我欲东归，害梁不为，我集无高曳。水何深，汤汤回回，临水远望，泣下沾衣。远道之人，心思归，谓之何？

歌中咏叹远道思归之情，可以体现当时人乡土观念之浓重。①

陈直说："此篇疑描写汉高祖都南郑时军士思归之情，属于军乐类。旧说有以宋玉巫山高唐之事相附会者，恐不可信。"就其中"淮水深"句，陈直指出："楚汉战争时，高祖所用，多丰沛子弟，久战思归，见于《汉书·韩信传》。其时都于南郑，属于巴蜀地区，故歌曲以巫山为代表，与淮水互相对照。后高祖初拟都洛阳时，军士皆欲东归，皆与此诗可以互证。此歌虽未必即为西汉初作品。至迟亦在西汉中期。"《巫山高》中"害梁不为，我集无高曳"句，陈直解释说："害曷也，即何不为桥梁，下文之水何深，即水无梁之意。""《广韵》：'集，众也。'我集即我众

---

① 王子今：《秦汉人的乡土意识》，《中共中央党校学报》1997年第1期。

也。又高曳，闻氏云：'疑篙栧二字之假借，即篙楫也。'其说是也。"①

《巫山高》的作者为"高祖所用""丰沛子弟"的推定，是有道理的。其中强调"淮水深"，正是淮海楚地歌诗作品的征象。言"巫山高"，陈直说意在"与淮水互相对照"。这种"对照"，正与军士们追随刘邦远行汉中，而汉中"属于巴蜀地区"有一定关系。

以《汉铙歌十八曲》中的《巫山高》为"楚歌"，而其中"临水远望，泣下沾衣"等句，也与前举"楚歌"诸例多为伤感之歌的风格一致。

看来，"楚歌"的研究者，应当将《汉铙歌十八曲》中的《巫山高》也作为分析考察的对象。

二　论西楚霸王项羽"都彭城"

《史记》卷七《项羽本纪》记载，秦王朝灭亡后，项羽以强大军事优势控制了关中。随即分封十八诸侯，取得了暂时的政治平衡。"项王自立为西楚霸王，王九郡，都彭城。"裴骃《集解》："孟康曰：'旧名江陵为南楚，吴为东楚，彭城为西楚。'"张守节《正义》："彭城，徐州县。"对于项羽"都彭城"事，历来多有批评。人们较多关注"衣绣夜行"、"沐猴而冠"的说法，而以西汉帝国定都长安的政治成功作为历史参照。其实，如果排除以成败论事的偏见，从政治地理学、军事地理学和经济地理学视角认真考察项羽"都彭城"的诸种因素，对于说明当时的历史，应当是有意义的。

许多迹象表明，项羽"都彭城"的抉择，虽不免历史局限，亦自有深沉的战略考虑。就经济重心的控制和海洋资源的利用而言，或许也可以理解为有某种积极意义。这一决策的提出和确定，或许有范增的作用。

（一）"衣绣夜行"说与"沐猴而冠"批判

《史记》卷七《项羽本纪》："居数日，项羽引兵西屠咸阳，杀秦降王子婴，烧秦宫室，火三月不灭；收其货宝妇女而东。人或说项王曰：'关中阻山河四塞，地肥饶，可都以霸。'项王见秦宫室皆以烧残破，又心怀思欲东归，曰：'富贵不归故乡，如衣绣夜行，谁知之者！'说者曰：'人

---

①　陈直：《汉铙歌十八曲新解》，《文物考古论丛》，天津古籍出版社1988年版，第76—77页。

言楚人沐猴而冠耳,果然。'项王闻之,烹说者。""衣绣夜行",《汉书》卷三一《项籍传》作"衣锦夜行"。《太平御览》卷八七引《史记》亦作"衣锦夜行"。后来项羽"都彭城"事,人们多与"衣绣夜行"相联系,看作千古笑柄。① 司马迁不言"说者"姓名,扬雄《法言》以为"蔡生",《汉书》卷三一《项籍传》以为"韩生",宋人王观国倾向于"韩生"是。②

"衣绣夜行"的说法,在秦汉历史记录中其实不只一见。

《华阳国志·巴志》:"汉高帝灭秦,为汉王,王巴、蜀。阆中人范目,有恩信方略,知帝必定天下,说帝,为募发賨人,要与共定秦。秦地既定,封目为长安建章乡侯。帝将讨关东,賨民皆思归;帝嘉其功而难伤其意,遂听还巴。谓目曰:'富贵不归故乡,如衣绣夜行耳。'徙封阆中慈乡侯。"又《汉书》卷六四上《朱买臣传》:朱买臣吴人,"上拜买臣会稽太守,上谓买臣曰:'富贵不归故乡,如衣绣夜行,今子何如?'买臣顿首辞谢"③。又如《后汉书》卷二二《景丹传》记载,景丹字孙卿,冯翊栎阳人也。建武二年,定封景丹栎阳侯。刘秀对景丹说:"今关东故王国,虽数县,不过栎阳万户邑。夫'富贵不归故乡,如衣绣夜行',故以封卿耳。"景丹顿首谢。④

看来,两汉所谓"富贵不归故乡,如衣绣夜行",已经成为当时社会的通行习用语。而项羽虽然因此有"楚人沐猴而冠"之讥,此语仍然出自汉高祖、汉武帝与汉光武帝这些雄健有为的帝王之口。而且文献记载

---

① 以轻蔑语气言此事者,有宋代史学家刘攽《徐郡作》诗:"诗书误身既可信,却忆扛鼎之重瞳。宰割山河一何壮,指麾天地如回风。背关怀楚更龌龊,沐猴而冠涂遂穷。"《彭城集》卷七《七言古诗》。又方凤《鸿门燕同皋羽作》:"项王重瞳气盖世,叱咤喑哑万夫废。""玉玦何劳再三举,拂衣竟作彭城死。沐猴而冠何足云,君看五采成龙文。"《存雅堂遗稿》卷二《七言古诗》。

② 宋人王观国《学林》卷二《法言》:"《法言》曰:蔡生欲安项咸阳,项不能移,又烹之。《前汉·项羽传》曰:韩生说羽都关中,羽曰:富贵不归故乡,如衣锦夜行。韩生曰:人谓楚人沐猴而冠,果然。羽闻之,斩韩生。观国案:《史记·项羽纪》曰:人或说项王都关中,项王烹说者。《史记》但言人或说项王而不言其人姓名,盖以其人不足传也。班固作《汉书》欲致其详,故载其姓名曰韩生。然古之作《汉书》者非一家。扬雄、班固各以其所传汉史而用之,故在扬雄则言蔡生,在班固则言韩生。扬雄《法言》乃王莽作安汉公时所撰。班固在后汉永平间作史,已知《法言》用蔡生之非,而寛之以韩生也。"

③ 《前汉纪》卷二《高祖纪二》言项羽与韩生对话,卷一〇《孝武纪一》言汉武帝与朱买臣对话,均作"衣锦夜行"。

④ 《后汉纪》卷四《光武帝纪四》言汉光武帝与景丹对话,作"衣锦夜行"。宋程大昌《演繁露》卷九"衣锦夜行"条:"《东观汉记》:建武二年,封景丹为栎阳侯。上谓曰:'富贵不归故乡,如衣锦夜行。故以封卿。'(《御览》二百)按前汉皆言'衣绣',惟此言'衣锦'。"

中，似乎也看不到丝毫的轻忽调侃之意。

对这样的现象进行社会语言学的思考，也许可以进一步认识当时人的乡土观念和地理意识。① 由此再转而讨论彭城的地位，也许可以对项羽"都彭城"的决策实现更深刻的理解。

（二）彭城：军事地理与政治地理形胜

《荀子·彊国》："其固塞险，形势便，山林川谷美，天材之利多，是形胜也。"苏轼曾经论彭城"山川形胜"，黄震谓其中价值："徐州《上皇帝书》及山川形胜久长大计，区区于簿书期会之间者可以观矣。"② 彭城之"形胜"，值得军事地理学和政治地理学研究者关注。

（1）彭城的古都地位

彭城据说历史上也曾经作为古都。彭祖立国与"徐偃王作乱"③，都曾经以此为地理依托。

彭城的古都地位，在项羽生活的时代似乎受到特殊重视。《史记》卷六《秦始皇本纪》记载秦始皇出巡事：秦始皇二十八年（前219），"南登琅邪，大乐之，留三月。乃徙黔首三万户琅邪台下"。"始皇还，过彭城，斋戒祷祠，欲出周鼎泗水。使千人没水求之，弗得。乃西南渡淮水，之衡山、南郡。浮江，至湘山祠。"汉代画像资料中多有反映"出周鼎泗水"的画面，应理解为对秦始皇"过彭城"时故事的追想。关于秦始皇"过彭城"，张守节《正义》："彭城，徐州所理县也。州东外城，古之彭国也。《搜神记》云陆终弟三子曰籛铿，封于彭，为商伯。《外传》云：殷末，灭彭祖氏。"《资治通鉴》卷八"秦二世二年"胡三省注："《彭门记》：彭祖，颛顼之玄孙，至商末，寿及七百六十七岁。今墓犹存。故邑号彭城。"

（2）彭城：楚地的中心

彭城曾经被看作楚地的政治中心。战国以来，楚地政治文化重心有向东北方向转移的倾向。李学勤在总结东周时期的区域文化时，曾经将黄河流域和长江流域划分为七个文化圈。在总结了中原文化圈、北方文化圈和齐鲁文化圈的分布及其文化特色之后，李学勤写道："长江中游的楚国是

---

① 参见王子今《秦汉区域文化研究》，四川人民出版社1998年版，第262—267页。
② （宋）黄震：《黄氏日抄》卷六二《读文集·苏文·奏议》。
③ 《史记》卷五《秦本纪》："（周穆王）西巡狩，乐而忘归。徐偃王作乱，造父为缪王御，长驱归周，一日千里以救乱。"裴骃《集解》："《地理志》：临淮有徐县，云故徐国。"张守节《正义》："《括地志》云：'大徐城在泗州徐城县北三十里，古徐国也。'"

另一庞大文化圈的中心，这就是历史、考古学界所艳称的楚文化。"他指出："随着楚人势力的强大和扩张，楚文化的影响殊为深远。在楚国之北的好多周朝封国，楚国之南的各方国部族，都渐被囊括于此文化圈内。"而淮河流域和长江下游地区，"可划为吴越文化圈"。这个文化圈"虽受中原文化和楚文化的影响，也各有其本身的特色"。他又指出楚人北上与楚政治中心东移的历史趋向，"楚文化的扩展，是东周时代的一件大事。春秋时期，楚人北上问鼎中原，楚文化也向北延伸。到了战国之世，楚文化先是向南大大发展，随后由于楚国政治中心的东移，又向东扩张，进入长江下游以至今山东省境"。楚文化的影响区域甚为广阔，"说楚文化影响所及达到半个中国，并非夸张之词"。李学勤强调的一个历史事实也是许多学者所公认的："楚文化对汉代文化的酝酿形成有过重大的影响。"[1]

《史记》卷一二九《货殖列传》曾经区分"西楚"、"东楚"和"南楚"。司马迁写道："越、楚则有三俗。"其中，"夫自淮北沛、陈、汝南、南郡，此西楚也。其俗剽轻，易发怒，地薄，寡于积聚。江陵故郢都，西通巫、巴，东有云梦之饶。陈在楚夏之交，通鱼盐之货，其民多贾。徐、僮、取虑，则清刻，矜己诺"。而正是以"彭城"为中点，可以分划"西楚"和"东楚"："彭城以东，东海、吴、广陵，此东楚也。其俗类徐、僮。朐、缯以北，俗则齐。浙江南则越。夫吴自阖庐、春申、王濞三人招致天下之喜游子弟，东有海盐之饶，章山之铜，三江、五湖之利，亦江东一都会也。"其次则"南楚"，司马迁说："衡山、九江、江南、豫章、长沙，是南楚也，其俗大类西楚。郢之后徙寿春，亦一都会也。而合肥受南北潮，皮革、鲍、木输会也。与闽中、干越杂俗，故南楚好辞，巧说少信。江南卑湿，丈夫早夭。多竹木。豫章出黄金，长沙出连、锡，然堇堇物之所有，取之不足以更费。九疑、苍梧以南至儋耳者，与江南大同俗，而杨越多焉。番禺亦其一都会也，珠玑、犀、玳瑁、果、布之凑。"

司马迁有关"西楚"、"东楚"和"南楚"的地理学描述，语义比较明确。他对于"西楚"和"东楚"的界定，显然划线偏向东方。如果考虑到今天江苏连云港、阜宁、盐城、海安一线以东地方当时尚未成陆，则这种偏向更为显著。人们自然会注意到，秦末战争中最活跃的力量，多形成于淮河流域的西楚和东楚。而以其东部地方涌现出更为集中的政治军事人物。

---

[1] 李学勤：《东周与秦代文明》，文物出版社1984年版，第11—12页。

这一态势，正与战国以来楚文化发展向北取主要扩张方向的情形相一致。①

（3）项梁及其继承者的经营

《史记》卷七《项羽本纪》说，项梁渡淮，"当是时，秦嘉已立景驹为楚王，军彭城东，欲距项梁"。项梁击破景驹，控制了彭城附近地方。定陶之战项梁战死后，"沛公、项羽相与谋曰：'今项梁军破，士卒恐。'乃与吕臣军俱引兵而东。吕臣军彭城东，项羽军彭城西，沛公军砀"。"楚兵已破于定陶，怀王恐，从盱台之彭城，并项羽、吕臣军自将之。以吕臣为司徒，以其父吕青为令尹。以沛公为砀郡长，封为武安侯，将砀郡兵。"② 彭城显然是楚怀王为领袖的楚军事集团全力保守的政治重心所在。

关于"项王自立为西楚霸王，王九郡，都彭城"史事，《史记》注家多强调当时彭城在楚地的领导地位。张守节《正义》："《货殖传》云淮以北，沛、陈、汝南、南郡为西楚也。彭城以东，东海、吴、广陵为东楚也。衡山、九江、江南、豫章、长沙为南楚。孟康云：'旧名江陵为南楚，吴为东楚，彭城为西楚。'""彭城，徐州县。"裴骃《集解》也写道："孟康曰：'旧名江陵为南楚，吴为东楚，彭城为西楚。'"彭城在秦汉之际特殊历史阶段中作为楚地领导中心的地位，很可能曾经影响项羽的战略决策。

（三）"都彭城"决策与项羽的理想

《史记》卷九二《淮阴侯列传》记述韩信对刘邦分析项羽作为领导人的性格材质。韩信说道："项王虽霸天下而臣诸侯，不居关中而都彭城，有背义帝之约而以亲爱王。"所谓"不居关中而都彭城"，看来是对项羽决策失误的批评。

宋代学者黄震分析过项羽的政治思路："世谓羽与汉争天下，非也。羽曷尝有争天下之志哉？羽见秦灭诸侯而兼有之，故欲灭秦，复立诸侯如曩时，而身为盟主尔。故既分王，即都彭城；既和汉，即东归；羽皆以为

---

① 王子今：《战国秦汉时期楚文化重心的移动——兼论垓下的"楚歌"》，《北大史学》第12辑，北京大学出版社2007年版。

② 《史记》卷八《高祖本纪》："秦二世三年，楚怀王见项梁军破，恐，徙盱台都彭城，并吕臣、项羽军，自将之，以沛公为砀郡长。"《史记》卷九一《黥布列传》："项梁败死定陶，怀王徙都彭城。诸将英布亦皆保聚彭城。"《汉书》卷一上《高帝纪上》："九月，章邯夜衔枚击项梁定陶，大破之，杀项梁。时连雨自七月至九月。沛公、项羽方攻陈留，闻梁死，士卒恐，乃与将军吕臣引兵而东，徙怀王自盱台都彭城。吕臣军彭城东，项羽军彭城西，沛公军砀。"

按甲休兵为天下盟主之时，不知汉之心，不尽得天下不止也。身死东城，不过欲以善战白于世，略无功业不就之悲。而汉之心，羽终其身不知。羽曷尝有争天下之志哉？"① 他又写道："项王非特暴虐，人心不归，亦从来无统一天下之心。既灭咸阳而都彭城，既复彭城而割荥阳，既割鸿沟而东归，皆是羽按甲称伯之秋。不知高祖志不在小，天下不归于一不止也。"② 黄震认为，刘项确定执政中心的差异，在于对于"天下"的地理意识、权力追求和责任观念的不同。"高祖志不在小"，"汉之心，不尽得天下不止也"，而项羽不过"按甲称伯"，"按甲休兵为天下盟主"，其政治理想，只是"欲灭秦，复立诸侯如曩时，而身为盟主尔"。所谓"羽曷尝有争天下之志哉"，"从来无统一天下之心"的判断是正确的。其重要标志之一，就是"既灭咸阳而都彭城"。

苏轼《上皇帝书》对徐州形胜的评价，曾经得到黄震的肯定。苏轼是这样表述他的意见的："……及移守徐州，览观山川之形势，察其风俗之所上，而考之于载籍，然后又知徐州为南北之襟要，而京东诸郡安危所寄也。昔项羽入关，既烧咸阳而东归，则都彭城。夫以羽之雄略，舍咸阳而取彭城，则彭城之险固形便，足以得志于诸侯者可知矣。臣观其地，三面被山，独其西平川，数百里西走梁宋。使楚人开关而延敌，材官驺发，突骑云纵，真若屋上建瓴水也。地宜宿麦，一熟而饱数岁。其城三面阻水，楼堞之下，以汴泗为池，独其南可通车马，而戏马台在焉。其高十仞，广袤百步。若用武之世，屯千人其上，聚楯木炮石，凡战守之具，以与城相表里，而积三年粮于城中，虽用十万人不易取也。其民皆长大，胆力绝人，喜为剽掠，小不适意，则有飞扬跋扈之心，未止为盗而已。汉高祖，沛人也。项羽，宿迁人也。刘裕，彭城人也。朱全忠，砀山人也。皆在今徐州数百里间耳。其人以此自负，凶桀之气，积以成俗。魏太武以三十万人攻彭城不能下，而王智兴以卒伍庸材恣睢于徐，朝廷亦不能讨，岂非以其地形便利，人卒勇悍故耶？"③ 苏轼说"昔项羽入关，既烧咸阳而东归，则都彭城。夫以羽之雄略，舍咸阳而取彭城，则彭城之险固形便，足以得志于诸侯者可知矣"，这样的分析是有道理的。虽然不可以匹敌关中经秦人长期经营而积聚的优越条件，然而"彭城之险固形便"者，亦形成了"足以得志于诸侯"的强势地位。

---

① （宋）黄震：《黄氏日抄》卷四六《读史一·史记·项羽纪》。
② （宋）黄震：《黄氏日抄》卷四七《读史二·汉书·项籍》。
③ 《东坡全集》卷五二。

宋代学者李石著《建康形势论》，曾经讨论过项羽"都彭城"事。他写道："世尝谓项羽既取关中乃退都彭城，以成沐猴之讥。愚谓项羽不失策，特悟之太晚，故后世得以成败立论耳。方羽之既杀会稽假守也，使之略建立根本，而后遣心腹渡江，身据山东以观中原之困，徐起而乘之，则伯业已成矣。项羽刚躁欲速，新得会稽，客主未定，乃驱人之子弟以渡江，既得关中，自觉其客寄之难，乃复归重于山东，顾已无及矣。"① 他认为项羽以"山东"为重的出发点是正确的，所以说"项羽既取关中乃退都彭城"的政治行动本"不失策"，只是这种"复归重于山东"的选择应当更早决定。以为项羽"退都彭城""不失策，特悟之太晚"的意见特意推崇"建康形势"，似乎离开了秦末历史条件，可能并不符合项羽时代的具体背景。

明人王袆《兵论中》的分析，也许可以肯定其参考价值。他说："项籍之兵，足以百战百胜，非汉高及也。高帝已入长安，而籍复据有之，既迁高帝汉中，则宜定以为守矣。不知出此，而乃东都彭城。彭城者，山东之要害，而非天下之势之所系也。故使高帝卒以还定三秦，而天下之势已在汉而不在楚。楚虽百战百胜，何益于事为哉？故其事之无成，非不幸也，宜也。故吾谓项籍之力，足以夺天下；诸葛亮之才，足以治天下。而皆不善于审天下之势者也。不善于审天下之势，而欲以有天下，亦惑矣。"② 以为项羽"惑"在"不善于审天下之势"的批评，大概是许多人赞同的。然而说项羽"不善于审天下之势"可矣，所谓"不善于审天下之势，而欲以有天下"，则并不符合历史真实。现在看来，项羽当时似乎并没有所谓"欲以有天下"的"雄略"。

正如何兹全所说："这时期，项羽的势力是最强的。项羽出身贵族，他所代表的是旧的贵族阶级，他所怀抱的理想，是恢复战国时期诸侯分立的局面。"③ 与项羽"都彭城"同时完成的"分剖天下"，"一共封了十八个国王"的举措，使得政治格局实现了重要的调整。翦伯赞评价道，"这样一来，天下大局，又回复了战国时代的局面。"

这一变化，被称作"历史的逆转"，"整个历史向前发展的运动中"的"一个回旋"④。有学者以严厉激切的态度指责项羽的政治方向，以为

---

① （宋）李石：《方舟集》卷九《论》。
② （明）王袆：《王忠文集》卷四《论》。
③ 何兹全：《秦汉史略》，上海人民出版社1955年版，第31页。
④ 翦伯赞：《秦汉史》，北京大学出版社1983年版，第108—109页。

是"反历史发展"的"倒行逆施"①。其实，如果了解汉初数十年分封的历史尚不可避免，则应当理解这种所谓"逆转"或者"回旋"也是历史进程的自然。钱穆曾论"民间六国重立之迷梦"，所谓"当时山东豪杰，一呼百应，亦为恢复封建之迷梦所驱"②，这种"迷梦"，正是我们所说的项羽的政治理想。当时义帝没有实力成为天下之主，至于项羽不作皇帝，也与其性格密切有关。

（四）"都彭城"决策与项羽的性格

有学者说："从当时的形势分析，分封并非'不得不分'，割据的形势是可以避免的。因为各路诸侯虽各自拥兵据地，但毕竟皆尊义帝为共主，若项羽能拥义帝而建立统一的封建王朝，并非不可能。项羽之急于分封，实出于不甘居人下，又念念不忘'富贵'而'归故乡'，可见其目光短浅，心胸狭隘，不能成大业。"③ 就此吕思勉已有论证："《高祖本纪》曰：项羽使人还报怀王。怀王曰：'如约。'项羽怨怀王不肯令与沛公俱西入关，而北救赵，后天下约。乃曰：'怀王者，吾家项梁所立耳，非有功伐，何以得主约！本定天下，诸将及籍也。'此实极公平之言。且怀王特楚王，即谓项王、沛公当听其命，诸侯何缘听之？此理所不可，亦势所不行，其不得不出于相王者势也。汉高之为义帝发丧也，告诸侯曰：'天下共立义帝，北面事之。'此诬罔之辞。南面而攻诸侯，当有实力，义帝岂足以堪之？"④

所谓项羽"不能成大业"者，"大业"应即"大一统"帝业。其实

---

① 有的学者因此斥责项羽"走着反历史发展的封建割据的道路"，"拖住历史车轮倒转"。见漆侠等《秦汉农民战争史》，三联书店1962年版，第45—46页。也有学者说："在人们普遍怀旧的气氛里，在六国旧贵族的包围中，项羽自觉不自觉地变成了六国旧贵族的代表。他把春秋战国时期列国分立的政治形式理想化，把分封看成建立和平安定秩序的灵丹妙药。殊不知，在封建专制主义中央集权的行政体制已经确立的历史条件下，当统一已经成为社会发展趋势的时候，硬是人为地制造出一个列国分立的状态，这显然违背了当时中国的经济文化发展要求。时代已经前进了四百多年，项羽还在那里大作齐桓、晋文称霸的美梦，这种倒行逆施必然会受到历史无情的惩罚。实行分封四年之后，当项羽在东城亲手结束自己的生命，西楚霸王的金冠悄然落地的时候，他才发现自己的愿望实在不过是一枕黄粱而已。"见安作璋、孟祥才《刘邦评传》，齐鲁书社1988年版，第66页。大略相同的分析，亦见孟祥才《中国农民战争史（一）秦汉卷》，湖北人民出版社1989年版，第93页。值得注意的，是论者指出了当时"人们普遍怀旧的气氛"和"建立和平安定秩序"出发点。

② 钱穆：《秦汉史》，三联书店2004年版，第37页。

③ 林剑鸣：《秦汉史》，上海人民出版社1989年版，上册第236页。

④ 吕思勉：《秦汉史》，上海古籍出版社1983年版，上册第43—44页。

项羽本来就无"争天下之志","从来无统一天下之心"。吕思勉"此实极公平之言"的评断,"公平"二字,符合项羽的性格。对于分封十八诸侯事,吕思勉也以为"公平":"当时分封,就《史记》所言功状,所以迁徙或不封之故观之,实颇公平。"他说:"封定而后各罢兵,则其事实非出项羽一人,《自序》所以称为'诸侯之相王'也。"①

有一种对于项羽的假想式评价,以为"较之同时代的其他英雄豪杰,他确实更有条件成为再次统一中国的封建帝王"②,然而,由于项羽的失误,"历史给他提供的良好机遇,却从他手里轻易丢掉了"③。这些"同时代的""英雄豪杰",李开元称之为"后战国时代的英雄豪杰"。他写道:"刘邦与同时代的英雄豪杰们一道,恢复战国,复兴王政,承前启后,复旧革新,一同开创了后战国时代的历史局面。"④"恢复战国",似乎是一场社会运动。其实,分析当时的历史表现就可以看到,项羽是这些"同时代的英雄豪杰们"之中最具典型性格的一位。

项羽的性格特征所谓"为人不忍"⑤,所谓"妇人之仁"⑥,所谓"项王见人恭敬慈爱,言语呕呕,人有疾病,涕泣分食饮"等,都是和吕思勉对其政策"实颇公平","实极公平"的评定相一致的。

(五)"都彭城"战略设计的积极意义

《日知录》卷二七《史记注》:"背关怀楚,谓舍关中形胜之地而都彭城。如师古之解,乃'背约'非'背关'也。"就项羽"都彭城"行为的本质而言,应是"背关"而非"背约"。正如所谓"弃关险而都彭城"⑦,"不据关险都彭城"⑧。"背关"、"弃关险"、"不据关险",或许体现出与后世政论家以为得关中即应"定以为守"的"自守"意识完全不

---

① 吕思勉:《秦汉史》,上海古籍出版社1983年版,上册第43页。有学者说,"他的分封不可能'公平合理'",是"完全根据自己好恶、随心所欲地裂地分封"。见安作璋、孟祥才《刘邦评传》,齐鲁书社1988年版,第66—67页。或说:"他的分封不可能'公平'",是"完全根据自己好恶、随心所欲地胡封滥赏"。孟祥才:《中国农民战争史(一)秦汉卷》,湖北人民出版社1989年版,第93页。则是另一种意见。
② 或说"较之其他将领,他更有条件成为再次统一中国的帝王"。孟祥才:《中国农民战争史(一)秦汉卷》,第93页。
③ 安作璋、孟祥才:《刘邦评传》,齐鲁书社1988年版,第66页。
④ 李开元:《复活的历史——秦帝国的崩溃》,中华书局2007年版,第2页。
⑤ 《史记》卷七《项羽本纪》载范增语。
⑥ 《史记》卷九二《淮阴侯列传》载韩信语。
⑦ (元)刘壎《隐居通议》卷六《诗歌一》引《桂舟评论》。
⑧ 《隐居通议》卷八《诗歌三·七言古撷》。

同的战略理念。明代学者陆深评价《苏轼徐州上书》所言彭城地理,以为论者"自守之策居多",不能全面总结"彭城之利害"[1]。就此进行发掘和总结,可能还需要认真的工作。比如项羽此举是否与对军事优势的充分自信有关,也有必要作深入的讨论。

"都彭城"又有就近控制经济优越地方的意义。

史念海曾经在讨论西汉建都问题时指出:"当项羽破秦入关之后,宰割天下,为所欲为。这时他对于首都的选择,是舍弃了关中,而东居于汳、获诸渠附近的彭城(今江苏徐州市)。这里面的原因,既不是韩生所谓的'楚人沐猴而冠',也不是项羽自己向人所说的'富贵不归故乡,如衣锦夜行'。[2] 这纯粹是一个经济上的看法。咸阳(今陕西咸阳市东)固然在嬴秦末年,已达到极为繁荣的阶段,但这种人为的繁荣,在来自东南富庶之区的项羽的眼中看起来,并没有什么了不起的地方。何况在项羽自己一把火烧了之后,这人为的繁荣已经变成瓦砾的场所。至于韩生所说的'关中肥饶,可都以伯',实在是打不动项羽的心的。"史念海认为,从"经济"角度考虑,"都彭城"本来就是正确的选择:"如果仅从经济上来观察,项羽的东都彭城,并没有什么可以訾议的地方。"史念海以刘项争夺中原时的战争形势为例,有这样的分析:"项羽的粮饷从来不曾发生过恐慌",然而,"高帝的粮饷,不仅取之于关中,更取之于巴蜀。这经过千山万岭的运输,是何等的困难"。所以汉并天下后,刘邦以萧何"给粮饷,不绝粮道","算作第一功"。可是,"如果是项羽胜了,论功行赏,像萧何这样的功劳,简直不必提起。因为彭城附近就是产粮之区,……况且水陆两方面的交通又都是极为便利的"。就建都的思考而言,史念海说,项羽"对于选择首都,只着眼在经济的观点,而没有想到建国的大计原是多方面的,单解决经济上的困难是不行的"[3]。

项羽"都彭城"还有另一积极意义,即与"背关"相应的"向海"的趋求。

战国以来,秦、韩、赵、魏、燕、楚等国都城都曾有趋向中原迁徙的

---

[1] (明)陆深《俨山外集》卷二八《同异录上·典常上》"苏轼徐州上书":"臣深谨案:宋都汴,故彭城为左臂。子瞻徐州形势,为宋论也,亦甚明切。我朝都燕,则徐州形势所系尤大。盖以百物所输,多从南上,今日之喉襟也。惜乎子瞻自守之策居多,犹未尽彭城之利害也。"

[2] 原注:"《史记》七《项羽本纪》。"今按:《史记》卷七《项羽本纪》作"衣绣夜行"。

[3] 史念海:《娄敬和汉朝的建都》,《河山集》四集,陕西师范大学出版社1991年版,第371—372页。

动向,①体现了倾向一统的历史大势。而楚的国都向北又向东的移动,又有利用水系交通优势,并向海滨靠近的趋势。②秦昭襄王时代,秦王和齐王称"西帝"和"东帝"③。政治实力的强势的突起,亦暗示依托西北高原和东海之滨已经各自形成了两个相互对应的文化重心。秦始皇实现统一后,频繁东巡至于海上,特意"东抚东土","周览东极","逮于海隅","临照于海",对于东方神祠传统亦予以尊重。④秦始皇的恋海情结,因海上三仙山不死之药的迷信而达到极致。项羽正是在秦始皇东巡途中发出"彼可取而代也"的壮言的。⑤项梁、项羽军北上,也是遵行秦始皇东巡道路。⑥而项羽"都彭城",政治中心的选择正邻近秦始皇在东海胸所确定的"秦东门"⑦。史念海指出的当时"彭城之东距海较今为近"的意见,⑧也值得我们重视。秦汉时期,是社会以及执政集团的海洋意识有所觉醒的历史阶段。⑨讨论项羽"都彭城"决策的意义,不应当忽略这一观念背景。

三 芒砀山泽与汉王朝的建国史

考察刘邦建立西汉帝国的历史,应当注意到他在"芒砀山泽"潜伏与活动的经历。"砀兵""砀郡兵"成为刘邦部队主力的事实,也说明这一地区对于刘邦政治成功的作用。汉初执政集团中的芒砀功臣数量相当集中,也反映了同样的事实。芒砀地区对于汉王朝政权巩固和初期建设的突

---

① 谭其骧主编:《中国历史地图集》,地图出版社1982年版,第1册第31—32页。
② 王子今:《战国秦汉时期楚文化重心的移动——兼论垓下的"楚歌"》。
③ 《史记》卷五《秦本纪》:"(秦昭襄王)十九年,王为西帝,齐为东帝,皆复去之。"卷四四《魏世家》:"秦昭王为西帝,齐湣王为东帝,月余,皆复称王归帝。"卷四六《田敬仲完世家》:"王为东帝,秦昭王为西帝。""齐去帝复为王,秦亦去帝位。"卷七二《穰侯列传》:"昭王十九年,秦称西帝,齐称东帝。月余,吕礼来,而齐、秦各复归帝为王。"
④ 《史记》卷六《秦始皇本纪》。
⑤ 《史记》卷七《项羽本纪》:"秦始皇帝游会稽,渡浙江,梁与籍俱观。籍曰:'彼可取而代也。'梁掩其口,曰:'毋妄言,族矣!'梁以此奇籍。"
⑥ 史念海《秦汉时期国内之交通路线》指出:"项梁之北征,路过东阳,进屯下邳,亦皆沿秦皇驰道之左右。"《河山集》四集,陕西师范大学出版社1991年版,第551页。
⑦ 《史记》卷六《秦始皇本纪》:秦始皇三十五年,"立石东海上朐界中,以为秦东门。"
⑧ 史念海《秦汉时期国内之交通路线》写道:"古时海滨尚未淤积,广陵、彭城之东距海较今为近。"《河山集》四集,陕西师范大学出版社1991年版,第546页。
⑨ 参看王子今:《秦汉帝国执政集团的海洋意识与沿海区域控制》,《白沙历史地理学报》2007年,第3期。

出的作用，表现于吴楚七国之乱时"梁国守坚"事以及梁地"藩国之文术"的魅力。

（一）刘邦在芒砀的早期反秦活动

《史记》卷八《高祖本纪》记载："高祖以亭长为县送徒郦山，徒多道亡。自度比至皆亡之，到丰西泽中，止饮，夜乃解纵所送徒。曰：'公等皆去，吾亦从此逝矣！'徒中壮士愿从者十余人。"司马迁还写道："高祖被酒，夜径泽中，令一人行前。行前者还报曰：'前有大蛇当径，愿还。'高祖醉，曰：'壮士行，何畏！'乃前，拔剑击斩蛇。蛇遂分为两，径开。行数里，醉，因卧。后人来至蛇所，有一老妪夜哭。人问何哭，妪曰：'人杀吾子，故哭之。'人曰：'妪子何为见杀？'妪曰：'吾子，白帝子也，化为蛇，当道，今为赤帝子斩之，故哭。'人乃以妪为不诚，欲告之，妪因忽不见。后人至，高祖觉。后人告高祖，高祖乃心独喜，自负。诸从者日益畏之。"斩蛇神话一如陈胜、吴广发起鼓动群众的篝火狐鸣方式，开始树立起刘邦的权威。

与战国以来楚文化重心的移动方向一致，[①]秦人有意无意地夸大相关地区反秦的敌情。《史记》卷八《高祖本纪》说："秦始皇帝常曰'东南有天子气'，于是因东游以厌之。高祖即自疑，亡匿，隐于芒砀山泽岩石之间。"随即于丰西泽中斩蛇神话之后，又生成了芒砀山泽云气神话："吕后与人俱求，常得之。高祖怪问之。吕后曰：'季所居上常有云气，故从往常得季。'高祖心喜。沛中子弟或闻之，多欲附者矣。"裴骃《集解》："徐广曰：'芒，今临淮县也。砀县在梁。'骃案：应劭曰'二县之界有山泽之固，故隐于其间也'。"张守节《正义》："《括地志》云：'宋州砀山县在州东一百五十里，本汉砀县也。砀山在县东。'"

陈胜大泽乡举事，反秦烽火燃起四方，楚地声势最大。刘邦在这时已经拥有影响地方政治形势的力量。《史记》卷八《高祖本纪》记载："秦二世元年秋，陈胜等起蕲，全陈而王，号为'张楚'。诸郡县皆多杀其长吏以应陈涉。沛令恐，欲以沛应涉。掾、主吏萧何、曹参乃曰：'君为秦吏，今欲背之，率沛子弟，恐不听。愿君召诸亡在外者，可得数百人，因劫众，不敢不听。'乃令樊哙召刘季。刘季之众已数十百人矣。于是樊哙从刘季来。沛令后悔，恐其有变，乃闭城城守，欲诛萧、曹。萧、曹恐，

[①] 参看王子今《战国秦汉时期楚文化重心的移动——兼论垓下的"楚歌"》，《北大史学》第12辑，北京大学出版社2007年版。

踰城保刘季。刘季乃书帛射城上,谓沛父老曰:'天下苦秦久矣。今父老虽为沛令守,诸侯并起,今屠沛。沛今共诛令,择子弟可立者立之,以应诸侯,则家室完。不然,父子俱屠,无为也。'父老乃率子弟共杀沛令,开城门迎刘季,欲以为沛令。刘季曰:'天下方扰,诸侯并起,今置将不善,一败涂地。吾非敢自爱,恐能薄,不能完父兄子弟。此大事,愿更相推择可者。'萧、曹等皆文吏,自爱,恐事不就,后秦种族其家,尽让刘季。诸父老皆曰:'平生所闻刘季诸珍怪,当贵,且卜筮之,莫如刘季最吉。'于是刘季数让。众莫敢为,乃立季为沛公。"

刘邦正式起义。"祠黄帝,祭蚩尤于沛庭,而衅鼓旗,帜皆赤。由所杀蛇白帝子,杀者赤帝子,故上赤。于是少年豪吏如萧、曹、樊哙等皆为收沛子弟二三千人,攻胡陵、方与,还守丰。"司马贞《索隐述赞》:"高祖初起,始自徒中。言从泗上,即号沛公。啸命豪杰,奋发材雄。彤云郁砀,素灵告丰。龙变星聚,蛇分径空。……"其中"彤云郁砀,素灵告丰"句,说明"砀"与"丰",在刘邦早期反秦活动中具有同样重要的意义。"彤云"指吕后制造的云气神话。"彤",点明了"上赤"的政治文化基色。

(二) 秦汉之际芒砀地区自然历史地图

前引《史记》卷八《高祖本纪》有关刘邦早期事迹,有三处说到"泽":(1)"到丰西泽中,止饮,夜乃解纵所送徒。"(2)"高祖被酒,夜径泽中……"(3)"隐于芒砀山泽岩石之间。"历史文献这些关于"泽"的记录,与我们今天对于芒砀地区地理形势的知识并不符合。

《史记》卷四八《陈涉世家》记载:"二世元年七月,发闾左適戍渔阳,九百人屯大泽乡。""大泽乡",据裴骃《集解》引徐广曰:"在沛郡蕲县。"此乡以"大泽"命名,不会和"泽"没有一点关系。

又如《史记》卷九〇《魏豹彭越列传》写道:"彭越者,昌邑人也,字仲。常渔巨野泽中,为群盗。"也说反秦武装以"泽"作为依托的情形。

《汉书》卷二八下《地理志下》信都国"扶柳"条颜师古注:"阚骃云:其地有扶泽,泽中多柳,故曰扶柳。"可知秦汉时期黄河下游及江淮平原,多有"泽"的分布。

湖泽的密集,导致交通条件受到限制。

《汉书》卷一上《高帝纪上》关于刘邦斩蛇故事的记述,有颜师古注:"径,小道也。言从小道而行,于泽中过,故其下曰有大蛇当径。"

这里所谓"泽",很可能是指沼泽湿地。

另外一则著名的历史事件,即项羽人生悲剧的落幕,也与"泽"造成的交通阻滞有关。《史记》卷七《项羽本纪》:"于是羽遂上马,戏下骑从者八百余人,夜直溃围南出驰。平明,汉军乃觉之,令骑将灌婴以五千骑追羽。羽渡淮,骑能属者百余人。羽至阴陵,迷失道,问一田父,田父绐曰'左'。左,乃陷大泽中,以故汉追及之。"

山林水泽的掩护,为刘邦最初力量的聚集和潜伏提供了条件。

邹逸麟曾经讨论"先秦西汉时代湖沼的地域分布及其特点",指出"根据目前掌握的文献资料,得知周秦以来至西汉时代,黄淮海平原上见于记载的湖沼有四十余处"。所依据的史料为《左传》、《禹贡》、《山海经》、《尔雅·释地》、《周礼·职方》、《史记》、《汉书》等。列表所见湖沼46处,其中黄淮平原33处,有:修泽(今河南原阳西),黄池(今河南封丘南),冯池(今河南荥阳西南),荥泽(今河南荥阳北),圃田泽(原圃)(今河南郑州、中牟间),萑苻泽(今河南中牟东),逢泽(池)(今河南开封东南),孟诸泽(今河南商丘东北),逄泽(今河南商丘南),蒙泽(今河南商丘东北),空泽(今河南虞城东北),菏泽(今山东定陶东北),雷夏泽(今山东鄄城南),泽(今山东鄄城西南),阿泽(今山东阳谷东),大野泽(今山东巨野北),沛泽(今江苏沛县),丰西泽(今江苏丰县西),湖泽(今安徽宿县东北),沙泽(约在今鲁南、苏北一带),余泽(约在今鲁南、苏北一带),浊泽(今河南长葛),狼渊(今河南许昌西),棘泽(今河南新郑附近),鸿隙陂(今河南息县北),洧渊(今河南新郑附近),柯泽(杜预注:郑地),汋陂(杜预注:宋地),囿泽(杜预注:周地),鄍泽(杜预注:卫地),琐泽(杜预注:地阙),大堨泽(约在今山东历城东或章丘北),小堨泽(约在今山东淄博迤北一带)。

邹逸麟说:"以上仅限于文献所载,事实上古代黄淮海平原上的湖沼,远不止此。""先秦西汉时代,华北大平原的湖沼十分发育,分布很广,可以说是星罗棋布,与今天的景观有很大的差异。"[①]

在刘邦"隐于芒砀山泽岩石之间"的时代,自然生态与现今有明显的不同。因为气候的变迁以及人为因素的影响,自然植被及水资源形势都发生了变化。这样的变化,在汉魏时代已经有所显现。《史记》卷二九

[①] 邹逸麟:《历史时期华北大平原湖沼变迁述略》,《历史地理》第5辑,上海人民出版社1987年版,收入《椿庐史地论稿》,天津古籍出版社2005年版。

《河渠书》所谓"东郡烧草,以故薪柴少",以及汉武帝"薪不属兮卫人罪,烧萧条兮噫乎何以御水"的感叹,反映了当时黄河下游植被因人为因素导致破坏的历史事实。汉武帝当时曾经"下淇园之竹以为楗",即所谓"颓林竹兮楗石菑,宣房塞兮万福来",后来寇恂也有取淇园之竹治矢百余万以充实军备的事迹。然而到了郦道元生活的时代,著名的淇川竹园已经发生了明显变化。《水经注·淇水》写道:"《诗》云:'瞻彼淇澳,菉竹猗猗。'毛云:'菉,王刍也;竹,编竹也。'汉武帝塞决河,斩淇园之竹木以为用。寇恂为河内,伐竹淇川,治矢百余万,以输军资。今通望淇川,无复此物。"陈桥驿《〈水经注〉记载的植物地理》分析了郦道元的记录:"《水经注》记载植被,不仅描述了北魏当代的植被分布,同时还描述了北魏以前的植被分布,因而其内容在研究历史时期的植被变迁方面有重要价值。"他对郦道元有关"淇川"之竹的文字予以重视,指出:"从上述记载可见,古代淇河流域竹类生长甚盛,直到后汉初期,这里的竹产量仍足以'治矢百万'。但到了北魏,这一带已经不见竹类。说明从后汉初期到北魏的这五百多年中,这个地区的植被变迁是很大的。"①

我们在讨论刘邦"隐于芒砀山泽岩石之间"的事迹时,不应当忽略自然生态条件的变化。

《史记》卷一二九《货殖列传》写道:"夫自鸿沟以东,芒砀以北,属巨野,此梁、宋也。陶、睢阳亦一都会也。昔尧作于成阳,舜渔于雷泽,汤止于亳。其俗犹有先王遗风,重厚多君子,好稼穑,虽无山川之饶,能恶衣食,致其蓄藏。"这里不仅说到了邹逸麟未曾说到的另一处"泽"——"雷泽",而且提示我们,"芒砀"在西汉时期,曾经是重要的地理坐标。

(三)汉初执政集团中的芒砀功臣

前引《史记》卷八《高祖本纪》关于刘邦集团基本力量的最初聚集,有这样的文字:(1)"到丰西泽中,止饮,夜乃解纵所送徒。曰:'公等皆去,吾亦从此逝矣!'徒中壮士愿从者十余人。"(2)"吕后曰:'季所

---

① 陈桥驿还指出了另一可以说明植被变迁的实例:"又卷二十二《渠》经'渠出荥阳北河,东南过中牟县之北'注云:'泽多麻黄草,故《述征记》曰:践县境便睹斯卉,穷则知逾界,今虽不能,然谅亦非谬,《诗》所谓东有圃草也。'从上述记载可见,直到《述征记》撰写的晋代,圃田泽地区还盛长麻黄草,但以后随着圃田泽的缩小和湮废,北魏时代,这一带已经没有这种植物了。这些都是历史时期植被变迁的可贵资料。"陈桥驿:《水经注研究》,天津古籍出版社1985年版,第122—123页。

居上常有云气，故从往常得季。'高祖心喜。沛中子弟或闻之，多欲附者矣。"（3）"（萧何、曹参）乃令樊哙召刘季。刘季之众已数十百人矣。"

"刘季之众"中这最初的"数十百人"的情形，我们已经不能十分明了。

《史记》卷一八《高祖功臣侯者年表》中，可以发现追随刘邦的早期武装力量骨干中，有些是"从起砀"、"初起砀"、"初从起砀"、"从起砀中"、"起砀从"，也就是在"砀"地即加入刘邦集团的功臣。如：

> 博阳侯陈濞。以舍人从起砀，以刺客将，入汉，以都尉击项羽荥阳，绝甬道，击杀追卒功，侯。
>
> 颍阴侯灌婴。以中涓从起砀，至霸上，为昌文君。入汉，定三秦，食邑。以车骑将军属淮阴，定齐、淮南及下邑，杀项籍，侯，五千户。
>
> 蓼侯孔藂。以执盾前元年从起砀，以左司马入汉，为将军，三以都尉击项羽，属韩信，功侯。
>
> 费侯陈贺。以舍人前元年从起砀，以左司马入汉，用都尉属韩信，击项羽有功，为将军，定会稽、浙江、湖阳，侯。
>
> 隆虑侯周灶。以卒从起砀，以连敖入汉，以长铍都尉击项羽，有功，侯。
>
> 曲城侯蛊逢。以曲城户将卒三十七人初从起砀，至霸上，为执珪，为二队将，属悼武王，入汉，定三秦，以都尉破项羽军陈下，功侯，四千户。为将军，击燕、代，拔之。
>
> 河阳侯陈涓。以卒前元年起砀从，以二队将入汉，击项羽，身得郎将处，功侯。以丞相定齐地。
>
> 芒侯昭。以门尉前元年初起砀，至霸上，为武定君，入汉，还定二秦，以都尉击项羽，侯。
>
> 棘丘侯襄。以执盾队史前元年从起砀，破秦，以治粟内史入汉，以上郡守击定西魏地，功侯。
>
> 东茅侯刘钊。以舍人从起砀，至霸上，以二队入汉，定三秦，以都尉击项羽，破臧荼，侯。捕韩信，为将军，益邑千户。
>
> 台侯戴野。以舍人从起砀，用队率入汉，以都尉击籍，籍死，转击临江，属将军贾，功侯。以将军击燕。
>
> 乐成侯丁礼。以中涓骑从起砀中，为骑将，入汉，定三秦，侯。以都尉击籍，属灌婴，杀龙且，更为乐成侯，千户。

宁侯魏选。以舍人从起砀，入汉，以都尉击臧荼功，侯，千户。

"从起砀"者13人，仅次于"从起沛"的14人。如果考虑秦时属砀郡地方，包括"从起横阳"1人和"从起单父"2人，① 则"从起砀"者居于第一。"从起砀"功臣的密集，反映了刘邦在"砀"的初期经营对于其帝业的重要意义。关于灌婴事迹，《史记》卷九五《樊郦滕灌列传》记载："颍阴侯灌婴者，睢阳贩缯者也。高祖之为沛公，略地至雍丘下，章邯败杀项梁，而沛公还军于砀，婴初以中涓从击破东郡尉于成武及秦军于杠里，疾斗，赐爵七大夫。从攻秦军亳南、开封、曲遇，战疾力，赐爵执帛，号宣陵君。从攻阳武以西至雒阳，破秦军尸北，北绝河津，南破南阳守齮城东，遂定南阳郡。西入武关，战于蓝田，疾力，至霸上，赐爵执珪，号昌文君。"可知他"以中涓从起砀"，并不是刘邦"隐于芒砀山泽岩石之间"时的追随者，不在沛地起义最初的"数十百人""刘季之众"之中。

《史记》卷一八《高祖功臣侯者年表》中，又有："平皋侯项它。汉六年以砀郡长初从，赐姓为刘氏；功比戴侯彭祖，五百八十户。"这是涉及"砀"地的特殊的一例。又如："周吕侯吕泽。以吕后兄初起以客从，入汉为侯。还定三秦，将兵先入砀。汉王之解彭城，往从之，复发兵佐高祖定天下，功侯。"也并非"从起砀"功臣，然而有"还定三秦"之后"将兵先入砀"的战功。这一功绩被专门记录，也体现出汉王朝创立者对"砀"的特殊重视。

（四）砀兵·砀郡兵：刘邦军的主力

河南永城有陈胜墓遗存。《史记》卷四八《陈涉世家》记载："陈王之汝阴，还至下城父，其御庄贾杀以降秦。陈胜葬砀，谥曰隐王。"又写道："陈胜虽已死，其所置遣侯王将相竟亡秦，由涉首事也。高祖时为陈涉置守冢三十家砀，至今血食。"陈胜为什么"葬砀"？我们不能作确定的说明。而刘邦"为陈涉置守冢三十家砀"，却是与对"砀"的一贯重视相一致的。或许这种纪念，也在一定意义上寄托了刘邦对起自于"砀"的军事胜利的某种感怀。

《史记》卷七《项羽本纪》司马贞《索隐述赞》："亡秦鹿走，伪楚狐鸣。云郁沛谷，剑挺吴城。勋开鲁甸，势合砀兵。"所谓"云郁沛谷"，

---

① 横阳，在今河南商丘西南。单父，在今山东单县。

仍是说"芒砀山泽"云气神话，所谓"势合砀兵"，是说项羽和刘邦的最初的联合行动。在这里，"砀兵"指的是刘邦的部队。

关于刘邦军与项梁、项羽军的联合，《史记》卷八《高祖本纪》写道："（秦军）北定楚地，屠相，至砀。东阳宁君、沛公引兵西，与战萧西，不利。还收兵聚留，引兵攻砀，三日乃取砀。因收砀兵，得五六千人。攻下邑，拔之。还军丰。闻项梁在薛，从骑百余往见之。"刘邦"引兵攻砀，三日乃取砀"的战役成功，奠定了后来成为楚军一个方面军的基础。"因收砀兵，得五六千人"，成就了基本队伍的集结。据《史记》卷一六《秦楚之际月表》："与击秦军砀西。攻下砀，收得兵六千，与故凡九千人。"则占领"砀"之前，兵力只有三千左右，"收得兵六千，与故凡九千人"，使得他的军队被称为"砀兵"。

项梁战死之后，刘邦和项羽成为楚军的两支主要力量。刘邦军的屯驻地点，依然是"砀"。《史记》卷八《高祖本纪》："沛公与项羽方攻陈留，闻项梁死，引兵与吕将军俱东。吕臣军彭城东，项羽军彭城西，沛公军砀。"《史记》卷七《项羽本纪》记载："沛公、项羽相与谋曰：'今项梁军破，士卒恐。'乃与吕臣军俱引兵而东。吕臣军彭城东，项羽军彭城西，沛公军砀。"依照楚怀王的部署，刘邦"为砀郡长"，"将砀郡兵"。《史记》卷八《高祖本纪》："秦二世三年，楚怀王见项梁军破，恐，徙盱台都彭城，并吕臣、项羽军自将之。以沛公为砀郡长，封为武安侯，将砀郡兵。封项羽为长安侯，号为鲁公。"《史记》卷七《项羽本纪》也记载："楚兵已破于定陶，怀王恐，从盱台之彭城，并项羽、吕臣军自将之。以吕臣为司徒，以其父吕青为令尹。以沛公为砀郡长，封为武安侯，将砀郡兵。"又《史记》卷五四《曹相国世家》："楚怀王以沛公为砀郡长，将砀郡兵。"《史记》卷五七《绛侯周勃世家》也说："后章邯破杀项梁，沛公与项羽引兵东如砀。自初起沛还至砀，一岁二月。楚怀王封沛公号安武侯，为砀郡长。"

后来刘邦遵照楚怀王的命令西进关中，也是从"砀"出发的。《史记》卷八《高祖本纪》："（楚怀王）遣沛公西略地，收陈王、项梁散卒。乃道砀至成阳，与杠里秦军夹壁，破秦二军。"《史记》卷一六《秦楚之际月表》也记载："沛公闻项梁死，还军，从怀王，军于砀。怀王封沛公为武安侯，将砀郡兵西，约先至咸阳王之。"

楚汉战争中，"砀"依然受到刘邦的特殊重视。《史记》卷八《高祖本纪》："吕后兄周吕侯为汉将兵，居下邑。汉王从之，稍收士卒，军砀。汉王乃西过梁地，至虞。使谒者随何之九江王布所，曰：'公能令布举兵叛楚，项羽必留击之。得留数月，吾取天下必矣。'随何往说九江王布，布果背楚。"于是，《史记》卷一八《高祖功臣侯者年表》对于周吕侯吕泽"将兵先入砀"功绩有专门的记录。

可以说，"砀"，是刘邦的主要根据地。"砀兵"、"砀郡兵"，是刘邦军的主力。

（五）汉初梁国的文化风景

汉初数十年间，芒砀地区曾经是西汉王朝抗击东方诸侯国割据势力的前沿，吴楚七国之乱时"梁城守坚"，是平叛取得胜利的关键。这里又由刘邦建国时武装斗争的根据地，变成了文化建设的重心。

西汉先后有彭越、刘恢、刘揖和刘武就封梁国。周振鹤论西汉梁国沿革，指出："高帝五年彭越梁国有砀郡地，十一年更封子恢为梁王，益东郡。文帝二年以后梁国仅仅有砀郡而已。景中六年梁分为五，至成帝元延末年演化成陈留、山阳两郡和梁、东平、定陶三国。"[①] 自司马迁所谓"席卷千里，南面称孤"，"云蒸龙变"[②] 的彭越时代，到虽封地"仅仅有砀郡"然而与汉景帝有特殊关系的梁孝王刘武时代，由于商文化的悠久传统，由于梁地特殊的交通地位，梁国曾经具有十分突出的地域文化优势。

据《史记》卷一〇六《吴王濞列传》，吴楚七国之乱爆发，叛军首先攻击梁国。棘壁一役，杀梁人数万。后来，吴王刘濞率领的诸侯军主力在梁国遭遇顽强的抵抗。吴军"尽锐攻之"，而"吴兵欲西，梁城守坚，不敢西"。梁国作为与汉王朝中央同心的诸侯势力中最坚强的据点，对于稳定战局作用甚大。梁军和吴军在这里相持三个月。最终平定叛乱，据说梁军和汉王朝军队取得的战功彼此相当。

梁孝王刘武和汉景帝刘启是同母兄弟。母亲窦太后最疼爱刘武。《史记》卷五八《梁孝王世家》记载，一次刘武入朝，"是时上未置太子也。上与梁王燕饮，尝从容言曰：'千秋万岁后传于王'"。虽然是酒后之言，窦太后和刘武听了都十分高兴。"其后梁最亲，有功，又为大国，居天下膏腴地。地北界泰山，西至高阳，四十余城，皆多大县。"而窦太后由于偏爱这个小儿子，"赏赐不可胜道"，据说梁国"府库金钱且百巨万，珠玉宝器多于京师"。经济实力之富足甚至与中央政府国库的积储相当。

---

① 周振鹤：《西汉政区地理》，人民出版社1987年8月版，第54页。
② 《史记》卷九〇《魏豹彭越列传》。

"于是孝王筑东苑，方三百余里。广睢阳城七十里。大治宫室，为复道，自宫连属于平台三十余里。得赐天子旌旗，出从千乘万骑。东西驰猎，拟于天子。"

梁王在当时有"拟于天子"的威权，并不仅仅是由于皇亲的地位和富有的财力，还在于西汉初期的梁国是中央执政集团控制东方的政治枢纽。人们都会注意到，这一地区又曾经成为举世瞩目的文化中心。

司马迁《史记》卷五八《梁孝王世家》说，梁孝王刘武曾经吸引天下名士集聚于梁。"招延四方豪桀，自山以东游说之士。莫不毕至，齐人羊胜、公孙诡、邹阳之属。公孙诡多奇邪计，初见王，赐千金，官至中尉，梁号之曰公孙将军。"集中于梁国的，更多的是文学之士。真实记录了部分西汉故事的《西京杂记》一书写道，"梁孝王好营宫室苑囿之乐"，所营造的规模宏大的宫殿园林中，有"百灵山"、"栖龙岫"，又有"雁池"及"鹤洲凫渚"等。"其诸宫观相连，延亘数十里，奇果异树，瑰禽怪兽毕备。王日与宫人宾客弋钓其中。"这些"宾客"中，多有天下奇士。梁苑一时成为吸引海内名士的文化胜地。《史记》卷一一七《司马相如列传》记载："（司马相如）以赀为郎，事孝景帝，为武骑常侍，非其好也。会景帝不好辞赋，是时梁孝王来朝，从游说之士齐人邹阳、淮阴枚乘、吴庄忌夫子之徒，相如见而说之，因病免，客游梁。梁孝王令与诸生同舍，相如得与诸生游士居数岁，乃著《子虚》之赋。"汉赋名家司马相如的创作条件，竟然是由梁孝王提供的。《西京杂记》又写道："梁孝王游于忘忧之馆，集诸游士，各使为赋。"所附诸游士赋作，有枚乘《柳赋》、路乔如《鹤赋》、公孙诡《文鹿赋》、邹阳《酒赋》、公孙乘《月赋》、羊胜《屏风赋》、邹阳《几赋》等。以汉赋作者为代表的文士群体曾经集中在这里，使得梁国成为汉代文化地图上的亮点。

鲁迅《汉文学史纲要》十篇中，最后一篇为"司马相如与司马迁"，说到司马相如"游梁，与诸侯游士居，数岁，作《子虚赋》"故事。第八篇为"藩国之文术"。鲁迅写道："（梁孝王）招延四方豪杰，自山东游士莫不至。传《易》者有丁宽，以授田王孙，田授施仇，孟喜，梁丘贺，由是《易》有施孟梁丘三家之学。又有羊胜，公孙诡，韩安国，各以辩智著称。吴败，吴客又皆游梁；司马相如亦尝游梁，皆词赋高手、天下文学之盛，当时盖未有如梁者也。"[①] 以《汉书》记载为限，见于《儒林传》的出身于"梁"的学者，就有梁国人丁宽、项生、焦延寿、陈翁生、

---

① 《鲁迅全集》第9卷，人民文学出版社1981年版，第395—396页。

戴德、戴圣、桥仁、杨荣、周庆、丁姓，梁国砀人田王孙、鲁赐等。可见这一地区文化积累之丰足，学术滋养之醇厚。

《史记》卷五八《梁孝王世家》还记述了梁孝王"罍樽"故事。梁孝王在时，"有罍樽，直千金"。他告诫后世，要"善保罍樽，无得以与人"，不得轻易出让。任王后听说后，希望得到这件宝器。平王大母李太后说："先王有命，无得以罍樽与人。他物虽百巨万，犹自恣也。"但是任王后仍然切望得之，于是梁平王刘襄使人开府取罍樽，赐任王后。因此与李太后发生了激烈的争执。罍樽，据著名考古学者陈直说，应当是商末周初制作的青铜器。"西汉时商周铜器，出土至少，值千金亦可以知当时之市价。"① 梁孝王收藏文物的雅好，于此可知。而所谓"先王有命，无得以罍樽与人；他物虽百巨万，犹自恣也"，也反映了梁孝王府库异常充实的事实。

梁国曾经富敌天下。《史记》卷五八《梁孝王世家》褚少孙补述如此形容梁孝王之富有："孝王未死时，财以巨万计，不可胜数。及死，藏府余黄金尚四十余万斤，他财物称是。"汉末曹操曾经发掘梁孝王陵墓，"破棺裸尸，略取金宝"②，据说"收金宝数万斤"③。河南永城发现汉代大型洞室墓。据考古工作者推定，墓主应当是梁孝王刘武和他的王后，以及其子梁共王刘买。陵墓设计施工体现出建筑艺术的成熟。墓室壁画笔调生动，色彩华美，也反映了梁国文化在审美思想和艺术创造方面的优越。④

梁孝王精心经营的苑囿，其中宫室连属，园池美好，可以供游赏驰猎。后人于是多以"梁苑"作为历史文化胜迹的典型。而梁国美好的园林建筑和优秀的文人群体，是共同保留在历史记忆中的。王昌龄《梁苑》诗写道："梁园秋竹古时烟，城外风悲欲暮天。万乘旌旗何处在，平台宾客有谁怜。"⑤ 又如李白诗"荆门倒屈宋，梁苑倾邹枚"⑥，"文招梁苑客，歌动郢中儿"⑦，以及孟浩然诗"冠盖趋梁苑，江湘失楚材"⑧ 等，都以

---

① 陈直：《史记新证》，天津人民出版社1979年版，第114—115页。
② 《文选》卷四四《为袁绍檄豫州》。
③ 《艺文类聚》卷八三引《曹操别传》。
④ 河南省商丘市文物管理委员会、河南省文物考古研究所、河南省永城市文物管理委员会：《芒砀山西汉梁王墓地》，文物出版社2001年版，第115—120页。
⑤ 《万首唐人绝句》卷一七。
⑥ 《赠王判官时余归隐居庐山屏风叠》，《李太白文集》卷八。
⑦ 《秋夜与刘砀山泛宴喜亭池》，《李太白文集》卷一六。
⑧ 《同卢明府饯张郎中除义王府司马海园作》，《孟浩然集》卷三。

深情思慕的笔调回顾了梁国集聚天下才俊的往事。而知识人对于得到政治权贵欣赏和尊重的向往，对于王者之"招"热心之"趋"的心理倾向，也透露于字迹之间。

梁孝王"广睢阳城七十里"事迹，也留下了名曲典式。《乐府诗集》卷七五《筑城曲》解题引马缟《中华古今注》说到《筑城睢阳曲》。又写道："《古今乐录》曰：'筑城相杵者，出自汉梁孝王。孝王筑睢阳城，方十二里。造唱声，以小鼓为节，筑者下杵以和之。后世谓此声为《睢阳曲》。'《晋太康地记》曰：'今乐家《睢阳曲》，是其遗音。'《唐书·乐志》曰'《睢阳操》用春牍'是也。"《筑城睢阳曲》可能起初是下层民众的劳动号子。古文献中的点滴记录，也片断显现了梁国文化另一层面的风貌。

四　两汉"梁宋"的商路

两汉时期的"梁宋"地区，位于黄河流域经济重心地带，不仅农耕生产达到先进的水准，[①] 就商业而言，也有良好的基础和优越的条件。交通形势的便利，是"梁宋"地区商业发展的重要的经济地理因素。

（一）"梁宋"地理界定

西汉的梁国，按照《汉书》卷二八下《地理志下》的记录，包括八个县，即砀、甾、杼秋、蒙、已氏、虞、下邑、睢阳：

> **梁国**，故秦砀郡，高帝五年为梁国。莽曰陈定。属豫州。户三万八千七百九，口十万六千七百五十二。县八。
> **砀**，山出文石。莽曰节砀。**甾**，故戴国。莽曰嘉谷。**杼秋**，莽曰予秋。**蒙**，获水首受甾获渠，东北至彭城入泗，过郡五，行五百五十里。莽曰蒙恩。**已氏**，莽曰已善。**虞**，莽曰陈定亭。**下邑**，莽曰下洽。**睢阳**。故宋国，微子所封。禹贡盟诸泽在东北。

[①] 《史记·货殖列传》说"梁宋"经济状况："其俗犹有先王遗风，重厚多君子，好稼穑，虽无山川之饶，能恶衣食，致其蓄藏。"又说"梁"地"好农而重民"。

西汉梁国的八个县，与今地对应情形见下表1：①

表1　　　　　　　　西汉梁国八县与今地对应表

西汉县	今　地	西汉县	今　地
砀	今河南永城北	己氏	今山东曹县东南
甾	今河南民权东北	虞	今河南虞城北
杼秋	今安徽砀山东	下邑	今安徽砀山
蒙	今河南商丘北	睢阳	今河南商丘

当时县的设置，较现今远为稀疏。按照《汉书》卷二八下《地理志下》提供的汉平帝元始二年（2）所谓"汉极盛矣"时代的统计数字，县辖平均户口，只有户4838.6，口13344。户均人口2.76。梁国形势东西狭长。这一情形，正与其地踞东西要道的交通地位和交通作用相一致。

西汉梁国先后有彭越之梁国、刘恢之梁国、刘揖之梁国和刘武之梁国。周振鹤论西汉梁国沿革，指出："高帝五年彭越梁国有砀郡地，十一年更封子恢为梁王，益东郡。文帝二年以后梁国仅仅有砀郡而已。景中六年梁分为五，至成帝元延末年演化成陈留、山阳两郡和梁、东平、定陶三国。"②

据《续汉书·郡国志二》，东汉梁国有"九城"，即下邑、睢阳、虞、砀山、蒙、谷熟、鄢、宁陵、薄：③

> **梁国**，秦砀郡，高帝改。其三县，元和元年属。雒阳东南八百五十里。九城，户八万三千三百，口四十三万一千二百八十三。
>
> **下邑**。**睢阳**，本宋国阏伯墟。有卢门亭。有鱼门。有阳梁聚。**虞**，有空桐地，有桐地，有桐亭。有纶城，少康邑。**砀山**，出文石。**蒙**，有蒙泽。**谷熟**，有新城。有邔亭。**鄢**，故属陈留。**宁陵**，故属陈

---

① 参看谭其骧主编《中国历史地图集》，地图出版社1982年版，第2册第19—20页。
② 周振鹤：《西汉政区地理》，人民出版社1987年版，第54页。
③ 其行政区域的确定在汉章帝时。此说"其三县，元和元年属"。《后汉书》卷五〇《孝明八王列传·梁节王畅》："梁节王畅，永平十五年封为汝南王。母阴贵人有宠，畅尤被爱幸，国土租入倍于诸侯。肃宗立，缘先帝之意，赏赐恩宠甚笃。建初二年，封畅舅阴棠为西陵侯。四年，徙为梁王，以陈留之郾、宁陵、济阴之薄、单父、己氏、成武，凡六县，益梁国。帝崩，其年就国。"

留。有葛乡，故葛伯国。**薄**，故属山阳，〔汤〕所都。

东汉梁国按照《续汉书·郡国志二》提供的汉顺帝永和五年（140）的统计数字，县辖平均户口，户 9255.6，口 47920。户均人口 5.18。

东汉梁国的九个县，与今地对应情形见表2：①

表 2

东汉县	今　地	东汉县	今　地
下邑	今安徽砀山	谷熟	今河南商丘东南
睢阳	今河南商丘	鄢□	今河南柘城北
虞	今河南虞城北	宁陵	今河南宁陵
砀山	今河南永城北	薄	今山东曹县南
蒙	今河南商丘北		

东汉梁国的形势，依然是东西狭长。

李晓杰讨论东汉梁国、梁郡沿革时指出，"东汉初年，梁郡为刘永政权所据"，"建武三年，梁郡属汉。""章帝建初四年，梁郡为国。""梁国自永元五年后至汉末，其领域未闻有所更动，当一直如《续汉志》所辖有九城之地。"②

两汉的梁国虽政区疆域有所变动，作为文化区域考察，仍然有大致的范围，这就是本文所讨论"梁宋"的基本地域。

《汉书》卷二八下《地理志下》："蒙，获水首受甾获渠，东北至彭城入泗，过郡五，行五百五十里。"《续汉书·郡国志二》："梁国，……雒阳东南八百五十里。"都说到梁国的交通条件。前者说水路，后者说陆路。

司马迁《史记》卷一二九《货殖列传》称梁国一带地方为"梁宋"："夫自鸿沟以东，芒、砀以北，属巨野，此梁宋也。"所谓"梁宋"，也就是以两汉时期梁国为主的地区，其地域界定，并不十分严格。关于宋之分野，《汉书》卷二八下《地理志下》写道："宋地，房、心之分野也。今之沛、梁、楚、山阳、济阴、东平及东郡之须昌、寿张，皆宋分也。""宋自微子二十余世，至景公灭曹，灭曹后五世亦为齐、楚、魏所灭，参分其地。魏得其梁、陈留，齐得其济阴、东平，楚得其沛。故今之楚彭

---

① 参看谭其骧主编《中国历史地图集》，地图出版社1982年版，第2册第44—45页。
② 李晓杰：《东汉政区地理》，山东教育出版社1999年版，第32—35页。

城，本宋也，《春秋经》曰'围宋彭城'。宋虽灭，本大国，故自为分野。"我们讨论两汉时期的"梁宋"地区，应以梁国及其邻近地区为对象。

（二）殷商文明的旧墟

两汉时期的"梁宋"地区，即以今河南商丘为中心的地方。有学者认为，这里曾经是殷商文化的重要发源地。

王国维《说商》写道："'商'之国号，本于地名。《史记·殷本纪》云：契封于商。郑玄、皇甫谧以为上雒之商，盖非也。古之宋国，实名商丘。丘者，虚也。宋之称商丘，犹洹水南之称殷虚，是商在宋地。""杜预《春秋释地》以商丘为梁国睢阳，又云宋、商、商丘，三名一地，其说是也。始以地名为国号，继以为有天下之号，其后虽不常厥居，而王都所在，仍称大邑。"王国维又指出，周时多谓"宋"为"商"，"商人"即"宋人"也，"余疑'宋'与'商'声相近，初本名'商'，后人欲以别于有天下之'商'，故谓之'宋'。然则'商'之名起于昭明，讫于宋国，盖于宋地终始矣"[1]。这一认识得到许多学者的认同。范文澜说："商国王姓子，据说是帝喾后裔契的子孙。""契部落居商丘。"[2] 郭沫若说，相土"迁居到商丘（今河南商丘南）"[3]。翦伯赞说："商人早期经常迁徙。《尚书序》说，'自契至于成汤八迁'，八迁的地名见于古书的有商丘、亳、砥石、蕃等，这些地点大约都在今河南、山东境内。"[4]

《史记》卷三《殷本纪》："汤始居亳。"裴骃《集解》："皇甫谧曰：'梁国谷熟为南亳，即汤都也。'"张守节《正义》："《括地志》云：'宋州谷熟县西南三十五里南亳故城，即南亳，汤都也。宋州北五十里大蒙城为景亳，汤所盟地，因景山为名。'"《史记》卷一二九《货殖列传》说"汤止于亳"。裴骃《集解》："徐广曰：'今梁国薄县。'"张守节《正义》："宋州谷熟县西南四十五里南亳州故城是也。"《史记》卷三《殷本纪》"契卒，子昭明立。昭明卒，子相土立。"张守节《正义》："《括地志》云：

---

[1] 《观堂集林》卷一二。
[2] 范文澜：《中国通史》，人民出版社1949年版，第1册第37页。
[3] 郭沫若主编：《中国史稿》，人民出版社1976年版，第1册第156页。
[4] 翦伯赞主编：《中国史纲要》，人民出版社1979年版，第1册第16—17页。原注："《左传》襄公九年：'陶唐氏之火正阏伯居商丘……相土因之。'"

'宋州宋城县古阏伯之墟,即商丘也。'①《汉书》卷二八下《地理志下》:"周封微子于宋,今之睢阳是也,本陶唐氏火正阏伯之虚也。"

相土在商丘定居的时代可能已经开始经营商运。有学者指出:"传说相土作乘马,王亥作服牛,就是驯养牛马,作为运载的工具。""商朝的后裔在追颂相土的功绩时说:'相土烈烈,海外有截。'② 可能相土的活动已经到达渤海,并同'海外'发生了联系。"③

商丘地方很可能与中国商业的早期发展有关,许多学者已经有所讨论。④ 但是,也许人们还没有注意到,先秦两汉以来有关"梁宋"地方的其他史料中,也片断透露了可以反映这一经济现象的值得重视的历史文化信息。

例如,《续汉书·郡国志二》有关"梁国"的记载中,"蒙,有蒙泽"句下,刘昭《注补》:

> 《左传》:宋万杀宋闵公于蒙泽。僖二年:齐侯盟贯,杜预曰:县西北有贯城,"贯"字与"贳"字相似。

《春秋·僖公二年》:"秋九月,齐侯、宋公、江人、黄人盟于贯。"《左传·僖公二年》:"秋,盟于贯,服江、黄也。"杜预《集解》:"贯,宋地。梁国蒙县西北有贯城。'贯'与'贳',字相似。"

所谓"'贳'与'贯',字相似",因皆从"贝"。《说文·毌部》:"贯,钱贝之毌也。"段玉裁注:"'钱贝之毌',故其字从毌贝会意也。《汉书》:都内之钱,'贯朽而不可校。'⑤ 其本义也。"《说文·贝部》:"贳,贷也。"⑥ 段玉裁注:"泉府以凡赊者与凡民之贷者并言。然则'赊'与'贷'有别。赊,贷也,若今人云'赊'是也。贷,借也,若今人云'借'是也。其事相类,故许浑言之曰'贳,贷也'。《高祖本纪》:'常从武负王媪贳酒。'韦昭曰:'贳,赊也。'按'赊''贳'皆纾缓之词。"《周礼·地官·司市》:"以泉府同货而敛赊。"郑玄注:"民无

---

① 《史记》卷二《夏本纪》:"帝相崩,子帝少康立。"张守节《正义》:"《括地志》云:'商丘,今宋州也。'"
② 《诗·商颂·长发》。
③ 郭沫若主编:《中国史稿》,人民出版社1976年版,第1册第156—157页。
④ 参看商丘市人民政府新闻办公室编《商丘》,五洲传播出版社2003年版,第2页;阎根齐:《商丘、商人、商族的来历辨析》,李立新:《试论中国商人的起源》,均载赵保佑主编《商丘与商文化》,中州古籍出版社1999年版。
⑤ 今按·其事先见于《史记》卷三〇《平准书》。
⑥ 《说文·贝部》:"贷,施也。"段玉裁注:"谓我施人曰'贷'也。"

货，则赊贳而予之。"《急就篇》卷二写道："贳贷卖买贩肆便。"可知"贳"是商业经营中最必要的金融交往形式之一。

《水经注·汳水》有一段文字也讨论了这个问题："汳水又东迳贯城南，俗谓之薄城，非也。阚骃《十三州志》以为贯城也，在蒙城西北。《春秋·僖公二年》：齐侯、宋公、江、黄盟于贯。杜预以为'贳'也。云'贳''贯'字相似。'贳'在齐，谓贳泽也是矣。非此也。今于此地更无他城，在蒙西北惟是邑耳。考文准地，贯邑明矣，非亳可知。"

郦道元的意见，以为"盟于贯"者，应是"贯城""贯邑"。

所谓"盟于贯"其"贯"，无论其字原本作"贳"或作"贯"，或许都可以作为体现当地经济生活已经达到较先进水准，金融交易已经相当成熟的标志。这当然也是和商业的发展有关系的。

（三）陶、睢阳亦一都会也

司马迁在《史记》卷一二九《货殖列传》中介绍了当时经济生活中的成功者，也总结了各地经济形势。关于"梁宋"地方有如下文字：

> 洛阳东贾齐、鲁，南贾梁、楚。
>
> 夫自鸿沟以东，芒、砀以北，属巨野，此梁宋也。陶、睢阳亦一都会也。昔尧作于成阳，舜渔于雷泽，汤止于亳。其俗犹有先王遗风，重厚多君子，好稼穑，虽无山川之饶，能恶衣食，致其蓄藏。
>
> 秦、夏、梁、鲁好农而重民。三河、宛、陈亦然，加以商贾。

其中"秦、夏、梁、鲁好农而重民"，而"三河、宛、陈亦然，加以商贾"句，从字面看，似乎反映"梁"地在"商贾"活动方面次于"三河、宛、陈"地区。其实，"陈"与"梁"邻近，我们讨论的"梁宋"地区，是包括了部分"陈"地的。西汉陈留郡的宁陵、傿县，[①] 东汉时即归于梁国。[②] 两汉时陈国的绝大部分地区，西晋时都归入梁国版图。[③]

在两汉人的认识中，"梁"地在某种意义上似乎有可以控制"陈"地的地位。《汉书》卷二八下《地理志下》说，梁国"莽曰陈定"，梁国的虞县"莽曰陈定亭"，即是其证。这种"定"，是不是因为占据了交通方

[①] 又写作傿县、鄢县。

[②] 参看谭其骧主编《中国历史地图集》，地图出版社1982年版，第2册第19—20页，第44—45页。

[③] 参看谭其骧主编《中国历史地图集》，地图出版社1982年版，第3册第37—38页。

面的便利条件，所以据有了地理的优势呢？"陈"地的商业活动，① 相当一部分是要利用"梁宋"的商路的。

洛阳"南贾梁、楚"，首先强调了洛阳的交通地位，然而从另一个角度看，"梁"作为地域中心的地位也得以体现。所谓"陶、睢阳亦一都会也"，则明确指出了"梁宋"作为全国商业重心的形势。

《史记》卷一二九《货殖列传》中凡八次说到"都会"。所谓"都会"，是长安、洛阳之外的重要的商业中心：

> 邯郸亦漳、河之间一都会也。北通燕、涿，南有郑、卫。
> 夫燕亦勃、碣之间一都会也。南通齐、赵，东北边胡。
> 临菑亦海岱之间一都会也。
> 陶、睢阳亦一都会也。
> 夫吴自阖庐、春申、王濞三人招致天下之喜游子弟，东有海盐之饶，章山之铜，三江、五湖之利，亦江东一都会也。
> 郢之后徙寿春，亦一都会也。而合肥受南北潮，皮革、鲍、木输会也。
> 番禺亦其一都会也，珠玑、犀、瑇瑁、果、布之凑。
> 南阳西通武关、郧关，东南受汉、江、淮。宛亦一都会也。②

"陶、睢阳亦一都会也"句式比较特别，"陶、睢阳"两地并称，值得我们注意。类似情形只有"郢之后徙寿春"及随后说到"合肥"一例。《汉书》卷二八下《地理志下》则分说"江陵"，而"寿春、合肥"并说。

"洛阳……南贾梁、楚"和"陶、睢阳亦一都会也"的说法，其实是值得深思的。

我们知道，战国秦汉时期，洛阳已经具有商业交通中心的地位。③ 所

---

① 《史记》卷一二九《货殖列传》："陈在楚夏之交，通鱼盐之货，其民多贾。"
② 《汉书》卷二八下《地理志下》所列举的"都会"则有："邯郸北通燕、涿，南有郑、卫，漳、河之间一都会也。""蓟，南通齐、赵，勃、碣之间一都会也。""临菑，海、岱之间一都会也，其中具五民云。""江陵，故郢都，西通巫、巴，东有云梦之饶，亦一都会也。""寿春、合肥受南北湖皮革、鲍、木之输，亦一都会也。""吴东有海盐章山之铜，三江五湖之利，亦江东之一都会也。""番禺，其一都会也。"《汉书》与《史记》比较，"陶、睢阳"和"宛"不再作为"都会"。
③ 参看王子今《汉代洛阳的交通建设》，《洛阳——丝绸之路的起点》，中州古籍出版社1992年版；《战国至西汉时期河洛地区的交通地位》，《河洛史志》1993年第4期；《周秦时期河洛地区的交通形势》，《文史知识》1994年第3期。

谓"在于土中","街居在齐秦楚赵之中"①,所谓"天下咽喉"②,"天下冲厄,汉国之大都"③等等,都说明了这一事实。④ 从充分认识河洛地区商业地理优势的基础出发,可知"南贾梁、楚"之说,客观上也间接肯定了"梁宋"的地位。而"陶"在先秦时期曾经被看作"天下之中"⑤。司马迁"陶、睢阳亦一都会也"之说,实际上对于"梁宋"地区的经济作用,也给予了与"陶"大略平等的评价。

也许在较"陶为天下之中"更早的时代,以今天河南商丘为中心的"梁宋"地区,也曾经据有"天下之中"的地位。至少我们可以看到,在两汉时期,连接"陶"、"洛阳"和"梁宋"形成的三角地区,是全国经济生活的重心地区。这一地区的商业活动,确实也是相当活跃的。

(四)"梁宋"工商业成功的交通条件

司马迁在《史记》卷一二九《货殖列传》中表彰成功的工商业者,其中有一例是"梁人":"宛孔氏之先,梁人也,用铁冶为业。秦伐魏,迁孔氏南阳。大鼓铸,规陂池,连车骑,游诸侯,因通商贾之利,有游闲公子之赐与名。然其赢得过当,愈于纤啬,家致富数千金,故南阳行贾尽法孔氏之雍容。"宛孔氏之先的经历,反映"梁人"中的富商,曾经在秦时遭受严重的打击。他们被强制迁徙到各地,则将"梁宋"商业传统传播到四方。所谓"因通商贾之利",足见"梁宋"区域文化惯性的长久和"梁宋"商人职业品格的强韧。

史念海在讨论"陶为天下之中"的情形时注意到,"范蠡到陶的时候,陶已经发达成为天下之中的经济都会,致使范蠡留连不能舍去。其发达的速度超过了当时的任何城市"。这一情形,和陶"居于交通的枢纽"有关,其直接条件,是"济、泗之间新河道开凿"所提供的交通便利。史念海认为,陶的繁荣,是这一条件的"必然结果"⑥。

两汉时期的"梁宋"地区,其实同样也具备类似的条件。

---

① 《史记》卷一二九《货殖列传》。
② 《史记》卷一二六《滑稽列传》褚少孙补述。
③ 《史记》卷六〇《三王世家》褚少孙补述。
④ 参见王子今《秦汉区域文化研究》,四川人民出版社1998年版,第117—118页。
⑤ 参见史念海《释〈史记·货殖列传〉所说的"陶为天下之中"兼论战国时代的经济都会》,《河山集》,三联书店1963年版,第110—130页。
⑥ 同上书,第113页。

《汉书》卷二八下《地理志下》："蒙，获水首受甾获渠，东北至彭城入泗，过郡五，行五百五十里。"这条水路，实际上正与历史地理学者史念海以为特别重要的"济、泗之间"的河道相沟通。

汳水和睢水一北一南，由西而东横贯梁国。汳水即汴渠。《说文·水部》："汳，汳水，受陈留浚仪阴沟，至蒙为雝水，东入于泗。"段玉裁注："雝当作获，字之误也。""今之大河，开封而下，徐州而上，皆故汴也。"《水经注·汳水》："汳水又东迳周坞侧，《续述征记》曰：斜城东三里。晋义熙中，刘公遣周超之自彭城缘汳故沟，斩树穿道七百余里，以开水路，停泊于此。故兹坞流称矣。"这里所说的"汳故沟"，应当就是两汉时可以通行的"水路"。

"梁宋"特殊的交通地位，还表现在这一地区一南一北联系着另外两个重要的都会"临菑"和"寿春"。实际上，《史记》卷一二九《货殖列传》说到的诸"都会"中，临菑、寿春、陶、合肥、吴等，都必须经过"睢阳"方能够与中原腹地实现经济联系。

"梁宋"的交通地理形势，还可以通过汉景帝平定吴楚七国之乱战事得到说明。

吴军渡淮以后，与楚军会合，西攻棘壁（今河南永城西北），大败汉军，又乘胜进军，兵威甚壮。梁孝王恐慌，遣六将军击吴。吴军又击败梁军两将，梁军部众溃散。梁孝王数次遣使者到周亚夫军前求救，周亚夫不派一兵一卒救梁。梁孝王又派使者往长安，在御前控告周亚夫，汉景帝于是派人指示周亚夫援救梁国，周亚夫坚持"军中闻将军令，不闻天子之诏"的原则，依然不遵行诏令。梁孝王令韩安国及张羽为将军，用人得当，于是屡败吴兵。吴军欲西进，梁城坚守，使吴军不敢西行，丁是进犯周亚夫军，两军会战于下邑（今安徽砀山）。吴军因粮道已经被汉军断绝，力求速战，周亚夫军坚守营垒，任吴兵数次挑战，仍不肯出战。吴军粮草竭尽，士卒饥苦，又夜攻周亚夫军营垒。汉军军中相惊，士卒相互攻击扰乱，周亚夫卧于帐中不起，直到营中平定。吴军在东南方向大造声势。周亚夫命令加强西北方向守卫，果然吴军暗中聚集力量以精兵强攻西北。吴军未能找到突破口，只得撤退，汉军乘机反击，吴军大败，士卒多饿死，部众叛离溃散。①

---

① 《史记》卷五七《绛侯周勃世家》，《史记》卷一〇六《吴王濞列传》。

梁的据守，对于吴楚七国之乱的平定有重要的意义。① 据《史记》卷五八《梁孝王世家》记载："吴楚齐赵七国反。吴楚先击梁棘壁，杀数万人。梁孝王城守睢阳，而使韩安国、张羽等为大将军，以距吴楚。吴楚以梁为限，不敢过而西，与太尉亚夫等相距三月。吴楚破，而梁所破杀虏略与汉中分。"② 司马迁说："七国叛逆，蕃屏京师，唯梁为扞。"③ 这一判断是符合历史真实的。当时叛军中曾经有人建议放弃对梁的攻击，"直弃去"，而直趋洛阳。然而这一建议遭到拒绝。④ 可知在当时人普遍的意识中，"梁宋"地方，对于推行西进的战略，是势在必得的。

《史记》卷五八《梁孝王世家》说到梁孝王所收藏的宝器"有罍樽，直千金"。梁孝王珍爱此器，曾经告诫后世，要"善保罍樽，无得以与人"。任王后得知此器价值宝贵，希望据为己有。平王大母李太后表示："先王有命，无得以罍樽与人。他物虽百巨万，犹自恣也。"但是任王后仍然切望得之，于是梁平王刘襄使人开府取罍樽，赐任王后。因此与李太后发生了激烈的争执。所谓"罍樽"，据陈直说，应当是商末周初制作的青铜器。"西汉时商周铜器，出土至少，值千金亦可以知当时之市价。"⑤ 而所谓"先王有命，无得以罍樽与人；他物虽百巨万，犹自恣也"，也反映了梁孝王府库异常充实的事实。

河南永城芒砀山东南的保安山，发现大型洞室墓三座，据考古工作者推定，时代在汉武帝以前，墓主应当是梁孝王刘武及其王后，以及其子梁共王刘买。与整个陵区的其他陵墓相比，这几座王陵的规模比较大，结构复杂，出土遗物也较为丰富，可以体现梁孝王时代梁国的富足。⑥《文选》卷四四《为袁绍檄豫州》是袁绍举军进攻曹操时发布的檄州郡文。其中说到曹操发掘梁孝王陵墓事："……又梁孝王，先帝母昆，坟陵尊显，桑梓松柏，犹宜恭肃，而（曹）操帅将吏士，亲临发掘，破棺裸尸，略取

---

① 对于周亚夫以梁国挫折吴楚叛军的战略，司马迁在《史记》卷一三〇《太史公自序》中写道："吴楚之兵，亚夫驻于昌邑，以厄齐赵，而出委以梁。"
② 裴骃《集解》："《汉书音义》曰：'梁所虏吴楚之捷，略与汉等。'"
③ 《史记》卷一三〇《太史公自序》。
④ 《史记》卷一〇六《吴王濞列传》："吴少将桓将军说王曰：'吴多步兵，步兵利险；汉多车骑，车骑利平地。愿大王所过城邑不下，直弃去，疾西据雒阳武库，食敖仓粟，阻山河之险以令诸侯，虽毋入关，天下固已定矣。即大王徐行，留下城邑，汉军车骑至，驰入梁楚之郊，事败矣。'吴王问诸老将，老将曰：'此少年推锋之计可耳，安知大虑乎！'于是王不用桓将军计。"
⑤ 陈直：《史记新证》，天津人民出版社1979年版，第114—115页。
⑥ 参见河南省文物考古研究所《永城西汉梁国王陵与寝园》，中州古籍出版社1996年版；河南省商丘市文物管理委员会、河南省文物考古研究所、河南省永城市文物管理委员会：《芒砀山西汉梁王墓地》，文物出版社2001年版。

金宝，至令圣朝流涕，士民伤怀。"李善注引《曹瞒传》："曹操破梁孝王棺，收金宝。天子闻之哀泣。"《艺文类聚》卷八三引《曹操别传》又说："（曹）操别入砀，发梁孝王冢，破棺，收金宝数万斤。天子闻之哀泣。"① 曹操盗掘梁孝王陵墓，掠取金宝至于数万斤，可知随葬品数量之丰盈。《史记》卷五八《梁孝王世家》褚少孙补述在说到梁孝王之富有时，有这样的文字："孝王未死时，财以巨万计，不可胜数。及死，藏府余黄金尚四十余万斤，他财物称是。"② 对照其他文献遗存以及考古发现，可知这一记述是大略符合史实的。

梁孝王的富有，据司马迁记述，"府库金钱且百巨万，珠玉宝器多于京师。"这种经济实力的获得，虽然有"窦太后少子也，爱之，赏赐不可胜道"的因素，然而或许也可以间接反映"梁宋"地区物产和民生的状况。司马迁还分析说，"梁孝王虽以亲爱之故，王膏腴之地，然会汉家隆盛，百姓殷富，故能植其财货……"③ 而当地商业的发达，有可能也是这位贵族得以多所聚敛并"植其财货"的重要条件之一。

五　论申屠蟠"绝迹于梁砀之间"

申屠蟠以才学和孝义得"高士"之名，多次拒绝征举，被看作汉末"处士"的典型。作为彻底的"处士"，申屠蟠始终不与当政者合作，不为最高权力集团服务，表现出"崛然独立"的立场。他的历史表现，与以激进态度与黑暗政治抗争的"党人"不同，对于政治取全面回避的态度。"绝迹于梁砀之间"事，显示"避世"地点的选择对这一地区特殊的生态环境和特殊的文化空间的重视。出身陈留外黄的申屠蟠曾经长期生活在这一文化圈的外围。后世对申屠蟠的评价，多赞赏他政治判断的清醒，能够"明哲保身"。甚至以"党人"的人生悲剧作为反衬来夸大对申屠蟠的"智"的肯定。然而也有学者以为"人人如蟠，信明哲矣，一诿诸天，如王室何"，提出了"处士"面对的政治责任和社会责任的问题。宋人曾巩"子龙独幽远"诗句，则可能从更深层次涉及申屠蟠的社会理念和人

---

① 《太平御览》卷五五一引《曹操别传》："操破梁孝王棺，收金宝，天子闻之哀泣。"
② 《汉书》卷四七《文三王传·梁孝王刘武》："孝王未死时，财以钜万计，不可胜数。及死，藏府余黄金尚四十余万斤，他财物称是。"
③ 《史记》卷五八《梁孝王世家》。司马贞《索隐》："如淳云：'巨亦大，与大百万同也。'韦昭云：'大百万，今万万。'"

生追求。不过对这种"幽远",也许人们各有理解。以地理知识为基础理解这种"幽远",或许也是有意义的。

(一) 申屠蟠事迹的历史闪光点

《后汉书》卷五三《申屠蟠传》记录了申屠蟠的主要事迹。包括少年时就表现出的"孝"[①]、"义"[②] 等方面的高志卓行,皆为舆论称美,于是早有"高士"之名,成为社会道德典范。[③] 当然,学识的优异,是他成为名士的基本条件。[④] 对于来自上层社会的优遇,申屠蟠竟然拒绝。例如:"始与济阴王子居同在太学,子居临殁,以身托蟠,蟠乃躬推辇车,送丧归乡里。遇司隶从事于河巩之间,从事义之,为封传护送,蟠不肯受,投传于地而去。事毕还学。"所谓"为封传护送",按照李贤的解释,即给予交通条件方面的特殊待遇:"传谓符牒。使人监送之。"

申屠蟠多次拒绝权力集团的征举,构成他人格力量最突出的特征。即晋人皇甫谧《高士传》卷下《申屠蟠》所说:"前后凡蒲车特征皆不就。"

《后汉书》卷五三《申屠蟠传》记载,他"前后"有这样几次毅然放弃从政机会的表现:

(1) 家贫,佣为漆工。郭林宗见而奇之。同郡蔡邕深重蟠,及被州辟,乃辞让之曰:"申屠蟠禀气玄妙,性敏心通,丧亲尽礼,几于毁灭。至行美义,人所鲜能。安贫乐潜,味道守真,不为燥湿轻

[①] 《后汉书》卷五三《申屠蟠传》:"九岁丧父,哀毁过礼。服除,不进酒肉十余年。每忌日,辄三日不食。"李贤注引《海内先贤传》:"蟠在冢侧致甘露、白雉,以孝称。"蔡邕于是有"丧亲尽礼,几于毁灭"的赞叹。

[②] 《后汉书》卷五三《申屠蟠传》:"同郡缑氏女玉为父报雠,杀夫氏之党,吏执玉以告外黄令梁配,配欲论杀玉。蟠时年十五,为诸生,进谏曰:'玉之节义,足以感无耻之孙,激忍辱之子。不遭明时,尚当表旌庐墓,况在清听,而不加哀矜!'配善其言,乃为谳得减死论。乡人称美之。"蔡邕称其"至行美义,人所鲜能"。

[③] 晋人《高士传》卷下《申屠蟠》所述,有名节在前,孝父母在后:"申屠蟠,字子龙,陈留外黄人也。少有名节,同县缑氏女玉为父报雠,外黄令梁配欲论杀玉。蟠时年十五,为诸生,进谏曰:'玉之节义,足以感无耻之孙,激忍辱之子。不遭明时,尚当表旌庐墓,况在清听,而不加哀矜!'配善其言,乃为谳得减死论。乡人称之。蟠父母卒,哀毁思慕,不饮酒食肉十余年。"

[④] 《后汉书》卷五三《申屠蟠传》:"隐居精学,博贯五经,兼明图纬。"又载蔡邕赞语:"申屠蟠禀气玄妙,性敏心通。"

重，不为穷达易节。方之于邕，以齿则长，以德则贤。"后郡召为主簿，不行。①

（2）太尉黄琼辟，不就。

（3）再举有道，不就。②

（4）大将军何进连征不诣。

（5）进必欲致之，使蟠同郡黄忠书劝曰："前莫府初开，至如先生，特加殊礼，优而不名，申以手笔，设几杖之坐。经过二载，而先生抗志弥高，所尚益固。窃论先生高节有余，于时则未也。今颍川荀爽载病在道，北海郑玄北面受署。彼岂乐羁牵哉，知时不可逸豫也。昔人之隐，遭时则放声灭迹，巢栖茹薇。其不遇也，则裸身大笑，被发狂歌。今先生处平壤，游人间，吟典籍，袭衣裳，事异昔人，而欲远蹈其迹，不亦难乎！孔氏可师，何必首阳。"蟠不答。

（6）中平五年，复与爽、玄及颍川韩融、陈纪等十四人并博士征，不至。

（7）明年，董卓废立，蟠及爽、融、纪等复俱公车征，唯蟠不到。众人咸劝之，蟠笑而不应。

申屠蟠面对权力者的"召"、"辟"、"举"、"征"，以"不行"、"不就"、"不诣"、"不至"为回应。对于诱引入仕的劝说，或"不答"，或"笑而不应"，表现出内心的高傲。据《后汉书》卷六二《荀爽传》论曰："荀爽、郑玄、申屠蟠俱以儒行为处士，累征并谢病不诣。"可知疾病是通常"不诣"的借口。太尉黄琼曾经辟举申屠蟠，"及琼卒，归葬江夏，四方名豪会帐下者六七千人，互相谈论，莫有及蟠者。唯南郡一生与相酬对，既别，执蟠手曰：'君非聘则征，如是相见于上京矣。'蟠勃然作色曰：'始吾以子为可与言也，何意乃相拘教乐贵之徒邪？'因振手而去，不复与言。"申屠蟠对"非聘则征"，"相见""上京"的预见性言论的反应，所谓"勃然作色"，所谓"振手而去，不复与言"者，体现出和"相拘教乐贵之徒"在精神上鲜明地划清了界线。

在汉末特殊的社会背景下，申屠蟠的另一表现在历史上闪亮过特殊的

---

① 李贤注："《谢承书》曰'蟠前后征辟，文书悉挂于树，初不顾眄'也。"
② 李贤注："《谢承书》曰'诏书令郡以礼发遣，蟠到河南万岁亭，折辕而旋'也。"

光耀。《后汉书》卷五三《申屠蟠传》记载：

> 先是京师游士汝南范滂等非讦朝政，自公卿以下皆折节下之。太学生争慕其风，以为文学将兴，处士复用。蟠独叹曰："昔战国之世，处士横议，列国之王，至为拥篲先驱，卒有坑儒烧书之祸，今之谓矣。"乃绝迹于梁砀之间，因树为屋，自同佣人。居二年，滂等果罹党锢，或死或刑者数百人，蟠确然免于疑论。

申屠蟠的判断，果然成为预言。党锢之祸前后，申屠蟠"绝迹于梁砀之间"的行为，表现出和激进的太学生们的区别。申屠蟠政治意识的消极倾向，值得研究"士史"、知识人心态史的学者关注。

我们还注意到，申屠蟠在生命的早期，据说"家贫，佣为漆工"，在生命的晚期，又"因树为屋，自同佣人"。看来，他曾经有较长时段的社会下层体力劳动生活经历。这种经历对于他能够以平静之心对待孤寂和贫困，应当是有积极作用的。

（二）"梁砀之间"：特殊的生态环境·特殊的文化空间

传说杭州地方有申屠蟠隐居的遗迹。乾隆《浙江通志》卷四〇《古迹二·杭州府下》有"申屠氏宅"条。引《名胜志》："富阳县申屠山，昔申屠蟠晦党锢之名，避地结庐于此。今千载。子孙家焉。"又写道："谨按《咸淳志》：'富阳屠山，相传有姓申屠者，结庐以居，乃以名其山，复志其里。'考《后汉书·申屠蟠传》，只言'绝迹梁砀之间，后二年，滂等果罹党锢。'未尝至富阳。《名胜志》盖附会也。"又乾隆《大清一统志》卷二一七《杭州府二·古迹》也记载："申屠蟠故宅，在富阳县西南申屠山。时蟠晦党锢之名，结庐于此。今其子孙家焉。"尽管汉末有主要流向为江南地区的移民运动，但是《后汉书》本传"绝迹于梁砀之间"的明确记录告知人们，申屠蟠"避地结庐"的地点并非"富阳"，而是在"梁砀"地方。而所谓"蟠处乱末，终全高志"，最后"年七十四，终于家"的说法，也说明申屠蟠生命终点的空间位置也是著史者所明确的。看来，申屠蟠很可能确实"未尝至富阳"。所谓申屠蟠"避地结庐""富阳县申屠山"的说法应是"附会"。当然，不能排除申屠蟠后人辗转移居江南的可能。

申屠蟠"绝迹于梁砀之间"的选择，应当是经过慎重考虑的。

"梁砀之间"有适合"处士"所居的环境。

《史记》卷八《高祖本纪》有关刘邦早期事迹，有三处说到"泽"：（1）"到丰西泽中，止饮，夜乃解纵所送徒。"（2）"高祖被酒，夜径泽中，……"（3）"隐于芒砀山泽岩石之间。"这些关于"泽"的记录，是与我们今天对于芒砀地区地理形势的知识并不符合的。所谓"丰西泽"，又被称为"沛泽"①。这当然和沛在丰东的地理方位不合，但是又使我们得知，丰沛地方是有相当大面积的自然水面或者沼泽湿地的。《史记》卷四八《陈涉世家》记载："二世元年七月，发闾左適戍渔阳，九百人屯大泽乡。""大泽乡"，据裴骃《集解》引徐广曰："在沛郡蕲县。"乡名"大泽"，当然不会和"泽"没有一点关系。又如《史记》卷九〇《魏豹彭越列传》写道："彭越者，昌邑人也，字仲。常渔巨野泽中，为群盗。""泽间少年相聚百余人往从彭越，曰：'请仲为长。'"也说反秦武装以"泽"作为依托的情形。《汉书》卷二八下《地理志下》信都国"扶柳"条颜师古注："阚骃云：其地有扶泽，泽中多柳，故曰扶柳。"可知秦汉时期黄河下游及江淮平原，多有"泽"的分布。《汉书》卷一上《高帝纪上》关于刘邦斩蛇故事的记述，有颜师古注："径，小道也。言从小道而行，于泽中过，故其下曰有大蛇当径。"这里所谓"泽"，很可能是指沼泽湿地。另外一则著名的历史事件，即项羽人生悲剧的落幕，也与"泽"造成的交通阻滞有关。《史记》卷七《项羽本纪》："于是羽遂上马，戏下骑从者八百余人，夜直溃围南出驰。平明，汉军乃觉之，令骑将灌婴以五千骑追羽。羽渡淮，骑能属者百余人。羽至阴陵，迷失道，问一田父，田父绐曰'左'。左，乃陷大泽中，以故汉追及之。"邹逸麟曾经讨论"先秦西汉时代湖沼的地域分布及其特点"，指出"根据目前掌握的文献资料，得知周秦以来至西汉时代，黄淮海平原上见于记载的湖沼有四十余处"。所依据的史料为《左传》、《禹贡》、《山海经》、《尔雅·释地》、《周礼·职方》、《史记》、《汉书》等。列表所见湖沼46处，其中黄淮平

---

① 班彪《王命论》："唐据火德而汉绍之，始起沛泽，则神母夜号，以章赤帝之符。"见《汉书》卷一〇〇上《叙传上》、《后汉纪》卷五、《文选》卷五二。《元和郡县图志》卷一〇《河南道五·徐州》："沛县，本秦旧县，泗水郡理于此。盖取沛泽为县名。"《舆地广记》卷七《京东西路》："沛县有沛泽，因以为名。"邹逸麟以为"沛泽"和"丰西泽"是两处泽薮。前者在今江苏沛县，后者在今江苏丰县西。邹逸麟：《历史时期华北大平原湖沼变迁述略》，《历史地理》第5辑，上海人民出版社1987年5月版，收入《椿庐史地论稿》，天津古籍出版社2005年5月版。

原33处。① 邹逸麟写道："以上仅限于文献所载，事实上古代黄淮海平原上的湖沼，远不止此。""先秦西汉时代，华北大平原的湖沼十分发育，分布很广，可以说是星罗棋布，与今天的景观有很大的差异。"②《史记》卷一二九《货殖列传》写道："夫自鸿沟以东，芒砀以北，属巨野，此梁、宋也。陶、睢阳亦一都会也。昔尧作于成阳，舜渔于雷泽，汤止于亳。其俗犹有先王遗风，重厚多君子，好稼穑，虽无山川之饶，能恶衣食，致其蓄藏。"这里不仅说到了邹逸麟未曾说到的另一处"泽"——"雷泽"，而且提示我们，"芒砀"在西汉时期，曾经是重要的地理坐标。③

与"泽"相应，芒砀地方"山"的形势也与后世明显不同。《史记》卷八《高祖本纪》说："吕后与人俱求，常得之。高祖怪问之。吕后曰：'季所居上常有云气，故从往常得季。'高祖心喜。沛中子弟或闻之，多欲附者矣。"④ 吕雉制造的"云气"神话有益于为刘邦的政治发达造势。而通常情况下隐匿山中寻求者往往不可得，说明了当时芒砀山开发程度的落后和植被条件的优越。

山林水泽的掩护，为刘邦最初力量的聚集和潜伏提供了条件。在刘邦"隐于芒砀山泽岩石之间"的时代，自然生态与后世大异。因为气候的变迁以及人为因素的影响，自然植被和水资源形势都发生了变化。这样的变

---

① 有：修泽（今河南原阳西），黄池（今河南封丘南），冯池（今河南荥阳西南），荥泽（今河南荥阳北），圃田泽（原圃）（今河南郑州、中牟间），萑苻泽（今河南中牟东），逢泽（池）（今河南开封东南），孟诸泽（今河南商丘东北），逢泽（今河南商丘南），蒙泽（今河南商丘东北），空泽（今河南虞城东北），菏泽（今山东定陶东北），雷夏泽（今山东鄄城南），泽（今山东鄄城西南），阿泽（今山东阳谷东），大野泽（今山东巨野北），沛泽（今江苏沛县），丰西泽（今江苏丰县西），湖泽（今安徽宿县东北），沙泽（约在今鲁南、苏北一带），余泽（约在今鲁南、苏北一带），浊泽（今河南长葛），狼渊（今河南许昌西），棘泽（今河南新郑附近），鸿隙陂（今河南息县北），洧渊（今河南新郑附近），柯泽（杜预注：郑地），汋陂（杜预注：宋地），围泽（杜预注：周地），鄟泽（杜预注：卫地），琐泽（杜预注：地阙），大堰（约在今山东历城东或章丘北），小堰泽（约在今山东淄博迤北一带）。其中10处左右位于"梁砀之间"或者邻近地区。即逢泽（池）、孟诸泽、逢泽、蒙泽、空泽、沛泽、丰西泽、湖泽、沙泽、余泽。
② 邹逸麟：《历史时期华北大平原湖沼变迁述略》，《历史地理》第5辑，上海人民出版社1987年版，收入《椿庐史地论稿》，天津古籍出版社2005年版。
③ 参见王子今《芒砀山泽与汉王朝的建国史》，《中州学刊》2008年第1期；《"斩蛇剑"象征与刘邦建国史的个性》，《史学集刊》2008年第6期。
④ 裴骃《集解》："徐广曰：'芒，今临淮县也。砀县在梁。'骃案：应劭曰'二县之界有山泽之固，故隐于其间也'。"张守节《正义》："《括地志》云：'宋州砀山县在州东一百五十里，本汉砀县也。砀山在县东。'"

化，在汉魏时代已经有所显现。① 而申屠蟠依然"避地结庐于此"，可知当时"梁砀之间"依然有较好的环境条件。所谓"因树为屋"的居住形式，或许也可以看作当地自然山林情态的片断反映。

另一方面，就自然生态而外的人文生态而言，"梁砀之间"又是交通条件相对比较优越的文化胜地。② 在以"梁砀"为中心的文化辐射圈内，汉初，发迹于东侧沛地（今江苏沛县）的刘邦功臣集团在历史舞台上有精彩的表演；汉末，在南侧谯地（今安徽亳州）又出现了曹操功臣集团。400多年内，一前一后两个强势政治群体的活动影响了历史的走向。而这两个集团都出现于史称"梁砀之间"文化圈的外围。这一情形，也许值得历史人文地理研究者注意。

而申屠蟠出身的陈留外黄（今河南兰考东南），其实也处于这个区域的文化辐射范围之内。

隐居于这一地区的著名高士，又先有许由。《吕氏春秋·求人》："昔者尧朝许由于沛泽之中。"《水经注》卷二五《泗水》："（泗水）又东过沛县东。昔许由隐于沛泽，即是县也。县盖取泽为名。"《高士传》卷上《许由》："（许由）隐于沛泽之中。"这位许由，在"处士"人群中，又被看作道德行为的标范。

---

① 《史记》卷二九《河渠书》所谓"东郡烧草，以故薪柴少"，以及汉武帝"薪不属兮卫人罪，烧萧条兮噫乎何以御水"的感叹，反映了当时黄河下游植被因人为因素导致破坏的历史事实。汉武帝塞瓠子决口曾经"下淇园之竹以为楗"，即所谓"颓林竹兮楗石菑"，后来寇恂也有取淇园之竹治矢百余万的事迹。然而到了郦道元生活的时代，著名的淇川竹林已经发生了明显变化。《水经注·淇水》写道："《诗》云：'瞻彼淇澳，菉竹猗猗。'毛云：'菉，王刍也；竹，编竹也。'汉武帝塞决河，斩淇园之竹木以为用。寇恂为河内，伐竹淇川，治矢百余万，以输军资。今通望淇川，无复此物。"陈桥驿《〈水经注〉记载的植物地理》一文写道："《水经注》记载植被，不仅描述了北魏当代的植被分布，同时还描述了北魏以前的植被分布，因而其内容在研究历史时期的植被变迁方面有重要价值。"他对郦道元有关"淇川"之竹的文字予以重视，指出："从上述记载可见，古代淇河流域竹类生长甚盛，直到后汉初期，这里的竹产量仍足以'治矢百万'。但到了北魏，这一带已经不见竹类。说明从后汉初期到北魏的这五百多年中，这个地区的植被变迁是很大的。"陈桥驿还指出了另一同样发生于距离"梁砀之间"并不很远地方的可以说明植被变迁的实例："又卷二十二《渠》经'渠出荥阳北河，东南过中牟县之北'注云：'泽多麻黄草，故《述征记》曰：践县境便睹斯卉，穷则知逾界，今虽不能，然谅亦不谬，《诗》所谓东有圃草也。'从上述记载可见，直到《述征记》撰写的晋代，圃田泽地区还盛长麻黄草，但以后随着圃田泽的缩小和湮废，北魏时代，这一带已经没有这种植物了。这些都是历史时期植被变迁的可贵资料。"陈桥驿：《水经注研究》，天津古籍出版社1985年版，第122—123页。

② 参见王子今《两汉时期"梁宋"地区的商路》，《河南科技大学学报》（社会科学版）2004年第4期；《汉初梁国的文化风景》，《光明日报》2008年1月13日。

（三）崛然独立："处士"的精神

《后汉书》本传说申屠蟠"绝迹于梁砀之间"的前提和背景："范滂等非讦朝政"，"太学生争慕其风，以为文学将兴，处士复用。蟠独叹曰：'昔战国之世，处士横议，列国之王，至为拥篲先驱，卒有坑儒烧书之祸，今之谓矣。'乃绝迹于梁砀之间……"这段文字两次出现所谓"处士"。

"处士"作为汉代通行的社会称谓，一般指行政体制之外的民间有才德的士人。《汉书》卷一三《异姓诸侯王表》颜师古注说到"处士"的定义："'处士'谓不官于朝而居家者也。"《后汉书》卷二五《刘宽传》李贤注："处士，有道蓺而在家者。"根据这样的判断，可以将"处士"身份理解为在野的民间知识人。所谓"居家"、"在家"是"处士"的基本特征。"处士"参与政治设计，被看作成就盛世的条件。《史记》卷三《殷本纪》："伊尹处士，汤使人聘迎之，五反然后肯往从汤，言素王及九主之事。"《史记》卷三二《齐太公世家》："吕尚处士，隐海滨。周西伯拘羑里，散宜生、闳夭素知而招吕尚。"都是著名的"处士"参政终成大功的史例。而"处士"自身的性格，却是和政治保持距离。《史记》卷一二六《滑稽列传》记载东方朔辩议之辞亦言及"处士"："今世之处士，时虽不用，崛然独立，块然独处，[①] 上观许由，下察接舆，策同范蠡，忠合子胥，天下和平，与义相扶，寡偶少徒，[②] 固其常也。"所谓"块然独处"，或许与"处士"称谓的由来有某种关系。而"寡偶少徒"，即社会交往有限，可能是这些人物通常的行为特征。"处士"称谓和"处女"称谓据说亦有某种联系。唐李鼎祚《周易集解》卷七《咸·象传》引虞翻曰："凡士与女未用皆称'处'矣。志在于二，故所执下也。"

"处士"模仿"许由"、"接舆"隐逸榜样，然而又自以为"策同范蠡，忠合子胥"，具备参与行政的操作能力和道德水平的资格。所谓"时虽不用"，然而可以"天下和平，与义相扶"者，体现出其自我政治期许其实是相当高的。

战国动荡时代，"处士"曾经有活跃的表演。如《孟子·滕文公下》所说："圣王不作，诸侯放恣，处士横议。"司马迁《史记》中说到的当时著名的"处士"，有卷七七《魏公子列传》所见"赵有处士毛公藏于博

[①] 《汉书》卷六五《东方朔传》作"魁然无徒，廓然独居"。
[②] 《汉书》卷六五《东方朔传》作"寡耦少徒"。

徒，薛公藏于卖浆家"，卷八六《刺客列传》荆轲的朋友"燕之处士田光先生"，卷一一九《循吏列传》所见"孙叔敖者，楚之处士也"等。卷四六《田敬仲完世家》说到的活动于稷下"不治而议论"的"文学游说之士"中法家思想领袖慎到，张守节《正义》指出："赵人，战国时处士。"卷十四《孟子荀卿列传》说到"齐稷下先生"中的慎到，张守节《正义》："《慎子》十卷，在法家，则战国时处士。"当时的文化形势，如《史记》卷八七《李斯列传》所说，正是"布衣驰骛之时而游说者之秋也"。毛公和薛公事迹所谓"藏于"民间，也说明当时的政治家搜求"处士"之不遗余力。

战国时期"处士横议"的局面，促成了精神的解放和思想的竞争，中国文化于是呈现多元的自由的时代风格。然而实现大一统的执政者以为这样的思想文化形势是不利于安定局面的形成的。《汉书》卷一三《异姓诸侯王表》说："秦既称帝，患周之败，以为起于处士横议，诸侯力争，四夷交侵，以弱见夺。于是削去五等，堕城销刃，箝语烧书，内锄雄俊，外攘胡粤，用壹威权，为万世安。"关于秦"患周之败"，颜师古注引服虔曰："言因横议而败也。"秦王朝的决策集团认为周王朝覆亡的首要原因是"处士横议"，于是推行"箝语烧书"的文化政策。申屠蟠"昔战国之世，处士横议，列国之王至为拥篲先驱，卒有坑儒烧书之祸"的历史分析，表现出对沉痛教训的清晰记忆。①

《淮南子·俶真》："大夫安其职，而处士修其道。"体现出社会职能限定的常规。②《后汉书》卷五四《杨秉传》记载，"会日食"，有诏公车

---

① 秦王朝的思想压抑和舆论控制历来受到严厉指责，然而后来也有人基于政治体制变化的考虑予以理解。明代学者李贽在评论李斯建议"史官非《秦记》皆烧之，有偶语《诗》《书》者弃市，以古非今者卒"的上书时，批注一"毒"字，然而又写道："大是英雄之言，然下手太毒矣。当战国横议之后，势必至此。自是儒生干古一劫，埋怨不得李丞相、秦始皇也。"李贽：《史纲评要》卷四《后秦纪》，中华书局1974年版，上册第90页。然而汉代士人的"焚书坑儒"批判，体现了对于秦文化政策的反思。当时的主流文化观念，对于压抑士人的文化专制主义持否定态度。如贾谊《过秦论》指出，秦"焚文书而酷刑法，先诈力而后仁义"，"故使天下之士，倾耳而听，重足而立，拑口而不言。是以三主失道，忠臣不敢谏，智士不敢谋"，终于败亡，"岂不哀哉！"

② 《史记》卷二七《天官书》司马贞《索隐》引《春秋合诚图》说：少微星"处士位"。又引《天官占》："少微，一名处士星也。"张守节《正义》："少微四星，在太微西，南北列：第一星，处士也；第二星，议士也；第三星，博士也；第四星，大夫。占以明大黄润，则贤士举；不明，反是；月、五星犯守，处士忧，宰相易也。"其中"处士""议士"分列，暗示"处士"一般是没有议政机会的。东方朔感叹"今世之处士，时虽不用"如何如何，也说到了"处士"与行政操作权力的距离。

征处士韦著，韦著"称疾不至"，有司竟劾著大不敬，"请下所属正其罪"。后有人议奏："著隐居行义，以退让为节。""征不至"者，"诚违侧席之望，然逶迤退食，足抑苟进之风。夫明王之世，必有不召之臣，圣朝弘养，宜用优游之礼。可告在所属，喻以朝庭恩意。如遂不至，详议其罚"。于是再次征召，"乃到"。韦著拒绝"公车征"的行为，被认为"大不敬"，险遭罪罚，朝廷反复强令，不得不从命。"处士"于是成为"圣朝弘养"作秀表演的道具。① 他们没有基本的人身自由，自然无从具备议政条件。不过，韦著行为"足抑苟进之风"的意义，也是值得重视的。

《后汉书》卷五六《种岱传》："处士种岱，淳和达理，耽悦《诗》《书》，富贵不能回其虑，万物不能扰其心。"种岱事迹，表现出最终"未建忠效用"，"生无印绶之荣，卒无官谥之号"所体现的与行政生活的距离。也许透视"其虑"、"其心"，可以发现"处士"言行可能作用于中国正统文化走向的正面影响。②

宋人范成大《桂海虞衡志·志山》说名山之势："所以能拔乎其萃者，必因重冈复岭之势，盘亘而起。其发也，有自来。"而桂林山峰不同，"桂之千峰，皆旁无延缘，悉自平地崛然特立，玉笋瑶簪，森列无际，其怪且多，如此诚当为天下第一"③。以此"崛然特立"理解东方朔所谓"崛然独立"，可知语义相互接近。"处士"的精神，应当正是如此，"悉自平地崛然特立"。

（四）汉末政治灾变与"处士"的表现

在申屠蟠生活的时代，东汉王朝的弊政已经严重危害社会上下。最高统治者的极端昏庸和官僚阶层的彻底腐败，使许多人都看到社会危局已经无可挽救。而频繁的天灾所造成的危害，因政治的黑暗而更为加重。东汉末年的严重的天灾，导致了社会生产力的大幅度衰颓。当时疾疫的大规模流行，也致使人口锐减。④

---

① 征召"处士"以表现"朝庭恩意"的情形，导致《后汉书》卷六一《左周黄列传》论曰所谓"于是处士鄙生，忘其拘儒，拂巾衽褐，以企旌车之招矣"，以及《后汉书》卷六一《黄琼传》所指出的"征聘处士多不称望"，"其功业皆无所采"，"俗论皆言处士纯盗虚名"的现象。

② 参见王子今《从"处士"到"议士"：汉代民间知识人的参政路径》，《河北学刊》2007年第5期。

③ "崛然特立"，《说郛》卷六二上范成大《桂海岩洞志》作"嶷然特立"。

④ 据《续汉书·五行志五》记载，汉桓帝至汉献帝时代发生的"大疫"，66年间竟然多达9次。

东汉中晚期，时政的昏暗，使得一些有胆识的士人勇敢批判当朝权贵，揭露社会矛盾，发表不同政见。如《后汉书》卷六七《党锢列传》所记述，在汉桓帝、汉灵帝在位前后，主上荒暗，政治昏乱，士人奋起，于是出现"匹夫抗愤，处士横议"的情形，又激扬名声，互相题拂，品核公卿大臣，裁量执政贵族。刚直不阿的品格，一时为社会舆论所倾重。正直激进的知识人，采取半公开乃至完全公开的形式和当权的宦官集团抗争，曾经结成了相对稳固的群体。这些同道同志者，当时被称为"党人"。政府迫害"党人"而发起的政治运动，当时被称作"党事"。当权的黑暗政治势力对"党人"的迫害，有禁止其出任官职并限制其活动的形式，时称"党锢"（又写作"党固"），也称作"党禁"。

当权集团迫害"党人"的所谓"党锢之祸"，导致横死狱中者达百余人，被牵连而死、徙、废、禁的又有数百人。汉灵帝又诏令州郡大举钩党，天下豪杰名士陷党籍者甚多。

以记录和总结东汉历史而著名的史学家范晔在《后汉书》卷六七《党锢列传》中曾经为"党锢之祸"发表感叹："李膺振拔污险之中，蕴义生风，以鼓动流俗，激素行以耻威权，立廉尚以振贵埶，使天下之士奋迅感慨，波荡而从之，幽深牢破室族而不顾，至于子伏其死而母欢其义，壮矣哉！"[1] 东汉"党人"参与的政治争斗，仅限于相对狭小的社会群体。然而他们的正义感，无私情操，抗争意志和坚定气节，却代表着一种进步的时代精神。东汉"党人"的气质与品格，体现着曾经被鲁迅称为"中国的脊梁"[2]的人们所代表的民族精神的主流，后来成为一种文化传统，得到历代有血性有骨气的士人的继承。

---

[1] 所谓"子伏其死而母欢其义"，说的是范滂故事。《后汉书》卷六七《党锢列传·范滂》："建宁二年，遂大诛党人，诏下急捕滂等。督邮吴导至县，抱诏书，闭传舍，伏床而泣。滂闻之，曰：'必为我也。'即自诣狱。县令郭揖大惊，出解印绶，引与俱亡。曰：'天下大矣，子何为在此？'滂曰：'滂死则祸塞，何敢以罪累君，又令老母流离乎！'其母就与之诀。滂白母曰：'仲博孝敬，足以供养，滂从龙舒君归黄泉，存亡各得其所。惟大人割不可忍之恩，勿增感戚。'母曰：'汝今得与李、杜齐名，死亦何恨！既有令名，复求寿考，可兼得乎？'滂跪受教，再拜而辞。顾谓其子：'吾欲使汝为恶，则恶不可为；使汝为善，则我不为恶。'行路闻之，莫不流涕。时年三十三。"

[2] 鲁迅《中国人失掉自信心了吗》："我们从古以来，就有埋头苦干的人，有拼命硬干的人，有为民请命的人，有舍身求法的人……虽是等于为帝王将相作家谱的所谓'正史'，也往往掩不住他们的光耀，这就是中国的脊梁。"《且介亭杂文》，《鲁迅全集》，人民文学出版社1981年版，第6卷第118页。

（五）申屠蟠脸谱与历史舞台的变光灯

位置的不同，视角的不同，往往会导致视觉差异。历史舞台灯光的变幻，也可以使得作为表演者的人物形象呈示多样的特征。因照明条件的时代演变，让我们看到了面目不同的申屠蟠。

作为同时代人，蔡邕评价申屠蟠，首先肯定的是他作为"士君子"的"德""贤"："安贫乐潜，味道守真，不为燥湿轻重，不为穷达易节。方之于邕，以齿则长，以德则贤。"对于所谓"不为燥湿轻重，不为穷达易节"，李贤注："《律历志》曰：'铜为物至精，不为燥湿寒暑变其节，不为风雨暴露改其形，介然有常，似于士君子之行。'""《易》曰：'穷则独善其身，达则兼济天下。'"宋儒朱翌也曾经称申屠蟠的表现"合于士君子之行"："范滂等非讦时政，太学生争慕之。申屠蟠曰：'昔战国之世，处士横议，列国之王至为拥篲先驱，卒有坑儒烧书之祸。今之谓矣。'乃远迹梁砀之间，居二年，滂等罹党锢，或死或刑。蟠确然免于疑论。景毅子顾为李膺门徒，不及于谴。毅慨然曰：本谓膺贤，遣子师之，岂可漏脱名籍苟安而已？遂自表免归。蟠有先见之明，毅有不苟免之义。皆合于士君子之行。"①

《后汉书》卷六二《荀爽传》有一段评论涉及申屠蟠的文化形象："论曰：荀爽、郑玄、申屠蟠俱以儒行为处士，累征并谢病不诣。及董卓当朝，复备礼召之。蟠、玄竟不屈以全其高。爽已黄发矣，独至焉，未十旬而取卿相。意者疑其乖趣舍，余窃商其情，以为出处君子之大致也，平运则弘道以求志，陵夷则濡迹以匡时。荀公之急急自励，其濡迹乎？不然，何为违贞吉而履虎尾焉？②观其逊言迁都之议，以救杨、黄之祸。③及后潜图董氏，几振国命，所谓'大直若屈'④，道固逶迤也。"透过对荀爽的评价，比衬出论者对申屠蟠的肯定。

《资治通鉴》卷五六"汉灵帝建宁二年"有司马光的一篇史论，对于申屠蟠发表了评价更高的赞语：

> 臣光曰：天下有道，君子扬于王庭以正小人之罪，而莫敢不服。

---

① （宋）朱翌：《猗觉寮杂记》卷下。
② 李贤注："《易·履卦》曰：'履道坦坦，幽人贞吉。'又曰：'履虎尾，不咥人亨。'王辅嗣注云：'履虎尾者，言其危也。'"
③ 李贤注："杨彪、黄琬也。"
④ 李贤注："《老子》云：'大直若屈，大巧若拙。'逶迤，曲也。"

天下无道，君子囊括不言以避小人之祸，而犹或不免。党人生昏乱之世，不在其位，四海横流，而欲以口舌救之，臧否人物，激浊扬清，撩虺蛇之头，践虎狼之尾，以至身被淫刑，祸及朋友，士类歼灭而国随以亡，不亦悲乎！夫唯郭泰既明且哲，以保其身，申屠蟠见几而作，不俟终日，卓乎其不可及已！

司马光的意见，是有一定的代表性的。其中对"党人""生昏乱之世，不在其位，四海横流，而欲以口舌救之，臧否人物，激浊扬清，撩虺蛇之头，践虎狼之尾，以至身被淫刑，祸及朋友，士类歼灭而国随以亡"的批评，读来不能不心生激愤。宋人熊节撰熊刚大注《性理群书句解》卷八《说》"保身说"题下，引《资治通鉴》这一篇"臣光曰"，又评议道："此篇论明哲保身之道，深责汉末诸贤危言取实祸之非。"对司马光心思的理解，应当说是比较接近真实的。

以明哲保身作为表扬申屠蟠的主题词，是多见的情形。朱熹曾经说："乱世保身之难，申屠蟠事可见。"① 宋人钱时《两汉笔记》卷一二《献帝》写道："申屠蟠一穷处士耳，前不陷于党锢，后不罹于贼网，超然远韵，不可众玷，万世之下，与有光荣。君子审诸。"以为申屠蟠的"万世""光荣"表现于处世自安的智慧，"前不陷于党锢，后不罹于贼网"。清人田雯《咏史》诗："盛名世所嫉，曹节起衅端。独有垫巾人，不受异患干。张俭为亡命，投止生波澜。何如自剪发，身居林虑山。缅怀昔战国，拥篲以盘桓。卒成坑儒祸，为之发长叹。梁砀同佣隶，屏迹申屠蟠。"② 也以"党人"的人生悲剧反衬申屠蟠选择的正确。宋人王开祖《儒志编》有这样的历史人物评论："知进退，识时变，临物而不惑者，其惟申屠蟠乎！太学之兴也，士之盛也，莫不振衣引足，愿居其间。吾独指秦以为病焉，及群党坐于徽棘之中，我独优游于外，人皆以妄死，我独保正命以没，可谓独立君子达吉凶之命者也。使若人而生于秦，其智足以自黙，秦能驱而害之乎？"

"及群党坐于徽棘之中，我独优游于外"，就可以私心得意吗？所谓"人皆以妄死，我独保正命以没"，难道就是"独立君子达吉凶之命者"吗？就士风的主流看，比较汉代和宋代，不能不感叹儒心的拐变。

不过，明代东林故事则又显现出儒士面对黑暗政治的感奋之心和勇毅

---

① 《朱子语类》卷一三五《历代二》。
② （清）田雯：《古欢堂集》卷三《五言古诗》。

精神。以至清代学者何焯品评《后汉书》，就《申屠蟠传》"太学生争慕其风"至"今之谓矣"文字感叹道："明季清流，何以竟不戒前车！"①明人郑善夫《长歌行》言及申屠蟠事："凤凰楼下党锢成，浊流岂但十一士。君不见申屠蟠灭迹烟霞里，又不见郭林宗涉世终泥滓。"②诗人在阐述归隐"烟霞"的心思，说到"党锢"悲剧，笔调沉痛，不似一些宋儒语句流露出轻薄。

清乾隆《御批资治通鉴纲目》卷一二下"十二月征处士申屠蟠不至"条"发明"题下写道："申屠蟠见几而作，独免党锢之祸。至是又不为董卓所屈，异乎荀爽诸人。若蟠者，真无愧于'处士'之名矣！"帝王所真心欣赏的"处士"，看来就是申屠蟠这样的人。又《评鉴阐要》卷三《后汉·灵帝》"党锢之祸惟申屠蟠独免目"："申屠蟠未入仕，本可以囊括自全。独惜陈蕃、李膺等，号为贤者，既得时居位，足弭小人之变，所处非申屠蟠比。乃亦囿于清流虚声，率以拘牵，坐失事机，难辞责贤之备，不可徒诿之运会使然也。"又乾隆《读申屠蟠传》诗："多士清流太皎皎，由来尾大难为掉。汉纲陵夷何足云，言高致锢不为少。飘然惟有申屠生，孤鹤盘空绝群鸟。林下鸿名播士林，逸气凌凌光日表。呜呼邪正原不容，薰莸臭味岂同道。""金人三缄实可师，处士横议身难保。梁砀春深山水间，钩党吏不寻门考。非但容身叔世间，中庸品行谁能绍。"论者以所谓"金人三缄实可师，处士横议身难保"进行对比，赞扬申屠蟠的"中庸品行"，出发点显然是阴暗自私的。《太平御览》卷五九三引《太公金匮》曰："武王曰：'五帝之戒，可得闻乎？'太公曰：'黄帝居民上，摇摇恐夕不至朝，故为金人三缄其口，慎言语也。'"所谓"金人三缄"原本是强调君主的自我言论约束，却被用来反对政治批评，真真岂有此理！

又有一位比较清醒的宋儒这样评说申屠蟠和"党人"的区别："汉末范滂之徒，各持私议，以是非天下。而申屠蟠独翩然远逝，绝迹梁砀，因树为屋，自同佣人。及党锢祸起，独免疑论。蟠固知微矣。然亦未尽也。盖君子思不出其位，一出其位，而唯务点检他人之得失利害，则于本位必不子细。何者？心无二用故也。盖君子所以思不出其位，非固不敢出位，乃不暇也。蟠虽能终免疑论，然其所以绝迹者，亦由其始不能磨陇圭角，故必强制力拘，方免于疑耳。自古多谓和光同尘，亦由其不能全之，常欲

---

① （清）何焯：《义门读书记》卷二三《后汉书》。
② （明）郑善夫：《少谷集》卷三《七言古诗》。

强撵之也。若本无迹，何用绝迹山林？若本不高，何用自同佣保？盖蟠始初不知己之所为，无非常之事，故见其异而制之也。"① 所谓"强制力拘"，所谓"欲强撵之"，都揭示了申屠蟠行为非自然的一面。所谓"若本无迹，何用绝迹山林？若本不高，何用自同佣保？"的说法，其实也是可以针对所有的隐士的。从另一角度或许也可以说，"处士"要彻底地避世，严格说来是很困难的。宋代学者叶适也说："范晔序闵仲叔、荀恁、魏桓周燮、黄宪、徐稺、姜肱、申屠蟠，皆必于退者也。以其事考之，则桓得退之义，蟠得退之时。方汉人以名相高，故避名为难。名不可避，而退之所得，多于进矣。然当时知此者其少。"② 有清儒以为汉代"高士"往往浅学虚荣，且多"特以高名要誉耳"，也涉及申屠蟠故事："汉时儒者原无大学识，特以高名要誉耳。故往往以不出为高，出则遂丧其实。""处党人之中，而怨禄不及者，郭泰也。处党人之外，而免于评论者，申屠蟠也。二人殆未易优劣。"③

拒绝征召，清醒避世，其实也需要一定的勇气。正如明代学者崔铣所说："预知莽之奸而避之，孔休一人而已。不畏卓之威而拒之，申屠蟠一人而已。士之有识者，可贵矣夫。"④ 从某种意义上可以说，申屠蟠的精神确实"可贵"，是"有识"亦有胆的。当然，他的勇气，和面对政治高压慷慨赴死的"党人"们相比，又属于另一个层次。

元代学者刘埙《隐居通议》有"半山《读〈后汉书〉》"条："荆公《读〈后汉书〉》云：'党锢纷纷果是非，当时高士见几微。可怜窦武陈蕃辈，欲与天争汉鼎归。'公之意盖有取于申屠蟠之知几而深致，叹于蕃、武之蹈祸，未为非也。然蕃、武忠君爱国，辞严谊正，不暇自恤，故蹈危机。其失在于疏尔。忠愤凛凛，霜日争严，此岂可厚诬者！人人如蟠，信明哲矣，一诿诸天，如王室何？荆公持论多不犹人，如哀昭烈之兴，复谓其不为许汜田舍之计；惜蕃、武之忠义，谓其与天争汉室之亡。皆有感乎其言之也。"⑤ 以对"蕃、武之忠义"，"蕃、武忠君爱国，辞严谊正，不暇自恤，故蹈危机"，"忠愤凛凛，霜日争严"的赞美移用于所有的"党人"，无疑是适宜的。刘埙的清醒之见，可以洗刷一些宋儒对东汉"党人"胆识、气节和牺牲精神的"厚诬"。而所谓"人人如蟠，信明哲矣，

---

① （宋）吕乔年：《丽泽论说集录》卷八《门人集录史说》。
② （宋）叶适：《习学记言》卷二六《后汉书列传》。
③ （清）陆世仪：《思辨录辑要》卷三四《史籍类》。
④ （明）崔铣：《士翼》卷三《言下》。
⑤ （元）刘埙：《隐居通议》卷一一《诗歌六》。

一诿诸天,如王室何"这种对申屠蟠的评价,显然表现出更深沉的社会思想的境界。

宋人曾巩《咏史二首》其一写道:"京室天下归,飞甍无余地。国士忧社稷,涂人养声利。贵贱竞一时,羑冠各麟次。子龙独幽远,聘召漠无意。"① 说申屠蟠"无意""聘召",表明其志向"独幽远"②。这里所谓"幽远"的深意,人们或许也各有体会。以地理知识为基础理解这种"幽远",或许也是有意义的。

六 "沛谯"英雄的两次崛起与汉王朝的兴亡

公元前 3 世纪末年,刘邦集团在丰沛地方崛起,参与了推翻秦王朝的武装暴动,又战胜项羽集团,建立了汉王朝。大约 400 年之后,公元 2 世纪末至公元 3 世纪初,曹操集团又在同样属于沛郡的谯地崛起,征伐群雄,安定北方,以"挟天子以令诸侯"③的方式在形式上维护着汉王朝的正统地位,而最终又取代了汉王朝,建立了曹魏政权,并且为后来西晋的重新统一准备了条件。距曹操活动时代不远的晋人有言:"汉魏二祖,起于沛谯。准之众州,莫之与比。"④ 指出了这一地区特殊的人才形势。

"沛谯"又称"谯沛"。王勃《三国论》:"嘉平中,大黄星见楚宋之分,辽东殷馗曰:其有真人起于谯沛之间。以知曹孟德不为人下事之,明验也。"⑤

---

① (宋)曾巩:《元丰类稿》卷二《古诗》。
② (清)何焯《义门读书记》卷四〇《元丰类稿诗》"《咏史二首》子龙独幽远"条:"申屠蟠字子龙。"
③ 《三国志》卷一《魏书·武帝纪》裴松之注引《献帝春秋》,《三国志》卷四八《吴书·吴嗣主传》裴松之注引孙盛曰。
④ 《晋书》卷七一《陈頵传》。唐宋人习称"沛谯",如(宋)梅尧臣《送张子野秘丞知鹿邑》诗:"公秫时为酒,晨庖日有鱼。沛谯风物美,聊以乐琴书。"《宛陵集》卷五。又《亳州李密学寄御枣一箧》诗:"沛谯有巨枣,味甘蜜相差。"《宛陵集》卷三〇。(明)归有光《曹子见墓志铭》:"曹氏轩辕,快有邶邦。荆楚凭陵,而以后亡。爱自西都,锡壤平阳。沛谯之起,禅汉而皇。"《震川集》卷一九。
⑤ 《王子安集》卷一〇,《文苑英华》卷七五五。又储光羲《奉和韦判官献侍郎叔除河东采访使》:"楚山俯江汉,汴水连谯沛。"《储光羲诗集》卷三,《全唐诗》卷一三八。杨炯《昭武校尉曹君神道碑》:"山河白马,汉丞相开一代之基。谯沛黄龙,魏武帝定三分之业。"《盈川集》卷八,《文苑英华》卷九一〇。

"沛谯"或"谯沛",可以称之为一个以人才集团为显著标志的文化区域。刘邦和他的"起于沛谯"的功臣们"革命创制","赫赫明明"①,完成了汉的建国事业。东汉末年,出身这一地区的曹操又以"谯沛之间"为人才基地,再次"啸命豪杰,奋发材雄"②,"刱造大业,文武并施"③,实现了政治成功,为汉魏嬗替奠定了基础。汉王朝这一在中国历史进程中有重大影响的政治实体其起初之兴与最终之亡,都与"沛谯"或称"谯沛"英雄集团的崛起有密切的关系。回顾相距约400年的这种政治史的现象,也许可以发现某些带有规律性的认识,提出若干新的历史判断,从而深化对秦汉人才地理、秦汉地方经济、秦汉交通形势、秦汉区域文化的研究。

(一) 刘邦沛中功臣——"沛谯"英雄群体第一次历史表演

对于推翻秦王朝作出突出贡献的刘邦集团,是在"沛谯"地方生成、集结,并且进行了最初的战争演练的。

刘邦出身于"沛丰邑",曾经服务于秦王朝,因以亭长身份"送徒郦山",途中"解纵所送徒",宣布:"公等皆去,吾亦从此逝矣!"实际上成为"亡人",脱离了秦王朝的控制,表现反秦态度。虽"广匿,隐于芒砀山泽岩石之间",然而身边有"徒中壮士愿从者",且"沛中子弟""多欲附者",形成了一定的政治影响。陈胜起义后,刘邦在萧何、曹参策应下开始了反秦的政治实践。当时"刘季之众已数十百人",这是在"芒砀山泽"积聚的基本力量。又在沛集结武力,成为地方政治领袖。刘邦早期军事行动中"取砀"战役意义重大。刘邦"因收砀兵","砀兵""砀郡兵"成为其部队的主力。刘邦西进关中,亦以"砀"为出发基地。汉并天下后,刘邦"举功臣"④,"封功臣"⑤,"土功臣"⑥,"显明功臣"⑦,"与功臣剖符定封"⑧,一时"公卿皆武力功臣"⑨,执政集团权贵

---

① 《汉书》卷一〇〇下《叙传下》。
② 《史记》卷八《高祖本纪》司马贞《索隐述赞》。
③ 《三国志》卷一《魏书·武帝纪》裴松之注引《魏书》。
④ 《汉书》卷四三《郦食其传》。《史记》卷九七《郦生陆贾列传》作"举列侯功臣"。
⑤ 《史记》卷五五《留侯世家》,《史记》卷九二《淮阴侯列传》。
⑥ 《汉书》卷四八《贾谊传》。
⑦ 《汉书》卷五九《张安世传》。
⑧ 《史记》卷五六《陈丞相世家》。
⑨ 《汉书》卷八八《儒林传》。

出身以沛郡、梁、楚之地居多，数量相当集中，值得我们注意。①

《史记》卷九五《樊郦滕灌列传》："太史公曰：吾适丰沛，问其遗老，观故萧、曹、樊哙、滕公之家，及其素，异哉所闻！方其鼓刀屠狗卖缯之时，岂自知附骥之尾，垂名汉廷，德流子孙哉？余与他广通，为言高祖功臣之兴时若此云。"明确说"高祖功臣之兴"集中于"丰沛"。《史记》卷一八《高祖功臣侯者年表》司马贞《索隐述赞》于是写道："圣贤影响，风云潜契。高祖膺箓，功臣命世。起沛入秦，凭谋仗计。纪勋书爵，河盟山誓。"刘邦功臣集团大多"起沛"，是引人注目的历史事实。

《史记》卷六《秦始皇本纪》："沛公起沛"，卷七《项羽本纪》："项梁闻陈王定死，召诸别将会薛计事，此时沛公亦起沛，往焉。"卷五六《陈丞相世家》："高祖起沛"，卷五七《绛侯周勃世家》："沛公与项羽引兵东如砀，自初起沛还至砀一岁二月。"卷九三《韩信卢绾列传》："及高祖初起沛，卢绾以客从。"卷九五《樊郦滕灌列传》："婴自上初起沛，常为太仆。"卷九六《张丞相列传》："周昌者，沛人也。其从兄曰周苛。秦时皆为泗水卒史。及高祖起沛，击破泗水守监，于是周昌、周苛自卒史从沛公。"卷九八《傅靳蒯成列传》："蒯成侯緤者，沛人也，姓周氏，常为高祖参乘，以舍人从起沛。"

（二）曹操谯系功臣——"沛谯"英雄群体第二次历史表演

《续汉书·郡国志二》"沛国"条下写道："谯，刺史治。"刘昭《注补》："《汉官》曰去雒阳千二十里。"可知东汉时"谯"在沛地已经有较特殊的地位。

曹操的亲族与"谯"有密切的关系。曹操本人有在"谯"生活的经历。《三国志》卷一《魏书·武帝纪》："太祖武皇帝，沛国谯人也。""初，太祖父嵩，去官后还谯。"裴松之注引《魏武故事》载公十二月己亥令曰，说到"以病还，去官"的经历，言及曾经"以四时归乡里，于谯东五十里筑精舍，欲秋夏读书，冬春射猎，求底下之地，欲以泥水自蔽，绝宾客往来之望"。亲缘关系和地缘关系的纠结，使得曹操对于"谯"有浓重的亲情。②

清人杭世骏《三国志补注》卷一《魏书·武帝纪》在"太祖乃变易

---

① 王子今：《芒砀山泽与汉王朝的建国史》，《中州学刊》2008年1期，《芒砀》2009年1期；《"斩蛇剑"象征与刘邦建国史的个性》，《史学集刊》2008年6期。

② 曹操在"谯"与卞后建立婚姻关系。《三国志》卷五《魏书·后妃传》："武宣卞皇后，琅邪开阳人，文帝母也。本倡家，年二十，太祖于谯纳后为妾。后随太祖至洛。"

姓名，间行东归"句下引《操别传》曰："拜操典军都尉，还谯沛。士卒共版袭击之，操得脱身亡走，窜平河亭长舍。称曹济南处士。卧养足创八九日，谓亭长曰：'曹济南虽败，存亡未可知。公幸能以车牛相送，往还四五日，吾厚报公。'亭长乃以车牛送操。未至谯数十里，骑求操者多，操开帷叱之，皆大喜。始悟是操。"这一故事，可以说明曹操在"谯"或称"谯沛"的人望极高。

《三国志》卷一《魏书·武帝纪》记载："（建安）十二年春二月，公自淳于还邺。丁酉，令曰：'吾起义兵诛暴乱，于今十九年，所征必克，岂吾功哉？乃贤士大夫之力也。天下虽未悉定，吾当要与贤士大夫共定之；而专飨其劳，吾何以安焉！其促定功行封。'于是大封功臣二十余人，皆为列侯，其余各以次受封，及复死事之孤，轻重各有差。"裴松之注引《魏书》载："公令曰：'昔赵奢、窦婴之为将也，受赐千金，一朝散之，故能济成大功，永世流声。吾读其文，未尝不慕其为人也。与诸将士大夫共从戎事，幸赖贤人不爱其谋，群士不遗其力，是以夷险平乱，而吾得窃大赏，户邑三万。追思窦婴散金之义，今分所受租与诸将掾属及故戍于陈、蔡者，庶以畴答众劳，不擅大惠也。宜差死事之孤，以租谷及之。若年殷用足，租奉毕入，将大与众人悉共飨之。'"曹操在"将北征三郡乌丸"之前，北方尚未安定，但是已经战胜袁绍，又平定"黑山贼张燕"和"海贼管承"，军事优势地位已经确立，于是即"大封功臣"。

应当看到，这毕竟与汉并天下之后刘邦封功臣不同。曹操并没有取得总理天下政务的权力，尤其没有帝王的名号。于是只能以所谓"昔赵奢、窦婴之为将也，受赐千金，一朝散之，故能济成大功，永世流声"为榜样。"大封功臣二十余人，皆为列侯"之中，我们尚不明确究竟有多少人属于曹操"沛国谯"的同族与同乡。然而，此前五年，建安七年（202）曹操在谯屯军时发表对于"旧土人民""将士"战死者深切怀念的言辞，恳切感人。据《三国志》卷一《魏书·武帝纪》：

> 七年春正月，公军谯，令曰："吾起义兵，为天下除暴乱。旧土人民，死丧略尽，国中终日行，不见所识，使吾凄怆伤怀。其举义兵已来，将士绝无后者，求其亲戚以后之，授土田，官给耕牛，置学师以教之。为存者立庙，使祀其先人，魂而有灵，吾百年之后何恨哉！"

这一具有优恤意义的政策,当然更主要的目的是为了实现对"存者"的安抚和鼓动。不过,我们通过曹操在"军谯"发布的这一《令》文,应当注意到,曹操"起义兵"、"举义兵"之初的主要"将士",应当来自"谯"这一曹氏家族的"旧土"。又,"十四年春三月,军至谯,作轻舟,治水军。秋七月,自涡入淮,出肥水,军合肥。辛未,令曰:'自顷已来,军数征行,或遇疫气,吏士死亡不归,家室怨旷,百姓流离,而仁者岂乐之哉?不得已也。其令死者家无基业不能自存者,县官勿绝廪,长吏存恤抚循,以称吾意。'置扬州郡县长吏,开芍陂屯田。十二月,军还谯"。所谓"吏士死亡不归,家室怨旷,百姓流离"者,似乎首先也是对"谯"附近地区"吏士""百姓"的感叹。"(二十一年)冬十月,治兵,遂征孙权,十一月至谯。"再一次亲临"谯"地。

曹操去世后,曾经发生政治危机。《三国志》卷二二《魏书·徐宣传》:"太祖崩,洛阳群臣入殿中发哀,或言易诸城守,用谯沛人。宣厉声曰:'今者远近一统,人怀效节,何必谯沛,而沮宿卫者心!'文帝闻曰:'所谓社稷之臣也。'"可知"谯沛人"长期是曹魏集团执政领袖以为最可靠的力量。①

魏文帝曹丕出生于"谯"。《三国志》卷二《魏书·文帝纪》还记载,曹丕即位初,就有一次还乡的举措,应有稳定政局的意义:"(延康元年秋七月)甲午,军次于谯,大飨六军及谯父老百姓于邑东。"裴松之注引《魏书》:"设伎乐百戏,令曰:'先王皆乐其所生,礼不忘其本。谯,霸王之邦,真人本出,其复谯租税二年。'三老吏民上寿,日夕而罢。丙申,亲祠谯陵。"黄初二年春正月,"改长安、谯、许昌、邺、洛阳为五都。"②"谯"的地位空前上升,以致仅次于长安。"六年春二月,遣使者循行许昌以东尽沛郡,问民所疾苦,贫者振贷之。"抚恤对象应当包括"谯"。曹丕也曾往复至"谯"。"(三月)辛未,帝为舟师东征。五月戊申,幸谯。""八月,帝遂以舟师自谯循涡入淮。""十二月,行自谯过梁。"魏文帝郭后在曹丕"东征吴"时,曾经留居于"谯宫"。③

"谯沛"作为文化区域的一种代号,在后世依然长期使用。如《晋

---

① 田余庆讨论"曹操死后的洛阳骚动",谓此"谯沛人"为"主要是曹姓诸将的谯沛人"。《汉魏之际的青徐豪霸》,《秦汉魏晋史探微》(重订本),中华书局 2004 年版,第 103 页。

② 《三国志》卷二《魏书·文帝纪》裴松之注引《魏略》。

③ 《三国志》卷五《魏书·后妃传》。

书》卷一〇〇《祖约传》："（祖）逖有功于谯沛"①，《晋书》卷一一〇《慕容儁载记》："（慕容）恪进兵入寇河南，汝颍谯沛皆陷，置守宰而还。"《宋书》卷二七《符瑞志上》："初桓帝之世，有黄星见于楚宋之分。辽东殷馗曰：'后五十年，当有真人起于谯沛之间，其锋不可当。'②灵帝熹平五年，黄龙见谯。光禄大夫桥玄问太史令单飏曰：'此何祥也？'飏曰：'其国后当有王者兴。不及五十年，亦当复见天事恒象，此其征也。'内黄殷登默记之。其后曹操起于谯，是为魏武帝。建安五年黄星见之岁五十年矣，而武帝破袁绍，天下莫敌。"③ 前引王勃《三国论》依然引辽东殷馗"当有真人起于谯沛之间，其锋不可当"的预言，可知曹操势力崛起于"谯沛"之历史记忆影响长久。殷馗语"谯沛之间"或与作"梁沛之间"④。有迹象表明，当时人言"梁沛之间"，是包括"谯"的。⑤

曹丕复谯租税令所谓"谯，霸王之邦，真人本出"，曹冏《六代论》所谓"龙飞谯沛"⑥，应当说鲜明地指出了"谯沛"是曹操这位成功政治家的"龙兴"之地，也是曹魏集团最基本的根据地。

（三）曹氏父子"行自谯过梁""祀桥玄"事

《宋书》"当有真人起于谯沛之间"，《三国志》作"当有真人起于梁、沛之间"。梁地的交通条件值得重视。⑦《后汉书》卷一上《光武帝

---

① 明代诗人何乔新《题祖逖闻鸡起舞图》诗即咏叹此事："将军气欲吞谷，渡河击楫声呜呜。屯兵雍丘威赫赫，敌军破胆频败北。关河部落尽来归，谯沛遗民咸仰德。"《椒邱文集》卷二三。

② 今按："辽东殷馗善天文"，或许继承了环渤海地方燕齐方士的神秘主义文化传统。

③ 梁元帝《下四方令》也有"表闻谯沛"语。（明）张溥编：《汉魏六朝百三家集》卷八四《梁元帝集》。（明）梅鼎祚编《梁文纪》卷四《元帝》题《辞劝进表》。

④ 《三国志》卷一《魏书·武帝纪》。

⑤ 《三国志》卷九《曹洪传》："太祖起义兵讨董卓，至荥阳，为卓将徐荣所败。太祖失马，贼追甚急，洪下，以马授太祖，太祖辞让，洪曰：'天下可无洪，不可无君。'遂步从到汴水，水深不得渡，洪循水得船，与太祖俱济，还奔谯。"后魏文帝时曹洪"下狱当死"，裴松之注引《魏略》："卞太后责怒帝，言'梁沛之间，非子廉无有今日'。诏乃释之。"

⑥ 《文选》卷五二曹元首《六代论》："魏太祖武皇帝躬圣明之资，兼神武之略，耻王纲之废绝，愍汉室之倾覆。龙飞谯沛，风翔兖豫。扫除凶逆，翦灭鲸鲵。迎帝西京，定都颍邑。德动天地，义感人神。汉氏奉天，禅位大魏。"对于所谓"龙飞谯沛，风翔兖豫"，李善注：《魏志》曰：太祖武皇帝，沛国谯人，为兖州牧，后太祖迁都于许，许属豫州。"吕延济注："谯、沛，地名。兖、豫，二州名。"

⑦ 参见王子今《两汉时期"梁宋"地区的商路》，《河南科技大学学报》（社会科学版）2004年第4期。

纪上》:"盖延拔睢阳,刘永奔谯。"《后汉书》卷一二《刘永传》:"盖延遂围睢阳,数月,拔之,(刘)永将家属走虞。虞人反,杀其母及妻子,永与麾下数十人奔谯。""而睢阳人反城迎永。"① "刘永奔谯"的行迹,也反映了梁地与谯地之间交通之便利。

前引《宋书》卷二七《符瑞志上》所见因"黄龙见谯""问太史令单飏曰:'此何祥也?'"的"光禄大夫桥玄",汉灵帝时历任河南尹、少府②、大鸿胪、司空、司徒、光禄大夫、太尉。③ 据《后汉书》卷五一《桥玄传》,"梁国睢阳人也"。这位汉末重臣在曹操的立场尚不明朗,其才能尚未显现之时即对他多有肯定和期望,可以说对曹操有知遇之恩,而曹操的感激之心亦非常深切:

> 初,曹操微时,人莫知者,尝往候玄,玄见而异焉,谓曰:"今天下将乱,安生民者其在君乎!"操常感其知己。及后经过玄墓,辄凄怆致祭。自为其文曰:"故太尉桥公,懿德高轨,泛爱博容。国念明训,士思令谟。幽灵潜翳,翳哉缅矣!操以幼年,逮升堂室,特以顽质,见纳君子。增荣益观,皆由奖助,犹仲尼称不如颜渊,李生厚叹贾复④。士死知己,怀此无忘。又承从容约誓之言:'殂没之后,路有经由,不以斗酒只鸡过相沃酹,车过三步,腹痛勿怨。'虽临时戏笑之言,非至亲之笃好,胡肯为此辞哉?怀旧惟顾,念之凄怆。奉命东征,屯次乡里,北望贵土,乃心陵墓。裁致薄奠,公其享之!"

李贤注:"《魏志》曰'建安七年,曹公军谯,遂至浚仪,遣使以太牢祀桥玄,进军官度'也。"《三国志》卷一《魏书·武帝纪》的记述是:"七年春正月,公军谯",为"旧土人民,死丧略尽,国中终日行,不见所识"感伤,于是颁令:"其举义兵已来,将士绝无后者,求其亲戚以后之,授土田,官给耕牛,置学师以教之。为存者立庙,使祀其先人……"随后又"遣使以太牢祀桥玄"⑤。对于桥玄的礼祀,应当也是对"旧土人

---

① 《后汉书》卷一八《盖延传》:"建武二年……遂围(刘)永于睢阳。数月,尽收野麦,夜梯其城入。永惊惧,引兵走出东门,延追击,大破之。永弃军走谯。"
② 《后汉书》卷五一《桥玄传》。
③ 《后汉书》卷八《灵帝纪》。
④ 李贤注:"《论语》孔子谓子贡曰:'汝与回也孰愈?'子贡曰:'赐也何敢望回。'子曰:'吾与汝俱不如也。'""复少好学,师事舞阴李生。李生奇之,曰:'贾君国器也。'"
⑤ 《太平御览》卷四四二引《魏志》:"太祖常感其知己,后经过玄墓,辄怅然致祭。"《太平御览》卷五五七引《魏略》:"操感其知己,及后经过玄墓,辄凄怆致祭。"

民""将士""死丧"牺牲之怀念的一种延续方式。在谯地"凄怆伤怀",在睢阳亦"念之凄怆",桥玄陵墓所在,距离曹操"乡里"不远。曹操对桥玄的深切情感,除"至亲之笃好"外,其实也流露出浓烈的乡情。

魏文帝曹丕当政,又曾经"行自谯过梁,遣使以太牢祀故汉太尉桥玄"[1],其感念之情,也是诚挚真切的。

(四)"沛谯"地方的经济文化优势

"沛谯"地方在黄淮海平原上。这里自战国晚期起,已经拥有富足的经济基础和充备的文化资源。楚文化的长期积累,这一时期在这里形成的新的重心。[2]

以邻近的彭城地区而言,有学者论证项羽都彭城的战略错误,以为这一地区经济水准落后,"土地贫瘠,物产匮乏","可见他的立国基础是相当薄弱的,在兵力、给养等方面无法与汉军作持久抗衡"[3]。然而,史念海曾经在讨论西汉建都问题时发表了相反的认识。他指出:"当项羽破秦入关之后,宰割天下,为所欲为。这时他对于首都的选择,是舍弃了关中,而东居于汳、狄诸渠附近的彭城(今江苏徐州市)。这里面的原因,既不是韩生所谓的'楚人沐猴而冠',也不是项羽自己向人所说的'富贵不归故乡,如衣锦夜行'。[4] 这纯粹是一个经济上的看法。咸阳(今陕西咸阳市东)固然在嬴秦末年,已达到极为繁荣的阶段,但这种人为的繁荣,在来自东南富庶之区的项羽的眼中看起来,并没有什么了不起的地方。何况在项羽自己一把火烧了之后,这人为的繁荣已经变成瓦砾的场所。至于韩生所说的'关中肥饶,可都以伯',实在是打不动项羽的心的。"史念海明确指出,从"经济"角度考虑,"都彭城"本来就是正确的选择:"如果仅从经济上来观察,项羽的东都彭城,并没有什么可以訾议的地方。"史念海以刘项争夺中原时的战争形势为例,进行了这样的分析:"项羽的粮饷从来不曾发生过恐慌",然而,"高帝的粮饷,不仅取之于关中,更取之于巴蜀。这经过千山万岭的运输,是何等的困难"。所以汉并天下后,刘邦以萧何"给粮饷,不绝粮道","算作第一功"。可是,

---

[1] 《三国志》卷二《魏书·文帝纪》。
[2] 王子今:《战国秦汉时期楚文化重心的移动——兼论垓下的"楚歌"》,《北大史学》第12辑,北京大学出版社2007年版。
[3] 宋杰:《从地理角度分析项羽失败的战略原因》,《项羽文化》2010年创刊号。
[4] 原注:"《史记》七《项羽本纪》。"今按:《史记》卷七《项羽本纪》作"衣绣夜行"。

"如果是项羽胜了，论功行赏，像萧何这样的功劳，简直不必提起。因为彭城附近就是产粮之区，……况且水陆两方面的交通又都是极为便利的。"就建都的思考而言，史念海说，项羽"对于选择首都，只着眼在经济的观点，而没有想到建国的大计原是多方面的，单解决经济上的困难是不行的"①。就经济地理的分析而言，史念海说有充分的说服力。② 史念海论述中说到的作为"产粮之区"的"彭城附近"地方，应当说是包括"沛谯"或"谯沛"的。

汉初这一地区的文化优势，可以由梁国的地位有所显示。鲁迅《汉文学史纲要》第八篇"藩国之文术"写道："（梁孝王）招延四方豪杰，自山东游士莫不至。""天下文学之盛，当时盖未有如梁者也。"指出了这一地区成为儒学与文学之胜地的情形。③

（五）关于"黄龙见谯"

《后汉书》中记载数次"黄龙见谯"事。

《后汉书》卷七《桓帝纪》：建和元年（147）二月，"沛国言黄龙见谯"。《后汉书》卷八《灵帝纪》：熹平五年（176），"是岁，……沛国言黄龙见谯"。《后汉书》卷八二下《方术列传下·单飏》："初，熹平末，黄龙见谯，光禄大夫桥玄问飏：'此何祥也？'飏曰：'其国当有王者兴。不及五十年，龙当复见，此其应也。'魏郡人殷登密记之。至建安二十五年春，黄龙复见谯，其冬，魏受禅。"④

"熹平末，黄龙见谯"，可能就是《灵帝纪》所谓熹平五年"沛国言黄龙见谯"。这样说来，《后汉书》所见"黄龙见谯"事凡3起：（1）建和元年（147）二月；（2）熹平五年（176）；（3）建安二十五年（220）春。数十年间"黄龙见谯"事凡3见，地点集中于"谯"，是引人注目的。

《宋书》卷二八《符瑞志中》记载了两汉三国时期"黄龙见"于地方的情形。西汉时期有："汉文帝十五年春，黄龙见成纪。""汉宣帝甘露

---

① 史念海：《娄敬和汉朝的建都》，《河山集》四集，陕西师范大学出版社1991年版，第371—372页。
② 参见王子今《论西楚霸王项羽"都彭城"》，《湖湘论坛》2010年第5期。
③ 参见王子今《汉初梁国的文化风景》，《光明日报》2008年1月13日。
④ 《三国志》卷二《魏书·文帝纪》："初，汉熹平五年，黄龙见谯，光禄大夫桥玄问太史令单飏：'此何祥也？'扬曰：'其国后当有王者兴，不及五十年，亦当复见。天事恒象，此其应也。'内黄殷登默而记之。至四十五年，登尚在。三月，黄龙见谯，登闻之曰：'单飏之言，其验兹乎！'"

元年四月,黄龙见新丰。""汉成帝鸿嘉元年冬,黄龙见真定。""汉成帝永始二年癸未,黄龙见东莱。"东汉前期则有:"汉光武建武十二年六月,黄龙见东阿。""汉章帝元年以来至章和元年凡三年,黄龙四十四见郡国。""汉安帝延光元年八月辛卯,黄龙见九真。""延光三年九月辛亥,黄龙见济南历城。""延光三年十二月乙未,黄龙见琅邪诸县。""延光四年正月壬午,黄龙二见东郡濮阳。"自汉桓帝时代"黄龙见沛国谯"之后,东汉后期至三国时期相关记载密度更大:

> 汉桓帝建和元年二月,黄龙见沛国谯。
> 汉桓帝元嘉二年八月,黄龙见济阴句阳,又见金城允街。
> 汉桓帝永光元年八月,黄龙见巴郡。
> 汉献帝延康元年三月,黄龙见谯,又郡国十三言黄龙见。
> 魏明帝景初元年二月壬辰,山茌县言黄龙见蜀。
> 魏少帝正元元年十月戊戌,黄龙见邺井中。
> 甘露三年八月甲戌,黄龙青龙仍见顿丘、冠军、阳夏县井中。
> 甘露四年正月,黄龙二见宁陵县井中。
> 魏元帝景元元年十二月甲申,黄龙见莘县井中。
> 刘备未即位前,黄龙见武阳赤水,九日乃去。
> 吴孙权黄武元年三月,鄱阳言黄龙见。
> 吴孙权黄龙元年四月,樊口、武昌并言黄龙见,权因此改元作黄龙。
> 吴孙权赤乌五年三月,海盐县言黄龙见县井中二。
> 赤乌十一年云阳言黄龙见。黄龙二又见武陵吴寿,光色炫耀。
> 永安五年七月,始新言黄龙见。
> 永安六年四月,泉陵言黄龙见。

其他又有"青龙见"5例,"白龙见"2例。显然,史籍所见"黄龙见"数量最多,密度最大。而"黄龙见谯"事,较《后汉书》记述,无熹平五年及建安二十五年两例,而又增载"汉献帝延康元年三月,黄龙见谯"一例。

《宋书》卷二八《符瑞志中》说:"黄龙者,四龙之长也。不漉池而渔,德至渊泉,则黄龙游于池。能高能下,能细能大,能幽能冥,能短能长，乍存乍亡。"'"黄龙见"在这一时期频繁发生，或许与"黄天当立"[①]的社会意识有关。三国政权建国时，曹丕以"黄初"为年号，孙权以"黄武"为年号，都突出一个"黄"字。孙权还曾经直接以"黄龙"为年号。这一现象，也反映了某种文化共性。

"黄龙见谯"或说"黄龙见沛国谯"事的频繁发生，或许应当与"其国当有王者兴"的预言联系起来理解。这一情形与刘邦早期行政的舆论准备有某种相似之处，例如《史记》卷八《高祖本纪》："刘媪尝息大泽之陂，梦与神遇。是时雷电晦冥，太公往视，则见蛟龙于其上。"所谓斩蛇泽中传说，吕后见云气传说等，都有同样的意思。"黄龙见谯"事的发生和传播，向我们提示了一个事实，这就是说，植根于"谯沛"的以曹操集团为代表的政治势力，已经具有比较成熟的实力和比较巧妙的宣传手段。而比较急切的政治诉求，也体现出这一地方人们的参与意识。其他地方瞩目"沛谯"的情形，也由此有所表现。

（六）豪族兴起与曹操谯系功臣集团的结构

《三国志》卷一八《魏书·许褚传》记述了曹操谯系功臣中一位特殊的英雄人物的事迹。其中写道：

> 许褚字仲康，谯国谯人也。长八尺余，腰大十围，容貌雄毅，勇力绝人。汉末聚少年及宗族数千家，共坚壁以御寇。时汝南葛陂贼万余人攻褚壁，褚众少不敌，力战疲极，兵矢尽，乃令壁中男女聚治石如杆斗者置四隅，褚飞石掷之，所值皆摧碎，贼不敢进。粮乏，伪与贼和，以牛与贼易食。贼来取牛，牛辄奔还。褚乃出陈前，一手逆曳牛尾，行百余步。贼众惊，遂不敢取牛而走。由是淮汝陈梁间，闻皆畏惮之。太祖徇淮汝，褚以众归太祖。太祖见而壮之曰："此吾樊哙也！"即日拜都尉，引入宿卫。诸从褚侠客，皆以为虎士。

曹操所谓"此吾樊哙也"，联想到鸿门宴等事件中樊哙忠诚卫护刘邦"与之脱难"[②]的表现，然而言辞公开自比刘邦。而刘邦和樊哙是同乡[③]，曹

[①] 《后汉书》卷七一《皇甫嵩传》记载"以善道教化天下，转相诳惑"的张角鼓动民众的口号："讹言'苍天已死，黄天当立，岁在甲子，天下大吉'。"
[②] 《史记》卷一三〇《太史公自序》。
[③] 《史记》卷九五《樊郦滕灌列传》："舞阳侯樊哙者，沛人也。以屠狗为事，与高祖俱隐。初从高祖起丰，攻下沛。高祖为沛公，以哙为舍人。"

操与许褚也是同乡。我们更为注意的，则是许褚"聚少年及宗族数千家，共坚壁以御寇"的行为，后来"褚以众归太祖"，应当也是聚"宗族"同"归"。而司马迁《史记》卷九五《樊郦滕灌列传》说考察"高祖功臣之兴时"，"及其素，异哉所闻"，此正赵翼指出"汉初布衣将相之局"时所谓"樊哙则屠狗者"，亦属于"亡命无赖之徒"①。这是许褚与樊哙不同的地方，也是汉初"沛谯"英雄和汉末"沛谯"英雄不同的地方。

"宗族"形成有显著实力的社会结构，豪强为领袖的社会群体以"宗族"形式共同保持同样的政治取向，承担同样的政治责任，是汉末豪族势力形成强势的时代最突出的历史表现。曹氏宗族、夏侯氏宗族对于曹魏集团政治成功的作用，也是明显的。方诗铭研究曹操军事力量的最初发展，曾经指出"以曹操为主帅，以夏侯惇、曹洪为将领"的部队"构成曹操军事力量的基础及其重要组成部分"。"曹操的'中军'（包括曹纯统率的'虎豹骑'），夏侯惇、曹洪等所部的军队"，"是曹操军事上起家的资本"。"从曹操开始，魏军中设有'中军'，这是保卫主帅并代表主帅监督出征各军的中央军事机构。担任'中领军'（原称'领军'）和'中护军'（原称'护军'）的都是曹操的亲属和亲信，尤其是曹氏和夏侯氏的重要人物。"②《三国志》卷九《魏书·诸夏侯曹传》评曰："夏侯、曹氏，世为婚姻，故惇、渊、仁、洪、休、尚、真等并以亲旧肺腑，贵重于时，左右勋业，咸有效劳。"而夏侯楙"好治生"③，曹纯"承父业，富于财，僮仆人客以百数"④，曹洪"家富"⑤，因罪收执，上书谢罪，有自少"性无检度知足之分，而有豺狼无厌之质"语⑥，可知"诸夏侯曹"集团中颇有豪富。

这一情形，也体现出与汉初"沛谯"英雄集团的明显差异。研究汉代政治史、汉代宗族史和汉代社会结构史的学者，应当看到这一历史事实。

---

① 赵翼：《廿二史札记》卷二。
② 方诗铭：《曹操·袁绍·黄巾》，上海社会科学院出版社1996年版，第106、116页。
③ 《三国志》卷九《魏书·夏侯惇传》裴松之注引《魏略》。
④ 《三国志》卷九《魏书·曹纯传》裴松之注引《英雄记》。
⑤ 《三国志》卷九《魏书·曹洪传》。
⑥ 《三国志》卷九《魏书·曹洪传》裴松之注引《魏略》。

北边：交通经营与行政建设

一　北边交通与汉帝国的文化扩张

《史记》卷三〇《平准书》记载汉武帝巡行"北边"事："天子北至朔方，东到太山，巡海上，并北边以归。"《汉书》卷二四下《食货志下》也写道："天子北至朔方，东封泰山，巡海上，旁北边以归。"《汉书》卷二五上《郊祀志上》："上乃遂去，并海上，北至碣石，巡自辽西，历北边至九原。""北边"，已成为汉帝国长城沿线地方的地理代号。

"北边"是汉代文献中出现比较频繁的区域称谓。《史记》卷八八《蒙恬列传》："太史公曰：吾适北边，自直道归，行观蒙恬所为秦筑长城亭障，堑山堙谷，通直道，固轻百姓力矣。"又《汉书》卷七《昭帝纪》："发军屯西河，左将军桀行北边。"

《汉书》卷六九《赵充国传》说道："北边自敦煌至辽东万一千五百余里，乘塞列隧有吏卒数千人。"《汉书》卷一〇《成帝纪》："公卿大夫、博士、议郎其各悉心，惟思变意，明以经对，无有所讳；与内郡国举方正能直言极谏者各一人，北边二十二郡举勇猛知兵法者各一人。""北边"与所谓"内郡国"形成区域文化的鲜明对照。而"北边二十二郡"①，"北边自敦煌至辽东万一千五百余里"，给予了我们"北边"郡数和"北边"防线长度的数字化信息。

汉帝国承受的外来军事压力主要来自北方，汉帝国对外交往的主要方向也是北方。汉帝国外交和军事的主要注意力长期凝聚于北方。通过对"北边"的经营，汉帝国形成了政治威势，扩张了文化影响。而"北边"交通的建设，对于这一历史现象影响甚为显著。

---

①　《汉书》卷八《宣帝纪》颜师古注引韦昭曰："中国为内郡，缘边有夷狄障塞者为外郡．成帝时，内郡举方正，北边二十二郡举勇猛士。"

(一) 北边军事与北边交通

秦汉时期,所谓"北边",通常已用以指代具有大致共同的经济文化特征的北部边地。在秦汉长城的防务体系中,交通道路对于北边军事局势具有决定性的意义,秦汉帝国致力于却敌开边的决策者对此无不予以特别的重视。出于战争的需要,北边交通系统具有更完备的结构,不仅有与长城并行横亘万里的主要干线,也包括出塞道路和与内地联系的许多条大道,以及保证北边新经济区正常生产与流通的疏密相间的道路网。北边道的建设,对于当时北边地区的经济文化形势,有着突出的作用。对于汉帝国的文化扩张,也有突出的作用。[①]

汉武帝元封元年(前110),曾经有亲率18万骑兵巡行北边,向匈奴炫耀武力的举动。《史记》卷一一〇《匈奴列传》:"是时天子巡边,至朔方,勒兵十八万骑以见武节。而使郭吉风告单于。"《汉书》卷六《武帝纪》:"元封元年冬十月,诏曰:'南越、东瓯咸伏其辜,西蛮北夷颇未辑睦,朕将巡边垂,择兵振旅,躬秉武节,置十二部将军,亲帅师焉。'行自云阳,北历上郡、西河、五原,出长城,北登单于台,至朔方,临北河。勒兵十八万骑,旌旗径千余里,威震匈奴。遣使者告单于曰:'南越王头已县于汉北阙矣。单于能战,天子自将待边;不能,亟来臣服。何但亡匿幕北寒苦之地为!'匈奴詟焉。还,祠黄帝于桥山,乃归甘泉。"汉武帝"巡边垂,择兵振旅",北边道路有汉武帝的车列和大队汉军铁骑经过。这一行为,促进了北边防务,也推动了北边交通建设。汉武帝"风告单于"语,体现出北边交通对于汉帝国文化扩张的意义。

(二) 河西四郡的设置与丝绸之路的开通

北边交通体系的左右两翼,对于汉文化影响的扩展有重要意义。汉武帝时代,在名将卫青、霍去病统率的军队远征匈奴取得决定性胜利之后,西汉帝国相继于浑邪王、休屠王故地设置酒泉、武威、张掖、敦煌四郡。长城防线即所谓"北边"于是延伸至于河西。河西长城的建设作为军事政治的保障显示出突出的效能,张骞之后,"丝绸之路"得以开通。中原同西域之间密切的往来,成为世界文化史上重要的现象。而这一历史进步,与北边交通建设有密切的关系。

湖北鄂城出土汉镜铭文可见有"天王日月上有东王父西王母主如山

[①] 参见王子今《秦汉长城与北边交通》,《历史研究》1988年第6期。

石宜西北万里富昌长乐"字样者。所谓"宜西北万里"体现出当时人们对西北方向的文化关注。如果以此语概括当时社会的移民方向的主流，可能也是适宜的。这一情形，是以北边交通向西端的延伸为条件的。

居延汉简作为以边防军事文书为主的文字遗存，体现市场买卖关系的内容自然有限。而其中所见若干反映"戍卒行道贳卖衣财物"事的简文，颇为引人注目。分析相关资料，有助于深入了解"戍卒"这种特殊社会角色的社会关系和社会活动，特别是他们的社会经济行为。如果把这种现象理解为丝绸之路上的一种特殊的贸易形式，可能也是适宜的。[1]

（三）辽东与朝鲜半岛的文化交往

秦始皇、汉武帝的政治实践中，都透露出一种海恋情结。其"并海"巡行的壮举，也反映了对燕、齐文化的特殊重视。秦始皇三十二年（前215）出巡，"之碣石"，"刻碣石门"。辽宁绥中发现分布较为密集的秦汉建筑遗址，其中占地达15万平方米的石碑地遗址，有人认为"很可能就是秦始皇当年东巡时的行宫"，即所谓"碣石宫"。也有学者指出，河北北戴河金山嘴到横山一带发现的秦行宫遗址，与辽宁绥中的建筑遗址都是碣石宫的一部分。

据司马迁在《史记》卷六《秦始皇本纪》中的记载，秦二世元年（前209），亦曾经由李斯、冯去疾等随从，往东方巡行。这次出行，时间虽然颇为短暂，行程却甚为辽远，也行历燕、齐之地："二世东行郡县，李斯从。到碣石，并海，南至会稽，而尽刻始皇所立刻石。""遂至辽东而还。"按照这一记述，秦二世两次抵达北边防线的东段。[2]

北边交通体系中与河西对应的辽东一翼，是汉帝国外交的另一重心。其作用之一，在于直接密切了中原与朝鲜地方的交往。史念海曾经指出："东北诸郡濒海之处，地势平衍，修筑道路易于施工，故东出之途此为最便。始皇、二世以及武帝皆尝游于碣石，碣石临大海，为东北诸郡之门户，且有驰道可达，自碣石循海东行，以至辽西辽东二郡。"[3] 辽东道路

---

[1] 王子今：《汉代丝路贸易的一种特殊形式：论"戍卒行道贳卖衣财物"》，《简帛研究汇刊》第1辑"第一届简帛学术讨论会论文集"，中国文化大学历史系、简帛学文教基金会筹备处2003年5月，《西北史研究》第3辑，天津古籍出版社2005年版。

[2] 王子今：《秦二世元年东巡史事考略》，《秦文化论丛》第3辑，西北大学出版社1994年版。

[3] 史念海：《秦汉时代国内之交通路线》，《文史杂志》3卷第1、2期，收入《河山集》四集，陕西师范大学出版社1991年版。

与并海道连接，形成了秦汉帝国交通体系的重要结构。而相关交通进步对朝鲜的文化方向，也有显著的影响。与陆路交通线相互依托、相互策应，海上航路的开通也促进了辽东与朝鲜半岛的文化交往。①

（四）北方草原通路的"闭"与"开"

《史记》卷一一〇《匈奴列传》说，"孝景帝复与匈奴和亲，通关市，给遗匈奴"，"今帝即位，明和亲约束，厚遇，通关市，饶给之。匈奴自单于以下皆亲汉，往来长城下"。关市是联系农耕区和畜牧区经济往来的重要形式。关市贸易的活跃，促进了汉帝国文化影响的扩张，也是当时东亚历史文化进步的一个亮点。战争曾经短暂限制了这种交往。然而即使在敌对条件下，匈奴和汉帝国之间的关市贸易依然长期维持。这就是司马迁所说："匈奴绝和亲，攻当路塞，往往入盗于汉边，不可胜数。然匈奴贪，尚乐关市，嗜汉财物，汉亦尚关市不绝以中之。"②

《后汉书》卷九〇《乌桓传》记载，汉顺帝阳嘉四年（135）冬，乌桓侵扰云中，一次即"遮截道上商贾牛车千余两"。以关市贸易为主要形式的经济交往，扩大了畜牧文化和农耕文化的相互影响，而汉帝国的文化强势，也得以借助经济实力影响草原地区。

（五）北边交通对汉帝国交通建设的带动作用

北边交通体系的建设是受到汉帝国充分重视的行政内容。在秦始皇、秦二世之后，汉武帝也曾经巡行北边。据《汉书》卷二四下《食货志下》："行西踰陇，卒，从官不得食，陇西守自杀。于是上北出萧关，从数万骑行猎新秦中，以勒边兵而归。新秦中或千里无亭徼，于是诛北地太守以下。"由于交通建制的不完备对地方行政长官的惩罚，显示出最高执政者对北边交通作用的看重。

长城和直道构成了一个"丁"形的结构。这一结构，既有防卫意义，又有交通意义；既有军事史的意义，又有文化史的意义。③ 而东部地区另

---

① 参见王子今《略论秦汉时期朝鲜"亡人"问题》，《社会科学战线》2008年第1期；《秦汉史论丛》第11辑，吉林文史出版社2009年版；《论杨仆击朝鲜楼船军"从齐浮渤海"及相关问题》，《鲁东大学学报》（哲学社会科学版）2009年第1期；《登州与海上丝绸之路》，人民出版社2009年版；《秦汉时期渤海航运与辽东浮海移民》，《史学集刊》2010年第2期。

② 参见王子今《汉代河西长城与西北边地贸易》，《长城国际学术研讨会论文集》，吉林人民出版社1995年版；王子今、李禹阶：《汉代北边的"关市"》，《中国边疆史地研究》2007年第3期。

③ 参见王子今《秦直道的历史文化观照》，《人文杂志》2005年第5期。

一个"丁"形的交通结构，表现于北边防务体系的东段与并海道的连通。① 汉代的北边交通，可能是全国交通网中最受重视的部分之一。北边交通的成就，对于汉帝国的总体交通建设有带动的作用。

通过对居延汉简中邮驿史料以及《汉书》卷六九《赵充国传》中相关内容的分析，可以推知北边交通系统中信息传递体制的效率。居延汉简中所见交通管理制度的完备，"车父"身份在北边交通中承担的角色，② 车马等交通条件的优越等，都体现了优先服务于军事的北边交通体系的地位。其积极能动的特质，使其成为全国交通建设的榜样。

（六）北边交通与汉帝国的世界形象

悬泉置简多有关于汉帝国使团出行的信息，如题名"县泉置元康五年正月过长罗侯费用簿"的简册，作为中原与西域交通的重要资料值得重视。简文也有西域诸国使团东来的记录。③ 汉帝国的国际形象通过北边交通提供的视窗得以展示，值得研究者注意。

汉代人常以"大汉"自称。《汉书》卷二二《礼乐志》有"大汉继周"的说法，《汉书》卷二九《沟洫志》载贾让奏言中又说到"以大汉方制万里"。所谓"大汉继周"，是时间定位；所谓"大汉方制万里"，则是空间定位。前者体现出"大汉"在当时人历史意识中的崇高地位，后者则显示出有关"大汉"在当时人地理观和天下观中的广阔幅面。而扬雄《解嘲》："今大汉左东海，右渠搜，前番禺，后陶涂。东南一尉，西北一候。"也是有关"大汉"辽阔疆域的表述。所谓"西北一候"，也体现了北边交通之重要。

与"大汉"相近，又有"皇汉"的说法。而更能够表现出当时社会国家意识的通用语汇，是所谓"强汉"。

《汉书》卷七〇《陈汤传》记录了汉军破郅支城（今哈萨克斯坦江布尔），击杀匈奴单于之后甘延寿、陈汤的上疏："臣闻天下之大义，当混为一，昔有唐虞，今有强汉。匈奴呼韩邪单于已称北藩，唯郅支单于叛

---

① 参见王子今：《秦汉时代的并海道》，《中国历史地理论丛》1988年第2辑。
② 参见王子今：《关于居延"车父"简》，《简帛研究》第2辑，法律出版社1996年版；李均明：《"车父"简考辨》，《简牍学研究》第2辑，甘肃人民出版社1998年版。
③ 甘肃省文物考古研究所：《甘肃敦煌汉代悬泉置遗址发掘简报》，《敦煌悬泉汉简内容概述》，《敦煌悬泉汉简释文选》，《文物》2000年第5期；张德芳：《〈长罗侯费用簿〉及长罗侯与乌孙关系考略》，《文物》2000年第9期；王子今：《〈长罗侯费用簿〉应为〈过长罗侯费用簿〉》，《文物》2001年第6期。

逆，未伏其辜，大夏之西，以为强汉不能臣也。郅支单于惨毒行于民，大恶通于天。臣延寿、臣汤将义兵，行天诛，赖陛下神灵，阴阳并应，天气精明，陷陈克敌，斩郅支首及名王以下。宜县头藁街蛮夷邸间，以示万里，明犯强汉者，虽远必诛。"这段126字的文字中，3次使用了"强汉"这一语汇。特别是所谓"犯强汉者，虽远必诛"一语，绝不仅仅是个别军官的激烈之辞，而应当理解为当时较广泛社会层面共有的一种强国意识的鲜明表现。对于是否悬郅支单于首在长安街头示众，朝廷发生争议，最终确定"悬十日乃埋之"，以形成对"蛮夷"的威慑。

值得重视的，是"强汉"体现的民族自尊意识，是在北边形成又正式宣示并且产生了强烈的文化影响的。

《后汉书》卷一九《耿恭传》记载中郎将郑众为耿恭请功上书："耿恭以单兵固守孤城，当匈奴之冲，对数万之众，连月逾年，心力困尽。凿山为井，煮弩为粮，出于万死无一生之望。前后杀伤丑虏数千百计，卒全忠勇，不为大汉耻。恭之节义，古今未有。宜蒙显爵，以厉将帅。"其中"不为大汉耻"的说法，可以看作后来"国耻"意识和"为国争光"追求的早期表现。①

淮南王刘安谏征闽越，有"窃为大汉羞之"语。汉灵帝熹平六年（177），就征伐鲜卑事"召百官议朝堂"，议郎蔡邕说："昔淮南王安谏伐越曰：'天子之兵，有征无战，言其莫敢校也。如使越人蒙死以逆执事厮舆之卒，有一不备而归者，虽得越王之首，而犹为大汉羞之。'而欲以齐民易丑虏，皇威辱外夷，就如其言，犹已危矣，况乎得失不可量邪！"这里所谓"皇威辱外夷"，是说"皇威"为"外夷"所"辱"。《后汉书》卷一九《耿恭传》最后一段评述，也说到"不为大汉羞"："论曰：余初读《苏武传》，感其茹毛穷海，不为大汉羞。后览耿恭疏勒之事，喟然不觉涕之无从。嗟哉，义重于生，以至是乎！昔曹子抗质于柯盟，相如申威于河表，盖以决一旦之负，异乎百死之地也。以为二汉当疏高爵，宥十世。而苏君恩不及嗣，恭亦终填牢户。追诵龙蛇之章，以为叹息。"范晔以为苏武和耿恭一如勇敢捍卫国家利益的先秦外交家曹沫和蔺相如，却没有得到国家应有的表彰，于是深切"叹息"。这里所说的"不为大汉羞"，与郑众所谓"不为大汉耻"，语意是相当接近的。这些言论的发表都与北

---

① 《礼记·哀公问》已经有关于"国耻"的说法："物耻足以振之，国耻足以兴之。"但是其中所说"国"，与"大一统"国家不同。以匹夫为立场的比较明确的"国耻"意识，大约还是形成于汉代。如《后汉书》卷七三《刘虞传》："今天下崩乱，主上蒙尘，吾被重恩，未能清雪国耻。诸君各据州郡，宜其戮力，尽心王室。"

边与外族的战争有关，是值得深思的。

与"国耻"、"国羞"反义，人们以"国华"表示国家的光荣。《国语·鲁语上》："且吾闻以德荣为国华，不闻以妾与马。"韦昭注："以德荣显者，可以为国光华也。"张衡《西京赋》写道："方今圣上，同天号于帝皇，掩四海而为家，富有之业莫我大也。徒恨不能以靡丽为国华，独俭啬以龌龊，忘《蟋蟀》之谓何。① 岂欲之而不能，将能之而不欲欤。"所谓不以"靡丽"为"国华"的认识，也体现了一种颇为清醒开明的国家荣誉观。

我们看到，在汉代，确实有"以靡丽为国华"的情形。如《史记》卷一二三《大宛列传》记载："是时上方数巡狩海上，乃悉从外国客，大都多人则过之，散财帛以赏赐，厚具以饶给之，以览示汉富厚焉。于是大觳抵，出奇戏诸怪物，多聚观者，行赏赐，酒池肉林，令外国客徧观各仓库府藏之积，见汉之广大，倾骇之。及加其眩者之工，而觳抵奇戏岁增变，甚盛益兴，自此始。"所谓"饶给"，所谓"徧观"，有宣示"国华"的目的。在这种外交典礼中显示富强，以期震慑外人的故事记述于《大宛列传》中，也不是偶然的。②

（七）"客"、"亡人"和"匈奴降者"：北边交通的活跃因子

居延及敦煌汉简有关"客"的内容，除标识使团成员身份外，大多反映了当时西北边地人口构成中带有较显著流动性的特殊人群的存在。"远客"、"有客从远所来"及"东方来客"等简文，可知多有以"客"的身份生活在西北边塞的"东方"人。简文所见"客吏民"、"客民卒"称谓，暗示"客"具有与"吏"、"民"、"卒"不同的社会身份。"客民"、"客子"作为身份标志，也值得注意。居延汉简也反映了"使客"现象，然而从现有资料看，当时西北边地"客"的活动，似乎并未明显表现出与豪族有特别的关系。居延简"第有毋客等四时如律令"或许体现出对"客"严格检查监控的制度。"客民赵闳范龛等五人俱亡皆共盗官

---

① 据毛亨传，《诗·唐风·蟋蟀》的主题是"刺晋僖公""俭不中礼"。
② 参见王子今《大汉·皇汉·强汉：汉代人的国家意识及其历史影响》，《南都学坛》2005年第6期，又载于《和合文化传统与现代化：第三届海峡两岸中华传统文化与现代化研讨会论文集》，人民教育出版社2006年版；《"汉朝"的发生：国家制度史个案考察的观念史背景》，《中国史学》第18卷，朋友书店2008年版。

兵臧千钱以上"事，则是"客民"叛逃的案例。①

"亡人"，是当时对内地逃往匈奴居地的民人的通行称谓。居延汉简中的相关资料，告诉我们这种情形曾经相当普遍。于是汉文帝致匈奴单于外交文书中有"亡人不足以益众广地"的说法。② 汉的"亡人"曾经在民族文化交流中发挥过明显的作用。如果我们摆脱狭隘的民族道德观和狭隘的民族主义意识的束缚，观察这一现象，应当有客观的判断。③

同样，汉帝国也往往"得匈奴降者"。可以作为与汉"亡人"反方向人口流动的历史例证的，还有胡巫、胡贾、胡骑在中原的活跃表现。④ 而较大规模的游牧族内迁史事，是匈奴的内附。这些现象，也都体现出北边交通体系作为民族交往的走廊的重要的文化作用。

二 秦汉时期河套地区的历史文化地位

秦汉时期称为"河水"的黄河，被看作我们民族文化的母亲河。⑤ 人们在讨论黄河文化的时候，如果仅仅只是局限于中原文化，则似乎是一种偏见。其实，黄河由宁夏流经内蒙古，又折向陕西、山西的河段，曾经在今天人们称作"河套"的地方，孕育了极有地域特色的古代文明。在秦汉时期，这一河段曾经称为"北河"。当时这一地区的区域文化，已经显现出特殊的光辉。

河套地区的大部分地方，秦时属九原郡、云中郡，两汉时属朔方郡、五原郡、云中郡。秦汉时期，这一地区承载着保障国家安全和维护经济秩序的历史文化使命，为统一的汉文化的早期形成和初步发育提供了必要的

---

① 参见王子今：《居延简及敦煌简所见"客"——汉代西北边地流动人口考察札记》，《秦汉社会史论考》，商务印书馆2006年版。

② 《史记》卷一一〇《匈奴列传》："单于既约和亲，于是制诏御史曰：'匈奴大单于遗朕书，言和亲已定，亡人不足以益众广地，匈奴无入塞，汉无出塞，犯今约者杀之，可以久亲，后无咎，俱便。朕已许之。其布告天下，使明知之。'"

③ 参见王子今《论西汉北边"亡人越塞"现象》，《暨南史学》第5辑，暨南大学出版社2007年版。

④ 参见王子今《西汉长安的"胡巫"》，《民族研究》1997年第5期；《汉代的"商胡""贾胡""酒家胡"》，《晋阳学刊》2011年第1期；《两汉军队中的"胡骑"》，《中国史研究》2007年第3期。

⑤ 据《史记》卷六《秦始皇本纪》，秦始皇时代曾经称"河水"为"德水"。

条件。游牧族文化和农耕族文化在这里冲突、碰撞、交汇、融合,使得我们的民族文化出现了新的面貌。而汉文化得以向外扩张,这一地区也发挥了重要的中继作用。

讨论河套文化在秦汉时期的面貌和作用,不仅对于区域文化史的研究有典型性的意义,对于深刻认识秦汉时期乃至整个中国古代我们民族文化的历史进程,也可以体现出积极的推进作用。

(一) 军事争夺的焦点

早在战国时期,河套地区就已经成为赵国、秦国和匈奴三大强势军事集团瞩目的焦点。[①] 秦惠文王更元五年(前320),曾经"游之北河"。[②] 赵武灵王也曾经亲临此地,并策划进而南下攻秦。[③]

秦灭六国之后,这里成为实现大一统的秦王朝国防建设的重心地区。据《史记》卷六《秦始皇本纪》:

> 三十三年(前214),发诸尝逋亡人、赘婿、贾人……以適遣戍,西北斥逐匈奴。自榆中并河以东,属之阴山,以为四十四县,城河上为塞。又使蒙恬渡河取高阙、阳山、北假中,筑亭障以逐戎人。徙谪,实之初县。
> 三十四年(前213),適治狱吏不直者,筑长城。
> 三十五年(前212),除道,道九原抵云阳,堑山堙谷,直通之。……益发谪徙边。……使扶苏北监蒙恬于上郡。

所谓发適戍,"西北斥逐匈奴","城河上为塞","筑亭障以逐戎人","筑长城"等,都指出北边防御的加强,是以我们今天所讨论的河套地区为重心的。而直道的开通,确实是连通了统治中枢地带和北部边防之要害

[①] 《史记》卷一一○《匈奴列传》:"秦有陇西、北地、上郡,筑长城以拒胡。而赵武灵王亦变俗胡服,习骑射,北破林胡、楼烦。筑长城,自代并阴山下,至高阙为塞。而置云中、雁门、代郡。"

[②] 《史记》卷五《秦本纪》。参见王子今《秦国君远行史迹考述》,《秦文化论丛》第8辑,陕西人民出版社2001年版。

[③] 《史记》卷四三《赵世家》:赵武灵王二十年(前306),"西略胡地,至榆中。林胡王献马,归"。张守节《正义》解释说,榆中,"胜州北河北岸也"。又二十七年(前299),"主父欲令子主治国,而身胡服将士大夫西北略胡地,而欲从云中、九原直南袭秦,于是诈自为使者入秦"。

河套地区的联系，其军事意义是明确的。① 长城和直道构成了一个"丁"形的结构。这一结构，既有防卫意义，又有交通意义；即有军事史的意义，又有文化史的意义。这一结构的中心交点，即长城与直道的相交处，正在河套地区。

秦始皇最后一次出巡，病逝在沙丘，载有帝王灵柩的车列经行北边，转由直道返回咸阳。推想这是秦始皇生前确定的巡行路线。车队所行，是经过河套地区的。

《史记》卷一一〇《匈奴列传》记载，秦末，"蒙恬死，诸侯畔秦，中国扰乱，诸秦所徙谪戍边者皆复去，于是匈奴得宽，复稍度河南与中国界于故塞"。河套地区的形势发生了显著的变化。冒顿时代，"悉复收秦所使蒙恬所夺匈奴地者，与汉关故河南塞，至朝那、肤施，遂侵燕、代。是时汉兵与项羽相距，中国罢于兵革，以故冒顿得自强，控弦之士三十余万"。这一情形，直到卫青出击河南，方才得以扭转："卫青复出云中以西至陇西，击胡之楼烦、白羊王于河南，得胡首虏数千，牛羊百余万。于是汉遂取河南地，筑朔方，复缮故秦时蒙恬所为塞，因河为固。……是岁，汉之元朔二年也。"汉军重新"因河为固"之后，朔方就成为抗击匈奴的主要基地。朔方置郡，是采用了主父偃的建议。② 朔方城的修筑，以平陵侯苏建为总指挥。③

《汉书》卷六《武帝纪》记载，汉武帝元鼎五年（前112），"匈奴入五原，杀太守"。这是匈奴再次侵入河套地区的记录。此后又有征和二年（前91），匈奴入五原，杀略吏民。征和三年（前90），匈奴入五原。④

汉武帝元封元年（前110），曾经有亲率18万骑兵巡行北边，向匈奴炫耀武力的举动。《史记》卷一一〇《匈奴列传》："是时天子巡边，至朔方，勒兵十八万骑以见武节。而使郭吉风告单于。"《史记》卷二八《封禅书》："其来年冬，上议曰：'古者先振兵泽旅，然后封禅。'乃遂北巡朔方，勒兵十余万，还祭黄帝冢桥山，释兵须如。……既至甘泉，为且用

---

① 参见史念海《秦始皇直道遗迹的探索》，《陕西师范大学学报》1975年第3期，《文物》1975年第10期，收入《河山集》四集，陕西师范大学出版社1991年版；王开：《秦直道新探》，《西北史地》1987年第2期；贺清海、王开：《毛乌素沙漠中秦汉"直道"遗迹探寻》，《西北史地》1988年第2期；吕卓民：《秦直道歧义辨析》，《中国历史地理论丛》1990年第1辑；王子今：《秦直道的历史文化观照》，"中国·秦直道与草原文化研讨会"论文，鄂尔多斯，2005年7月。
② 《史记》卷一一二《平津侯主父列传》。
③ 《史记》卷一一一《卫将军骠骑列传》。
④ 《汉书》卷六《武帝纪》。

事泰山，先类祠太一。"《汉书》卷六《武帝纪》："元封元年冬十月，诏曰：'南越、东瓯咸伏其辜，西蛮北夷颇未辑睦，朕将巡边垂，择兵振旅，躬秉武节，置十二部将军，亲帅师焉。'行自云阳，北历上郡、西河、五原，出长城，北登单于台，至朔方，临北河。勒兵十八万骑，旌旗径千余里，威震匈奴。遣使者告单于曰：'南越王头已县于汉北阙矣。单于能战，天子自将待边；不能，亟来臣服。何但亡匿幕北寒苦之地为！'匈奴詟焉。还，祠黄帝于桥山，乃归甘泉。"汉武帝"巡边垂，择兵振旅"，"行自云阳，北历上郡"，所谓"至朔方"，"北巡朔方"，都指明汉武帝的车列和大队汉军铁骑曾经来到河套地方。

还是在这一年，汉武帝竟再一次行历直道，抵达河套地区。《汉书》卷六《武帝纪》记载："行自泰山，复东巡海上，至碣石。自辽西历北边九原，归于甘泉。"也许司马迁说"吾适北边，自直道归"①，就是指这一次随汉武帝巡行的经历。

汉昭帝元凤三年（前78），"匈奴三千余骑入五原，略杀数千人，后数万骑南旁塞猎，行攻塞外亭障，略取吏民去。"② 这是匈奴最后一次冲破长城防线，进入河套地区。

《艺文类聚》卷六引汉杨雄《并州箴》曰："雍别朔方，河水悠悠。北辟獯鬻，南界泾流。尽兹朔土，正真幽方。③ 自昔何为，莫敢不来贡，莫敢不来王。④ 周穆遐征，⑤ 犬戎不享。爰藐伊意，侵玩上国。⑥ 宣王命将，攘之泾北。宗幽罔识，日用爽蹉。既不俎豆，又不干戈。犬戎作难，毙于骊阿。⑦ 太上曜德，其次曜兵。德兵俱颠，靡不悴荒。牧臣司并，敢告执纲。"所谓"雍别朔方，河水悠悠"，"尽兹朔土，正直幽方"，明确指出了河套地区的地理形势。而所谓"太上曜德，其次曜兵"，则警告地方行政长官应首先明德，其次方可用兵。实际上，历史事实告诉我们，河套地区除了作为汉匈军队长期激烈争夺的主战场之外，又曾经是民族文化之间角逐、较量的主要竞技场，同时也是广阔的经济和文化表演的舞台。

---

① 《史记》卷八八《蒙恬列传》。
② 《汉书》卷九四上《匈奴传上》。
③ 《初学记》卷八作"画兹朔土，正直幽方"。
④ "莫敢不来贡，莫敢不来王"，《初学记》卷八作"莫不来王"。
⑤ 《初学记》卷八作"清穆遐征"。
⑥ 《初学记》卷八作"爰藐伊德，侵阮上国"。
⑦ 《初学记》卷八作"犬戎作乱，弊于骊阿"。

（二）经济开发的新区

秦及西汉时期，北边新经济区的建设受到特殊重视，农耕经济区与畜牧经济区的分界曾经逐渐向北推移。秦始皇时代已开始组织向北边移民，据《史记》卷六《秦始皇本纪》记载：秦始皇三十三年（前214），"发诸尝逋亡人、赘婿、贾人……以適遣戍"，在直抵阴山的地方置"四十四县"，又派遣蒙恬读"渡河取高阙、阳山、北假中"，"徙謫，实之初县"。秦始皇三十六年（前211），又"迁北河榆中三万家，拜爵一级"。

所谓"自榆中并河以东，属之阴山，以为四十四县，城河上为塞"，正是以河套地区作为开发的重心。

西汉仍多次组织移民充实北边。汉文帝曾采纳晁错建议，募民徙塞下。汉武帝元朔二年（前127）夏，募民徙朔方十万口。[1] 元狩三年（前120），徙贫民于关以西及充朔方以南新秦中七十万口。元狩五年（前118），徙天下奸猾吏民于边。[2]《汉书》卷六《武帝纪》记载：天汉元年（前100）秋，"发谪戍屯五原"。《汉书》卷二八下《地理志下》说："定襄、云中、五原，本戎狄地，颇有赵、齐、卫、楚之徙。"所说地域，涉及河套平原。

《汉书》卷四九《晁错传》记载，晁错曾经说到当时"募民徙边"，在所谓"胡貉之地，积阴之处"建设农耕生产基地的措施：

> 相其阴阳之和，尝其水泉之味，审其土地之宜，观其草木之饶，然后营邑立城，制里割宅，通田作之道，正阡陌之界，先为筑室，家有一堂二内，门户之闭，置器物焉。民至有所居，作有所用，此民所以轻去故乡而劝之新邑也。为置医巫，以救疾病，以修祭祀，男女有昏，生死相恤，坟墓相从，种树畜长，室屋完安，此所以使民乐其处而有长居之心也。

改变当地所谓"胡人衣食之业不著于地"的情形，打破"食肉饮酪，衣皮毛，非有城郭田宅之归居，如飞鸟走兽于广壤，美草甘水则止，草

---

[1]《汉书》卷六《武帝纪》。
[2] 据《史记》卷三〇《平准书》，《汉书》卷六《武帝纪》、卷四九《晁错传》、卷九四上《匈奴传上》。

尽水竭则移"的传统经济形式,推广中原农耕为基础的经济文化,需要有适宜的自然地理条件,同时,政府鼓励性的组织管理形式也为这种地区经济形式的转换奠定了必要的基础。这种转换过程又体现于《汉书》卷二八下《地理志下》的如下记述中:"自武威以西,本匈奴昆邪王、休屠王地,武帝时攘之,初置四郡,以通西域,鬲绝南羌、匈奴。其民或以关东下贫,或以报怨过当,或以悖逆亡道,家属徙焉。习俗颇殊,地广民稀,水草宜畜牧,故凉州之畜为天下饶。保边塞,二千石治之,咸以兵为务;酒礼之会,上下通焉,吏民相亲。是以其俗风雨时节,谷价常贱,少盗贼,有和气之应,贤于内郡。此政宽厚,吏不苛刻之所致也。"在"地广民稀,水草宜畜牧"的匈奴故地,农耕经济发展至于"风雨时节,谷价常贱",除内地移民带来先进农业技术之外,又有"吏民相亲",生产关系"有和气之应","政宽厚,吏不苛刻"等因素的作用。这一过程,就河套地区而言,早在秦始皇时代已经完成了。虽然此后又有反复,根据晁错的设计,新经济区的移民,又有更为成熟的组织形式。总体来说,朔方郡的开发,对于河西四郡的示范作用是明显的。

《史记》卷一一〇《匈奴列传》说,汉武帝元狩三年(前120),"徙关东贫民处所夺匈奴河南、新秦中以实之"。

《汉书》卷二九《沟洫志》记载:汉武帝塞瓠子之后,"用事者争言水利,朔方、西河、河西、酒泉皆引河及川谷以溉田"。在各个地区之中,"朔方"位列第一。《史记》卷一一〇《匈奴列传》:

> 匈奴远遁,而幕南无王庭。汉度河自朔方以西至令居,往往通渠置田,官吏卒五六万人,稍蚕食,地接匈奴以北。①

司马迁也首先说到"朔方",这一情形应当不是偶然的。以水利建设为基础的农耕经济,曾"稍蚕食"畜牧区地域,使农业区与牧业区之分界逐渐向北推移。据《史记》卷三〇《平准书》,汉武帝元鼎六年(前111),又令"上郡、朔方、西河开田官,斥塞卒六十万人戍田之"。

西汉时期在北边的屯田,有些没有取得明显的成功,在放弃之后甚至

---

① "往往通渠置田,官吏卒五六万人",或读作"往往通渠置田官,吏卒五六万人"。

导致了生态条件的严重破坏。① 然而河套地区的农耕经营,却取得了显著的成就,表现出有目共睹的经济作用。

河套地区在秦汉时期的开发,是在战争的特殊形势下实现的。然而,正如马克思所指出的,"一般说来,军队在经济的发展中起着重要的作用","大规模运用机器也是在军队里首先开始的","部门内部的分工也是在军队里首先实行的"。他还认为,军队的历史对全部的历史有非常明显的概括意义。② 从这一角度理解河套地区战争背景下的经济进步,以及农耕生产的技术水准和管理形式,可以得到接近历史真实的认识。

秦汉时期河套地区农耕经营的成就,在中国农垦史、水利史、边疆地区开发史上都有重要的地位。

---

① 据《汉书》卷九四下《匈奴传下》记载,北边长城地区原本草木茂盛,禽兽繁衍,匈奴以此为主要生存基地,看作"园囿"一般。秦汉经营北边,动员军中与民中,移民规模有时一次就数以十万计,一时"人民炽盛,牛马布野"。起初当地水土保持条件远较现今为好,山泉流量也很可观,因而司马迁曾经在《史记》卷二九《河渠书》中记述,新垦区"皆引河及川谷以溉田"。然而过度的开发,可以导致原有生态条件的破坏,如乌兰布和沙漠北部出现的汉代垦区后来衰落乃至废弃后,"逐渐沙化,而且愈往后风沙危害愈严重"。东汉初年,北边屯垦形势曾有反复,但是不久即出现城郭丘墟大多废毁的情形。有的学者经过对朔方郡垦区遗址的实地考察后指出:"随着社会秩序的破坏,汉族人口终于全部退却,广大地区之内,田野荒芜,这就造成了非常严重的后果,因为这时地表已无任何作物的覆盖,从而大大助长了强烈的风蚀终于使大面积表土破坏,覆沙飞扬,逐渐导致了这一地区沙漠的形成。""现在这一带地方,已经完全是一片荒漠景象","绝大部分地区都已为流动的以及固定或半固定沙丘所覆盖"。个别地方,"沙山之高竟达50米左右"。(侯仁之、俞伟超、李宝田:《乌兰布和沙漠北部的汉代垦区》,《治沙研究》第7号,科学出版社1965年版;侯仁之:《我国西北风沙区的历史地理管窥》,《中国历史地理论丛》第1辑,陕西人民出版社1981年版) 史念海曾经分析说,西汉代在鄂尔多斯高原所设的县多达20多个,这个数字尚不包括一些未知确地的县。当时的县址,有一处今天已经在沙漠之中,有七处已经接近沙漠。"应当有理由说,在西汉初在这里设县时,还没有库布齐沙漠。至于毛乌素沙漠,暂置其南部不论,其北部若乌审旗和伊金霍旗在当时也应该是没有沙漠的。"土壤大面积沙化的情形各有其具体的原因,但是至少农林牧分布地区的演变也是一个促进的因素。除了可以防风防沙的森林被破坏,沙漠于是可以因风扩展而外,草原也有减低风蚀的作用,"可是草原的载畜量过高,也会促使草原的破坏。草原破坏,必然助长风蚀的力量,促成当地的沙化"(史念海:《两千三百年来鄂尔多斯高原和河套平原农林牧地区的分布及其变迁》,《河山集》三集,人民出版社1988年版,第99—103页)。有的学者认为,过度的开垦,甚至也可以导致自然灾害的逐渐增加。"秦汉时期,由于大批的士兵、农民移入鄂尔多斯地区进行开垦,在一定范围内破坏了原始植被自然火害增加,这个时期全内蒙古旱灾增加到27次,其中鄂尔多斯地区就有5次。"(王尚义:《历史时期鄂尔多斯高原农牧业的交替及其对自然环境的影响》,《历史地理》第3辑,上海人民出版社1987年版,第24页)参见王子今《秦汉长城的生态史考察》,《中国(香港)长城历史文化研讨会论文集》,长城(香港)文化出版公司2002年版。

② 《马克思致恩格斯》(1857年9月25日),《马克思恩格斯全集》第29卷,人民出版社1972年版,第183页。

（三）汉军远征的基地

汉王朝取得对河套地区的牢固控制之后，即以此为基地多次发起对匈奴的远征。

《史记》卷一一〇《匈奴列传》记载："匈奴右贤王怨汉夺之河南地而筑朔方，数为寇，盗边，及入河南，侵扰朔方，杀略吏民甚众。"元朔五年（前124）春，"汉以卫青为大将军，将六将军，十余万人，出朔方、高阙击胡。右贤王以为汉兵不能至，饮酒醉，汉兵出塞六七百里，夜围右贤王。右贤王大惊，脱身逃走，诸精骑往往随后去。汉得右贤王众男女万五千人，裨小王十余人"。元朔六年（前123）春二月，大将军卫青将六将军，兵十余万骑，再出定襄数百里击匈奴，斩首三千余级。还，休士马于定襄、云中、雁门。① 属于河套地区的云中作为休整地点。元鼎六年（前111）公孙贺出九原二千余里。河套地区已经成为出击匈奴的主要军事基地。

另一次以朔方为基地的远征匈奴军事行动的记载，即《史记》卷一一〇《匈奴列传》所说："汉使浞野侯破奴将二万骑出朔方西北二千余里。"然而这是一次失败的记录。事在汉武帝太初二年（前102）。太初三年（前101），光禄勋徐自为出五原塞外数百里，远者千余里。②

《史记》卷一一〇《匈奴列传》褚少孙补述：天汉四年（前97），"复使贰师将军将六万骑，步兵十万，出朔方。强弩都尉路博德将万余骑与贰师会。游击将军说将步骑三万人，出五原……"征和二年（前91）及征和三年（前90）匈奴入五原，李广利出五原，后元二年（前87）匈奴入朔方等，也都是值得重视的历史事实。

据《汉书》卷六《武帝纪》，征和三年（前90）三月，"遣贰师将军李广利将七万人出五原。"这也是河套地区当时成为远征基地的例证之一。

汉宣帝本始二年（前72），五将军分道并出击匈奴，其中有"云中太守田顺为虎牙将军，三万余骑，出五原"。③

---

① 《汉书》卷六《武帝纪》。
② 《史记》卷一一〇《匈奴列传》："汉使光禄勋徐自为出五原塞数百里，远者千余里，筑城鄣列亭至庐朐。而使游击将军韩说、长平侯卫伉屯其旁。"《汉书》卷六《武帝纪》："遣光禄勋徐自为筑五原塞外列城，西北至庐朐。游击将军韩说将兵屯之。"
③ 《汉书》卷九四上《匈奴传上》。

汉昭帝始元二年（前85）冬，"发习战射士诣朔方"①。或许也可以理解为将朔方作为北进基地的迹象。

青年毛泽东在《〈伦理学原理〉批注》中写道：我们读史时，往往"赞叹"有些历史阶段之"事态百变，人才辈出"。其中就包括"汉武与匈奴竞争之时"②。汉军北进攻伐匈奴的战事应当受到关注，原因之一，还在于悠久的汉文化在古老而稳重的历史中，表露出更多的沉闷而消极的倾向。回顾数千年的历史，中原民族在秦皇汉武时代所表现的积极进取的精神，并不是始终都十分突出。这种值得我们珍视的民族精神，曾经在河套地区闪射出耀眼的历史光辉，也是河套文化研究者不能不注意的。

（四）民族交往的走廊

在血与火书写的战争历史的背后，也有文化交往与民族融合，实现共同进步的光明的一面。战争是一种人类交往的行为。③ 秦汉王朝与匈奴的战争，促进了民族文化的交流。而河套地区当时是实现这种交流的主要通道。

《史记》卷一一○《匈奴列传》说，"孝景帝复与匈奴和亲，通关市，给遗匈奴"，"今帝即位，明和亲约束，厚遇，通关市，饶给之。匈奴自单于以下皆亲汉，往来长城下"。关市是联系农耕区和畜牧区经济往来的重要形式。即使在敌对条件下，匈奴和汉王朝之间的关市贸易依然长期维持。这就是司马迁所说："匈奴绝和亲，攻当路塞，往往入盗于汉边，不可胜数。然匈奴贪，尚乐关市，嗜汉财物，汉亦尚关市不绝以中之。"

我们没有明确的历史资料可以说明河套地区的关市贸易状况。但是这种商业往来应当是比较密切的。《后汉书》卷九○《乌桓传》记载，汉顺帝阳嘉四年（135）冬，乌桓侵扰云中，一次即"遮截道上商贾牛车千余两"。云中、五原、朔方，由北边交通道路相连接。④ 这一历史记录，或许也可以作为说明包括朔方的北边经济往来异常繁荣的旁证。

---

① 《汉书》卷七《昭帝纪》。
② 《毛泽东早期文稿》，湖南出版社1990年版，第186页。
③ 〔德〕克劳塞维茨：《战争论》，商务印书馆1978年版，第135页。
④ 参见王子今《秦汉长城与北边交通》，《历史研究》1988年第6期。

当时的北边，还有关市以外的贸易形式，① 推想河套地区作为长城防线的中间地段，应当具备更为优越的商业交通条件。

"亡人"，是当时对以非法方式由内地北逃，前往匈奴居地的民人的通行称谓。居延汉简中的相关资料，告诉我们这种情形曾经相当普遍。② 于是汉文帝和匈奴单于外交文书中曾经有"亡人不足以益众广地"的言辞。③ 出身汉地流徙草原大漠的"亡人"曾经在民族文化交流中发挥过积极的作用。客观判断和真切理解这一社会人等的历史表现，应当摆脱狭隘的民族道德观和狭隘的民族主义意识的束缚。

同样，汉王朝也往往"得匈奴降者"④，可以作为与汉"亡人"反方向人口流动的历史例证的，还有胡巫、⑤ 胡贾、胡骑在中原的活跃表现。而较大规模的游牧族内迁史事，是匈奴的内附。

元狩二年（前121）秋，匈奴浑邪王杀休屠王，率四万余众降汉。霍去病奉命受降，又在极复杂的情况下，坚定果敢地平定了匈奴部众的内部叛乱，使安置匈奴内附的计划得以成功。当时，汉分徙匈奴之归附者，"置五属国以处之"⑥。其他皆在河南。

《汉书》卷八《宣帝纪》记载，甘露二年（前52）冬十二月，"匈奴呼韩邪单于款五原塞，愿奉国珍朝三年正月。"单于罢归，"居幕南，保光禄城。诏北边振谷食"。《匈奴传下》说："呼韩邪单于款五原塞，愿朝三年正月。汉遣车骑都尉韩昌迎，发过所七郡郡二千骑，为陈道上。单于正月朝天子于甘泉宫。""单于就邸，留月余，遣归国。单于自请愿留居光禄塞下，有急保汉受降城。汉遣长乐卫尉高昌侯董忠、车骑都尉韩昌将骑万六千，又发边郡士马以千数，送单于出朔方鸡鹿塞。诏忠等留卫单

---

① 参见王子今《汉代河西长城与西北边地贸易》，《长城国际学术研讨会论文集》，吉林人民出版社1995年版；《古代西北地域の交通と长城》，《黄土高原とオルドス》，勉诚社1997年版；《汉代丝路贸易的一种特殊形式：论"戍卒行道贳卖衣财物"》，《简帛研究汇刊》第1辑"第一届简帛学术讨论会论文集"，中国文化大学历史系、简帛学文教基金会筹备处2003年5月版。
② 如："乃今月三日壬寅居延常安亭长王闳子男同攻房亭长赵常及客民赵闳范翁一等五人俱亡皆共盗官兵臧千钱以上带刀剑及铍各一又各持小尺白刀箧各一兰越甲渠当曲燧塞从河水中天田出〇案常等持禁物兰越塞于边关徼逐捕未得它案验未竟兰越塞天田出入☐"（E. P. T68：59—65）。参见王子今《居延简及敦煌简所见"客"——汉代西北边地流动人口考察札记》，第三届简帛学术研讨会论文，台北，2005年4月。
③ 《史记》卷一一〇《匈奴列传》。
④ 《汉书》卷九四上《匈奴传上》。
⑤ 参见王子今《西汉长安的"胡巫"》，《民族研究》1997年第5期。
⑥ 《汉书》卷六《武帝纪》。

于，助诛不服，又转边谷米穈，前后三万四千斛，给赡其食。"呼韩邪单于入与出，都经过河套地区。这里所说的"诏北边振谷食"，"转边谷米穈，前后三万四千斛，给赡其食"，所调运的，很可能主要是河套地区的粮产。"元帝初即位，呼韩邪单于复上书，言民众困乏。汉诏云中、五原郡转谷二万斛以给焉。"即明确说是河套"转谷"。

呼韩邪后来数次入朝，以及"元帝以后宫良家子王嫱字昭君赐单于"，应当都是经由河套地区。

东汉初年，匈奴地方连年遭受旱蝗之灾，草木尽枯，赤地数千里，人畜饥疫，死耗大半。匈奴贵族集团内部又发生争夺统治权的内讧，此外，又有东方乌桓势力的逼迫，建武二十四年（48），匈奴日逐王比被南边八部拥立为南单于，并袭用其祖父呼韩邪单于的称号，率部众到五原塞，请求内附，为东汉王朝所接受。从此匈奴分为南北两庭。河套地区成为内附匈奴人安居的乐土。

北匈奴依然经常侵扰北边郡县，掳掠汉人和南匈奴人，并且以武力控制了西域地区。南匈奴逐渐转为定居生活，从事农耕经济，并且逐渐向东向南迁移。

内附的匈奴部族又有经过河套地方向南移动逐渐定居的可能。

从关市贸易、和亲关系、人口流动、物资转运以及匈奴内附等历史事实看，河套地区确实曾经成为民族文化交往与融合的友好的走廊。

三 秦汉关中水利经营模式在北河的复制

战国时期秦国水利事业的成功，是秦实现统一的重要因素之一。秦人在关中发展水利事业的经验，曾经在巴蜀地区推广。秦汉王朝对于北河地区的军事控制，又为关中水利经营模式在北边的复制提供了条件。应当说，北河地区仿照关中模式进行水利建设，自秦始皇时代开始尝试，在汉武帝时代取得了成效。河套地区长期以来因水利条件之优越而实现的富足和繁荣，正是在秦汉时期奠基。研究水利史以及河套文化史，不能不关注这一历史事实。

（一）秦人"水利"成就

秦人曾经以"水通粮"形成的经济优势和军事优势，使得东方敌对国家不敢轻视。① 目前我们所知"水利"这一语汇的最早使用，正见于成书于秦国，由名相吕不韦组织编纂的《吕氏春秋》一书中。《吕氏春秋·慎人》："堀地财，取水利。"高诱注："水利，濯灌。"

《吕氏春秋·任地》引后稷语："子能藏其恶而揖之以阴乎？"高诱注："'阴'犹润泽也。"夏纬瑛说："'阴'指湿润之土而言，则'恶'当是指干燥之土而言了。"同篇又讲到"泽"，俞樾以为"'泽'者雨泽也"②。《吕氏春秋·辨土》也说到田土的"泽"。以"濯灌"方式保证土地的"泽"，应当是当时关中农人已经掌握的生产技术。有学者指出："周民族开始经营农业生产的关中渭北平原，春旱秋涝的现象，几乎经常出现。渭、泾、洛三条河道，可以引入，也可以受纳，地理条件是合适的。大概由于这两种因素，逐渐积累了一些小规模的渠道建设技术知识。更重要的是，西周末年，冶铁技术出现之后，创制了效率很高的工具，促进了沟洫建设。"③《战国策·秦策一》记载，苏秦说秦惠王时，说到"大王之国""田肥美，民殷富"，"沃野千里，蓄积饶多，地势形便，此所谓'天府'，天下之雄国也"。关中"天府"地位的形成，应当与水利建设的成功有关。

司马错建议占有巴蜀，是秦国向东发展进程中的重大决策。据司马错说，"其国富饶，得其布帛金银，足给军用"④。秦人经营巴蜀，除了继承原有的经济文化积累而外，也有显著的创新。四川青川出土秦武王二年"更修《为田律》"木牍有"十月为桥修波堤利津梁鲜草离"文字，可以说明秦本土关中地区的水利建设技术已经传布到蜀地。

都江堰水利工程使成都平原的农业发展大得其利。《史记》卷二九《河渠书》记载："蜀守（李）冰凿离碓，辟沫水之害，穿二江成都之中。"又《华阳国志·蜀志》：

> （李）冰乃壅江作堋，穿郫江、检江，别支流双过郡下，以行舟船。岷山多梓、柏、大竹，颓随水流，坐致材木，功省用饶；又溉灌

---

① 《战国策·赵策一》记载，赵豹警告赵王应避免与秦国对抗："秦以牛田，水通粮，其死士皆列之于上地，令严政行，不可与战。王自图之！"所谓"水通粮"，是形成"不可与战"之优越国力的重要因素。王子今：《秦统一原因的技术层面考察》，《社会科学战线》2009 年第 9 期。

② 陈奇猷校释：《吕氏春秋校释》，学林出版社 1984 年版，第 4 册第 1734、1743 页。

③ 石声汉：《中国农业遗产要略》，《中国古代农业科技》，农业出版社 1980 年版，第 78 页。

④ 《华阳国志·蜀志》。

三郡，开稻田。于是蜀沃野千里，号为"陆海"。旱则引水浸润，雨则杜塞水门，故记曰：水旱从人，不知饥馑，时无荒年，天下谓之"天府"也。

李冰还曾经"外作石犀五头以厌水精"，又"于玉女房下白沙邮作三石人，立三水中。与江神要：水竭不至足，盛不没肩"。李冰又曾经开通多处水上航路，于所谓"触山胁溷崖，水脉漂疾，破害舟船"之处，"发卒凿平溷崖，通正水道"。据说"（李）冰凿崖时，水神怒，（李）冰乃操刀入水中与水神斗"①。

李冰敬祀江神又斗杀江神的事迹，其实可以看作秦人对于蜀地文化传统既有所尊重又致力于改造的态度的象征。而蜀人对李冰等人的敬慕，也体现出蜀地对秦文化某些成分的逐步认同。

《华阳国志·蜀志》可见蜀地"陆海"、"天府"之说，《水经注·江水一》引《益州记》也说："沃野千里，此号'陆海'，谓之'天府'也。"其实，"陆海"、"天府"的说法，原本是用以形容秦文化的基地关中地区自然条件之优越与经济实力之富足的。除前引《战国策·秦策一》记载苏秦语之外，娄敬建议刘邦定都关中时曾经强调："秦地被山带河，四塞以为固"，"因秦之故，资甚美膏腴之地，此所谓'天府'者也"②。张良对这一意见表示赞同，也说关中"沃野千里"，"天府之国也"③。有些以秦地为"天府"的说法，虽然包括所谓"西有巴、蜀、汉中之利"④，或者"西有汉中，南有巴、蜀"⑤，然而仍然是以关中地区为主的。汉武帝时代，东方朔也曾经说，"霸、产以西"，"泾、渭之南"，"此所谓天下'陆海'之地"⑥。这里所说的，则是指关中最富庶的地区。而"陆海"、"天府"后来被用以形容蜀地，可以说明秦地与蜀地关系的进一步密切，也暗示蜀文化对于秦文化的某种向慕与附从。⑦ 而包括水利形式

---

① 《水经注·江水一》引《风俗通》，也生动记述了有关李冰与江神搏斗并刺杀江神的传说，并且说道："蜀人慕其气决，凡壮健者，因名'冰儿'也。"
② 《史记》卷九九《刘敬叔孙通列传》。
③ 《史记》卷五五《留侯世家》。
④ 《战国策·秦策一》。
⑤ 《史记》卷六九《苏秦列传》。参看王子今：《秦汉区域地理学的"大关中"概念》，《人文杂志》2003年第1期。
⑥ 《汉书》卷六五《东方朔传》。
⑦ 参见王子今《秦兼并蜀地的意义与蜀人对秦文化的认同》，《四川师范大学学报》1998年第2期。

在内的关中制度在蜀地的推行，应当也是导致这种历史文化现象发生的因素之一。

据《华阳国志·蜀志》，蜀人称成都北门为"咸阳门"，或许也可以看作有意义的例证。此外，我们还可以看到这样的历史记载，《华阳国志·蜀志》：

> （秦）惠王二十七年，（张）仪与（张）若城成都，周回十二里，高七丈；郫城周回七里，高六丈；临邛城周回六里，高五丈。造作下仓，上皆有屋，而置观楼射兰。成都县本治赤里街，（张）若徙置少城内。营广府舍，置盐、铁、市官并长、丞；修整里阓，市张列肆，与咸阳同制。

《太平寰宇记》卷七二引扬雄《蜀王本纪》也曾经说到张若营建成都城，"始造府县寺舍，令与咸阳同制"的情形。蜀地的文化中心成都的城市规划"与咸阳同制"的事实，可以说明蜀地文化创造在某种程度上仿拟秦文化的倾向。而水利工程的兴建，或许也有同样的倾向。据《华阳国志·蜀志》，"冰能知天文地理"①。李冰作为秦人，② 他的水利知识想必不会凭空发生。有的学者注意到都江堰水利设计与关中引渠方式的类同，③ 是有道理的。

战国时期的秦，在水利方面最突出的成就，是郑国渠的修造。《史记》卷二九《河渠书》记载：

> 韩闻秦之好兴事，欲罢之，毋令东伐，乃使水工郑国间说秦，令凿泾水自中山西邸瓠口为渠，并北山东注洛三百余里，欲以溉田。中作而觉，秦欲杀郑国，郑国曰："始臣为间，然渠成亦秦之利也。"秦以为然，卒使就渠。渠就，用注填阏之水，溉泽卤之地四万余顷，收皆亩一钟。于是关中为沃野，无凶年，秦以富强，卒并诸侯，因命曰"郑国渠"。

---

① 《绎史》卷一二三同。
② 《蜀中广记》卷四七《宦游记·川西道属·秦》说："李冰，史失其乡。"然而《太平寰宇记》卷七二、卷七三，《文献通考》卷六，《七国考》卷一四等文献均称"秦李冰"。
③ 清朱鹤龄《禹贡长笺》卷九："高泾渭之渠，杜入河之口，如李冰壅江作堋法，即高陵、栎阳以北，不让江南诸郡矣。"

"水工"这一体现早期水利工程设计和指挥的技术人员的名号,较早见于秦史的记录,也是值得注意的。① 郑国事迹在李冰之后,然而蔡邕《京兆樊惠渠颂》赞美古来水利成就:"地有垎塪,川有垫下,溉灌之便,行趋不至。明哲君子,创业农事,因高卑之宜,驱自行之势,以尽水利,而富国饶人,自古有焉。若夫西门起邺,郑国行秦,李冰在蜀,信臣治穰,皆此道也。"② 言"郑国行秦"在前,而"李冰在蜀"于后,这一说法从表面看来虽不合时序,然而却与蜀地水利和关中水利有某种承继关系的事实是一致的。③

(二) 云中郡的"咸阳"

成都的城建,所谓"修整里阓,市张列肆,与咸阳同制","始造府县寺舍,令与咸阳同制",使人联想到北河地方曾经出现"咸阳"地名的情形。

《汉书》卷二八下《地理志下》"云中郡"条写道:

> 云中郡,秦置。莽曰受降。属并州。户三万八千三百三,口十七万三千二百七十。县十一:云中,莽曰远服。咸阳,莽曰贲武。陶林,东部都尉治。桢陵,缘胡山在西北。西部都尉治。莽曰桢陆。犊和,沙陵,莽曰希恩。原阳,沙南,北舆,中部都尉治。武泉,莽曰顺泉。阳寿。莽曰常得。

其中"咸阳"县,王莽改名"贲武"。《汉书补注》:"先谦曰:《续志》后汉因。《河水注》:河水自五原稒阳来,东迳咸阳县故城南,又屈西流,合沙陵湖水,下入桢陵。《一统志》:故城今托克托城地。"

按照谭其骧主编《中国历史地图集》的标注,"咸阳"在今内蒙古土默特右旗东。④

"咸阳"得名由来,或许取山南水北之意。《史记》卷八《高祖本

---

① "水工"称谓见于《管子》。《管子·度地》:"请为置水官,令习水者为吏。""乃取水官左右各一人,使为都匠水工。"不过,关于《管子》的成书年代尚有争议。
② 《蔡中郎集》卷六。
③ 有人说,郑国原是韩国人,这如何能解释关中水利之先进性呢?按照这样的逻辑,商鞅原是卫国人,又如何能理解秦国法制的先进性呢?参见王子今、郭诗梦《秦"郑国渠"命名的意义》,《西安财经学院学报》2011年第3期。
④ 谭其骧主编:《中国历史地图集》第2册,地图出版社1982年版,第17—18页。

纪》："高祖常繇咸阳。"司马贞《索隐》："韦昭云：'秦所都，武帝更名渭城。'应劭云：'今长安也。'按：《关中记》云：'孝公都咸阳，今渭城是，在渭北。始皇都咸阳，今城南大城是也。'名咸阳者，山南曰阳，水北亦曰阳，其地在渭水之北，又在九嵕诸山之南，故曰咸阳。"云中郡咸阳确实在大青山以南，黄河以北，以"山南曰阳，水北亦曰阳"之说，可以称作"咸阳"。然而，通过位于河套地区的云中郡咸阳和位于关中地区的秦都咸阳其地名重合的现象，是否可以发现其他的历史文化信息呢？云中郡咸阳地名的确定，是否与蜀郡成都营造"与咸阳同制"有类似的情形呢？

现在看来，这种可能性是存在的。

古地名的移用，往往和移民有关。因移民而形成的地名移用这种历史文化地理现象，综合体现了人们对原居地的忆念和对新居地的感情，富含重要的社会文化史的信息。[①]《汉书》卷一下《高帝纪下》说到"太上皇思欲归丰，高祖乃更筑城寺市里如丰县，号曰'新丰'，徙丰民以充实之"的故事。类似地名，还有所谓"新蔡"、"新郑"等。"新秦中"地名，也属于同样的情形。有学者称类似情形为"（地名）从甲地移植于乙地"的现象，"地名搬家"现象，或称之为"移民地名"，因"迁徙"而出现的地名，[②]并确定为地名形成的渊源之一。春秋时期秦史记录中其实也可以看到类似的情形。《汉书》卷二八上《地理志上》"京兆尹下邽"条，颜师古注："应劭曰：'秦武公伐邽戎，置有上邽，故加下。'师古曰：'邽音圭，取邽戎之人而来为此县。'""下邽"地名，是因"邽戎"迁徙而确定。

澳门萧春源藏秦青铜器编纂成书，其中有"咸阳四斗方壶"，刻铭2行12字："重十九斤四两"，"咸阳四斗少半升"。列入"战国篇"，以为"秦王政（始皇帝）时代"。李学勤提醒人们注意，"关于咸阳方壶，须提到汉代另有县名咸阳，属云中郡，在今内蒙古托克托一带。江陵张家山汉简《二年律令·秩律》有咸阳，与原阳、北舆并列，均为云中郡县"[③]。此"咸阳"或许是西汉云中郡之咸阳县。但是也未可排除是秦县

---

① 参见王子今《客家史迹与地名移用现象——由杨万里〈竹枝词〉"大郎滩""小郎滩"、"大姑山""小姑山"说起》，《客家摇篮赣州》，江西人民出版社2004年版；《说"鲜水"：康巴草原民族交通考古札记》，待刊稿。

② 华林甫：《中国地名学源流》，湖南人民出版社1999年版，第215、124、106、131、159、177、247、291页。

③ 《珍秦斋藏金·秦铜器篇》，澳门基金会2006年版，第116—117、15页。

的可能。

《史记》卷六《秦始皇本纪》："（三十三年）西北斥逐匈奴。自榆中并河以东，属之阴山，以为四十四县，城河上为塞。又使蒙恬渡河取高阙、阳山、北假中，筑亭障以逐戎人。徙谪，实之初县。"《六国年表》："西北取戎为三十四县。筑长城河上，蒙恬将三十万。"所谓"三十四县"，裴骃《集解》："徐广曰：'一云四十四县是也。又云二十四县。'"《史记》卷一一〇《匈奴列传》："后秦灭六国，而始皇帝使蒙恬将十万之众北击胡，悉收河南地．因河为塞，筑四十四县城临河，徙适戍以充之。"这里所说"四十四县"或"三十四县"、"二十四县"的县名，目前尚不明了。或许张家山汉简《二年律令·秩律》所见"咸阳"原本亦是秦县。

乾隆元年《甘肃通志》卷一五《水利·甘州府》说到属于广义"河套"的今宁夏地方的"秦渠"："秦渠，在灵州。一曰'秦家渠'。相传创始于秦。引黄河水南入渠口，设闸二空，曰'秦闸'。沿长一百五十里，溉田一千三百顷零。渠尾泄水者曰'黑渠闸'。"有的水利史学者认为此"秦渠"并非秦代开凿："宁夏还有一条秦渠，有人认为是秦始皇时创开，系属误解。"论者以为"秦渠"是"秦家渠"的简称，[①] 而"秦家渠"最早见于元代文献。"公元一八二〇年《嘉庆重修一统志·甘肃·宁夏府》：'秦家渠，在灵州东，亦曰秦渠，古渠也。'秦渠之名始见于此。公元一九二六年《朔方道志·水利志》：'秦渠，一曰秦家渠，相传创始于秦'，第一次提到该渠'创始于秦'，但仍明确说是'相传'。公元一九三六年《宁夏省水利专刊·各渠考述》，在照引《朔方道志》以后，特地注明'至秦代何年？无从考究'。"[②] 有了乾隆元年《甘肃通志》提供的资料，秦渠之名始见于《嘉庆重修一统志》的说法，《朔方道志》第一次提到该渠"创始于秦"的说法，现在看来都是不正确的了。而乾隆元年《甘肃通志》卷一五《水利·甘州府》在"秦渠"之后即说"汉渠"，似未可因"秦渠"是"秦家渠"的简称的判断就从根本上否定"秦渠"成就于秦代的可能。推想秦王朝在"以为四十四县"的地方，也应当有水利建设。秦始皇时代称"河水"为"德水"，在某种意义上也许包含有对黄河灌溉之利进行实际评价的意义。

虽然目前尚无确切资料可以说明秦王朝曾经在河套地区进行了水利建

[①] 其实下文说到的"汉延渠"，很可能就是"汉家村"的讹读。

[②] 武汉水利电力学院、水利电力科学研究院《中国水利史稿》编写组：《中国水利史稿》上册，水利电力出版社1979年版，第138页。

设,然而"新秦中"地名,可以告诉我们关中模式对河套及邻近地区经济发展规划设计和实施的影响。

(三)"新秦中"建设

"新秦中"地名,在《史记》中始见于《平准书》有关汉武帝时代边疆政策的记载:

> 徙贫民于关以西,及充朔方以南新秦中,七十余万口,衣食皆仰给县官。数岁,假予产业,使者分部护之,冠盖相望.其费以亿计,不可胜数。

裴骃《集解》:"服虔曰:'地名,在北方千里。'如淳曰:'长安已北,朔方已南。'瓒曰:'秦逐匈奴以收河南地,徙民以实之,谓之新秦。今以地空,故复徙民以实之。'"《平准书》还记载:

> 上北出萧关,从数万骑,猎新秦中,以勒边兵而归。新秦中或千里无亭徼,于是诛北地太守以下,而令民得畜牧边县,官假马母,三岁而归,及息什一,以除告缗,用充仞新秦中。

对于"新秦中"的地理范围,似有不同的理解。如淳说"朔方已南",瓒曰"河南地",《史记》卷九九《刘敬叔孙通列传》:"刘敬从匈奴来,因言'匈奴河南白羊、楼烦王,去长安近者七百里,轻骑一日一夜可以至秦中。秦中新破,少民,地肥饶,可益实'。"司马贞《索隐》:"案:张晏云白羊,国名。二者并在河南。河南者,案在朔方之河南,旧并匈奴地也,今亦谓之'新秦中'。"也说"河南"即"秦中"或"新秦中"。然而也有以"河南"与"新秦中"并列者。如《史记》卷一一〇《匈奴列传》:"徙关东贫民处所夺匈奴河南、新秦中以实之。"张守节《正义》:"服虔云:'地名,在北地,广六七百里,长安北,朔方南。《史记》以为秦始皇遣蒙恬斥逐北胡,得肥饶之地七百里,徙内郡人民皆往充实之,号曰新秦中也。'"按照服虔的说法,"新秦中"得名,在秦始皇时代。[1]

---

[1] 《清史稿》卷七七《地理志二四》"内蒙古·鄂尔多斯"写道:"鄂尔多斯旧六旗,又增设一旗,共七旗:在绥远西二百八十五里河套内,东南距京师一千一百里。秦,新秦中。汉,朔方郡地。"也说"新秦中"是秦时地域称谓。

秦始皇时代的"新秦中"建设，缺乏足够的史料予以说明。汉初这一地区的农耕经营形式，则可以通过晁错的规划有所体现。

晁错建议以组织屯田的方式建设一个以先进农耕技术为经济基点的新边区，并提出了具体的规划措施。《汉书》卷四九《晁错传》记载，晁错建议汉文帝以新的方式"守边备塞"，提出了相当完备的计划。他说，边境防卫之重要，已经引起重视，但是征调"远方之卒"守卫，每年予以更替，不如选调"常居"边地的人。他建议组织向北边移民，给予优厚的安置条件，"先为室屋，具田器"，"皆赐高爵，复其家。予冬夏衣，廪食，能自给而止。郡县之民得买其爵，以自增至卿。其亡夫若妻者，县官买予之"。"如是，则邑里相救助，赴胡不避死。"这并不是由于道德的激励，而是由于亲情关系和利益因素所驱使，这与"东方之戍卒不习地势而心畏胡者"相比较，功效可以超越万倍。晁错说："以陛下之时，徙民实边，使远方无屯戍之事，塞下之民父子相保，亡系虏之患，利施后世，名称圣明，其与秦之行怨民，相去远矣。"汉文帝接受了他的建议，于是"募民徙塞下"，以"募"的形式组织民众徙居北边。晁错在又一次上言时，提出了安置这些移民的具体措施："下吏诚能称厚惠，奉明法，存恤所徙之老弱，善遇其壮士，和辑其心而勿侵刻，使先至者安乐而不思故乡，则贫民相募而劝往矣。臣闻古之徙远方以实广虚也，相其阴阳之和，尝其水泉之味，审其土地之宜，观其草木之饶，然后营邑立城，制里割宅，通田作之道，正阡陌之界，先为筑室，家有一堂二内，门户之闭，置器物焉，民至有所居，作有所用，此民所以轻去故乡而劝之新邑也。为置医巫，以救疾病，以修祭祀，男女有昏，生死相恤，坟墓相从，种树畜长，室屋完安，此所以使民乐其处而有长居之心也。"

其中所谓"尝其水泉之味"，体现出对水资源的重视，也有益于我们理解当时水文与人文的关系。

"新秦中"的定名，是和关中农耕传统有密切关系的。正如史念海所说："由于这个地区的土地在当时是相当肥沃的，其肥沃的程度几乎可以和渭河下游相媲美。渭河下游当时为都城所在地，称为秦中。这个地区既然仿佛秦中，所以也就称为新秦中。"[①]

（四）朔方的"白渠水"

汉武帝时代，北边防线得到巩固。其措施之一，是强化当地的经济结

[①] 史念海：《新秦中考》，《河山集》五集，山西人民出版社1991年版，第134页。

构以为实力依托。水利建设，尤其受到突出的重视。

《史记》卷二九《河渠书》说，汉武帝亲临治河，引起了对水利的普遍重视：

> 自是之后，用事者争言水利。朔方、西河、河西、酒泉皆引河及川谷以溉田。

"朔方"列于第一，是引人注目的。《史记》卷三〇《平准书》记载：

> 初置张掖、酒泉郡，而上郡、朔方、西河、河西开田官，斥塞卒六十万人戍田之。

从河西汉代遗存提供的资料可以知道，这种大规模的"戍田"，是以水利事业的开发作为保障的。不仅居延汉简有"河渠卒"[1]、"治渠卒"[2]称谓，居延边塞遗址还发现了水渠的遗存。《汉书》卷二四上《食货志上》说到汉元帝时罢"北假田官"事。《汉书》卷九九中《王莽传中》又记载："遣尚书大夫赵并使劳北边，还言五原北假膏壤殖谷，异时常置田官。乃以并为田禾将军，发戍卒屯田北假，以助军粮。"《汉书》卷九四上《匈奴传上》：

> 匈奴远遁，而幕南无王庭。汉度河自朔方以西至令居，往往通渠置田官，吏卒五六万人，稍蚕食，地接匈奴以北。

所谓"通渠置田官"，暗示前引《史记》卷三〇《平准书》及《汉书》卷二四上《食货志上》、卷九九中《王莽传中》所说到的"田官"，很可能都是以"通渠"作为基本经营方式的。

根据水利史学者的考察，"宁夏地区现存的汉渠、汉延渠都可能兴建于汉代，现在都是长达百里，灌溉面积十万亩以上的灌溉渠道"[3]。

河套及邻近地区的水利史记录，又见于《水经注·河水三》："河水又北与枝津合，水受大河，东北迳富平城，所在分裂，以溉田圃。""河水又北迳临戎县故城西，元朔五年立，旧朔方郡治，王莽之所谓推武也。

---

[1] 如 140.15。
[2] 如 E.P.T7：47，E.P.T52：110。
[3] 武汉水利电力学院、水利电力科学研究院《中国水利史稿》编写组：《中国水利史稿》上册，水利电力出版社 1979 年版，第 138 页。

河水又北，有枝渠东出，谓之铜口，东迳沃野县故城南，汉武帝元狩三年立，王莽之绥武也。枝渠东注以溉田，所谓智通在我矣。"在临沃县，"（枝津）水上承大河于临沃镇，东流七十里，北溉田，南北二十里，注于河"。又有"白渠水"：

> 白渠水西北迳成乐城北……
>
> 白渠水又西迳魏云中宫南。《魏土地记》曰：云中宫在云中县故城东四十里。
>
> 白渠水又西南迳云中故城南，故赵地。
>
> 白渠水又西北迳沙陵县故城南，王莽之希恩县也。其水西注沙陵湖。

《汉书》卷二八下《地理志下》"定襄郡"条下写道：

> 武进，白渠水出塞外，西至沙陵入河。

对于所谓"白渠水出塞外"，史念海已有考辨："白渠水所由出的武进县，在今内蒙古和林格尔和凉城两县之间。""白渠水所出的塞外，乃是指汉代以前的旧事而言，不仅非汉时的实况，也和平帝元始年间的地理无关。"[1] 也就是说，"白渠水"所流经的地域完全在汉境之内。水名用"渠"字，说明是由人工开凿或者经过人工修整。[2]

关中"白渠"是继"郑国渠"之后最著名的水利工程。《汉书》卷二九《沟洫志》："太始二年，赵中大夫白公复奏穿渠。引泾水，首起谷口，尾入栎阳，注渭中，袤二百里，溉田四千五百余顷，因名曰'白渠'。民得其饶，歌之曰：'田于何所？池阳、谷口。郑国在前，白渠起后。举锸为云，决渠为雨。泾水一石，其泥数斗。且溉且粪，长我禾黍。衣食京师，亿万之口。'言此两渠饶也。"[3] 河套地区的"白渠水"，或许与关中的"白渠"存在某种关系。如果确实如此，则可以看作在秦王朝

---

[1] 史念海：《新秦中考》，《河山集》五集，山西人民出版社1991年版，第129页。

[2] 《风俗通义·山泽》"渠"条下写道："谨按传曰：'渠者，水所居也。'"《说文·水部》："渠，水所居。"王筠句读："河者，天生之；渠者，人凿之。"

[3] 《风俗通义·山泽》："孝武帝时，赵中大夫白公复奏穿渠，故语曰：'田于何所，池阳谷口。郑国在前，白渠起后。举锸为云，决渠为雨。泾水一石，其塈数斗。且溉且粪，长我稷黍。衣食京师，数百万口。'"

按照巴蜀推行关中模式的成功经验之后，在北河地区的又一次试验的历史遗存。可能包括"白渠水"的诸多满足"成田"用水需求的河渠，也是在北边实现关中水利建设方式的又一翻版。

只是"白渠水"以及一系列"汉渠"所改造和利用的水资源，已经不是渭水和岷江这样等级的河流，而是当时尚称作"大河"的黄河。

北河地区的水利事业推动了北边新的经济进步。这种进步对于汉王朝能够在与匈奴的战争中采取主动态势，起到了基本军备保障的作用。

秦汉时期北河水利的发展，不仅对于北边经济开发和国防建设有重要的意义，对后世的水利事业也产生了积极的影响。

四 汉代燕地的文化坐标

《汉书》卷二八下《地理志下》写道："燕地，尾、箕分野也。武王定殷，封召公于燕，其后三十六世与六国俱称王。东有渔阳、右北平、辽西、辽东，西有上谷、代郡、雁门，南得涿郡之易、容城、范阳、北新城、故安、涿县、良乡、新昌，及勃海之安次，皆燕分也。乐浪、玄菟，亦宜属焉。"广义的燕地，包括战国时期燕国控制的地区，相当于西汉幽州刺史部的主要地方。其重心地带，即以蓟（今北京）为中心的广阳。这一地区有比较特殊的地位。考察燕地的文化地理，对于深化汉代文化史和汉代行政史的认识，是有积极意义的。

（一）两条战略道路的交叉点

《史记》卷六《秦始皇本纪》记载，秦始皇统一天下后凡 5 次出巡，其中 4 次行至海滨，往往"并海"巡行。二十八年（前 219）第 2 次出巡，上泰山，又"并勃海以东，过黄、腄，穷成山，登之罘，立石颂秦德焉而去，南登琅邪"。二十九年（前 218）第 3 次出巡和三十二年（前 215）第 4 次出巡，也都至于滨海地区。三十七年（前 210）第 5 次出巡，"上会稽，祭大禹，望于南海"，"还过吴，从江乘渡，并海上，北至琅邪"，又由之罘"并海，西至平原津"。

秦二世东巡郡县，也曾经并海而行。"到碣石，并海，南至会稽"，又"遂至辽东而还"①。

《汉书》卷六《武帝纪》记载：汉武帝元封元年（前110）出巡，"行自泰山，复东巡海上，至碣石"。元封五年（前106），由江淮"北至琅邪，并海，所过礼祠其名山大川"。

显然，秦汉时期，沿海滨有一条交通大道，由秦皇汉武出巡路线的选择，可推知这条道路具备可以通过帝王车舆的规模。这条战略道路，可以称为"并海道"②。"并海道"在东汉末年，又称作"傍海道"③。《史记》卷八七《李斯列传》："始皇三十七年十月，行出游会稽，并海上，北抵琅邪。"《史记》卷八八《蒙恬列传》："始皇三十七年冬，行出游会稽，并海上，北走琅邪。"司马贞《索隐》："并，音白浪反。"《汉书》卷六《武帝纪》："北至琅邪，并海。"颜师古注："'并'，读曰'傍'。傍，依也。音步浪反。""并海道"也就是"傍海道"④。

当时沿长城防线，也曾经有一条具有战略意义的交通道路。这条道路可以称作"北边道"。

秦汉长城防御体系由北边道连贯为一体。史书中可以看到中央政府派员沿这条道路巡行北部边防的记载。例如，据《汉书》卷七《昭帝纪》：汉武帝后元二年（前87）左将军上官桀巡行北边；《汉书》卷九九中《王莽传中》记载，新莽始建国三年（11）"遣尚书大夫赵并使劳北边"；天凤元年（14）"谏大夫如普行边兵"，等等。史籍中关于秦汉时代"北边道"通行状况的最明确的说明，莫过于关于帝王亲自循北边巡行的记

---

① 王子今：《秦二世元年东巡史事考略》，《秦文化论丛》第3辑，西北大学出版社1994年版。
② 王子今：《秦汉时代的并海道》，《中国历史地理论丛》1988年第2辑。
③ 《三国志》卷一《魏书·武帝纪》："将北征三郡乌丸，……秋七月，大水，傍海道不通，田畴请为乡导，公从之。引军出卢龙塞，塞外道绝不通，乃堑山堙谷五百余里，经白檀，历平冈，涉鲜卑庭，东指柳城。"
④ （宋）王观国《学林》卷一〇"并"条："'并'，《史记·秦始皇纪》曰：'并海上，北至琅邪。'又曰：'遂并海，西至平原津。'又曰：'并海，南至会稽。'又《封禅书》曰：'上乃遂去，并海上，北至碣石。'又《大宛传》曰：'留岁余，还，并南山，欲从羌中归。'《前汉·郊祀志》曰：'始皇南至湘江，遂登会稽，并海上。'又曰：'二世元年，东巡碣石，并海。'又曰：'皆在齐北，并渤海。'又《沟洫志》曰：'并北山，东至洛三百余里。'又《薛宣传》曰：'三辅赋敛无度，酷吏并缘为奸。'以上'并'字，颜师古注曰：'并'，步浪反。《列子》曰：'孔子使人并涯止之。'《唐书·李适传》曰：'春幸梨园，并渭水，祓除。'此'并'字亦皆读音步浪反者也。'并'音步浪反者，其义与'旁'字'遵'字同。《前汉书·扬雄传》曰：'武帝广开上林，旁南山而西，至长杨、五柞。'《孟子》曰：'吾欲观于转附朝儛，遵海而南，放于琅邪'是也。字书'并'字无步浪反之音，古人借音用之耳。《前汉书·地理志》牂柯郡有同并县。应劭注：'并'音伴。字书亦无。此音亦借音也。"

载。《史记》卷六《秦始皇本纪》记载：二十七年（前220），"始皇巡陇西、北地，出鸡头山，过回中"。陇西郡正在当时长城线的西端，而所谓"鸡头山"，张守节《正义》引《括地志》："《后汉书·隗嚣传》云，'王莽塞鸡头。'即此也。"可见也是著名要塞。秦始皇三十二年（前215），东临勃海边，"刻碣石门"，又"巡北边，从上郡入"，大致经行了北边道路的大段。秦始皇三十七年（前210），出巡途中病故沙丘平台，李斯、赵高秘不发丧，棺载车中，"从井陉抵九原"而后归，并不急于回归咸阳控制统治中枢，特意绕行北边，也许可以说明这次出巡的既定路线是巡行北边后由直道返回咸阳的。

汉高祖平叛曾亲赴平城，致受白登之围，平城亦地当北边道上。据《史记》卷二八《封禅书》，汉武帝元鼎五年（前112），曾由雍"至陇西，西登崆峒"，元封元年（前110），汉武帝"行自云阳，北历上郡、西河、五原，出长城，北登单于台，至朔方，临北河"，巡察了北边道西段。同年，又北"至碣石，自辽西历北边九原归于甘泉"，巡察了北边道的东段及中段。元封四年（前107），汉武帝"通回中道，北出萧关，历独鹿、鸣泽，自代而还"①。这些交通行为，都行经"北边道"②。

燕地，正处在并海道和北边道这两条重要的战略道路的交叉点上。其形势，形成了一个T字形结构。

（二）三个文化区域的过渡带

在以往的秦汉区域文化研究论著中，笔者曾经在"秦汉时期的基本文化区及其文化风貌"主题下，就"滨海文化区与滨海文化"和"北边区的军事文化"有所讨论。史念海在为《秦汉区域文化研究》所作序言中，曾经给予肯定的评价："（《秦汉区域文化研究》）中多有新见发表。特别是对于北边区和滨海区的文化区的划分，从交通文化的研究入手，又注意到这两个区域在秦汉文化体系与外域文化体系的交接中的特殊地位，提出了值得学界重视的意见。对于这两个文化区的区域文化的具体分析，因为以往少有学者涉及，也表现出某种开创性的意义。"③

其实，燕地也可以说正处于北边区、滨海区以及三晋文化区三个文化区域的交接处。燕地，于是成为具有不同区域文化风格的北边区、滨海区

---

① 《汉书》卷六《武帝纪》。
② 王子今：《秦汉长城与北边交通》，《历史研究》1988年第6期。
③ 王子今：《秦汉区域文化研究》，四川人民出版社1998年版，第1页。

以及三晋文化区之间的过渡带。

《汉书》卷二八下《地理志下》陈述各地风俗，关于燕地的民风，有这样的记录：

> 蓟，南通齐、赵，勃、碣之间一都会也。初太子丹宾养勇士，不爱后宫美女，民化以为俗，至今犹然。宾客相过，以妇侍宿，嫁取之夕，男女无别，反以为荣。后稍颇止，然终未改。其俗愚悍少虑，轻薄无威，亦有所长，敢于急人，燕丹遗风也。
>
> 上谷至辽东，地广民希，数被胡寇，俗与赵、代相类，有鱼盐枣栗之饶。北隙乌丸、夫余，东贾真番之利。

燕地民俗的这种特殊性，是与文化传统有密切关系的，也是与地理形势有密切关系的。

人们面对这一与通常农耕区不同的地区所看到的最直接的文化表现，首先是作为北边区而出现的人口民族构成的复杂性以及农耕生活与游牧生活的交叉，[①] 其次是作为滨海区而出现的与齐地同样的神仙说的盛行和方士群的活跃。[②]

（三）汉皇帝卧榻东北角的"镇"

燕地频繁的反乱，在西汉政治历程中留有深刻的历史印痕。《汉书》卷二七下之下《五行志下之下》："高帝三年十月甲戌晦，日有食之，在斗二十度，燕地也。后二年，燕王臧荼反，诛，立卢绾为燕王，后又反，败。""昭帝始元三年十一月壬辰朔，日有食之，在斗九度，燕地也。后四年，燕刺王谋反，诛。"

在秦灭六国，实现统一的过程中，这一地区曾经以特殊方式表现了最激烈的反抗。《汉书》卷二八下《地理志下》："燕称王十世，秦欲灭六国，燕王太子丹遣勇士荆轲西刺秦王，不成而诛，秦遂举兵灭燕。"

[①] 参见陈平《北方幽燕文化研究》，群言出版社2006年版；王海：《两汉幽州边地社会研究》，北京师范大学硕士学位论文，2007年。

[②] 《史记》卷二八《封禅书》说到"燕齐海上之方士"的文化影响，"而宋毋忌、正伯侨、充尚、羡门高最后皆燕人，为方仙道，形解销化，依于鬼神之事"。顾颉刚《秦汉的方士与儒生》说："齐威王、齐宣王、燕昭王们都是他们的信徒……"上海古籍出版社1978年版，第9页。

关于燕地民风所谓"其俗愚悍少虑,轻薄无威,亦有所长,敢于急人",也许也可以为思考这一地区行政困难之原因提供有意义的信息。

汉王朝最高执政集团十分重视对燕地的控制。周振鹤讨论"燕国沿革",曾经指出:"高帝五年臧荼、卢绾相继王燕国,有广阳、上谷、渔阳、右北平、辽东、辽西六郡;十二年更王子建。景帝三年,燕国唯余广阳一郡,其余五边郡属汉。武帝元朔元年燕国除为郡,元狩六年以广阳郡部分地复置燕国封子旦,余地置为涿郡,昭帝间,燕国复除为郡,宣帝本始元年又以此郡部分地置广阳国。"① 对臧荼、卢绾的镇压,削藩时首先对"边郡"行政权的回收,以及后来燕刺王刘旦自杀,国除为广阳郡等事,都表明中央政权对燕地的看重。

《说文·金部》:"镇,博压也。"段玉裁注:"'博'当作'簿',局戏也。'压'当作'厌',笮也。谓局戏以此镇压,如今赌钱者之有桩也。未知许意然否。引申之为重也,安也,压也。""簿压"的解释也许不合"许意"。"镇"即镇压坐席的重物。明代学者徐𤊹《徐氏笔精》卷三《诗谈》"犀渠"条写道:"鲍照《白纻歌》'象床瑶席镇犀渠','镇',压席之物,即今之'镇子'也。古者坐必席地,以镇石压其四角,恐卷动不安。'犀渠'即'砗磲'也。"后世边地军政设置称"镇",或许正是取用镇压坐席的古义。《山海经·海内东经》:"钜燕在东北陬。"而汉世燕地控制的意义,正如全国行政布局"东北陬"的"镇"。以坐卧之地作国家政治地图的比喻,其实古已有之。如宋太祖赵匡胤语徐铉谓:"不须多言,江南亦何罪?但天下一家,卧榻之侧,岂容他人鼾睡耶!"② 关于汉代的"镇",孙机已经有深入的研究和确切的说明。③ "床、榻、枰铺席后,为了避免起身时折卷席角,还要在其四隅置镇。"④ 燕地,就如同西汉帝王榻席东北一隅的"镇"。

---

① 周振鹤:《西汉政区地理》,人民出版社1987年版,第64页。

② (宋)岳珂《桯史》卷一《徐铉入聘》。《续资治通鉴长编》卷一六作:"不许多言,江南亦有何罪?但天下一家,卧榻之侧,岂容他人鼾睡乎!"(宋)杨万里《诚斋集》卷八八《千虑策·国势上》:"卧榻之侧,岂容有鼻息雷鸣者!"(宋)方岳《秋崖集》卷二十一《启·贺高运使》:"……如使争雄于封域之间奚啻鼾睡于卧榻之侧,吾恐患方深耳。"又《说郛》卷一九下谢枋得《碧湖杂记》:"君门九重,睡榻之侧,岂容他人咳唾!"

③ 孙机:《汉镇艺术》,《文物》1983年6期;《坐席镇与博镇》,《文物天地》1989年第6期。

④ 孙机:《汉代物质文化资料图说》(增订本),上海古籍出版社2008年版,第253页。

（四）关于《安世房中歌》"纷乱东北"与"盖定燕国"

《汉书》卷二二《礼乐志》载录《安世房中歌》十七章，其中第五章说到燕地形势：

> 海内有奸，纷乱东北。诏抚成师，武臣承德。行乐交逆，箫勺群慝。肃为济哉，盖定燕国。

"海内有奸，纷乱东北"，颜师古注："谓匈奴。"对于所谓"盖定燕国"，颜师古也解释说："匈奴服从，则燕国安静无寇难也。"而"诏抚成师，武臣承德"句，颜师古注："成师，言各置部校，师出以律也。《春秋左氏传》曰'成师以出'。"对于所谓"箫勺群慝"，颜师古注应读作"《箫》、《勺》"，释为古乐："晋灼曰：'《箫》，舜乐也。《勺》，周乐也。言以乐征伐也。'师古曰：'言制定新乐，教化流行，则逆乱之徒尽交欢也。慝，恶也。《勺》读曰酌。'"

对于颜师古注，后来学者多提出不同意见。"成师，言各置部校，师出以律也。《春秋左氏传》曰'成师以出'。"王先谦《汉书补注》则说："颜说非也。《广雅·释诂》：'抚，安也。'《小司徒》注：'成，犹定也。''师，民众也。'《左·桓二年传》：'命之曰成师'，杜注：'谓能成其众。'此成师，已定之民，高祖虑用兵扰之，故诏以抚安已定之民，而武臣能奉承德意也。""箫勺群慝"，颜师古读作"《箫》、《勺》"，中华书局标点本《汉书》取此义。① 而王先谦《汉书补注》引刘敞曰："予谓'逆'，迎也。'乐'音洛，言师行而和乐远迩皆迎也。"李光地曰："'箫勺'，即销铄也。注谬。"王先谦的意见是："'交逆'，刘说是。'箫勺'，李说是。《楚辞》'质销铄以汋约兮'，王注：'销铄化其渣滓也。'《战国策》'秦劫韩包周则赵自销铄'与此同意也。'箫勺'与'销铄'同声字，故取相代。又'箫'取肃清之意，'勺'取挹取之意，训亦相近。唐韩愈诗：'恩泽诚布濩，嚚顽已箫勺。'则已直用为销铄意，不作乐名解矣。""'箫'取肃清之意"句自注："《释名》：'箫，肃也，肃肃然清也。'""'勺'取挹取之意"句自注："《说文》：'勺，挹取

---

① 《汉书》，中华书局1962年版，第4册第1047页。

也.'"① 施之勉《汉书集释》引周寿昌说:"李说固当,颜注亦未为谬也。"② 虽然说颜师古注"亦未为谬",然而肯定李光地说"固当"。据沈钦韩《汉书疏证》,又有另一种解释:"'箫',当为简,削平也。'勺',酌取也。"③

王先谦《汉书补注》于"肃为济哉"句下有所解释:"行师以严肃取济。"④ 对于所谓"肃为济哉,盖定燕国",颜师古注"匈奴服从,则燕国安静无寇难也",沈钦韩则写道:

> 按"燕国"谓臧荼也。五年臧荼反,又利幾反于颍川,六年,人告楚王信谋反,又韩王信降匈奴。此所谓"纷乱东北",师古但指"匈奴","北"则然矣,何有于"东"?又不晓"燕国"为臧荼。如彼训诂,徒费笔墨也。⑤

这样的理解,应接近《安世房中歌》第五章的原义。

"纷乱东北"前句为"海内有奸",是说导致"纷乱东北"形势的是"海内"之"奸"。在秦汉政治语境中,"海内"所指代的文化区域,通常是与统一王朝和以中原为主的文化共同体相互同一的。

以《史记》所见体现汉初政治意识的文字遗存中出现"海内"者为例,如:

> 酒酣,高祖击筑,自为歌诗曰:"大风起兮云飞扬,威加海内兮归故乡,安得猛士兮守四方!"(卷八《高祖本纪》)

> 有司皆固请曰:"古者殷周有国,治安皆千余岁,古之有天下者莫长焉,用此道也。立嗣必子,所从来远矣。高帝亲率士大夫,始平天下,建诸侯,为帝者太祖。诸侯王及列侯始受国者皆亦为其国祖。子孙继嗣,世世弗绝,天下之大义也,故高帝设之以抚海内。今释宜建而更选于诸侯及宗室,非高帝之志也。更议不宜。"(卷一〇《孝文本纪》)

> 历至孝文即位,将军陈武等议曰:"南越、朝鲜自全秦时内属为

---

① 王先谦:《汉书补注》,中华书局1983年版,上册第483页。
② 施之勉:《汉书集释》,三民书局2003年版,第6册第2154页。
③ 沈钦韩:《汉书疏证》,上海古籍出版社2006年版,上册第443页。
④ 王先谦:《汉书补注》,中华书局1983年版,上册第483页。
⑤ 沈钦韩:《汉书疏证》,上海古籍出版社2006年版,上册第443页。

臣子，后且拥兵阻险，选蠕观望。高祖时天下新定，人民小安，未可复兴兵。今陛下仁惠抚百姓，恩泽加海内，宜及士民乐用，征讨逆党，以一封疆。"（卷二四《乐书》）

高祖使陆贾赐尉他印为南越王。陆生至，尉他魋结箕倨见陆生。陆生因进说他曰："足下中国人，亲戚昆弟坟在真定。今足下反天性，弃冠带，欲以区区之越与天子抗衡为敌国，祸且及身矣。且夫秦失其政，诸侯豪桀并起，唯汉王先入关，据咸阳。项羽倍约，自立为西楚霸王，诸侯皆属，可谓至强。然汉王起巴蜀，鞭笞天下，劫略诸侯，遂诛项羽灭之。五年之间，海内平定，此非人力，天之所建也。"（卷九七《郦生陆贾列传》）

又如《汉书》所见类同例证：

> 诸侯王皆曰："大王起于细微，灭乱秦，威动海内。又以辟陋之地，自汉中行威德，诛不义，立有功，平定海内，功臣皆受地食邑，非私之也。"（卷一下《高帝纪下》）

> 令海内之势如身之使臂，臂之使指，莫不制从，诸侯之君不敢有异心，辐凑并进而归命天子，虽在细民，且知其安，故天下咸知陛下之明。（卷四八《贾谊传》）

> 信并兼之法，遂进取之业，天下大败；众掩寡，智欺愚，勇威怯，壮陵衰，其乱至矣。是以大贤起之，威震海内，德从天下。曩之为秦者，今转而为汉矣。（卷四八《贾谊传》）

> 又上书言："人主所以尊显功名扬于万世之后者，以知术数也。故人主知所以临制臣下而治其众，则群臣畏服矣；知所以听言受事，则不欺蔽矣；知所以安利万民，则海内必从矣；知所以忠孝事上，则臣子之行备矣：此四者，臣窃为皇太子急之。"（卷四九《晁错传》）

> 所为天下兴利除害，变法易故，以安海内者，大功数十，皆上世之所难及，陛下行之，道纯德厚，元元之民幸矣。（卷四九《晁错传》）

> 秦以熊罴之力，虎狼之心，蚕食诸侯，并吞海内，而不笃礼义，故天殃已加矣。（卷五一《贾山传》）

所见"海内"语义，都是指汉王朝控制的地区。以为"海内有奸，纷乱东北",是"谓匈奴"的说法,看来是不能成立的。

(五) 燕地贵族军阀"与胡连和"事

据《史记》卷九三《韩信卢绾列传》,燕王臧荼反叛被镇压后,臧荼的儿子臧衍逃亡到匈奴。

此后燕王卢绾与刘邦离心,也与匈奴势力的作用有关。"汉十一年秋,陈豨反代地,高祖如邯郸击豨兵,燕王绾亦击其东北。当是时,陈豨使王黄求救匈奴。燕王绾亦使其臣张胜于匈奴,言豨等军破。张胜至胡,故燕王臧荼子衍出亡在胡,见张胜曰:'公所以重于燕者,以习胡事也。燕所以久存者,以诸侯数反,兵连不决也。今公为燕欲急灭豨等,豨等已尽,次亦至燕,公等亦且为虏矣。公何不令燕且缓陈豨而与胡和?事宽,得长王燕;即有汉急,可以安国。'张胜以为然,乃私令匈奴助豨等击燕。燕王绾疑张胜与胡反,上书请族张胜。胜还,具道所以为者。燕王寤,乃诈论它人,脱胜家属,使得为匈奴间。"这里所谓"与胡和",《汉书》卷三四《卢绾传》作"与胡连和"。后来卢绾与陈豨联络事泄漏,刘邦使使召卢绾,卢绾称病不行,刘邦益怒。"又得匈奴降者,降者言张胜亡在匈奴,为燕使。于是上曰:'卢绾果反矣!'使樊哙击燕。燕王绾悉将其宫人家属骑数千居长城下,候伺,幸上病愈,自入谢。四月,高祖崩,卢绾遂将其众亡入匈奴,匈奴以为东胡卢王。"① 卢绾与刘邦同乡,长期保持密切关系,② 在燕地执政期间,竟然投靠匈奴。

另一与此类似的情形,是刘秀的同乡彭宠,也在"自立为燕王"③,举兵反刘秀时与匈奴结盟。《后汉书》卷一二《彭宠传》:"(彭宠)遣使以美女缯彩赂遗匈奴,要结和亲。单于使左南将军七八千骑,往来为游兵以助宠。"④

---

① 《史记》卷八《高祖本纪》记载:"卢绾与数千骑居塞下候伺,幸上病愈自入谢。""卢绾闻高祖崩,遂亡入匈奴。"《史记》卷九三《韩信卢绾列传》:"高后时,卢绾妻子亡降汉,会高后病,不能见,舍燕邸,为欲置酒见之。高后竟崩,不得见。卢绾妻亦病死。"

② 《史记》卷九三《韩信卢绾列传》:"卢绾者,丰人也,与高祖同里。卢绾亲与高祖太上皇相爱,及生男,高祖、卢绾同日生,里中持羊酒贺两家。及高祖、卢绾壮,俱学书,又相爱也。里中嘉两家亲相爱,生子同日,壮又相爱,复贺两家羊酒。高祖为布衣时,有吏事辟匿,卢绾常随出入上下。及高祖初起沛,卢绾以客从,入汉中为将军,常侍中。从东击项籍,以太尉常从,出入卧内,衣被饮食赏赐,群臣莫敢望,虽萧曹等,特以事见礼,至其亲幸,莫及卢绾。"

③ 《后汉书》卷一上《光武帝纪上》。

④ 《后汉书》卷一九《耿弇传》又说到彭宠以"胡骑"壮其军势事:"时征虏将军祭遵屯良乡,骁骑将军刘喜屯阳乡,以拒彭宠。宠遣弟纯与匈奴二千余骑,宠自引兵数万,分为两道以击遵、喜。胡骑经军都,(耿)舒袭破其众,斩匈奴两王,宠乃退走。"

以燕地起家的东汉初年吴汉的部队和东汉末年袁绍的部队，都以少数民族骑兵作为主力。①《三国志》卷三二《蜀书·先主备传》："先主自有兵千余人及幽州乌丸杂胡骑。"也值得注意。②

显然，燕地与匈奴的密切关系，也使得汉王朝执政集团不能不对这一地区予以特别的关注。从这一角度理解颜师古注对于"纷乱东北"、"盖定燕地"的解说均指向匈奴的原因，理解周寿昌所谓"颜注亦未为谬也"的涵义，也许是适宜的。

（六）燕地的交通条件

在平定反叛的战争中，史籍中有反映燕地交通条件的记录。如《史记》卷五七《绛侯周勃世家》：

> 以将军从高帝击反者燕王臧荼，破之易下，所将卒当驰道为多。③

司马贞《索隐》："易，水名，因以为县，在涿郡。谓破荼军于易水之下，言近水也。"张守节《正义》："《括地志》云：易县故城在幽州归义县东南十五里，燕桓侯所徙都，临易是也。《索隐》小颜以当高祖所行之道，或以驰道为秦之驰道。故《贾山传》云秦为驰道，'东穷燕齐'也。"《汉书》卷四○《周勃传》颜师古注："师古曰：当高祖所行之前。刘敞曰：驰道，犹言乘舆耳。言勃将卒在驰道有功也。战功曰多。"其实，周勃所谓"当驰道"，应是在驰道承担阻击任务。

又中华书局标点本《汉书》卷二八下《地理志下》：

> 渔阳郡，秦置。莽曰（北顺）〔通路〕。

---

① 王莽时曾经"亡命至渔阳"，"往来燕、蓟间"的吴汉，有"渔阳、上谷突骑，天下所闻也"语。《后汉书》卷一八《吴汉传》记载，刘秀曾经"拜汉大将军，持节北发十郡突骑"，所部"士马甚盛"，以致刘秀军中诸将惊羡。"光武北击群贼，汉常将突骑五千为军锋，数先登陷阵。"击苏茂、周建十余万众于广乐，"汉将轻骑迎与之战"，曾受小挫。决战时，"汉选四部精兵黄头吴何等，及乌桓突骑三千余人，齐鼓并进"，终于大胜。通过对广乐战事的记述，可知吴汉部队中以骁勇善战天下闻名的"突骑"、"轻骑"，应是乌桓骑士。据《三国志》卷六《魏书·袁绍传》裴松之注引《魏氏春秋》载绍檄州郡文，自称"长戟百万，胡骑千群"。
② 参见王子今《两汉军队中的"胡骑"》，《中国史研究》2007年第3期。
③ 类似战功记录，又有《绛侯周勃世家》："因击胡骑平城下所将卒当驰道为多。"

《校勘记》指出："景佑、殿本都作'通路'王先谦说此涉下右北平而误。"① 渔阳郡，王莽时改称"北顺"或"通路"，都体现这一地区的交通优势。《地理志下》"渔阳郡"条还写道：

> 渔阳，沽水出塞外，东南至泉州入海，行七百五十里。有铁官。莽曰得渔。
> 狐奴，莽曰举符。
> 路，莽曰通路亭。……
> 要阳，都尉治。莽曰要术。

渔阳县有"沽水"，所谓"行七百五十里"，或可理解为通航里程。理解所谓"举符"县名，或许应当注意"符"作为出入门关之凭证的直接意义。《说文·竹部》："符，信也。"段玉裁注以《周礼》"门关用符节"及注以为解说。"路"和"通路亭"县名强调交通条件的意义不言自明。王莽改"要阳"为"要术"，而"术"，在《说文》中归入《行部》。许慎的解释是："术，邑中道也。"

《汉书》卷二八下《地理志下》说到"上谷至辽东"地方，具有外向型经济文化特征：有"北隙乌丸、夫余，东贾真番之利"。这是向东北方向的文化通道。

（七）"西王母降"：又一条中外交通道路

燕地其实还有向正北方向或者西北方向的联系中原文化与外域文化的通路。

正如周穆王见西王母传说暗示中西通路的早期开通一样，我们也可以从燕昭王见西王母的传说中发现燕地交通西北的文化线索。

《太平御览》卷六九二引《拾遗记》可见"西王母降"并与燕昭王"游乎燧林之下"的故事：

> 燕昭王时，西王母降，与昭王游乎燧林之下，说炎皇钻火之术，取绿桂之膏，然以照夜。忽有飞蛾衔火，状如丹雀，来拂桂膏之上。此蛾出员丘之穴，穴洞达于九天中，有细珠如流沙，可穿而结，因用为佩。

---

① 《汉书》，中华书局1962年版，第6册第1672页。

《太平御览》卷九五一引王子年《拾遗记》，也有情节相近的记述："有谷将子，学道者也。言于燕昭王曰：西王母寻来，必语虚滫之术。不踰一年，王母果至，与昭王游于燧林之下，谈炎帝钻火之术，取绿桂之膏，然以照夜。忽有飞蛾衔火，状如丹雀，来拂于桂膏之上。蛾出于员丘之穴。"

清代学者王士禛《居易录》卷二九写道："五代马或《赠韩定辞诗》'巇螯山'见《颜氏家训》，予《池北偶谈》已详之。其首句云：'燧林芳草绵绵思，尽日相携陟丽谯。''燧林'未详出处。考《拾遗记》云'燕昭王游于西王母燧林之下，说燧皇钻火'之事，在申弥国，近燧明国，去都万里。则非燕地明矣。王子年著书皆杜撰，韩马特引此以矜奇炫博，非事实也。"①

《太平广记》卷二"燕昭王"条写道：

> 燕昭王者，王哙之子也。及即位，好神仙之道。仙人甘需臣事之，为王述昆台登真之事。去嗜欲，撤声色，无思无为，可以致道。王行之既久，谷将子乘虚而集，告于王曰：'西王母将降观尔之所修，示尔以灵玄之要。'后一年，王母果至，与王游燧林之下，说炎皇钻火之术，燃绿桂膏以照夜。忽有飞蛾衔火，集王之宫，得圆丘朱

---

① 明人董斯张《广博物志》卷五〇《虫鱼下》可见出自《拾遗记》的内容："昭王思诸神异，有谷将子，学道之人也，言于王曰：'西王母将来游，必语虚无之术。'不踰一年，王母将至，与昭王游于燧林之下，说炎帝钻火之术，取绿桂之膏，然以照夜。忽有飞蛾衔火，状如丹雀，来拂于桂膏之上。此蛾出于员丘之穴。穴洞达九天中，有细珠如流沙，可穿而结，因用为佩。此是神蛾之火也。蛾凭气饮露飞，不集下群仙。杀此蛾，合丹药。西王母与群仙游员丘之上，聚神蛾以琼筐盛之。使玉童负筐，以游四极。来降燕庭，出此蛾以示昭王。王曰：'今乞此蛾，以合九转神丹。'王母弗与。"《拾遗记》卷四的记述更为具体。"九年，昭王思诸神异，有谷将子，学道之人也，言于王曰：'西王母将来游，必语虚无之术。'不踰一年，王母果至，与昭王游于燧林之下，说炎帝钻火之术，取绿桂之膏，燃以照夜。忽有飞蛾衔火，状如丹雀，来拂于桂膏之上。此蛾出于圜丘之穴。穴洞达九天中，有细珠如流沙，可穿而结，因用为佩。此是神蛾之火也。蛾凭气饮露飞，不集下群仙。杀此蛾，合丹药。西王母与群仙游圜丘之上，聚神蛾以琼筐盛之。使玉童负筐，以游四极。来降燕，出此蛾以示昭王。王曰：'今乞此蛾，以合九转神丹。'王母弗与。昭王坐握日之台，参云上可扪日时。有黑鸟白颈，集王之所，衔洞光之珠，圆径一尺。此珠色黑如漆，悬照于室内，百神不能隐其精灵。此珠出阴泉之底。阴泉在寒山之北，圆水之中，言水波常圆转而流也。有黑蚌飞翔来去于五岳之上。昔黄帝时，务成子游寒山岭，得黑蚌，在高崖之上，故知黑蚌能飞矣。至燕昭王时，有国献于昭王。王取瑶漳之水，洗其沙泥。乃嗟叹曰：自悬日月而来，见黑蚌生珠已八九十，遇此蚌千岁一生珠也。珠渐轻细。昭王常怀此珠。当隆暑之月，体自轻凉，号曰'销暑招凉之珠'也。"

砂，结而为佩。王登握日之台，得神鸟所衔洞光之珠以消烦暑。自是王母三降于燕宫，而昭王狥于攻取，不能遵甘需澄静之。王母亦不复至，甘需白：王母所设之馔，非人世所有，玉酒金醴后，期万祀。王既尝之，自当得道矣。但在虚凝纯白保其遐龄耳。甘需亦升天而去。三十三年，王无疾而殂，形骨柔奭，香气盈庭。子惠王立矣。（出《仙传拾遗》）

所谓"王母三降于燕宫"，可知这一版本的燕昭王见西王母故事，是西王母来游，"降观尔之所修，示尔以灵玄之要"。而所谓"王母果至，与王游燧林之下"，告知我们"燧林之下"的位置，应当就在燕地。王士禛《居易录》："考《拾遗记》云'燕昭王游于西王母燧林之下，说燧皇钻火'之事，在申弥国，近燧明国，去都万里。则非燕地明矣。"其说似与《拾遗记》的意思不相符合。

虽然确实"'燧林'未详出处"，但是"王母果至，与王游燧林之下"说明"燧林之下"应当属于燕地，并非"西王母燧林"。对于"燧林"的具体位置尚不具备考定条件，然而我们所关注的，是"王母三降于燕宫"的传说，是否有历史真实以为背景。以燕昭王为主角的神仙传说的发生和传播，有学者以为与燕国作为"中国古代沿海大诸侯方国"[1]，"滨临大海的特殊地理环境直接相关"[2]。其实，在考察燕人的神仙意识特别是燕昭王见西王母这样的传说主题时，还应当注意燕人交往西北方向民族的文化脚步，注意草原大漠这一同样便于文化交往的"大片无水的海洋"[3]。

《后汉书》卷八五《东夷列传·夫余国》说"夫余国""北有弱水"，而燕地"北隙乌丸、夫余"。在汉代人的地理知识中，弱水在西方。《史记》卷一二三《大宛列传》："安息长老传闻条枝有弱水、西王母，而未

---

[1] 陈平：《"燕昭王好神仙"与邹衍的"大九州学说"》，《中国典籍与文化》1995年第2期，《燕秦文化研究——陈平学术文集》，北京燕山出版社2003年版，第50页。

[2] 陈平：《戏说燕昭王、邹衍与〈山海经〉》，《中国典籍与文化》1996年第4期，《燕秦文化研究——陈平学术文集》，第70页。

[3] 汤因比说，就便利交通的作用而言，草原和海洋有同样的意义。草原为交通提供了极大的方便。草原这种"大片无水的海洋"成了不同民族"彼此之间交通的天然媒介"。〔英〕汤因比：《历史研究》，曹未风等译，上海人民出版社1964年版，上册第234—235页。1972年版《历史研究》缩略本对于草原和海洋对于交通的作用是这样表述的："二者都为旅行和运输明显提供了更多的便利条件，这是地球上那些有利于人类社会永久居住的地区所不及的。""在草原上逐水草为生的牧民和在海洋里搜寻鱼群的船民之间，确实存在着相似之处。在去大洋彼岸交换产品的商船队和到草原那一边交换产品的骆驼商队之间也具有类似之点。"《历史研究》（修订插图本），刘北成、郭小凌译，上海人民出版社2000年版，第113页。

尝见。"对"弱水"的解说有不同，但多以为与西王母、昆仑山相关。①
《后汉书》"夫余国""北有弱水"之说，可以与"燧林"神话对照理解，
从而认识燕地可以北经草原通路方便地联系西北方向古代部族和部族联盟
的交通条件。

五 秦汉"北边"交通格局与九原的地位

秦汉时期，"北边"是重要的政治地理、军事地理、民族地理和经济
地理概念，也是重要的交通地理概念。②"北边"交通对于国防建设、战
争进退与民族交往意义显著，因而成为当时全国交通结构建设的重心。北
边道和直道在九原交叉，使得这一地方成为重要的交通枢纽。而所谓
"当路塞"的构筑，也是九原防务值得注意的特征。九原不仅是军事重
镇、政治焦点、交通关键，也是民族交往的重要通道。

（一）"北边"的文化定义

秦汉帝国实现了规模空前的统一。面对严重的边疆与民族问题，当时
政治地理语汇出现了所谓"西边"、"南边"等说法。如《汉书》卷七八
《萧望之传》载萧望之与少府李彊议张敞因"西羌反"，提出入谷"陇西
以北，安定以西""八郡"建议的上书，说道："今有西边之役，民失作
业，虽户赋口敛以赡其困乏，古之通义，百姓莫以为非。"《史记》卷一
一三《南越列传》："因立佗为南越王，与剖符通使，和集百越，毋为南
边患害，与长沙接境。"《后汉书》卷八七《西南夷列传·邛都》："刘尚
击益州夷，路由越嶲。长贵闻之，疑尚既定南边，威法必行，己不得自放

---

① 司马贞《索隐》："《魏略》云：'弱水在大秦西。'《玄中记》云：'天下之弱者，有昆
仑之弱水，鸿毛不能载也。'《山海经》云：'玉山，西王母所居。'《穆天子传》云：'天子觞西
王母瑶池之上。'《括地图》云：'昆仑弱水乘龙不至。有三足神鸟，为王母取食。'"张守节
《正义》："此弱水、西王母既是安息长老传闻而未曾见，《后汉书》云桓帝时大秦国王安敦遣使
自日南徼外来献，或云其国西有弱水、流沙，近西王母处，几于日所入也。然先儒多引《大荒西
经》云弱水云有二源，俱出女国北阿耨达山，南流会于女国东，去国一里，深丈余，阔六十步，
非毛舟不可济，南流入海。阿耨达山即昆仑山也，与《大荒西经》合矣。然大秦国在西海中岛
上，从安息西界过海，好风用三月乃到，弱水又在其国之西。昆仑山弱水流在女国北，出昆仑山
南。女国在于寘国南二千七百里。于寘去京凡九千六百七十里。计大秦与大昆仑山相去几四五万
里，非所论及，而前贤误矣。此皆据汉括地论之，犹恐未审，然弱水二所说皆有也。"

② 参见王子今《秦汉区域文化研究》，四川人民出版社1998年版，第132—157页。

纵，即聚兵起营台，……"

秦汉史籍中出现最为频繁的是"北边"。《史记》卷六《秦始皇本纪》："始皇巡北边，从上郡入。"《史记》卷二八《封禅书》说汉武帝行迹："上乃遂去，并海上，北至碣石，巡自辽西，历北边至九原。五月，反至甘泉。"《史记》卷三〇《平准书》写道："于是天子北至朔方，东到太山，巡海上，并北边以归。"又记载"匈奴数侵盗北边"，汉武帝感慨："北边未安，朕甚悼之。"又《史记》卷九九《刘敬叔孙通列传》："冒顿为单于，兵强，控弦三十万，数苦北边。"《史记》卷一二二《酷吏列传》："孝文帝欲事匈奴，北边萧然苦兵矣。"《汉书》卷六《武帝纪》："（后元元年）二月，诏曰：'朕郊见上帝，巡于北边，见群鹤留止，以不罗冈，靡所获献。荐于泰畤，光景并见。其赦天下。'"《汉书》卷七《昭帝纪》："（元凤三年）冬，匈奴入朔方，杀略吏民。发军屯西河，左将军桀行北边。"《汉书》卷八《宣帝纪》五凤三年三月诏曰："北边晏然，靡有兵革之事。"四年，"大司农中丞耿寿昌奏设常平仓，以给北边，省转漕"。"单于居幕南，保光禄城。诏北边振谷食。"《汉书》卷一〇《成帝纪》："（元延元年秋七月）诏曰：'乃者，日蚀星陨，谪见于天，大异重仍。在位默然，罕有忠言。今孛星见于东井，朕甚惧焉。公卿大夫、博士、议郎其各悉心，惟思变意，明以经对，无有所讳；与内郡国举方正能直言极谏者各一人，北边二十二郡举勇猛知兵法者各一人。'"

"北边"的说法很可能战国时期就因北方诸国和匈奴的战争关系而出现。《史记》卷八一《廉颇蔺相如列传》："李牧者，赵之北边良将也。常居代雁门，备匈奴。"当然，这里所谓"北边"，也可能只是汉代史家使用当时语汇记述以往的历史。

《汉书》卷二四上《食货志上》说王莽末年局势，有"北边及青徐地人相食，雒阳以东米石二千"语。可知"北边"是被作为一个总体的区域代号的。同样的情形又见于《汉书》卷二七下之上《五行志下之上》："绥和二年九月丙辰，地震，自京师至北边郡国三十余坏城郭，凡杀四百一十五人。"[1] 居延汉简"北边郡"简文[2]，也是同样的例证。

---

[1] 又如《汉书》卷九四下《匈奴传下》："初，北边自宣帝以来，数世不见烟火之警，人民炽盛，牛马布野。及莽挠乱匈奴，与之构难，边民死亡系获，又十二部兵久屯而不出，吏士罢弊，数年之间，北边虚空，野有暴骨矣。""匈奴愈怒，并入北边，北边由是坏败。"《汉书》卷九六下《西域传下》："匈奴大击北边。"

[2] 例如："狼田以铁器为本北边郡毋铁官印器内郡令郡以时博卖予细民毋令豪富吏民得多取贩卖细民"（E.P.T52：15）。"北边郡"与"内郡"形成对应关系。

汉武帝时代推行"算缗"政策，据《史记》卷三〇《平准书》记载，包括"非吏比者三老、北边骑士，轺车以一算"的规定。裴骃《集解》："如淳曰：'非吏而得与吏比者，官谓三老、北边骑士也。'"《汉书》卷二四下《食货志下》同样的记述，颜师古注："比，例也。身非为吏之例，非为三老，非为北边骑士，而有轺车，皆令出一算。"可知"北边骑士"成为一种特殊身份，其优遇显然与所生活的"北边"地理条件相关。又居延汉简可见"北边挈令"简文①（10.28 及 562.19），也证明"北边"概念已经进入法令条文。②

"北边"首先由于军事地理意义的重要受到社会上下的普遍关注。

《汉书》卷六九《赵充国传》可见有关"北边"防备的建议："窃见北边自敦煌至辽东万一千五百余里，乘塞列隧有吏卒数千人，虏数大众攻之而不能害。今留步士万人屯田，地势平易，多高山远望之便，部曲相保，为堑垒木樵，校联不绝，便兵弩，饬斗具。烽火幸通，势及并力，以逸待劳，兵之利者也。"赵充国的陈述比较简要地说明了"北边"的军事作用，包括塞、隧、堑垒木樵、兵弩、斗具、烽火一系列防卫设施，构成了"虏数大众攻之而不能害"的强固防线，其形势"自敦煌至辽东万一千五百余里"。

然而"北边"又有生态地理和经济地理区界的意义。

分析经济生活的形式，有学者曾经指出，战国至于西汉时期，"长城基本上成为塞北游牧区和塞南农耕区的分界线"，"长城的基本走向，同中国科学院地理研究所的同志们所划定的农作物复种区的北界大致是平行的，而稍稍靠北一些。复种区的北界以北，可以理解为种植区发展的自然条件比较差的地带。因此从农业的角度来说，古代修筑长城时，显然也考虑到了发展和巩固耕种业的自然条件。筑起长城，把原来黄河流域的农耕区以及自然条件较差而还比较适于发展种植业的沿边一带圈到里面，靠着长城的保障向北推展耕种区，就会更容易一些。而只有沿着与草原田比邻的地带变成了农耕区，边防才能更有保证"③。

---

① 如："●北边挈令第四候长候史日迹及将军吏劳二日皆当三日"（10.28），"●北边挈令第四候长候☐"（198.7），"北边挈令第四北边候长候史迹二日当三日"（562.19）。

② 关于秦汉"北边"的认识，可参见王海《秦汉时期北边略说》，《史学月刊》2010 年第 6 期。

③ 王敏瑚：《我国历史上农耕区的向北扩展》，《中国历史地理论丛》第 1 辑，陕西人民出版社 1981 年版。

这样的分析，是符合秦汉时期的历史真实的。①

(二)"天下苦其劳"："北边"经营导致的军事交通压力

秦汉文献可以看到"南边"和"北边"并说的史例。如《史记》卷一七《汉兴以来诸侯王年表》："吴楚时，前后诸侯或以适削地，是以燕、代无北边郡，吴、淮南、长沙无南边郡。"②《汉书》卷一四《诸侯王表》："武帝施主父之册，下推恩之令，使诸侯王得分户邑以封子弟，不行黜陟，而藩国自析。自此以来，齐分为七，赵分为六，梁分为五，淮南分为三。皇子始立者，大国不过十余城。长沙、燕、代虽有旧名，皆亡南北边矣。"③

又有"西边"和"北边"并说者。如《汉书》卷四八《贾谊传》引贾谊《陈政事疏》："今西边、北边之郡，虽有长爵不轻得复，五尺以上不轻得息，斥候望烽燧不得卧，将吏被介胄而睡。"《汉书》卷五《景帝纪》："匈奴入雁门，至武泉，入上郡，取苑马。"颜师古注："如淳曰：'《汉仪注》：太仆牧师诸苑三十六所，分布北边、西边。以郎为苑监，官奴婢三万人，养马三十万疋。"又《汉书》卷一九上《百官公卿表上》："又边郡六牧师菀令，各三丞。"颜师古注："《汉官仪》云牧师诸菀三十六所，分置北边、西边，分养马三十万头。"又《汉书》卷九四下《匈奴传下》记载"莽将严尤"谏言，有"今天下遭阳九之阸，比年饥馑，西北边尤甚"语，也说到"西北边"。

---

① "北边"以外地方，汉代西北边地因特殊的植被条件，或称"流沙"（《史记》卷二四《乐书》），或称"沙漠"（《盐铁论·备胡》），或称"沙幕"（《汉书》卷五四《李陵传》），或称"积沙之地"（《盐铁论·通有》）。《盐铁论·轻重》说："边郡山居谷处，阴阳不和，寒冻裂地，冲风飘卤，沙石凝积，地势无所宜。"《汉书》卷九四下《匈奴传下》也说："幕北地平，少草木，多大沙。""胡地沙卤，多乏水草。"《后汉书》卷八四《列女传·董祀妻》记述很可能出入塞经由九原地方的蔡文姬故事，引录其诗，有"沙漠兮尘冥冥，有草木兮春不荣"句。传蔡文姬作《胡笳十八拍》中"烟尘蔽野"以及"疾风千里兮扬尘沙"，"风浩浩兮暗塞昏营"等辞句（《乐府诗集》卷五九《琴曲歌辞》），也形象地记述了当地的自然景观。参见王子今《秦汉长城的生态史考察》，《中国（香港）长城历史文化研讨会论文集》，长城（香港）文化出版公司2002年版，收入《秦汉时期生态环境研究》，北京大学出版社2007年版。

② 裴骃《集解》："如淳曰：'长沙之南更置郡，代以北更置缘边郡，其所有饶利兵马器械，三国皆失之也。'"张守节《正义》："景帝时，汉境北至燕、代，燕、代之北未列为郡。吴、长沙之国，南至岭南；岭南、越未平，亦无南边郡。"中华书局1959年版，第803页。实际上，司马迁强调的是在平定吴楚七国之乱后削藩取得的实际成就，包括收回了对"北边郡"和"南边郡"的行政控制权。

③ 颜师古注："如淳曰：'长沙之南更置郡，燕、代以北更置缘边郡。其所有饶利、兵马、器械，三国皆失之矣。'"中华书局1962年版，第395—396页。

汉武帝时代，汉文化有突破四境扩张的趋势。在汉民族的立场上称述，当时人有"四夷服"①、"四夷尽服"②的自豪。《史记》卷三〇《平准书》："严助、朱买臣等招来东瓯，事两越，江淮之间萧然烦费矣。唐蒙、司马相如开路西南夷，凿山通道千余里，以广巴蜀，巴蜀之民罢焉。彭吴贾灭朝鲜，置沧海之郡，则燕齐之间靡然发动。及王恢设谋马邑，匈奴绝和亲，侵扰北边，兵连而不解，天下苦其劳，而干戈日滋。行者赍，居者送，中外骚扰而相奉，百姓抏弊以巧法，财赂衰耗而不赡。入物者补官，出货者除罪，选举陵迟，廉耻相冒，武力进用，法严令具。兴利之臣自此始也。"这里说到"两越"、"西南夷"、"朝鲜"和"北边"四个方向的积极进取。汉武帝时代的"北边"经营，③不仅仅如汉文帝"事匈奴"时所谓"北边萧然苦兵矣"，也不是汉武帝"事两越，江淮之间萧然烦费矣"，"开路西南夷""巴蜀之民罢焉"，"灭朝鲜""燕齐之间靡然发动"这样的局部地方的疲敝，而是"天下苦其劳"，战事牵动全局，导致了对全国全社会的全面的影响。对正常经济秩序的"骚扰"甚至最终导致了政治形势的败坏。同一语意，《汉书》的表述是"天下共其劳"。颜师古解释说："'共'犹'同'。"④《汉书》卷七七《盖宽饶传》："身为司隶，子常步行自戍北边。"颜师古注："苏林曰：'子自行戍，不取代。'"则从阶级层面反映了"北边"经营对社会的全面牵动。《汉书》卷九九中《王莽传中》："募天下囚徒、丁男、甲卒三十万人，转众郡委输五大夫衣裘、兵器、粮食，长吏送自负海江淮至北边，使者驰传督趣，以军兴法从事，天下骚动。"也记录了同样的情景。

这样的情形其实自秦代即已出现。《汉书》卷二七下之上《五行志下之上》记载："秦人用民力转输，起负海至北边，天下叛之。"《汉书》卷九四下《匈奴传下》"莽将严尤"谏语"秦始皇不忍小耻而轻民力，筑长

---

① 《史记》卷二四《乐书》。"歌诗曰：'天马来兮从西极，经万里兮归有德。承灵威兮降外国，涉流沙兮四夷服。'"

② 内蒙古包头召湾出土汉瓦当。林幹等：《内蒙古历史与文化》，内蒙古人民出版社2000年版，第392页。

③ 应主要是军防营造和战争谋划。如《汉书》卷五八《卜式传》所谓"北边有兴"。颜师古注："兴谓发军。"

④ 《汉书》卷二四下《食货志下》："武帝因文、景之畜，忿胡、粤之害，即位数年，严助、朱买臣等招徕东瓯，事两粤，江淮之间萧然烦费矣。唐蒙、司马相如始开西南夷，凿山通道千余里，以广巴蜀，巴蜀之民罢焉。彭吴穿秽貊、朝鲜，置沧海郡，则燕齐之间靡然发动。及王恢谋马邑，匈奴绝和亲，侵优北边，兵连而不解，天下共其劳。干戈日滋，行者赍，居者送，中外骚扰相奉，百姓抏敝以巧法，财赂衰耗而不澹。入物者补官，出货者除罪，选举陵夷，廉耻相冒，武力进用，法严令具，兴利之臣自此而始。"

城之固,延袤万里,转输之行,起于负海,疆境既完,中国内竭,以丧社稷,是为无策",也是同样的意思。

《汉书》卷二四上《食货志上》:"莽乃遣使易单于印,贬钩町王为侯。二方始怨,侵犯边境。莽遂兴师,发三十万众,欲同时十道并出,一举灭匈奴;募发天下囚徒丁男甲卒转委输兵器,自负海江淮而至北边,使者驰传督趣,海内扰矣。"所谓"海内扰矣",又记录了王莽时代"北边"战事扰动全国社会秩序的情形。

秦汉时期"北边"经营导致"天下骚动","海内扰矣"的危害,主要因"转输"、"转委输"、"行者赍,居者送,中外骚扰而相奉"等军事交通对社会的沉重压力造成。这一情形,值得研究者注意。

(三)从九原郡到五原郡

秦九原郡,西汉称五原郡。对于其承继关系,却有不同的理解。《史记》卷一一〇《匈奴列传》记元朔二年事:"卫青复出云中以西至陇西,击胡之楼烦、白羊王于河南,得胡首虏数千,牛羊百余万。于是汉遂取河南地,筑朔方,复缮故秦时蒙恬所为塞,因河为固。"又《史记》卷一一一《卫将军骠骑列传》:"匈奴入杀辽西太守,虏略渔阳二千余人,败韩将军军。汉令将军李息击之,出代;令车骑将军青出云中以西至高阙。遂略河南地,至于陇西,捕首虏数千,畜数十万,走白羊、楼烦王。遂以河南地为朔方郡。"只言朔方郡,下文"天子曰"有"今车骑将军青度西河至高阙,获首虏二千三百级,车辎畜产毕收为卤,已封为列侯,遂西定河南地"语,也不言"九原""五原"。又记载:"最大将军青,凡七出击匈奴,斩捕首虏五万余级。一与单于战,收河南地,遂置朔方郡。"这样看来,秦九原郡建置在元朔二年之前得以维持。然而《汉书》卷六《武帝纪》记载:"(元朔二年)匈奴入上谷、渔阳,杀略吏民千余人。遣将军卫青、李息出云中,至高阙,遂西至符离,获首虏数千级。收河南地,置朔方、五原郡。"于是有学者以为五原郡新置,此前九原郡已不存在。[①]《汉书》卷二八下《地理志下》有关于五原郡行政建置的文字:

> 五原郡,秦九原郡,武帝元朔二年更名。东部都尉治稒阳。莽曰

[①] (清)钱大昕:《廿二史考异》卷二;谭其骧:《西汉地理杂考》,《长水集》,人民出版社1987年版,上册第96—97页;周振鹤:《西汉政区地理》下篇第三章第一节《朔方、五原二郡沿革》,人民出版社1987年版,第155—157页。

获降。属并州。户三万九千三百二十二，口二十三万一千三百二十八。县十六：九原，莽曰成平。固陵，莽曰固调。五原，莽曰填河亭。临沃，莽曰振武。文国，莽曰繁聚。河阴，蒱泽，属国都尉治。南兴，莽曰南利。武都，莽曰桓都。宜梁，曼柏，莽曰延柏。成宜，中部都尉治原高，西部都尉治田辟。有盐官。莽曰艾虏。稒阳，北出石门障得光禄城，又西北得支就城，又西北得头曼城，又西北得虖河城，又西得宿虏城。莽曰固阴。莫䵣，西安阳，莽曰鄣安。河目。

据《地理志》，《武帝纪》所谓元朔二年置五原郡，只是"元朔二年更名"。辛德勇参据张家山汉简《二年律令》认真考论，认为汉初"很可能一直保持九原郡的既有建置"。这一论点大致可信，然而所谓"很可能"，似乎尚有待于确证的坚强支持。《史记》卷一一〇《匈奴列传》："汉孝文皇帝十四年，匈奴单于十四万骑入朝那、萧关，杀北地都尉卬，虏人民畜产甚多。"应是由西北方向突入北地郡。汉王朝的反击，则包括西北方向和正北方向，"拜昌侯卢卿为上郡将军，宁侯魏遫为北地将军，隆虑侯周灶为陇西将军，东阳侯张相如为大将军，成侯董赤为前将军，大发车骑往击胡"。从"击胡"将军名号看，应调集了上郡、北地、陇西兵力，上郡应为主攻方向。假设九原郡存在，则正中隔于上郡与匈奴之间。"上郡将军"的任命可能不合情理。《史记》卷一〇《孝文本纪》："后六年冬，匈奴三万人入上郡，三万人入云中。"《匈奴列传》也记载："军臣单于立四岁，匈奴复绝和亲，大入上郡、云中各三万骑，所杀略甚众而去。"如有九原郡存在，似乎匈奴骑兵不大可能直接"入上郡"，"大入上郡"。前引卫青"出云中以西"、"出云中西"等记载，其实也涉及"九原"地方而不言"九原"，同样使人心生疑惑。也许对于汉初是否"一直保持九原郡的既有建置"，还可以继续讨论。

辛德勇明确指出："秦末退守阴山一线以后，九原郡大部分疆域被弃置塞外，只剩有阴山南侧一小部分领土，面积大幅度缩减。"[①] 有学者引用此文，说辛德勇"推测秦九原郡与汉五原郡界址几无区别"[②]，显然是

[①] 辛德勇：《张家山汉简所示汉初西北隅边境解析——附论秦昭襄王长城走向与九原云中两郡战略地位》，《历史研究》2006年第1期；收入《秦汉政区与边界地理研究》，中华书局2009年版，第265—268页。

[②] 后晓荣：《秦代政区地理》，社会科学文献出版社2009年版，第180页。论者大概只是注意到辛文"摘要"中"《二年律令·秩律》胪列的汉初县道名，还反映出秦九原郡一直延续到西汉初年"的说法，没有认真关注文中的具体论证。

误解。

史念海曾经指出，九原本来是赵国旧有边郡。① 这一意见得到支持。② 辛德勇指出："史氏所说，信而有征，可以信从。九原是赵国西北角上的边郡。"③ 也就是说，九原，可以看作早期长城建设体系中赵长城西端的重镇。而秦昭襄王长城和后来秦统一后蒙恬经营的长城，也都依此为防卫基础。这里即汉初匈奴"稍度河南，与中国界于故塞"④，卫青"定河南地，按榆溪旧塞"⑤之所谓"故塞"、"旧塞"。可知其军事效用沿袭久远。

（四）九原："北边"的中心和重心

与前引《成帝纪》所谓"北边二十二郡"不同，《汉书》卷七《昭帝纪》有"北边七郡"之说："（元凤三年）冬，辽东乌桓反，以中郎将范明友为度辽将军，将北边七郡郡二千骑击之。"这里所谓"北边七郡"，应是指"北边"东段各郡。《汉书》卷六九《赵充国传》说汉昭帝本始年间，"匈奴大发十余万骑，南旁塞，至符奚庐山，欲入为寇。亡者题除渠堂降汉言之，遣充国将四万骑屯缘边九郡。单于闻之，引去"⑥。对于所谓"缘边九郡"，颜师古注："文颖曰：'五原、朔方之属也。'师古曰：'九郡者，五原、朔方、云中、代郡、雁门、定襄、北平、上谷、渔阳也。四万骑分屯之，而充国总统领之。'"文颖说首列"九原"，颜师古注持同样的意见。当时军事形势，正如辛德勇所说："九原始终保持着独立建置，没有同云中郡合并，这应当与其重要的战略位置，具有密切关系。"九原"具有非同寻常的军事地理地位"，"出于防御外患的需要"，这里"一向是朝廷重兵所在的地方"⑦。与《赵充国传》"缘边九郡"不同，《后汉书》又有"缘边八郡"（卷八九《南匈奴列传》）、"缘边九郡"

---

① 史念海：《论秦九原郡始置的年代》，《河山集》七集，陕西师范大学出版社 1999 年版，第 376—384 页。
② 陈仓：《战国赵九原郡补说》，《中国历史地理论丛》1994 年第 2 辑。
③ 辛德勇：《张家山汉简所示汉初西北隅边境解析——附论秦昭襄王长城走向与九原云中两郡战略地位》，《历史研究》2006 年第 1 期；收入《秦汉政区与边界地理研究》，第 267 页。
④ 《史记》卷一一〇《匈奴列传》。
⑤ 《史记》卷一一一《卫将军骠骑列传》。
⑥ 《汉书》卷九四上《匈奴传上》也记载："遣后将军赵充国将兵四万余骑屯缘边九郡备虏。"
⑦ 辛德勇：《张家山汉简所示汉初西北隅边境解析——附论秦昭襄王长城走向与九原云中两郡战略地位》，《历史研究》2006 年第 1 期，收入《秦汉政区与边界地理研究》，第 278、281 页。

（卷七《桓帝纪》，卷六五《张奂传》，卷八九《南匈奴列传》，卷九〇《乌桓传》，卷九〇《鲜卑传》）、"缘边十郡"（卷四七《梁慬传》）、"缘边十二郡"（卷二三《窦宪传》）的说法。"缘边"诸郡所指大多未能明确。而《后汉书》卷四七《梁慬传》："（永初）三年冬，南单于与乌桓大人俱反。以大司农何熙行车骑将军事，中郎将庞雄为副，将羽林五校营士，及发缘边十郡兵二万余人，又辽东太守耿夔率将鲜卑种众共击之，诏慬行度辽将军事。"对于所谓"缘边十郡兵"，李贤注："'缘边十郡'，谓五原、云中、定襄、鴈门、朔方、代郡、上谷、渔阳、辽西、右北平。""九原"也位列最先。从战事的记录看，亦曾经以九原为主战场。①可知东汉边疆形势发生重大变化之后，九原的地位依然非常重要。

在"北边"，即前引《赵充国传》所谓"北边自敦煌至辽东万一千五百余里"的防务体系中，五原郡大致在其中心位置。前引《成帝纪》"北边二十二郡"的说法，应即敦煌、酒泉、张掖、武威、金城、陇西、天水、安定、北地、朔方、五原、上郡、西河、云中、定襄、雁门、代郡、上谷、渔阳、右北平、辽西、辽东。考虑到上郡和五原方位大致南北对应，则五原在"北边二十二郡"中基本居于中心的位置可以明确。

西汉五原郡于"北边"地理位置的特殊，可以通过东海郡对于沿海地方的战略地位得到参考性的认识。东海郡大致位于汉帝国海岸线的中点。汉景帝二年（前155）将楚国的东海郡收归中央所有，②是特别值得重视的一项政治举措。秦始皇"立石东海上朐界中，以为秦东门"的地方，曾置东海郡，治郯（今山东郯城）。楚汉之际曾经称郯郡。汉初则属楚国，高帝五年（前202）又曾归于中央，后来仍属楚国。汉景帝二年"以过削"③，使得汉帝国重新据有了"东门"，并启了直通东海的口岸。

---

① 《后汉书》卷四七《梁慬传》说，决定性的战役发生在五原，"明年正月，慬将八千余人驰往赴之，至属国故城，与匈奴左将军、乌桓大人战，破斩其渠帅，杀三千余人，虏其妻子，获财物甚众。单于复自将七八千骑迎攻，围慬。慬被甲奔出，所向皆破，虏遂引还虎泽。三月，何熙军到五原曼柏，暴疾，不能进，遣庞雄与慬及耿夔步骑万六千人攻虎泽。连营稍前，单于惶怖，遣左奥鞬日逐王诣慬乞降，慬乃大陈兵受之。单于脱帽徒跣，面缚稽颡，纳质。会熙卒于师，即拜慬度辽将军"。《后汉书》卷九〇《乌桓传》的记载是："秋，雁门乌桓率众王无何，与鲜卑大人丘伦等，及南匈奴骨都侯，合七千骑寇五原，与太守战于九原高渠谷，汉兵大败，杀郡长吏。乃遣车骑将军何熙、度辽将军梁慬等击，大破之。无何乞降，鲜卑走还塞外。"

② 《史记》卷五〇《楚元王世家》："王戊立二十年，冬，坐为薄太后服私奸，削东海郡。"《汉书》卷三六《楚元王传》："王戊稍淫暴，二十年，为薄太后服私奸，削东海、薛郡。"

③ 《汉书》卷二八上《地理志上》"东海郡"条："高帝置。"颜师古注引应劭曰："秦郯郡。"王先谦《汉书补注》："全祖望曰：'故秦郡，楚汉之际改名郯郡，属楚国。高帝五年属汉，复故，仍属楚国。景帝二年复故。'以过削。"

又以此为据点，楔入吴楚之间，与亲中央的梁国东西彼此对应，实现了北方诸侯和南方诸侯的隔离。① 东海郡地位之重要，还可以从尹湾出土汉简数据得以体现。② 尹湾汉简提供的数据告知我们若干重要的政治地理信息。例如东海郡所具有的特殊的政治地位，是我们以往未曾认识的。尹湾六号汉墓出土六号木牍，题《武库永始四年兵车器集簿》。令人惊异的是"库存量大"。以可知数量的常见兵器为例，弩的总数达 537707 件，矛的总数达 52555 件，有方数达 78392 件。③ 李均明指出："仅这几项所见，足可装备五十万人以上的军队，远远超出一郡武装所需。""其供应范围必超出东海郡范围，亦受朝廷直接管辖，因此它有可能是汉朝设于东南地区的大武库。"④ 为什么东海郡设有如此规模的"受朝廷直接管辖"的"大武库"？推想或许是因为这里是帝国的"东门"，同时更大的可能，是因为东海郡的位置，正大致在汉王朝控制的海岸线的中点。

五原郡大致在"北边二十二郡"的中点。其重要地位也可以用武库的设置以为说明。《汉书》卷一〇《成帝纪》："（建始元年春正月）立故河间王弟上郡库令良为王。"颜师古注："如淳曰：'《汉官》北边郡库，官之兵器所藏，故置令。'"《汉书》卷五三《景十三王传·河间献王德》也记载："成帝建始元年，复立元弟上郡库令良，是为河间惠王。"颜师古注："如淳曰：'《汉官》北边郡库，官兵之所藏，故置令。'"如淳引《汉官》的说法略异，一说"官之兵器所藏"，一说"官兵之所藏"，都指明这里是"北边郡"的武库，一如东海郡的武库同样重要。收藏兵器的"北边郡库""上郡库"设在五原郡以南不远的地方，体现出五原郡重要的战略地位。之所以没有设置在五原，可能是因为那里过于邻近边防前沿，而由于直道的通行效率，上郡与五原郡之间运输比较方便的缘故。⑤

---

① 参见周振鹤《西汉政区地理》，人民出版社 1987 年版，第 14 页，《景帝三年初吴楚七国叛乱前形势图》。

② 参见王子今《秦汉帝国执政集团的海洋意识与沿海区域控制》，《白沙历史地理学报》2007 年，第 3 期。

③ 连云港市博物馆、中国社会科学院简帛研究中心、东海县博物馆、中国文物研究所：《尹湾汉墓简牍》，中华书局 1997 年版，释文第 103—118 页。

④ 李均明：《尹湾汉墓出土"武库永始四年兵车器集簿"初探》，《尹湾汉墓简牍综论》，科学出版社 1999 年版，第 95 页。

⑤ 这一判断，可以统领北边防务的蒙恬"居上郡"故事以为旁证。《史记》卷八八《蒙恬列传》："秦已并天下，乃使蒙恬将三十万众北逐戎狄，收河南。筑长城，因地形，用制险塞，起临洮，至辽东，延袤万余里。于是渡河，据阳山，逶蛇而北。暴师于外十余年，居上郡。"《史记》卷六《秦始皇本纪》记载，扶苏对秦始皇迫害"诸生"提出不同意见，"始皇怒，使扶苏北监蒙恬于上郡"。也说蒙恬的指挥机构设在上郡。

（五）九原：直道与北边道的枢纽

"北边"长城防线的构筑和完善，有交通建设以为支持。在秦汉长城的防务体系中，交通道路对于北边军事局势具有决定性的意义。秦汉帝国致力于却敌开边的决策者对此无不予以特别的重视。出于战争的需要，北边交通系统具有更完备的结构，不仅有与长城并行横亘万里的主要干线，也包括出塞道路和与内地联系的许多条大道，以及保证北边新经济区正常生产与流通的疏密相间的道路网。对于这样的交通构成，可以称之为北边道。北边道是秦汉全国交通网的重要构成。一些前辈学者研究秦汉主要交通道路的分布与规模，做了大量细致的工作，然而往往过多强调咸阳和长安作为全国交通网的中心地位，将全国交通都归入自咸阳或长安向远方辐射这样的定式，对于北边交通道路有所忽略。[①] 然而北边道又确实与咸阳、长安保持着高效率的直接沟通。实现这一功用的交通结构，就是直道。

秦九原郡、汉五原郡处于"北边"的中点，应当也处于北边道的中点。特别值得我们注意的是，秦始皇指令蒙恬主持修建的直道，正是在九原与北边道相交叉。[②] 九原既是北边道的中点，也是直道的终点。直道与北边道在九原地方的衔接，构成了特殊的"T"形交通结构。

《史记》卷六《秦始皇本纪》写道："三十五年，除道，道九原抵云阳，堑山堙谷，直通之。"《史记》卷一五《六国年表》记载："（秦始

[①] 例如，何兹全《秦汉史略》说："以国都咸阳为中心，修治了通往全国各重要地区的驰道。"上海人民出版社1955年版，第10页。劳榦《秦汉史》写道："开始作贯通天下的驰道，从咸阳出发，东穷燕齐，南极吴楚……"中国文化学院出版部1980年版，第8页。傅筑夫、王毓瑚编《中国经济史资料·秦汉三国编》第二章"交通与运输"的"绪言"中写道："就其整个交通布局来看，大体上是这样：以京师所在的关中为中心，以干线数条，向四面辐射，以遍达全国。"人民出版社1982年版，第33页。林剑鸣《秦汉史》也说："修建以首都咸阳为中心的驰道。"上海人民出版社1989年版，第151页。田昌五、安作璋《秦汉史》："这个交通网以咸阳为中心伸向四面八方。"人民出版社1993年版，第49页。邹纪万《秦汉史》写道："以首都为中心，建筑贯通全国的'驰道'。"众文图书股份有限公司1994年版，第19页。参见王子今《秦汉长城与北边交通》，《历史研究》1988年第6期，收入《秦汉边疆与民族问题》，中国人民大学出版社2011年版。"以国都咸阳为中心"，"从咸阳出发"的认识，也影响了对直道走向的表述。

[②] 关于直道研究，可见看史念海《秦始皇直道遗迹的探索》，《陕西师大学报》1975年第3期，《文物》1975年第10期，收入《河山集》四集，陕西师范大学出版社1991年版；王子今：《秦直道的历史文化观照》，《人文杂志》2005年第5期；辛德勇：《秦汉直道研究与直道遗迹的历史价值》，《中国历史地理论丛》2006年第1辑，收入《秦汉政区与边界地理研究》，中华书局2009年版。

皇）三十五年，为直道，道九原，通甘泉。""三十七年十月，帝之会稽、琅邪，还至沙丘崩。子胡亥立，为二世皇帝。杀蒙恬。道九原入。"都明确指出九原是直道的北端。关于所谓"道九原入"，《秦始皇本纪》的记载是："行从直道至咸阳，发丧。太子胡亥袭位，为二世皇帝。"《史记》卷八八《蒙恬列传》："太史公曰：吾适北边，自直道归，行观蒙恬所为秦筑长城亭障，堑山堙谷，通直道，固轻百姓力矣。"司马迁所谓"蒙恬所为秦筑长城亭障，堑山堙谷，通直道"，指出直道工程和长城工程属于一个军事建设项目，设计策划和施工组织，也都显示出一体性。《史记》卷一一〇《匈奴列传》也强调了九原与直道工程的意义："后秦灭六国，而始皇帝使蒙恬将十万之众北击胡，悉收河南地。因河为塞，筑四十四县城临河，徙適戍以充之。而通直道，自九原至云阳，因边山险堑溪谷可缮者治之，起临洮至辽东万余里。又度河据阳山北假中。"开通直道的直接作用，与"塞""戍""据"等长城防务建设有关，也与"北击胡"，"度河"攻伐匈奴的作战行动有关。①

所谓"除道，道九原抵云阳"与"通直道，自九原至云阳"，与《史记》卷一五《六国年表》"为直道，道九原，通甘泉"，《史记》卷八八《蒙恬列传》"道九原，直抵甘泉"，"自九原抵甘泉"等记述，都同一些秦汉史研究者关于秦汉交通的论述中有关直道起点与终点之方向的叙说有所不同。② 这是值得我们重视的。以为直道从云阳出发、从咸阳出发、从关中出发的意见，应与当时全国交通网营建以都城为中心的成见有关。然而在当时人的意识中，可能九原对于直道的营造和通行，较云阳、甘泉有更重要的意义。而《史记》卷八八《蒙恬列传》："太史公曰：吾适北边，自直道归，行观蒙恬所为秦筑长城亭障，堑山堙谷，通直道，固轻百姓力矣。"将直道和长城工程视为一体。而规划的设计，施工的组织，防卫的指挥，都由"始皇甚尊宠"，"信任贤之"，当时"居上郡"的将军蒙恬决策。

---

① 参见宋超《汉匈战争三百年》，华夏出版社1996年版，第10—11页。
② 如傅筑夫、王毓瑚编《中国经济史资料·秦汉三国编》第二章"交通与运输"的"绪言"中，这样概括直道在当时"交通布局"中的作用："自关中而北，直达塞外的九原，为北路干线；……"人民出版社1982年版，第33页。林剑鸣《秦汉史》写道："修了一条由咸阳向北伸的'直道'。这条'直道'从咸阳以北不远的云阳出发，……到达包头市西南秦九原郡治所。"上海人民出版社1989年版，第151页。然而亦有漆侠等《秦汉农民战争史》和田昌五、安作璋《秦汉史》的记述尊重秦汉史籍的记载。前者称之为"经'堑山堙谷'而成的九原至云阳的驰道"，三联书店1962年版。后者谓"修筑了从九原抵达甘泉的一条直道"，人民出版社1993年版，第50页。

前引《平准书》:"于是天子北至朔方,东到太山,巡海上,并北边以归。"《封禅书》明确说到"九原":"上乃遂去,并海上,北至碣石,巡自辽西,历北边至九原。五月,反至甘泉。"《汉书》卷二四下《食货志下》写道:"天子北至朔方,东封泰山,巡海上,旁北边以归。"《汉书》卷二五上《郊祀志上》有更具体的记述:"天子既已封泰山,无风雨,而方士更言蓬莱诸神若将可得,于是上欣然庶几遇之,复东至海上望焉。奉车子侯暴病,一日死。上乃遂去,并海上,北至碣石,巡自辽西,历北边至九原。五月,乃至甘泉,周万八千里云。"这次行程"周万八千里"的视察,包括礼祀海上诸神,也包括对"北边"国防线的巡察。也许司马迁说"吾适北边,自直道归",就是指这一次随汉武帝巡行的经历。而"至九原"后,汉武帝以为"历北边"即巡视"北边"的任务已经大体完成,随后即由直道"反至甘泉"。由此也可以体会九原于"北边"的重要作用以及在北边道与直道构成的交通结构中的重要作用。

事在汉武帝元封元年(前110)。然而值得特别重视的一个事实,就是汉武帝在东巡归来"并海上,北至碣石,巡自辽西,历北边至九原"这一交通行为之前,曾经有亲率18万骑兵巡行北边,向匈奴炫耀武力的举动。《史记》卷一一〇《匈奴列传》:"是时天子巡边,至朔方,勒兵十八万骑以见武节。而使郭吉风告单于。"《史记》卷二八《封禅书》:"其来年冬,上议曰:'古者先振兵泽旅,然后封禅。'乃遂北巡朔方,勒兵十余万,还祭黄帝冢桥山,释兵须如。……既至甘泉,为且用事泰山,先类祠太一。"《汉书》卷六《武帝纪》比较具体地说明了行历地方:"元封元年冬十月,诏曰:'南越、东瓯咸伏其辜,西蛮北夷颇未辑睦,朕将巡边垂,择兵振旅,躬秉武节,置十二部将军,亲帅帅焉。'行自云阳,北历上郡、西河、五原,出长城,北登单于台,至朔方,临北河。勒兵十八万骑,旌旗径千余里,威震匈奴。遣使者告单于曰:'南越王头已县于汉北阙矣。单于能战,天子自将待边;不能,亟来臣服。何但亡匿幕北寒苦之地为!'匈奴詟焉。还,祠黄帝于桥山,乃归甘泉。"汉武帝"巡边垂,择兵振旅","行自云阳,北历上郡",经行"五原",出入长城,又"归甘泉"。可知汉武帝的车列在一年之内竟然三次经过五原地区。

据《汉书》卷九九中《王莽传中》记载:始建国二年(11),"遣尚书大夫赵并使劳北边,还言五原北假膏壤殖谷,异时常置田官。乃以并为田禾将军,发戍卒屯田北假,以助军粮"。这一史实告诉我们,在西汉晚期,五原地方长期有"田官"设置,存在着"膏壤殖谷","以助军粮"的军垦基地。"屯田"建设的坚持,是维护五原重要战略地位的需要,也确实强化了这一战略要地的经济与军事实力。

（六）九原：民族交往通道

《史记》卷一一〇《匈奴列传》："汉孝文皇帝十四年，匈奴单于十四万骑入朝那萧关，……候骑至雍甘泉。"《汉书》卷九四上《匈奴传上》有关于"候骑至雍甘泉"的同样记载。又卷九四下《匈奴传下》载扬雄上书："及孝文时，匈奴侵暴北边，候骑至雍甘泉，京师大骇，发三将军屯细柳、棘门、霸上以备之，数月乃罢。"匈奴南下所谓"候骑至雍甘泉"，不排除局部利用直道交通条件的可能。

在"汉孝文皇帝十四年"冲突之后，汉王朝与匈奴双方"复言和亲事"。《史记》卷一一〇《匈奴列传》记载汉文帝致匈奴书所谓"诏吏遗单于秫糵金帛丝絮佗物岁有数"，应有极大可能通过九原北运。此后，匈奴又入边，"烽火通于甘泉、长安"，直道通信系统依然发挥了效力。①"孝景帝复与匈奴和亲，通关市，给遗匈奴，遣公主，如故约。"汉武帝即位初，"明和亲约束，厚遇，通关市，饶给之。匈奴自单于以下皆亲汉，往来长城下"。汉武帝征和四年（前89），单于遣使遗汉书云："欲与汉大关，② 取汉女为妻，岁给遗我糵酒万石、稷米五千斛、杂缯万匹，它如故约，则边不相盗矣。"③ 这些物资，也以通过直道北运的可能最大。双方的战与和，交替发生在民族关系史进程中。关市的作用，甚至在战时依然持续发生。"匈奴绝和亲，攻当路塞，往往入盗于汉边，不可胜数。然匈奴贪，尚乐关市，嗜汉财物，汉亦尚关市不绝以中之。"对于"汉亦尚关市不绝以中之"，张守节《正义》引如淳云："得具以利中伤之。"而《汉书》卷九四上《匈奴传上》同样内容颜师古注的说法可能更为准确："以关市中其意。"④ 我们今天已经很难找到直接说明九原关市的史料，但是自九原至甘泉的直道当时所承担的作为民族交往通道的作用，可以通过历史文献中的宝贵信息得以反映。

甘泉宫在直道的南端。《宋书》卷二二《乐志四》载《汉鼓吹铙歌十八曲》，陈直以为，"综合推测，有属于军乐者，有属于宴饮乐者，亦有属于赏赐诸侯王乐者。类型既杂，时代又不一致，但最迟者，不出于西汉

---

① 参见王子今《试说秦烽燧——以直道军事通信系统为中心》，《文博》2004年第2期。
② 林幹《匈奴历史年表》以为"即通关市"。中华书局1984年版，第39页。
③ 《汉书》卷九四上《匈奴传上》。
④ 参见王子今、李禹阶《汉代北边的"关市"》，《中国边疆史地研究》2007年第3期，收入《秦汉边疆与民族问题》，中国人民大学出版社2011年版。

宣元之际"。其中《上之回曲》："上之回，所中益。夏将至，行将北。以承甘泉宫，寒暑德。游石关，望诸国，月支臣，匈奴服。令从百官疾驱驰，千秋万岁乐无极。"陈直参考崔豹《古今注》、智臣《古今乐录》，读作："上之回所中，益夏将至，将北以承甘泉宫。寒暑德，游石关，望诸国，月支臣，匈奴服，合从百官疾驱驰，千秋万岁乐无极。"又以汉武帝元封四年"通回中道，遂北出萧关"事解释"上之回所中"。陈直还写道："益夏将至。闻氏云：益夏，疑谓盛夏，《广雅·释诂》云：'溢，盛也。'""游石关。直按：司马相如《上林赋》云：'蹶石关，历封峦'是也。"[①] 可知作为直道终点的甘泉宫有"望诸国，月支臣，匈奴服"的军事外交的意义。《汉书》卷六《武帝纪》记载："（太始）三年春正月，行幸甘泉宫，飨外国客。"据《汉书》卷九四下《匈奴传下》记载，汉宣帝时，"呼韩邪单于款五原塞，愿朝三年正月。汉遣车骑都尉韩昌迎，发过所七郡郡二千骑，为陈道上。单于正月朝天子于甘泉宫"。关于所谓"发过所七郡郡二千骑，为陈道上"，颜师古注："所过之郡，每为发兵陈列于道，以为宠卫也。"王先谦《汉书补注》："《通鉴》胡注：'七郡'，谓过五原、朔方、西河、上郡、北地、冯翊，而后至长安者也。"看来，汉王朝护迎匈奴呼韩邪单于调发骑兵"为陈道上"的"道上"，应当是包括直道的。"五原塞"，也就是秦的九原在民族关系史上的地位，因此得以显现。

《汉书》卷二五下《郊祀志下》还记载，汉宣帝晚年，曾经在甘泉宫会见匈奴单于："上郊泰畤，因朝单于于甘泉宫。后间岁，改元为黄龙。正月，复幸甘泉，郊泰畤，又朝单于于甘泉宫。"而甘泉宫在外交史中的地位，与直道的军事交通作用有密切的关系。单于来到"甘泉宫"，应是从九原经直道南下。

班固的祖父班稚兄弟三人，长兄班伯"少受《诗》于师丹。大将军王凤荐伯宜劝学，召见宴昵殿，容貌甚丽，诵说有法，拜为中常侍"，后"迁奉车都尉"。《汉书》卷一〇〇上《叙传上》又记述了班伯事迹中一个特殊情节："家本北边，志节忼慨，数求使匈奴。河平中，单于来朝，上使伯持节迎于塞下。会定襄大姓石、李群辈报怨，杀追捕吏，伯上状，因自请愿试守期月。上遣侍中中郎将王舜驰传代伯护单于，并奉玺书印绶，即拜伯为定襄太守。"汉成帝河平年间"单于来朝"，班伯受命"持

---

① 陈直：《汉铙歌十八曲新解》，《文史考古论丛》，天津古籍出版社1988年版，第69、74页。

节迎于塞下",因有志安定定襄郡局势,"上状"请命,成帝于是派王舜"代伯护单于",并且携带任命凭信,"拜伯为定襄太守"。由王舜"驰传"北上,同时"并奉玺书印绶",可知班伯已经在"塞下",部分完成了迎单于的任务,只是"护单于""来朝"的下一步的程序,移交王舜负责。我们有理由推想,班伯"持节迎于塞下"之"塞下",应当就是"五原塞"。考虑到连接出塞道路的因素,秦九原郡、汉五原郡地方的交通地理结构,形成了由"⊤"状格局的向北延伸,呈现"十"状的形势。

区域文化史视野中的人口流动问题

一 汉代民族交融中北边"亡人"的文化作用

"亡人"作为流动人口,具有背离编户齐民社会结构定式的身份。他们在汉代各地方的活动,是行政管理者十分关注的政情之一。河西地区出土的汉代简牍资料中,可见"亡人"称谓。这一称谓所指代的身份,反映了当时北边地区人口构成中具有较显著流动性的特殊人群的存在。这些人的生存方式和行为特征,往往对社会的稳定有所冲击,另一方面,或许对于激发社会活力亦可显示较为特殊的作用。在北边农耕文明与游牧文明交汇地区,由于军事关系、外交关系和民族关系的复杂情势,"亡人"的活动可能会形成更重要的影响。他们的民族立场和文化表现作用于文明的交汇和融合,也有积极的意义。

(一)汉代北边"亡人"的历史存在

居延汉简可见"亡人"称谓。如:"☐ 亾人☐"(E.P.T59:869),"☐亡人命者缓☐"(E.P.T59:613)。"亡人越塞"是常见的情形。例如:

日迹行廿三里久视天田中日玄有亡人越塞出入☐
它部界中候长候史直日迹卒坐匿不言迹☐(E.P.T51:411)

边塞军人有严密警戒的责任。又如:

☐亡人迹人止塞长北部候长孙☐(104.43)

对于"亡人"的"逐捕搜索",似乎也是北边边塞日常重要防务内容之一:

  匿界中书到遣都吏与县令以下逐捕搜索部界中听亡人所隐匿处以必得为故诏所名捕
  重事事当奏闻毋留如诏书律令（179.9）

这种搜捕,看来是地方政府和边防部队的联合行动。执行情形"当奏闻",要求及时向最高执政当局报告。"如诏书律令"字样,表明这种行动的正义性有皇权和国法以为保障。类似的简例还有:

  □寀捕验亡人所依倚匿处必得得诣如书毋有令吏民相牵证任发书以书言谨杂与候
  史廉骍北亭长欧等八人戍卒孟阳等十人搜索部界中□亡人所依匿处爰书相牵（255.27）

如果管辖区界中有"亡人",必须搜查"亡人"藏身地点,"捕验亡人所依倚匿处",要求"必得",即完全捕获。"得",则"诣如书",捕获应及时上报。如果辖区内"毋有",则"令吏民相牵证任发书",即官员民人联名证实,同时承担责任。

通告敌情的烽火制度,也要求对于"亡人越塞"事件发布信号。如居延汉简可见这样的内容:

  出亡人赤表火一函（212.9）
  出亡人赤表函一北
  元康三年□临渠燧长□
  昏时四分时乘胡燧长□付□山燧长普函行三时中程（502.3）

第二例除了"出亡人赤表"外,甚至还看到三名"燧长"就"亡人"的行为相继传递信息。有一例简文可见"罚金"事,或许是与责任追究有关:

  ☑□□□当罚金二千五
  ☑起居得毋有它数辱赐起（231.115A）
  ☑□□□亡人罚金五千 （231.115B）

从该简 B 面文字内容看，事情显然涉及"亡人"。

除了前引简 E. P. T59：613 出现"亡人命者"字样外，甘肃敦煌悬泉置出土汉简也可见"亡人命者"称谓。甘肃省文物考古研究所《敦煌悬泉汉简释文选》所录释文如下：

> 五月壬辰敦煌太守强长史章丞敞下使都护西域骑都尉将田车师戊己校尉部都尉小府官县承书从事下
> 当用者书到白大扁书乡亭市里高显处令亡人命者尽知之上赦者人数太守府别之如诏书 （90DXT0115（2）：161）①

胡平生、张德芳《敦煌悬泉汉简释粹》中的释文是这样的：

> 五月壬辰，敦煌太守强、长史章、丞敞下使都护西域骑都尉、将田车师戊己校尉、部都尉、小府官县，承书从事下当用者。书到白大扁书乡亭市里高显处，令亡人命者尽知之，上赦者人数太守府别之，如诏书。（Ⅱ0115（2）：16）

胡平生、张德芳对于其中"亡人命者"又有注释："亡人命者：指有命案而逃亡者。"② 对于所谓"亡人命者"的确切身份，似乎还有讨论的必要。汉代历史文献和文物资料罕见"亡人命者"，所多见的，是"亡人"或者"亡命者"。这里所谓"亡人命者"，很可能就是当时"亡人"或者"亡命者"的另一种习惯称谓。

汉代北边发生的一些重大事件，多与"亡人"有关。如汉武帝元光元年（前134）著名的"马邑之谋"，有这样的情节："雁门马邑豪聂翁壹因大行王恢言上曰：'匈奴初和亲，亲信边，可诱以利。'阴使聂翁壹为间，亡入匈奴，谓单于曰：'吾能斩马邑令丞史，以城降，财物可尽得。'单于爱信之，以为然，许聂翁壹。"③ 聂翁壹是"马邑之谋"的最初建议者，又在实施中发挥了重要作用。他以"亡入匈奴"行为实施其计划，也是以"亡人"身份得到单于"爱信"的。

居延汉简中有记录"客民赵闳氾弇"案例的简文。看来，这是有可

---

① 甘肃省文物考古研究所：《敦煌悬泉汉简释文选》，《文物》2000 年第 5 期。
② 胡平生、张德芳：《敦煌悬泉汉简释粹》，上海古籍出版社 2001 年版，第 115—116 页。
③ 《史记》卷一〇八《韩长孺列传》。

能复原的简册。其中与"客民赵闳范翕"等"俱亡"行为相关的内容，不妨抄录如下：

建武六年三月庚子朔甲辰不侵守候长业敢（E.P.T68：54）
言之谨移劾状一编敢言之（E.P.T68：55）
三月己酉甲渠守候　移移居延写移如律令/掾谭令史嘉（E.P.T68：56）
建武六年三月庚子朔甲辰不侵守候长业劾移（E.P.T68：57）
居延狱以律令从事（E.P.T68：58）
乃今月三日壬寅居延常安亭长王闳子男同攻房亭长赵（E.P.T68：59）
常及客民赵闳范翕一等五人俱亡皆共盗官兵（E.P.T68：60）
臧千钱以上带（E.P.T68：61）
刀剑及铍各一又各持小尺白刀篋各一兰越甲渠当（E.P.T68：62）
曲燧塞从河水中天田出○案常等持禁物（E.P.T68：63）
兰越塞于边关徼逐捕未得它案验未竟（E.P.T68：64）
兰越塞天田出入　☐（E.P.T68：65）
☐典主不发觉●案☐　（简上遗红色编绳迹）（E.P.T68：66）
●状辞曰公乘居延中宿里年五十一岁陈氏（E.P.T68：68）
今年正月中府补业守候长署不侵部主领吏（E.P.T68：69）
迹候备寇虏盗贼为职乃今月三日壬寅居延常安亭长（E.P.T68：70）
王闳闳子男同攻房亭长赵常及客民赵闳范翕等（E.P.T68：71）
五人俱亡皆共盗官兵臧千钱以上带大刀剑及铍各一（E.P.T68：72）
又各持锥小尺白刀篋各一兰越甲渠当曲燧塞从河（E.P.T68：73）
水中天田出案常等持禁物兰越塞（E.P.T68：74）
于边关徼逐捕未得它案验未竟以此（E.P.T68：75）
知而劾无长吏使劾者状具此（E.P.T68：76）

此盗钱带兵器逃亡，即所谓"持禁物兰越塞"的五人中，有常安亭长王闳父子、攻房亭长赵常以及"客民赵闳范翕"。他们"兰越甲渠当曲燧塞，从河水中天田出"，"于边关徼逐捕未得"，可以说是叛逃成功。很有可能，"客民赵闳范翕"利用其平民身份，起到了在"常安亭"和"攻虏亭"之间串联的作用，也不能排除这两位"客民"是整个事件的主谋的可能。①

所谓"常及客民赵闳范翕一等五人俱亡皆共盗官兵"，"五人俱亡皆共盗官兵臧千钱以上带大刀剑及铍各一"这一特殊案例，有的学者认为体现了"'客民'反抗精神"，"体现了封建社会中'载舟'与'覆舟'的辩证关系"②。其实，所谓"五人俱亡"，指明了这是一起严重的"亡人越塞"案。其特殊，不仅在于有现役军官出逃，还在于"亡人"们有盗窃行为，并且带走了严禁出境的兵器。

军人以"亡"的形式向匈奴方向的叛逃，即史称"亡入匈奴"者，文献不乏记录。典型的例子有《汉书》卷九九中《王莽传中》："戊己校尉史陈良、终带共贼杀校尉刁护，劫略吏士，自称废汉大将军，亡入匈奴。"这是具有敌对政治情绪者"亡入匈奴"的情形。汉初卢绾"亡入匈奴"③，东汉初卢芳"亡入匈奴"④，也是具有复杂政治因素的事件。

北边防线作为国防体系，主要意义在于防御外侵。然而汉长城也有防止"亡人"越境的作用。

《汉书》卷九四下《匈奴传下》记载，呼韩邪单于"上书愿保塞上谷以西至敦煌，传之无穷，请罢边备塞吏卒，以休天子人民"。于是，"天子令下有司议，议者皆以为便"。而"郎中侯应习边事，以为不可许"。他提出了十条长城不可撤防的理由："周秦以来，匈奴暴桀，寇侵边境，汉兴，尤被其害。臣闻北边塞至辽东，外有阴山，东西千余里，草木茂盛，多禽兽，本冒顿单于依阻其中，治作弓矢，来出为寇，是其苑囿也。至孝武世，出师征伐，斥夺此地，攘之于幕北。建塞徼，起亭隧，筑外城，设屯戍，以守之，然后边境得用少安。幕北地平，少草木，多大沙，匈奴来寇，少所蔽隐，从塞以南，径深山谷，往来差难。边长老言匈奴失阴山之后，过之未尝不哭也。如罢备塞戍卒，示夷狄之大利，不可一也。今圣德广被，天覆匈奴，匈奴得蒙全活之恩，稽首来臣。夫夷狄之情，困

---

① 参见王子今《居延简及敦煌简所见"客"——汉代西北边地流动人口考察札记》，《秦汉社会史论考》，商务印书馆2006年版。
② 薛英群：《居延汉简通论》，甘肃教育出版社1991年版，第356页。
③ 《史记》卷八《高祖本纪》，《史记》卷九三《韩信卢绾列传》。
④ 《后汉书》卷一下《光武帝纪下》，《后汉书》卷一二《卢芳传》。卢芳"亡入匈奴"事，又见《后汉书》卷二二《杜茂传》、卷三一《郭伋传》。

则卑顺，强则骄逆，天性然也。前以罢外城，省亭隧，今裁足以候望通烽火而已。古者安不忘危，不可复罢，二也。中国有礼义之教，刑罚之诛，愚民犹尚犯禁，又况单于，能必其众不犯约哉！三也。自中国尚建关梁以制诸侯，所以绝臣下之觊欲也。设塞徼，置屯戍，非独为匈奴而已，亦为诸属国降民，本故匈奴之人，恐其思旧逃亡，四也。近西羌保塞，与汉人交通，吏民贪利，侵盗其畜产妻子，以此怨恨，起而背畔，世世不绝。今罢乘塞，则生嫚易分争之渐，五也。往者从军多没不还者，子孙贫困，一旦亡出，从其亲戚，六也。又边人奴婢愁苦，欲亡者多，曰'闻匈奴中乐，无奈候望急何！'然时有亡出塞者，七也。盗贼桀黠，群辈犯法，如其窘急，亡走北出，则不可制，八也。起塞以来百有余年，非皆以土垣也，或因山岩石，木柴僵落，溪谷水门，稍稍平之，卒徒筑治，功费久远，不可胜计。臣恐议者不深虑其终始，欲以壹切省繇戍，十年之外，百岁之内，卒有它变，障塞破坏，亭隧灭绝，当更发屯缮治，累世之功不可卒复，九也。如罢戍卒，省候望，单于自以保塞守御，必深德汉，请求无已。小失其意，则不可测。开夷狄之隙，亏中国之固，十也。非所以永持至安，威制百蛮之长策也。"

这位"习边事"的"郎中侯应"所述列十条中，第四条、第五条、第六条、第七条、第八条，都指出了长城防务对内的功效。[①] 特别是：

> 第六条"往者从军多没不还者，子孙贫困，一旦亡出，从其亲戚"
>
> 第七条"又边人奴婢愁苦，欲亡者多，曰'闻匈奴中乐，无奈候望急何！'然时有亡出塞者"
>
> 第八条"盗贼桀黠，群辈犯法，如其窘急，亡走北出，则不可制"

所谓"亡出"，"亡出塞"，"亡走北出"，显然都是针对"亡人"的。[②] 而

[①] 前引居延汉简所见"逐捕搜索部界中听亡人所隐匿处"，"捕验亡人所依倚匿处"，"搜索部界中□亡人所依匿处"等，都体现了长城防务的这一功能。

[②] 《汉书》卷九四下《匈奴传下》写道："对奏，天子有诏：'勿议罢边塞事。'使车骑将军口谕单于曰：'单于上书愿罢北边吏士屯戍，子孙世世保塞。单于乡慕礼义，所以为民计者甚厚，此长久之策也，朕甚嘉之。中国四方皆有关梁障塞，非独以备塞外也，亦以防中国奸邪放纵，出为寇害，故明法度以专众心也。敬谕单于之意，朕无疑焉。为单于怪其不罢，故使大司马车骑将军嘉晓单于。'单于谢曰：'愚不知大计，天子幸使大臣告语，甚厚！'"

国务军务最高决策集团对于北边的经营，是有控制境内编户齐民"亡出"，"亡出塞"，"亡走北出"的考虑的。

郎中侯应指出北边"亡人越塞"主要有三种身份：（1）往者从军没不还者贫困子孙；（2）边人奴婢愁苦者；（3）盗贼群辈犯法者。

我们看到，"往者从军多没不还者"是前代"亡人"，其"子孙贫困"欲"亡出，从其亲戚"者，只是继承前人。"又边人奴婢愁苦，欲亡者多，曰'闻匈奴中乐，无奈候望急何！'"所谓"闻匈奴中乐"，也说明自有先行"亡人"传递引导性的消息。

（二）汉代北边"亡人"的民族立场

汉代随着大一统国家的形成和巩固，社会不同层次的国家意识逐步形成。其表现之一，是在对草原游牧民族的战争中增强了自尊和自信观念。当时人称自己所归属的文化共同体为"大汉"、"皇汉"，在民族关系中，"大汉"的自我优越感时有表现。《汉书》卷一○○上《叙传上》载班固言论所谓"方今大汉洒埽群秽，夷险芟荒"语，就包含着对其他民族主要是游牧民族的蔑视。

《汉书》卷七○《陈汤传》记录了汉军破郅支城（今哈萨克斯坦江布尔），击杀匈奴单于之后甘延寿、陈汤的上疏：

> 臣闻天下之大义，当混为一，昔有唐虞，今有强汉。匈奴呼韩邪单于已称北藩，唯郅支单于叛逆，未伏其辜，大夏之西，以为强汉不能臣也。郅支单于惨毒行于民，大恶通于天。臣延寿、臣汤将义兵，行天诛，赖陛下神灵，阴阳并应，天气精明，陷陈克敌，斩郅支首及名王以下。宜县头藁街蛮夷邸间，以示万里，明犯强汉者，虽远必诛。

这段126字的文字中，3次使用了"强汉"这一语汇。特别是所谓"犯强汉者，虽远必诛"一语，绝不仅仅是个别军官的激烈之辞，而应当理解为当时较广泛社会层面共有的一种强国意识的鲜明表现。[①]

不过，"越塞"流亡到草原的中原"亡人"，却并没有这样正统的强烈的民族情绪。

[①] 参见王子今《大汉·皇汉·强汉：汉代人的国家意识及其历史影响》，《南都学坛》2005年第6期。

最典型的例证，是《史记》卷一一〇《匈奴列传》记载的中行说故事。

据司马迁记载："老上稽粥单于初立，孝文皇帝复遣宗室女公主为单于阏氏，使宦者燕人中行说傅公主。说不欲行，汉强使之。说曰：'必我行也，为汉患者。'中行说既至，因降单于，单于甚亲幸之。"我们注意到汉代民族战争中的"亡降"现象，也注意到"亡降"的"亡"与"亡人"的"亡"，辞义是相近的。① 中行说其实也是一位特殊的"亡人"。他对于匈奴民族文化，很快就采取了认同的态度。"初，匈奴好汉缯絮食物，中行说曰：'匈奴人众不能当汉之一郡，然所以强者，以衣食异，无仰于汉也。今单于变俗好汉物，汉物不过什二，则匈奴尽归于汉矣。其得汉缯絮，以驰草棘中，衣袴皆裂敝，以示不如旃裘之完善也。得汉食物皆去之，以示不如湩酪之便美也。'"其情感倾向，已经亲近匈奴而背弃中原。"汉遗单于书，牍以尺一寸，辞曰'皇帝敬问匈奴大单于无恙'，所遗物及言语云云。中行说令单于遗汉书以尺二寸牍，及印封皆令广大长，倨傲其辞曰'天地所生日月所置匈奴大单于敬问汉皇帝无恙'，所以遗物言语亦云云。"

中行说当时和汉王朝使节有一场关于匈奴文化与汉文化孰优孰劣的面对面的辩论：

> 汉使或言曰："匈奴俗贱老。"中行说穷汉使曰："而汉俗屯戍从军当发者，其老亲岂有不自脱温厚肥美以赍送饮食行戍乎？"汉使曰："然。"中行说曰："匈奴明以战攻为事，其老弱不能斗，故以其肥美饮食壮健者，盖以自为守卫，如此父子各得久相保，何以言匈奴轻老也？"汉使曰："匈奴父子乃同穹庐而卧。父死，妻其后母；兄弟死，尽取其妻妻之。无冠带之饰，阙庭之礼。"中行说曰："匈奴之俗，人食畜肉，饮其汁，衣其皮；畜食草饮水，随时转移。故其急则人习骑射，宽则人乐无事，其约束轻，易行也。君臣简易，一国之政犹一身也。父子兄弟死，取其妻妻之，恶种姓之失也。故匈奴虽乱，必立宗种。今中国虽详不取其父兄之妻，亲属益疏则相杀，至乃易姓，皆从此类。且礼义之敝，上下交怨望，而室屋之极，生力必

---

① 王子今：《略论秦汉时期朝鲜"亡人"问题》，《社会科学战线》2008年第1期。《史记》、《汉书》、《后汉书》"亡降"凡16见，所记12事。内地战争2例，朝鲜方面"亡降"汉1例，西域方面"亡降"汉1例，匈奴方面"亡降"汉4例（包括"卢绾妻子亡降汉"），汉方面"亡降"匈奴1例，西域方面"亡降"匈奴3例。

屈。夫力耕桑以求衣食，筑城郭以自备，故其民急则不习战功，缓则罢于作业。嗟土室之人，顾无多辞，令喋喋而占占，冠固何当？"

于是，"自是之后，汉使欲辩论者，中行说辄曰：'汉使无多言，顾汉所输匈奴缯絮米糵，令其量中，必善美而已矣，何以为言乎？且所给备善则已；不备，苦恶，则候秋孰，以骑驰蹂而稼穑耳。'"

中行说完全倾向匈奴的民族立场的变化，不宜全以鄙薄视角观察。这种"亡降"草原游牧族，全面认同其文化，并且竭诚服务于该政治集团的情形，今天以现代国家观和现代民族观判断，可以有严厉的批判。然而在当时，这种态度可能会得到相当广泛的理解。春秋时期的秦国，曾经面对一位来自戎狄的出身中原的使者。《史记》卷五《秦本纪》："戎王使由余于秦。由余，其先晋人也，亡入戎，能晋言。闻缪公贤，故使由余观秦。秦缪公示以宫室、积聚。由余曰：'使鬼为之，则劳神矣。使人为之，亦苦民矣。'缪公怪之，问曰：'中国以诗书礼乐法度为政，然尚时乱，今戎夷无此，何以为治，不亦难乎？'由余笑曰：'此乃中国所以乱也。夫自上圣黄帝作为礼乐法度，身以先之，仅以小治。及其后世，日以骄淫。阻法度之威，以责督于下，下罢极则以仁义怨望于上，上下交争怨而相篡弑，至于灭宗，皆以此类也。夫戎夷不然。上含淳德以遇其下，下怀忠信以事其上，一国之政犹一身之治，不知所以治，此真圣人之治也。'"由余"其先晋人也，亡入戎"，是名副其实的"亡人"。所谓"亡入戎"，与汉代史籍多见的"亡入匈奴"句式完全相同。由余对于"戎夷"政治"上含淳德以遇其下，下怀忠信以事其上，一国之政犹一身之治，不知所以治，此真圣人之治也"的赞美，体现出比中行说对游牧文明更明确的倾心。明智之主秦穆公并不以为由余甚为鲜明的民族立场而予以否定和仇视，反而精心设计离间，将这样的贤能之士吸引到自己身边，于是成就了秦的霸业。中行说的时代距离由余的时代并不遥远。历史文化的惯性，使得"亡入戎"并融合入"戎夷""圣人之治"之中的行为，其合理性得到普遍的承认。

汉初与匈奴保持密切关系的北方实力派集团，有韩王信、陈豨、卢绾等。《史记》卷九三《韩信卢绾列传》："匈奴冒顿大围信，信数使使胡求和解。汉发兵救之，疑信数间使，有二心，使人责让信。信恐诛，因与匈奴约共攻汉，反，以马邑降胡，击太原。""十一年春，故韩王信复与胡骑入居参合，距汉。汉使柴将军击之，遗信书曰：'陛下宽仁，诸侯虽有畔亡，而复归，辄复故位号，不诛也。大王所知。今王以败亡走胡，非有大罪，急自归！'""汉十一年秋，陈豨反代地，高祖如邯郸击豨兵，燕王绾亦击其东北。当是时，陈豨使王黄求救匈奴。燕王绾亦使其臣张胜于匈奴，言豨等军破。张胜至胡，故燕王臧荼子衍出亡在胡，见张胜曰：'公所以重于燕者，以习胡事也。燕所以久存者，以诸侯数反，兵连不决也。今公为燕欲急灭豨等，豨等已尽，次亦至燕，公等亦且为虏矣。公何不令燕且缓陈豨而与胡和？事宽，得长王燕；即有汉急，可以安国。'张胜以为然，乃私令匈奴助豨等击燕。燕王绾疑张胜与胡反，上书请族张胜。胜还，具道所以为者。燕王寤，乃诈论它人，脱胜家属，使得为匈奴间，而阴使范齐之陈豨所，欲令久亡，连兵勿决。汉十二年，东击黥布，豨常将兵居代，汉使樊哙击斩豨。其裨将降，言燕王绾使范齐通计谋于豨所。高祖使使召卢绾，绾称病。上又使辟阳侯审食其、御史大夫赵尧往迎燕王，因验问左右。绾愈恐，闭匿，谓其幸臣曰：'非刘氏而王，独我与长沙耳。往年春，汉族淮阴，夏，诛彭越，皆吕后计。今上病，属任吕后。吕后妇人，专欲以事诛异姓王者及大功臣。'乃遂称病不行。其左右皆亡匿。语颇泄，辟阳侯闻之，归具报上，上益怒。又得匈奴降者，降者言张胜亡在匈奴，为燕使。于是上曰：'卢绾果反矣！'使樊哙击燕。燕王绾悉将其宫人家属骑数千居长城下，候伺，幸上病愈，自入谢。四月，高祖崩，卢绾遂将其众亡入匈奴，匈奴以为东胡卢王。绾为蛮夷所侵夺，常思复归。居岁余，死胡中。"① 关于韩王信"以败亡走胡"，"故燕王臧荼子衍出亡在胡"，"张胜亡在匈奴"，卢绾"将其众亡入匈奴"，司马迁在叙事时都使用了"亡"字，可知这些政治人物也都是事实上的"亡人"，而与本文讨论的主题有关。

吴楚七国之乱，发动者也曾经联络匈奴，试图借用外力在政治角逐中取胜。后来因不同原因投降匈奴的李广利和李陵，都是为汉武帝特别喜爱的名将，战败后皆降匈奴。《汉书》卷九四上《匈奴传上》："贰师降。单于素知其汉大将贵臣，以女妻之。"《史记》卷一〇九《李将军列传》说，李陵降匈奴，单于"以其女妻陵而贵之"②。李陵自谓"陵始降时，忽忽如狂，自痛负汉"③，然而后来完全融入了草原民族生活，"居外，有大

---

① 《史记》卷八《高祖本纪》："卢绾与数千骑居塞下候伺，幸上病愈自入谢。""四月甲辰，高祖崩长乐宫。""卢绾闻高祖崩，遂亡入匈奴。"也说其众当有"数千"。"数千骑"或"骑数千"，《汉书》卷一下《高帝纪下》作"数千人"。
② 《史记》卷一一〇《匈奴列传》："单于乃贵陵，以其女妻之。"《汉书》卷五四《李陵传》："单于壮陵，以女妻之。"
③ 《汉书》卷五四《苏武传》。

事，乃入议"。另有"卫律者，父本长水胡人。律生长汉，善协律都尉李延年，延年荐言律使匈奴。使还，会延年家收，律惧并诛，亡还降匈奴"，也是以"亡人"身份降匈奴者，而"匈奴爱之，常在单于左右"。汉使召喻他们返回汉地，相见时"两人皆胡服椎结"。李陵"答曰：'吾已胡服矣！'"面对汉使"请少卿来归故乡，毋忧富贵"的建议，李陵回答："丈夫不能再辱。"①

张骞、苏武都是代表中原王朝正统外交原则的千古榜样。《史记》卷一二三《大宛列传》说，张骞被匈奴扣押十余年，"持汉节不失"，逃脱后立即继续执行使命。然而据说"宽大信人，蛮夷爱之"，和外族能够保持良好的关系。单于"留骞十余岁，与妻，有子"②，也说明在匈奴生活期间张骞的民族情绪并不一定长期持敌对态度。而苏武也接受过李陵及其匈奴妻子的生活接济。③

在汉与匈奴的关系中，又有反复其间，"亡入匈奴"又"亡入汉"的情形。如《史记》卷一一一《卫将军骠骑列传》所记载赵破奴事："将军赵破奴，故九原人。尝亡入匈奴，已而归汉，为骠骑将军司马。出北地时有功，封为从骠侯。坐酎金失侯。后一岁，为匈河将军，攻胡至匈河水，无功。后二岁，击虏楼兰王，复封为浞野侯。后六岁，为浚稽将军，将二万骑击匈奴左贤王，左贤王与战，兵八万骑围破奴，破奴生为虏所得，遂没其军。居匈奴中十岁，复与其太子安国亡入汉。"《汉书》卷九《元帝纪》记载："（黄龙元年）秋八月，上郡属国降胡万余人亡入匈奴。"也是同样的反复。卢芳事迹也是典型的例证。《后汉书》卷一二《卢芳传》：卢芳"诈自称武帝曾孙刘文伯"，后"入匈奴"，"单于遂立芳为汉帝"。建武五年（29），卢芳"入塞，都九原县"，"与胡通兵，侵苦北边"。《后汉书》卷一下《光武帝纪下》："（建武十三年二月）卢芳自五原亡入匈奴。""（建武十五年）卢芳自匈奴入居高柳。""（建武十六年）卢芳遣使乞降。十二月甲辰，封芳为代王。""（建武十八年五月）卢芳复亡入匈奴。"《后汉书》卷一二《卢芳传》："（建武）十二年，芳与贾览共攻云中，久不下，其将随昱留守九原，欲胁芳降。芳知羽翼外附，心膂内离，遂弃辎重，与十余骑亡入匈奴。""十六年，芳复入居高柳，与闵堪兄林使使请降。乃立芳为代王。""诏报芳朝明年正月。其冬，芳入朝，南及

---

① 《汉书》卷五四《李陵传》。
② 《汉书》卷六一《张骞传》："予妻，有子。"
③ 《汉书》卷五四《苏武传》："陵恶自赐武，使其妻赐武牛羊数十头。"

昌平，有诏止，令更朝明岁。芳自道还，忧恐，乃复背叛，遂反。""匈奴遣数百骑迎芳及妻子出塞。"

如果允许在历史考察时运用反向思维，则注意金日磾事迹时可以联想到"亡降"匈奴的汉臣们的心境。而对金日磾的信用，也说明汉武帝本人的民族情结其实却并不狭隘。劳榦在一部汉武帝传记的序言中这样写道，"旧说非我族类，其心必异，然自武帝托孤于休屠王子，天下向风，共钦华化，而金氏亦历世为汉忠臣，虽改朝而不变。"① 这样的历史事实，值得我们深思。

也许我们在讨论汉代民族问题时，应当更为真切地认识当时人的民族意识，这样才能对"亡人"面对激烈的民族战争和密切的民族交往时较为宽和的文化感觉，有更为准确的理解。

（三）汉代北边"亡人"的文化表现

《汉书》卷九四下《匈奴传下》记载了一次因西域贵族"亡降匈奴"导致的一场外交纠纷："会西域车师后王句姑、去胡来王唐兜皆怨恨都护校尉，将妻子人民亡降匈奴，语在《西域传》。"匈奴接受了亡降者，并上报汉王朝。而汉王朝执政者遣使责问单于，说："西域内属，不当得受，今遣之。"单于回答："孝宣、孝元皇帝哀怜，为作约束，自长城以南天子有之，长城以北单于有之。有犯塞，辄以状闻；有降者，不得受。臣知父呼韩邪单于蒙无量之恩，死遗言曰：'有从中国来降者，勿受，辄送至塞，以报天子厚恩。'此外国也，得受之。"② 使者说："匈奴骨肉相攻，国几绝，蒙中国大恩，危亡复续，妻子完安，累世相继，宜有以报厚恩。"单于叩头谢罪，将"西域车师后王句姑、去胡来王唐兜"引渡于汉。于是汉与匈奴形成了新的约定。"乃造设四条：中国人亡入匈奴者，乌孙亡降匈奴者，西域诸国佩中国印绶降匈奴者，乌桓降匈奴者，皆不得受。"遣使臣将约定交付单于，并宣布汉宣帝时的旧约作废。对于匈奴接纳"亡人"的限制，涉及"中国人亡入匈奴者，乌孙亡降匈奴者，西域诸国佩中国印绶降匈奴者，乌桓降匈奴者"，可见匈奴因"亡人"流入曾

---

① 金惠：《创造历史的汉武帝》，台湾商务印书馆1984年版，第4页。
② 另一起未遂的西域贵族"亡入匈奴"计划，见于《汉书》卷九六下《西域传下》："至莽篡位，建国二年，以广新公甄丰为右伯，当出西域。车师后王须置离闻之，与其右将股鞮、左将尸泥支谋曰：'闻甄公为西域太伯，当出，故事给使者牛羊谷刍茭，导译，前五威将过，所给使尚未能备。今太伯复出，国益贫，恐不能称。'欲亡入匈奴。戊己校尉刁护闻之，召置离验问，辞服，乃械致都护但钦在所埒娄城。"

经得到过何等充备的人力资源。

《史记》卷一一○《匈奴列传》记载，汉文帝致匈奴单于的外交文书中，说到"亡人不足以益众广地"，"亡人"使匈奴得以"益众"的问题引起了汉家天子的关注，可见"亡人"在当时确实曾经在一定程度上使匈奴控制的人口有所增益。

来自汉地的"亡人"，并不都是作为低层次的劳动力流入匈奴的。他们往往将先进的文化因素带到了草原大漠。

《史记》卷一一○《匈奴列传》："于是（中行）说教单于左右疏记，以计课其人众畜物。"是将汉地经济管理方式介绍到匈奴。又"日夜教单于候利害处"，则体现汉王朝的军事防卫技术也在匈奴地方得到应用。上文说到李陵"有大事，乃入议"，也是汉"亡人"参与匈奴军事政治决策的例证。

《史记》卷一二三《大宛列传》记载："汉亡浞野之兵二万余于匈奴。"裴骃《集解》："徐广曰：'太初二年，赵破奴为浚稽将军，二万骑击匈奴，不还也。'"所谓"不还"，除阵亡者外，当是亡入匈奴。《汉书》卷六一《李广利传》："征和三年，贰师复将七万骑出五原，击匈奴，度郅居水。兵败，降匈奴，为单于所杀。"《汉书》卷九四下《匈奴传下》："征和中，贰师将军李广利以军降匈奴。"《史记》卷一一○《匈奴列传》："匈奴围陵，陵降匈奴，其兵遂没，得还者四百人。"整个部队全建制亡降匈奴，事件的性质，可以理解为作为社会生产力之精华的青壮年军人群体成为"亡人"。其中相当一部分仍继续参与战争行为，是可以理解的。

两汉军队构成中可见"胡骑"即出身北方草原游牧族的骑兵。朝廷卫戍部队有"胡骑"建置，"胡骑"甚至充任帝王近卫。边地防卫力量中也有"胡骑"。"胡骑"参与汉王朝军队的远征，有与本族军队血战立功的史例。霍去病元狩四年（前119）出击匈奴取得成功。有的学者认为，立功将领因淳王复陆支、楼剸王伊即轩、昌武侯赵安稽、宜冠侯高不识等都是匈奴人，于是推定霍去病"所将主力是胡人"。汉武帝对于这位少年将军的赞扬，于是有"骠骑将军去病率师，躬将所获荤粥之士，约轻赍，绝大幕，涉获章渠，以诛比车耆，转击左大将，斩获旗鼓，历涉离侯"语。而霍去病去世后，"天子悼之，发属国玄甲，军陈自长安至茂陵"[①]。论者指出，"汉武帝'发属国玄甲'，这充分说明霍去病与匈奴骑兵关系

---

① 《史记》卷一一一《卫将军骠骑列传》。

之密切。"论者甚至认为，匈奴骑兵即"胡骑"在汉王朝远征军中的作用，"是战争胜负之主要关键"①。这样的分析，是有一定史实根据的。研究汉王朝与匈奴战争的历史，似乎不应忽视"胡骑"在汉军中参战的事实。征和三年（前90），李广利远征军击匈奴时，部队中亦有"属国胡骑"。《汉书》卷九四上《匈奴传上》记载："贰师将军将出塞，匈奴使右大都尉与众律将五千骑要击汉军于夫羊句山狭。贰师遣属国胡骑二千与战，虏兵坏散，死伤者数百人。汉军乘胜追北，至范夫人城，匈奴奔走，莫敢距敌。"这是明确的在汉军旗号下的"属国胡骑"与敌方旗下本民族军队作战的战例。李广利率领的这支部队即"属国胡骑二千"，迎击匈奴"右大都尉与众律将五千骑"，竟然使得"虏兵坏散，死伤者数百人"，于是"汉军乘胜追北，至范夫人城，匈奴奔走，莫敢距敌"，可知"属国胡骑二千"这支部队的战斗力是相当强的。不过，由于"会贰师妻子坐巫蛊收，闻之忧惧"，李广利后来在强大的军事压力下投降了匈奴，我们难以想象这支"属国胡骑"部队在重新"亡降"匈奴时将会面临怎样的境遇。而李广利降后，"单于素知其汉大将贵臣，以女妻之"，颇予"尊宠"，或许由此可以乐观地推想其属下"属国胡骑"归降故国之后的前景。成建制的部队在本族与敌族之间的民族交锋中可以反复地降来叛走，是汉代发生在北边地区的值得重视的民族文化现象。②

赵破奴作为职业军人曾经服务于双方军队的情形，对于我们认识当时的民族关系也有启示意义。《史记》卷一一〇《匈奴列传》："汉使浞野侯破奴将二万余骑出朔方西北二千余里，期至浚稽山而还。浞野侯既至期而还，左大都尉欲发而觉，单于诛之，发左方兵击浞野。浞野侯行捕首虏得数千人。还，未至受降城四百里，匈奴兵八万骑围之。浞野侯夜自出求水，匈奴间捕，生得浞野侯，因急击其军。军中郭纵为护，维王为渠，相与谋曰：'及诸校尉畏亡将军而诛之，莫相劝归。'军遂没于匈奴。"后来，"浞野侯破奴得亡归汉"。《史记》卷一一一《卫将军骠骑列传》记载："（赵破奴）尝亡入匈奴，已而归汉"，后"破奴生为虏所得，遂没其军"。在匈奴地方居住十年之后，又"亡入汉"。

与军人以武力服务于敌对民族同样，其他身份的"亡人"也将其原有的生活经验和文化知识带到了新的环境中，从而推进了草原游牧文明与

---

① 参见罗独修《胡兵胡将对汉武帝挞伐匈奴之影响试探》，《华冈文科学报》1997年，第21期。
② 参见王子今《两汉军队中的"胡骑"》，《中国史研究》2007年第3期。

中原农耕文明的融合。

出身北方游牧族的巫人即所谓"胡巫",曾经高踞接近王朝统治中枢的地位,进行过活跃的文化表演。他们的活动,曾经影响了农耕民族的信仰世界,反映了当时各民族文化交汇的时代趋势。他们的宗教实践,曾经对国家的政治走向和民间的社会生活都发生过值得重视的影响。甚至在以往以为汉文化正统内容的皇家祭祀礼仪中,也能够由此发现可以溯源于北方少数民族的文化基因。"胡巫"作为"巫蛊之祸"这一政治变局中的重要的角色,在思想文化史上写下了具有神秘主义特征的外来文化因素通过介入上层权争,显著影响汉文化主体的引人注目的一页。①

汉地"亡人"在寄身阜原游牧生活之后,也往往将自身的劳动经验和生产技能贡献于新的环境,从而促进了农耕文明向外域的传播。

掘井技术的跨民族地区的传播,就是由于这样的条件。《史记》卷一二三《大宛列传》有如下记载:

> 贰师与赵始成、李哆等计:"闻宛城中新得秦人,知穿井,而其内食尚多。所为来,诛首恶者毋寡。毋寡头已至,如此而不许解兵,则坚守,而康居候汉罢而来救宛,破汉军必矣。"军吏皆以为然,许宛之约。宛乃出其善马,令汉自择之,而多出食食给汉军。

《汉书》卷六一《李广利传》则记载:

> 是时,康居候视汉兵尚盛,不敢进。贰师闻宛城中新得汉人,知穿井,而其内食尚多。计以为来诛首恶者毋寡,毋寡头已至,如此不许,则坚守,而康居候汉兵罢来救宛,破汉军必矣。军吏皆以为然,许宛之约。宛乃出其马,令汉自择之,而多出食食汉军。

一说"宛城中新得秦人,知穿井",一说"宛城中新得汉人,知穿井",所说"秦人""汉人",应当都是来自汉地的"亡人"。

《汉书》卷九四上《匈奴传上》说:"卫律为单于谋:'穿井筑城,治楼以藏谷,与秦人守之。汉兵至,无奈我何。'即穿井数百,伐材数千。或曰胡人不能守城,是遗汉粮也,卫律于是止。"对于"与秦人守之"颜师古注:"秦时有人亡入匈奴者,今其子孙尚号'秦人'。"匈奴通

---

① 参见王子今《西汉长安的"胡巫"》,《民族研究》1997年第5期。

过汉"亡人"引入的技术,除"穿井"外,还包括"筑城"、"治楼"、"藏谷"等,军事方面,则有"守城"。

冶铁技术的传播很可能也通过"亡人"活动这一路径。西汉时期,中原在冶铁技术方面是超过匈奴的。匈奴史研究者指出,匈奴"手工业中最重要的当推冶铁业","当时匈奴人的冶铁业可能已经形成为一个独立的手工业部门",不过,"从许多刀剑的形式酷似汉式的情形看来,不仅反映匈奴人的铁器文化受到汉族文化的很大影响,而且可以推断当时的铁匠大多也是来自中原的汉族匠人"①。

据《汉书》卷九六上《西域传上》记载,西域诸国有的国家有铁器制作业,如婼羌国"山有铁,自作兵,兵有弓、矛、服刀、剑、甲",又难兜国"有银铜铁,作兵与诸国同"。然而《史记》卷一二三《大宛列传》记载,有的西域国家是从汉王朝传入铁器制作技术的:"自大宛以西至安息,……其地皆无丝漆,不知铸钱器。及汉使亡卒降,教铸作他兵器。"这里所说的"钱器",裴骃《集解》引徐广说,也写作"铁器"。《汉书》卷九六上《西域传上》正是这样记录的:"不知铸铁器。及汉使亡卒降,教铸作它兵器。""汉使亡卒降"的作用,值得我们特别注意。

《史记》卷一二〇《汲郑列传》说,汉王朝与匈奴之间的物资交往,有严格的关禁制度:"及浑邪至,贾人与市者,坐当死者五百余人。"汲黯说:"愚民安知市买长安中物而文吏绳以为阑出财物于边关乎?"裴骃《集解》有这样的解释:"应劭曰:'阑,妄也。《律》:'胡市,吏民不得持兵器出关。'虽于京师市买,其法一也。'"对于汉律"胡市,吏民不得持兵器出关"的条文,《汉书》卷五〇《汲黯传》颜师古注引应劭曰,又明确指出禁止出关的物资包括"铁",即"兵器及铁":"《律》:'胡市,吏民不得持兵器及铁出关。'"可见,所谓"汉使亡卒降,教铸作它兵器",正是"亡人"们在生产技术传播方面突破关禁,多有贡献的实证。②

通过匈奴文化遗存的考古学考察,研究者注意到,"漠南匈奴遗存缺少城址和居址的发现,而蒙古和外贝加尔却多有发现,这与西汉中期匈奴帝国政治中心的北移有关,因为失去了中国北方地区这一南下贸易和劫掠

---

① 林幹:《匈奴史》修订本,内蒙古人民出版社1979年版,第7页;又《匈奴通史》,人民出版社1986年版,第140页。

② 参见王子今《"镔铁"和张骞西行的动机》,《博览群书》2005年第4期。

的根据地，匈奴才可能不得不建立一些定居的农业、手工业基地，以补充日常生活所需的粮食和用品。而在此之前，当他们力量强大，在长城地带建立王庭的时期，粮食物品的主要来源是汉的进贡、与汉的贸易以及掠夺。"① 匈奴物质文化特征的这一重大变化，还有另一重要因素，即来自汉地的"亡人"在匈奴社会生活和社会生产中发挥的作用。

外贝加尔的伊沃尔加古城的居住遗址中发现石炉灶以及利用烟道取暖的设施。考古学者指出："这类取暖设备显然是从中原地区的土炕学来的。"城中还发现了结构与河南巩县汉代炉址相似的冶铁炉址。陶器的器形和制作方式与汉地相同。又有汉镜出土。刻有"党"、"仇"、"岁"、"役"等汉字的砺石，也是有意义的遗存。"种种迹象表明汉代工匠活跃在这座城中。"1941年发掘的哈卡斯自治共和国阿巴坎西南12公里的中国式宫殿。中央大殿有东西两部分，夯筑，墙壁、地面抹草泥土，室内地下有取暖管道。殿址周围发现大量建筑材料，使用汉式筒瓦、板瓦。有瓦当文字"天子千秋万岁常乐未央"。宫殿的主人，"前苏联学者认为是李陵，中国学者又有王昭君长女须卜居次云、降匈奴的丁零王卫律以及云之丈夫须卜当等诸种猜测"②。我们认为更重要的，不是宫殿的居住者，而是宫殿的设计者和建造者。这种完全为汉式风格的大型宫殿，需用大量工役建筑装修，而且所有材料都需要就地或就近准备，如果没有人数充备、技能熟练的来自汉地的工匠，工程的完成是不可想象的。考察这样的古城遗址和古宫殿遗址，不能忽略"在匈奴中，处于被掳掠或是投降移居状态的中国农耕者"的作用。③

与生产工具有关的生产方式的发现也是重要的。有考古学者分析匈奴遗址出土的生产工具及相关历史记载，"从使用汉人惯用的犁铧和镰刀等农具，以及治楼藏谷使用汉人来看，匈奴的农业在很大程度上受到汉人的影响，农业技术可能是从汉人那里传入，而从事农业生产者大多是汉人"。"匈奴境内当时必定有大批汉人，其生产生活方式仍保留或部分地保留着定居农耕的方式"。这一情形，应当与所谓"逃亡匈奴的汉人数量不少"④ 的历史现象联系起来分析。

---

① 马利清：《原匈奴、匈奴历史与文化的考古学探索》，内蒙古大学出版社2005年版，第45—46页。
② 马利清：《原匈奴、匈奴历史与文化的考古学探索》，第380—381页。
③ 〔苏〕吉谢列夫：《蒙古的古代城市》，《苏联考古学》1957年第2期，第92页。转见马利清《原匈奴、匈奴历史与文化的考古学探索》，第384、408页。
④ 马利清：《原匈奴、匈奴历史与文化的考古学探索》，第388、382、406页。

二 秦汉农人流动与都市"浮食者众"问题

古代中国以农耕为主体经济形式。农人长期形成了安居本土,不轻易迁徙的传统,即所谓"安土重迁,黎民之性"①,"安土重居,谓之众庶"②。然而由于生存条件的严重恶化,农人常常不得不被迫流徙。秦汉时期曾经频繁发生农人离开作为基本生产条件的耕地,被迫流动,从而使社会经济秩序遭受破坏,社会安定也面临威胁的情形。农人流动有多种趋向,而流入都市者数量之多,曾经使敏感的社会动向观察者产生危机感。他们称这种现象为"浮食者多"、"浮食者众",以为严重的社会弊端,可以引生政治危局。秦汉城市人口的膨胀,确实导致治安困难和就业艰辛。社会动荡时都市文明的破坏,都市内部的社会不安定因素曾经表现出显著的作用。回顾这一历史时期的农人移徙现象,可以看到,乡村与乡村之间流动路径的开通,被看作解决相关社会问题的合理方式。

(一) 农人流动的几种情形

秦汉农人离开田土大致有如下几种情形:(1)服事兵役和劳役;(2)强制性迁徙;(3)战乱导致的流亡;(4)自然灾害导致的流亡。

农人服役人数和期限的过度,可以使得社会生产的正常规律受到严重冲击。《续汉书·五行志一》的如下文字指出了青壮劳动力"西击胡",而田野"麦多委弃"的情形:"桓帝之初,天下童谣曰:'小麦青青大麦枯,谁当获者妇与姑。丈人何在西击胡,吏买马,君具车,请为诸君鼓咙

---

① 《汉书》卷九《元帝纪》永光四年(前40)冬十月乙丑诏。《后汉书》卷五八《虞诩传》虞诩言对羌人政策,也说:"若弃其境域,徙其人庶,安土重迁,必生异志。"《后汉书》卷八七《西羌传》谓羌人生产方式是"田畜"、"田蓄"。《后汉书》卷八六《南蛮传》称"安土重旧"。所谓"田作贾贩无关梁符传租税之赋",也指出"田作"是其主要经济形式。又《三国志》卷一一《魏书·袁涣传》:"民安土重迁,不可卒变。"《三国志》卷五七《吴书·骆统传》:"小民无知","有安土重迁之性","恋本畏远"。《潜夫论·实边》:"且夫土重迁,恋慕坟墓,贤不肖之所同也。民之于徙,甚于伏法。伏法不过家一人死尔。诸亡失财货,夺土远移,不习风俗,不便水土,类多灭门,少能还者。代马望北,狐死首丘,边民谨顿,尤恶内留。虽知祸大,犹怨守其绪业,死其本处,诚不欲去之极。"《潜夫论笺校正》:"'夫土重迁'当作'安土重迁'。《汉书·元帝纪》永光四年诏曰:'安土重迁,黎民之性,骨肉相附,人情所愿也。'《通典》一引崔实《政论》云:'小人之情,安土重迁,宁就饥馁,无适乐土之虑。'"今按:文渊阁《四库全书》本《潜夫论》作"安土重迁"。

② 《后汉书》卷四八《杨终传》建初元年(76)上疏。

胡.'案元嘉中凉州诸羌一时俱反,南入蜀、汉,东抄三辅,延及并、冀,大为民害。命将出众,每战常负,中国益发甲卒,麦多委弃,但有妇女获刈之也。吏买马,君具车者,言调发重及有秩者也。请为诸君鼓咙胡者,不敢公言,私咽语。"实际上秦王朝的灭亡,与劳役大规模调发,也有直接的关系。如《史记》卷一一二《平津侯主父列传》所说,"丁男被甲,丁女转输,苦不聊生,自经于道树,死者相望"。"道路死者相望,盖天下始畔秦也。"而此后所谓"丁壮苦军旅,老弱罢粮饷"①,"丈夫从军旅,老弱转粮饟"②,农人背离田土的流移,长期以来依然往往成为导致社会危局的直接诱因之一。有研究人口迁移史的学者称此为"徭役移民","'男子不得修农亩,女子不得剡麻考缕',全为徭役之累而四处流动"③。

强制性迁徙也是迫使农人离开原有土地的形式。有学者称之为"政治移民"、"政府移民"、"政府强制移民"④。秦始皇除"徙天下豪富于咸阳十二万户"之外,组织向关中的移民,还有三十五年(前212)"立石东海上朐界中,以为秦东门,因徙三万户丽邑,三万户云阳"⑤。而秦始皇征服南越,从"以適遣戍"⑥到"以谪徙民"⑦,即汉高帝十一年(前196)五月诏所谓"前时秦徙中县之民南方三郡,使与百粤杂处"⑧,当有相当数量的中原农人被迫移居岭南。据《史记》卷六《秦始皇本纪》,"以適遣戍,西北斥逐匈奴","徙谪,实之初县",又"迁北河榆中三万家,拜爵一级",情形也类似。西汉仍多次组织移民充实北边。汉文帝曾采纳晁错建议,募民徙塞下。汉武帝元朔二年(前127),募民徙朔方十万口。元狩三年(前120),徙贫民于关以西及充朔方以南新秦中七十万口。元狩五年(前118),徙天下奸猾吏民于边。⑨此后,又不断向河西等地移民。《汉书》卷二八下《地理志下》说:"定襄、云中、五原,本戎狄地,颇有赵、齐、卫、楚之徙","(河西四郡)其民或以关东下贫,

---

① 《汉书》卷一上《高帝纪上》。
② 《史记》卷三〇《平准书》。
③ 石方:《中国人口迁移史稿》,黑龙江人民出版社1990年版,第110—117页。
④ 傅筑夫、王毓瑚编:《中国经济史资料·秦汉三国编》,中国社会科学出版社1982年版,第97、159页。
⑤ 《史记》卷六《秦始皇本纪》。
⑥ 同上。
⑦ 《史记》卷一一三《南越列传》。
⑧ 《汉书》卷一上《高帝纪上》。
⑨ 据《史记》卷三〇《平准书》、《汉书》卷六《武帝纪》、《汉书》卷四九《晁错传》。

或以报怨过当，或以悖逆亡道，家属徙焉"。

农人自发的流亡，往往因战乱而发生。经过秦末动乱和楚汉战争之后，"民人散亡，户口可得而数裁什二三"。据说，"逮文、景四五世间，流民既归，户口亦息"①。这种因战乱而发生的流民运动，在两汉之际和东汉末年，又曾经造成十分严重的社会影响。"更始赤眉之时"，"民人流亡，百无一在"②，汉末天下大乱，民众"皆以奔亡"，"冰解风散，唯恐在后"③。不过，对社会产生剧烈震撼的其实往往是非战乱因素引起的流民运动。汉武帝元封四年（前107），关东流民多达二百万口，"无名数者四十万"，丞相石庆"惭不任职"，以"民多流亡"自罪，请求免职处分。④汉武帝本人则认为，流民之"疾苦"，在于吏治的黑暗，"吏多私，征求无已，去者便，居者扰"⑤。官吏的苛征，使得定居者所承受的压力甚至远远超过流亡者的艰辛。征和二年（前91），汉武帝在指责前丞相公孙贺的政治失误时，也曾说到"下吏妄赋，百姓流亡"的情形。⑥汉宣帝时代，夏侯胜批评汉武帝行政，也曾指出，汉武帝虽有攘四夷广土斥境之功，"然多杀士众，竭民财力，奢泰亡度，天下虚耗，百姓流离，物故者半"⑦。

严重自然灾害导致大批流民离开家园往异乡漂泊，也是两汉时期多见的历史现象。这就是所谓"岁恶民流"⑧。例如，据《汉书》卷七一《于定国传》记述，汉元帝初即位，关东地区连年遭受自然灾害，"民流入关"。所谓"谷贵民流"⑨，当时成为导致政治危局的主要因素之一。汉元帝永元年间，最高统治集团仍然为"民众久困，连年流离"⑩而深深忧虑。汉成帝阳朔二年（前23），关东大水，流民流移入关。鸿嘉四年（前17），又出现"水旱为灾，关东流冗者众，青、幽、冀部尤剧"的形势。⑪

---

① 《汉书》卷一六《高惠高后文功臣表》。
② 《三国志》卷六《魏书·董卓传》注引《续汉书》。
③ 《后汉书》卷五七《刘陶传》。
④ 《史记》卷一〇三《万石张叔列传》。
⑤ 《汉书》卷四六《石奋传》。
⑥ 《汉书》卷六六《刘屈氂传》。《盐铁论·未通》记录"文学"对当时弊政危害的批评，也曾经指出："树木数徙则萎，虫兽徙居则坏，故代马依北风，飞鸟翔故巢，莫不哀其生。由此观之，民非利避上公之事而乐流亡也。"
⑦ 《汉书》卷七五《夏侯胜传》。
⑧ 《汉书》卷七一《薛广德传》。
⑨ 《汉书》卷六〇《杜缓传》。
⑩ 《汉书》卷六四下《贾捐之传》。
⑪ 《汉书》卷一〇《成帝纪》。

在汉成帝在位后期，仍然"灾异尤数"，元延元年（前12），几种自然灾害相交并，"蚕麦咸恶。百川沸腾，江河溢决，大水泛滥郡国十五有余。比年丧稼，时过无宿麦。百姓失业流散"①。汉哀帝时，因自然灾荒所导致的流民问题依然是政局稳定的严重威胁，建平二年（前5），"岁比不登，天下空虚，百姓饥馑，父子分散，流离道路，以十万数"②。汉平帝元始二年（2），"郡国大旱，蝗，青州尤甚，民流亡"③。王莽地皇三年（22）四月，曾经因"枯旱霜蝗，饥馑荐臻，百姓困乏，流离道路"深表惶恐，而随即在当年夏季，关东地区又发生了严重的蝗灾，"蝗从东方来，蜚蔽天"，"流民入关者数十万人"④。汉光武帝建武十二年（36），"米谷荒贵，民或流散"⑤。汉明帝初年，"州郡灾旱，百姓穷荒"，据说"道见饥者，裸行草食"⑥。汉章帝时，又连年发生"牛多疾疫，垦田减少，谷价颇贵，人以流亡"⑦，以及所谓"比旱不雨，牛死民流"⑧的现象。汉和帝永元六年（94），"阴阳不和，水旱违度，济河之域，凶馑流亡"。永元十二年（100），灾情严重，"京师去冬无宿雪，今春无澍雨，黎民流离，困于道路"⑨。汉安帝永初年间，又因"连年水旱灾异，郡国多被饥困"，曾经致使"人庶流迸"⑩。汉顺帝永建六年（131），"连年灾潦"，百姓"流亡不绝"，以及永和四年（139）"太原郡旱，民庶流冗"⑪，也都是类似的史实。汉桓帝永兴元年（153），"郡国三十二蝗，河水溢，百姓饥穷，流冗道路，至有数十万户"⑫。《后汉书》卷四三《朱穆传》也有"永兴元年，河溢，漂害人众数十万户，百姓饥馑，流移道路"记载。汉哀帝建平四年（前3）春，"大旱，关东民传行西王母筹，经历郡国，西入关至京师"⑬。

---

① 《汉书》卷八五《谷永传》。
② 《汉书》卷八一《孔光传》。
③ 《汉书》卷一二《平帝纪》。
④ 《汉书》卷九九下《王莽传下》。
⑤ 《续汉书·天文志上》。
⑥ 《后汉书》卷三九《王望传》。
⑦ 《后汉书》卷三《章帝纪》。
⑧ 《论衡·恢国》。
⑨ 《后汉书》卷四《和帝纪》。
⑩ 《后汉书》卷三二《樊准传》。
⑪ 《后汉书》卷六《顺帝纪》。
⑫ 《后汉书》卷七《桓帝纪》。
⑬ 《汉书》卷一一《哀帝纪》。

（二）流民涌入都市

农人离开土地的流动，有走向都市的选择。有学者指出，"大体说来，每一个朝代的前期和中期政局稳定经济上升的时候，人口逐渐向城市集中"①。就汉代的情形来说，对于这样的认识也许还应当作细致的考论。

《汉书》卷一一《哀帝纪》记载了西汉晚期的一次"向城市集中"的人口移动，建平四年（前3）春，"大旱，关东民传行西王母筹，经历郡国，西入关至京师。民又会聚祠西王母，或夜持火上屋，击鼓号呼相惊恐"。对于这一历史事件，《汉书》卷二七下之上《五行志下之上》记述更为详尽：

> 哀帝建平四年正月，民惊走，持稾或棷一枚，传相付与，曰"行诏筹"。道中相过逢，多至千数，或被发徒践，或夜折关，或逾墙入，或乘车骑奔驰，以置驿传行，经历郡国二十六，至京师。其夏，京师郡国民聚会里巷仟佰，设张博具，歌舞祠西王母。又传书曰："母告百姓，佩此书者不死。不信我言，视门枢下，当有白发。"至秋止。

这是由异常动因导致的流民运动。班固在分析这一事件时曾写道："民，阴，水类也。水以东流为顺走，而西行，反类逆上。"又说，"白发，衰年之象，体尊性弱，难理易乱"。班固指出，通过其象征意义，似乎已经可以察见政治动乱的先兆。当时也曾经有人分析说："讹言行诏筹，经历郡国，天下骚动，恐必有非常之变。"② 这一历时长达半年，"经历郡国二十六，至京师"，涉及地域极其广阔的富有神秘主义色彩的民间运动，其真正的文化内涵我们今天尚不能完全明了，但是大体可以知道，其原始起因可能是"大旱"，而所谓"曰'行诏筹'"，或"传行西王母筹"，所谓"道中相过逢，多至千数"，则暗示流民群体已经形成了某种类似于后世秘密社会结构的组织形式。所谓"京师郡国民聚会里巷仟佰，设张博具，歌舞祠西王母"以及"或被发徒践，或夜折关，或逾墙入，或乘车骑奔驰"，"或夜持火上屋，击鼓号呼相惊恐"等行为所表现的以西王母崇拜为具体形式的类似宗教狂热的情绪，在条件适合时能够集聚极强大的社会

---

① 赵文林、谢淑君：《中国人口史》，人民出版社1988年版，第625页。
② 《汉书》卷四五《息夫躬传》。

冲击力。在"京师"和其他都市"击鼓号呼","聚会""歌舞"诸行为表现,书写了秦汉都市史与秦汉社会意识史的特殊的一页。① 这一动乱明确冲击到"京师"。从发起到平息,《五行志》说"正月"发生,"至秋止"②,整个夏季影响了"京师"的正常秩序。

从现有资料看,对于都邑人口的数量增长,执政者往往有所警觉,予以严密的控制。有学者认为,秦始皇"徙三万家丽邑,五万家云阳","这次迁徙的对象是以咸阳居民为主,原因是秦始皇认为'咸阳人多,先王之宫廷小'","在咸阳人满为患的情况下",向这两个地方"疏散安置"③。据《史记》卷一二九《货殖列传》,司马迁时代已经对长安诸陵"地小人众"的情形有所重视。④ 有的学者指出,西汉中期以后,"移民的数量超过了关中本地产粮所能负担的程度"⑤。西汉向关中文化重心地带的移动,有关禁制度严格限定。《汉书》卷六四下《终军传》记载:

> 初,军从济南当诣博士,步入关,关吏予军繻。军问:"以此何为?"吏曰:"为复传,还当以合符。"军曰:"大丈夫西游,终不复传还。"弃繻而去。军为谒者,使行郡国,建节东出关,关吏识之,曰:"此使者乃前弃繻生也。"

西汉时期关禁曾经极为严厉,通行者必须持有专门的证书,关吏之残酷,也曾有"乳虎"之喻。⑥ 然而,事实上这种控制的真正效力依然是有限的。我们统计汉宣帝元康四年(前62)诏令若干在高后、文景及武帝时

---

① 据《续汉书·五行志一》记载,汉安帝永初元年(107)十一月,又曾经发生了所谓"民讹言相惊,司隶、并、冀州民人流移"的事件。同一史事,《后汉书》卷五《安帝纪》记载为"民讹言相惊,弃捐旧居,老弱相携,穷困道路"。这种形式较为特殊的流民运动,其性质很可能也与汉哀帝时民"讹言行诏筹"而"惊走"的事件相类似。参见王子今《西汉流民运动及政府对策的得失》,《战略与管理》1994年第3期;王子今、周苏平:《汉代民间的西王母崇拜》,《世界宗教研究》1999年第2期。

② 《汉书》卷二六《天文志》:"(汉哀帝建平)四年正月、二月、三月,民相惊动,讙哗奔走,传行诏筹祠西王母。"

③ 葛剑雄、曹树基、吴松弟:《简明中国移民史》,福建人民出版社1993年版,第58—59页。

④ 有学者以此作为"司马迁重视对人口地理分布的考察"首要的一例。参见吴申元《中国人口思想史稿》,中国社会科学出版社1986年版,第83页。

⑤ 葛剑雄、曹树基、吴松弟:《简明中国移民史》,福建人民出版社1993年版,第69页。

⑥ 《史记》卷一二二《酷吏列传》:"……上乃拜成为关都尉。岁余,关东吏隶郡国出入关者号曰:'宁见乳虎,无值宁成之怒。'"

代已经因各种原因失去"列侯"地位的功臣贵族后代重新恢复先祖身份，即"诏复家"事，全数 124 例中，当时居地有长安 40 例，阳陵 12 例，茂陵 11 例，长陵 10 例，霸陵 5 例，安陵 2 例，平陵 2 例，云阳 2 例，属于京畿地方的还有：杜陵 1 例，安陵 1 例，槐里 1 例，新丰 1 例，奉明 1 例，南陵 1 例。① 这样看来，这些原本居于关东地区的贵族之家，② 在列侯地位丧失之后，竟然有如此多的人移居关中，其比例高达 73.39%。其中绝大多数均集中在长安及诸陵邑。这确实是一种惊人的现象。③《汉书》卷一六《高惠高后文功臣表》说："孝宣皇帝愍而录之，乃开庙臧，览旧籍，诏令有司求其子孙，咸出庸保之中，并受复除，或加以金帛，用章中兴之德。"所谓"庸保"，颜师古注："庸，卖功庸也；保，可安信也：皆赁作者也。"可知"诏复家"时，这些没落贵族子孙已经沦为社会下层的劳动者。虽然其具体身份职业不可考定，未必可以一概看作农人，其事迹却是可以在讨论农人进入都市的问题时参考的。虽然如有的学者所指出的，从理论上说，秦汉时期法律"不容许人民自由迁徙"，"可以说基本上不存在自由迁徙"④。论者认为西汉期间关中的移民"基本上都是出于行政手段的强制性迁徙，出于地理、经济、社会等因素的自然迁徙较少"，然而也肯定当时关中"具有对自发移民的吸引力"⑤。通过对元康四年"诏复家"事的个案分析，也许可以重新考虑当时"自发移民""自由迁徙"、"自然迁徙"进入关中以及"长安诸陵"的情形。

前引史籍所见汉元帝初年"民流入关"，又汉成帝"河平元年三月，流民入函谷关"⑥，以及王莽地皇三年（22）"流民入关者数十万人"⑦等，都说明在特殊历史条件下，因流民运动的冲击，关禁实际上已经被破除。《汉书》卷一〇《成帝纪》中又可以看到明确的记载：阳朔二年（前

---

① 又有"肽玄孙郭公乘尧诏复家"的"郭"，《汉书补注》："先谦曰：'郭，即虢也，扶风县。'"则也在关中。而"无曾孙鄜阳秉铎圣诏复家"的"鄜阳"，似乎也未可排除在关中的可能。

② 前列 124 例中，仅（67）撑顷侯温疥封地有人认为在关中。《汉书补注》："王念孙曰：'《说文》、《广韵》、《玉篇》、《集韵》皆无撑字，当作栙。此即右扶风栒邑县也。'"以撑为旬邑，尚属于不确定的意见。

③ 参见王子今《论元康四年"诏复家"事兼及西汉中期长安及诸陵人口构成》，《中日学者论中国古代城市社会》，三秦出版社 2007 年版。

④ 葛剑雄：《西汉人口地理》，人民出版社 1986 年版，第 116—117 页。

⑤ 葛剑雄、曹树基、吴松弟：《简明中国移民史》，福建人民出版社 1993 年版，第 68—69 页。

⑥ 《汉书》卷二六《天文志》。

⑦ 《汉书》卷九九下《王莽传下》。

23），"秋，关东大水，流民欲入函谷、天井、壶口、五阮关者，勿苛留"。鸿嘉四年（前17）春正月，又颁布诏令："流民欲入关，辄籍内。"绥和二年（前7），汉成帝又曾经在一件文书中，以颇为沉重的语气说到因流民问题严重以致"关门牡开，失国守备"的情形。① 看来，废止关禁的措施是违反最高统治者的本意而被迫实行的。

流民运动对旧有移徙限制的破除，势必造成都市人口数量和成分的变化。

（三）"游手为巧，充盈都邑"：城市人口膨胀与管理危机

《汉书》卷一二《平帝纪》：元始二年（2）夏，"郡国大旱，蝗，青州尤甚，民流亡。……罢安定呼池苑，以为安民县，起官寺市里，募徙贫民，县次给食。至徙所，赐田宅什器，假与犁、牛、种、食。又起五里于长安城中，宅二百区，以居贫民"。这里所说的所安置的"贫民"，应当就是进入"长安城中"的"流亡"的火民。《汉书》卷九九下《王莽传下》记载：地皇三年（22）"二月，霸桥灾，数千人以水沃救，不灭。莽恶之，下书曰：'夫三皇象春，五帝象夏，三王象秋，五伯象冬。皇王，德运也；伯者，继空续乏以成历数，故其道驳。惟常安御道多以所近为名。乃二月癸巳之夜，甲午之辰，火烧霸桥，从东方西行，至甲午夕，桥尽火灭。大司空行视考问，或云寒民舍居桥下，疑以火自燎，为此灾也。其明旦即乙未，立春之日也。予以神明圣祖黄虞遗统受命，至于地皇四年为十五年。正以三年终冬绝灭霸驳之桥，欲以兴成新室统壹长存之道也。又戒此桥空东方之道。今东方岁荒民饥，道路不通，东岳太师亟科条，开东方诸仓，赈贷穷乏，以施仁道。其更名霸馆为长存馆，霸桥为长存桥。'""舍居桥下，疑以火自燎"致使"火烧霸桥"的"寒民"，应当就是经由"东方之道"向长安行进的"东方"饥民。又，"流民入关者数十万人，乃置养赡官禀食之。使者监领，与小史共盗其禀，饥死者十七八。先是，莽使中黄门王业领长安市买，贱取于民，民甚患之。业以省费为功，赐爵附城。莽闻城中饥馑，以问业。业曰：'皆流民也。'"王莽得知"城中饥馑"，王业回答"皆流民也"，都明确传递了"流民"入居长安城中的历史信息，值得我们重视。政府不得不动用财力予以安置，是因为这样的流民运动形势事实上已经无法抗拒。②

---

① 《汉书》卷八四《翟方进传》。
② 参见王子今《西汉长安居民的生存空间》，《人文杂志》2007年第2期。

都市人口膨胀导致了社会分工形势的变化。《史记》卷一二九《货殖列传》说："孝、昭治咸阳，因以汉都，长安诸陵，四方辐凑并至而会，地小人众，故其民益玩巧而事末也。"《汉书》卷二八下《地理志下》也写道："长安……郡国辐凑，浮食者多，民去本就末。"指出长安"浮食者多"现象的发生，是因为民众"去本就末"，即背弃耕作传统，从事非农业经营。《商君书·外内》说："民之内事，莫苦于农，……农之用力最苦，不如商贾技巧之人。"《史记》卷一二九《货殖列传》所说洛阳都市情形"贫人学事富家，相矜以久贾"，即体现了因求富动机而发生的身份和职业的变化。

王符《潜夫论·浮侈》痛心疾首地谴责这一社会动向，以为可能导致国家行政的危局：

> 今举世舍农桑，趋商贾，牛马车舆，填塞道路，游手为巧，充盈都邑，治本者少，浮食者众。商邑翼翼，四方是极。今察洛阳，浮末者什于农夫，虚伪游手者什于浮末。是则一夫耕，百人食之，一妇桑，百人衣之，以一奉百，孰能供之？天下百郡千县，市邑万数，类皆如此，本末何足相供？则民安得不饥寒？饥寒并至，则安能不为非？为非则奸宄，奸宄繁多，则吏安能无严酷？严酷数加，则下安能无愁怨？愁怨者多，则咎征并臻，下民无聊，而上天降灾，则国危矣。

所谓"浮食者众"，《后汉书》卷四九《王符传》作"游食者众"。王符进行的社会批评，主要对象是"举世舍农桑，趋商贾"，以致"游手为巧，充盈都邑，治本者少，浮食者众"。洛阳这样的世界级都市，"浮末者什于农夫，虚伪游手者什于浮末"。于是，王符感叹："是则一夫耕，百人食之，一妇桑，百人衣之，以一奉百，孰能供之？"而"天下百郡千县，市邑万数，类皆如此，本末何足相供？"他指出了城市人口增加的普遍趋向，以为由此构成行政危机的发端。

王符以为都市户口失控的危机首先表现为治安问题，随即可能成为引发社会动乱的潜在因由。"饥寒"——→"为非"——→"奸宄繁多"——→"吏""严酷数加"——→"愁怨者多"，形成了恶性现象相互连接的链条。《汉书》卷二八下《地理志下》是这样说到"浮食者多"现象的："五方杂厝，风俗不纯。其世家则好礼文，富人则商贾为利，豪桀则游侠通奸。濒南山，近夏阳，多阻险轻薄，易为盗贼，常为天下剧。又郡国辐凑，浮食者多，民去本就末，列侯贵人车服僭上，众庶放效，羞不相及，嫁娶尤崇侈靡，送死过度。"而酷吏故事正是集中发生在都市。

《史记》卷一二九《货殖列传》写道："闾巷少年，攻剽椎埋，劫人作奸，掘冢铸币，任侠并兼，借交报仇，篡逐幽隐，不避法禁，走死地如骛者，其实皆为财用耳。"《史记》卷七五《孟尝君列传》："太史公曰：'吾尝过薛，其俗闾里率多暴桀子弟……'"《汉书》卷九二《游侠传·万章》："长安炽盛，街闾各有豪侠。"都指出市民反正统力量激烈的社会表现。① 《汉书》卷九〇《酷吏传·尹赏》记载，汉成帝永始、元延年间，长安治安问题严重，而主要危害是所谓"闾里少年"："长安中奸猾浸多，闾里少年群辈杀吏，受赇报仇，相与探丸为弹，得赤丸者斫武吏，得黑丸者斫文吏，白者主治丧。城中薄暮尘起，剽劫行者，死伤横道，枹鼓不绝。"以为政"残贼"闻名的尹赏就任长安令后，以严酷手段对威胁治安的"闾里少年"予以打击。"赏以三辅高第选守长安令，得壹切便宜从事。赏至，修治长安狱，穿地方深各数丈，致令辟为郭，以大石覆其口，名为'虎穴'。乃部户曹掾史，与乡吏、亭长、里正、父老、伍人，杂举长安中轻薄少年恶子，无市籍商贩作务，而鲜衣凶服被铠扞持刀兵者，悉籍记之，得数百人。赏一朝会长安吏，车数百两，分行收捕，皆劾以为通行饮食群盗。赏亲阅，见十置一，其余尽以次内虎穴中，百人为辈，覆以大石。数日壹发视，皆相枕藉死，便舆出，瘗寺门桓东，楬著其姓名，百日后，乃令死者家各自发取其尸。亲属号哭，道路皆歔欷。长安中歌之曰：'安所求子死？桓东少年场。生时谅不谨，枯骨后何葬？'"尹赏亲自审理，以严厉手段予以打击，据说就任数月，"盗贼止，郡国亡命散走，各归其处，不敢窥长安"。所打击的对象包括"无市籍商贩作务"，值得关心都市人口成分变化的人们注意。所谓"作务"，王先谦《汉书补注》引周寿昌曰："作务，作业工技之流。"可知被镇压的"闾里少年"也包括部分手工业者。所谓"长安中奸猾浸多"，体现这种社会力量有所增长的趋势。这一现象，也应当与都市人口变化有关。

《汉书》卷二四下《食货志下》：王莽制度，"民浮游无事，出夫布一匹"。可知执政者对"浮食者"和"游食者"是予以打压的。其实，对于秦汉都市中"浮食者"、"游食者"的社会地位和社会作用应当重

---

① 据《史记》卷六《秦始皇本纪》，最活跃的反秦力量是"山东郡县少年"。在王莽的统治接近尾声时，农民军进入长安，也有"城中少年"奋起响应，率先冲击宫禁。参见王子今《说秦汉"少年"与"恶少年"》，《中国史研究》1991年第4期。

新评定。这些人中除职业刑事罪犯外,多数可能是所谓"无市籍商贩作务",包括"作业工技之流"。他们从事的商贩和手工制作修理,其实是迎合当时都市消费生活的需求的。《汉书》卷九九中《王莽传中》:"长安民闻莽欲都雒阳,不肯缮治室宅,或颇彻之。"可知"长安民"的营生方式应主要与长安作为"都"的背景下宫廷官府等消费需求的服务有关。

对这些社会人等的过度打压,实际上导致了对都市经济生活的破坏。"吏""严酷数加"所引发的反抗,很可能激起变乱。

(四) 社会动荡与都市文明的破坏

曾经繁荣一时的都市文明的破坏,是秦汉社会动荡造成严重危害最鲜明的表现之一。

《史记》卷六九《苏秦列传》记述苏秦说齐王语,言及临淄的繁华:"临菑之中七万户……临菑甚富而实,其民无不吹竽鼓瑟,弹琴击筑,斗鸡走狗,六博蹋鞠者。临菑之涂,车毂击,人肩摩,连衽成帷,举袂成幕,挥汗成雨,家殷人足,志高气扬。"有学者指出,"语虽夸张,但可知临淄是一个非常繁荣的大都会,到汉时仍盛况如前,人口又增加到十万户,市租千金"。秦汉时期,商业都会勃兴的发展趋势又在进一步增强和扩大。"除了原有的大都会仍保持其固有的兴旺和繁荣外,又增加了许多新的商业都会,所有这些新旧大小都会,都比过去更加兴旺和繁荣。"然而这种"兴旺和繁荣"可能因社会动荡"而陷于全盘崩溃"①。

《汉书》卷一六《高惠高后文功臣表》回顾秦汉之际社会动乱的严重影响,以都市的摧毁作为例证:"大城名都民人散亡,户口可得而数裁什二三。"《后汉书》卷一一《刘盆子传》记述两汉之际的社会动乱,也说到三辅"城郭皆空"。《汉书》卷九九下《王莽传下》:"民饥饿相食,死者数十万,长安为虚,城中无人行。"或说"城邑丘墟"②,"城郭皆为丘墟"③。董卓之乱,洛阳"城内扫地殄尽"④。据说"旧京空虚,数百里中无烟火"⑤。据《后汉书》卷七二《董卓传》,"初,帝入关,三辅户口尚

---

① 傅筑夫:《中国封建社会经济史》第二卷,人民出版社1982年版,第417、598页。
② 《后汉书》卷一三《公孙述传》。
③ 《后汉书》卷二三《窦融传》。
④ 《三国志》卷六《魏书·董卓传》裴松之注引《续汉书》。
⑤ 《三国志》卷六《魏书·董卓传》裴松之注引《江表传》。

数十万,自(李)傕、(郭)汜相攻,天子东归后,长安城空四十余日,强者四散,羸者相食,二三年间,关中无复人迹"。

都市文明的破坏,主要原因是来自地方的武装暴动的冲击。但是都市内部的社会不安定因素,也发生了显著的作用。例如《汉书》卷九九下《王莽传下》记述王莽势力覆灭时的情景:"城中少年朱弟、张鱼等恐见卤掠,趋谨并和,烧作室门,斧敬法闼,呼曰:'反房王莽,何不出降?'火及掖庭承明。"最终"商人杜吴杀莽"。《续汉书·天文志上》:"城中少年朱弟、张鱼等数千人起兵攻莽,烧作室门,斧敬法闼。商人杜吴杀莽渐台之上。"所谓"商人杜吴",或理解为商贾,或理解为商县人,① 都显示作为长安居民的特殊身份。《后汉书》卷七二《董卓传》说:"时长安中盗贼不禁,白日虏掠,(李)傕、(郭)汜、(樊)稠乃参分城内,各备其界,犹不能制。"所谓"长安中盗贼"应是城中居民自生,其破坏力之猖獗,虽强力军阀"犹不能制"。

(五) 由乡村到乡村的流动通路

农人离开土地,游离于政府控制之外,是统治者极不愿意看到的现实。不遗余力地积极吸引流民回归土地,被历代政府看作基本国策。其措施之一,即"以假贷公田,使流亡的农民回到土地上来,重新纳入国家版籍"②。两汉时期,执行这一政策获得成功的地方官员,往往被树立为政绩优异的典范。

汉宣帝地节年间,胶东相王成"劳来不怠,流民自占八万余口",皇帝曾经亲自予以表彰,称其"治有异等"③。汉光武帝建武年间,李忠任丹阳太守,"三岁间流民占著者五万余口","二公奏课为天下第一"④。贾逵为鲁相,"百姓称之,流人归者八九千户",被看作"以德教化"的典范。⑤ 当时比较著名的所谓"以化治称"的"循吏",大多有与此类同的政绩。《汉书》卷八九《循吏传》中,除胶东相王成的事迹外,又可见颍川太守黄霸"以外宽内明得吏民心,户口岁增,治为天下第一",南阳太守召信臣"躬劝耕农","其化大行","百姓归之,户口增倍"等创造

---

① 马伯煌:《两汉书中的"商人杜吴"——由史书中一个专名号引起的问题》,《中华文史论丛》1986年第3辑;古永继:《"商人杀王莽说"辨析》,《人文杂志》1988年第6期。
② 王育民:《中国人口史》,江苏人民出版社1995年版,第97页。
③ 《汉书》卷八《宣帝纪》。
④ 《后汉书》卷二一《李忠传》。
⑤ 《后汉书》卷三六《贾逵传》。

善政的记录。《后汉书》卷七六《循吏列传》也说，卫飒任桂阳太守，"邦俗从化"，"役省劳息"，"流民稍还，渐成聚邑"。第五访任新都令，"政平化行，三年之间，邻县归之，户口十倍"。童恢为不其令，"一境清静"，"比县流人归化，徙居二万余户"。据说甚至"四方皆以饥寒穷苦起为盗贼"的流民，于"稍稍群聚"时，依然"常思岁熟得归乡里"。积极吸引流民占著，在当时被看作于国于民都有利的政策。

为了使流民顺利回归故土，据《后汉书》卷四《和帝纪》，汉和帝永元十五年（103）曾经颁布诏令："流民欲还归本而无粮食者，过所实禀之，疾病加致医药；其不欲还归者，勿强。"途中的口粮、医药，都由政府供给。同时又强调，流民如果不愿回归本土，政府也并不强迫。遇到这种情形，则通过就地安置的方式，使他们同样也重新成为政府管理的编户齐民。《后汉书》卷三二《樊准传》所谓"慰安生业，流人咸得苏息"以及《后汉书》卷七三《刘虞传》所谓"为安立生业，流民皆忘其迁徙"等，都说到流民在流徙地得到妥善安置的情形。居延汉简所见"占客"（E.P.T40：64，E.P.T43：174）称谓，或许就是指这类流民。

《汉书》卷四九《晁错传》记载，晁错曾经说到当时"募民徙边"，在所谓"胡貉之地，积阴之处"建设农耕生产基地的措施："相其阴阳之和，尝其水泉之味，审其土地之宜，观其草木之饶，然后营邑立城，制里割宅，通田作之道，正阡陌之界，先为筑室，家有一堂二内，门户之闭，置器物焉。民至有所居，作有所用，此民所以轻去故乡而劝之新邑也。为置医巫，以救疾病，以修祭祀，男女有昏，生死相恤，坟墓相从，种树畜长，室屋完安，此所以使民乐其处而有长居之心也。"看来，按照策划者的设计，移民在新区的生产和生活，并不改变"故乡"原有"田作"方式。

合理引导流向，也体现出执政者处理流民问题的明智的行政理念。安置流民的合适地点，是生存条件较好的乡村。

据《史记》卷三〇《平准书》记载，汉武帝元鼎年间，"山东被河灾，及岁不登数年，人或相食，方一二千里。天子怜之，诏曰：'江南火耕水耨，令饥民得流就食江淮间，欲留，留处。'遣使冠盖相属于道，护之，下巴蜀粟以振之"。灾区范围"方一二千里"，《汉书》卷二四下《食货志下》又写作"方二三千里"。这可能是两汉时期最突出的一次引导流民流向的成功的实践。一般流民运动的自然流向，多由"山东"西向城市规模最大，分布也最为集中的关中地方。"江南"与"江淮间"的比较，大约是政府决策时的考虑。汉安帝永初初年，又因连年水旱灾异，郡国多被饥困，"被灾之郡，百姓凋残"，于是政府于"遣使持节慰安"之外，"尤困乏者，徙置荆、扬孰郡"，"转尤贫者过所衣食"①。这次引导流民流向的努力，大约也是有效的。

居延及敦煌汉简有关"客"的内容，除标识使团成员身份外，大多反映了当时西北边地人口构成中带有较显著流动性的特殊人群的存在。"远客"、"有客从远所来"及"东方来客"等简文，可知多有以"客"的身份生活在西北边塞的"东方"人。简文所见"客吏民"、"客民卒"称谓，暗示"客"具有与"吏"、"民"、"卒"不同的社会身份。"客民"、"客子"作为身份标志，也值得注意。居延汉简也反映了"使客"即使役身份为"客"者的现象。居延简"第有毋客等四时如律令"或许体现出对"客"严格检查监控的制度。"客民赵阆范翕等五人俱亡皆共盗官兵臧千钱以上"事，则是"客民"叛逃的案例。②

汉代石刻文字出现"客田"一语，如河南偃师缑氏镇郑瑶村发现的《侍廷里僤约束石券》。先后有黄士斌、③ 宁可、④ 邢义田、⑤ 俞伟超⑥等发表研究收获。宁可指出一条"汉代有关客田的记载"，即出土于大湾的505.37简：

　　建平五年八月戊□□□广明乡啬夫客假玄敢言之善居里男子丘张自言与家买客田居

　　延都亭部欲取检谨案张等更赋皆给当得取检谒移居延如律令敢言之（A）

　　☒放行（B）

---

① 《后汉书》卷三二《樊准传》。
② 参见王子今《居延简及敦煌简所见"客"——汉代西北边地流动人口考察札记》，《秦汉社会史论考》，商务印书馆2006年版。
③ 黄士斌：《河南偃师县发现汉代买田约束石刻》，《文物》1982年第12期。
④ 宁可：《关于〈汉侍廷里父老僤买田约束石券〉》，《文物》1982年第12期，《宁可史学论集》，中国社会科学出版社1999年版，第470—483页。
⑤ 邢义田：《汉代的父老、僤与聚居里——"汉侍廷里父老僤买田约束石券"读记》，《汉学研究》1卷第2期，1983年12月，《秦汉史论稿》，东大图书公司1987年版，第215—246页。
⑥ 俞伟超：《中国古代公社组织的考察——论先秦两汉的单—僤—弹》，文物出版社1988年版，第114—130页。

陈直曾经将此"客田"解释为"丘张与家买乡啬夫客的田地"①。宁可写道:"从简文文意看,此简为过所性质,系乡啬夫客、假佐玄同意丘张自广明乡移家去居延耕种所买的田,简背有'放行'二字亦可证。如此,简中的客田不可能为乡啬夫客之田,而系指丘张在本乡以外所有的田或一种特殊性质的田。"②谢桂华、李均明、朱国炤已将"广明乡啬夫客"改释为"广明乡啬夫宏"③。如此,则不致出现"客田"即"乡啬夫客的田地"的误会。简文"自言与家买客田居延都亭部"之"居延",陈直据劳榦《居延汉简释文》读作"居作"。陈槃就此又专门讨论了"居作"与"客作"的关系,以为:"居作者,居住劳作。审简文,其义可知。与居作对立之辞为'客作'。"④ 而《居延汉简甲乙编》已将"居作都亭部"改释为"居延都亭部"⑤,"客田"所在,应确实在"居延"。

"客田",很可能确实"系指与一般私有土地不同的一种特殊性质的田"。从《侍廷里僤约束石券》的内容看,其性质与"借与"、"假赁"的经济关系有某种联系。看来称作"客田"者,应是由外来的"客"从事耕作的田地。不过,居延汉简 505.37 的内容可见"买客田"的说法。这里所谓"买",是取得了土地所有权还是仅仅取得了有限时段的土地使用权,我们还并不清楚。⑥ 然而作为移民在新居地获得基本生产条件的方式,值得我们继续探讨。

开通由乡村到乡村的流动通路,提供适宜的生产和生活条件,是解决因流民导致的社会问题的方式之一。这种方式避免了都市人口膨胀可能引发的危机,体现了执政者合理的执政理念和具有积极意义的政治智慧,具有可资借鉴的意义。

---

① 陈直:《两汉经济史料论丛》,陕西人民出版社 1980 年版,第 55 页。有学者还注意到,《汉书新证》1959 年版引录了这条简文,而 1979 年版则予以删除。陈文豪:《〈汉书新证〉版本述略》,《华冈文科学报》1999 年,第 23 期。
② 宁可:《关于〈汉侍廷里父老僤买田约束石券〉》,《文物》1982 年第 12 期,《宁可史学论集》,中国社会科学出版社 1999 年版,第 474 页。
③ 谢桂华、李均明、朱国炤:《居延汉简释文合校》,文物出版社 1987 年版,下册第 607 页。
④ 陈槃:《汉晋遗简识小七种》,中央研究院历史语言研究所专刊之六十三,中央研究院历史语言研究所 1975 年 6 月版,册下第 91—92 页。
⑤ 中国社会科学院考古研究所编:《居延汉简甲乙编》,中华书局 1980 年版,第 259 页。
⑥ 参见王子今《汉代"客田"及相关问题》,《出土文献研究》第 7 辑,上海古籍出版社 2005 年版。

战国秦汉交通格局与区域行政的个案研究

一 公元前3世纪至前2世纪晋阳城市史料考议

战国秦汉时期，是中国古代城市史进程中的极其重要的时期。当时，最宏大的中心都市已经形成，并且出现了初步完备的都市防卫的军事设施、都市交通的道路结构以及都市管理的行政制度。随着区域格局的演变和确定，若干中等城市分别具有了区域领导地位，同时实现着区域联络功能。自战国晚期至西汉前期的晋阳城市史，显现出符合这一方向的文化轨迹。晋阳作为晋国的重要都市，曾经"为晋卿赵氏极为重要的采地"[1]，在春秋战国之际历史转折时代以三家分晋之标志的名城身份，更集聚了关心先秦历史文化人们的目光。[2] "三家分晋后，晋阳成为赵国的都城。"[3] 自赵献侯"徙居中牟（今河南汤阴西）"，"赵敬侯迁都邯郸"[4] 后，晋阳依然是赵国行政管理的重心之一。

自战国晚期至西汉前期，晋阳依然有重要地位。考察公元前3世纪至公元前2世纪的晋阳城市史，有这样几个历史环节特别值得关注：（1）"赵山北"之地的重心；（2）秦王政即位初"晋阳反"；（3）太原郡"为寿国"；（4）"高皇帝居晋阳"；（5）代王"都晋阳"；（6）汉文帝"复晋阳"。战国晚期至西汉前期的晋阳，依然保持着赵国兴起时代的区域领

---

[1] 沈长云等：《赵国史稿》，中华书局2000年11月版，第250页。
[2] 钱穆《史记地名考》卷一五《赵地名》"晋阳"条下，列5条史料："①赵鞅走保晋阳。定公围晋阳。（《晋世家》、《赵世家》）②赵襄子奔保晋阳。（《赵世家》）③知伯信韩、魏，从而伐赵，攻晋阳城。（《春申君传》）④知伯决晋水以灌晋阳之城。（《魏世家》）⑤魏桓子、韩康子、赵襄子败知伯于晋阳。（《六国表》）"商务印书馆2001年7月版，上册第797页。今按：《史记》卷一五《六国年表》司马贞《索隐》："三卿败智伯晋阳，分其地，始有三晋也。"
[3] 沈长云等：《赵国史稿》，第250页。
[4] 同上书，第91页，第139页。

导地位。秦始皇时代若干历史事件表明，晋阳有显著的政治能动性，亦受到权力集团的特殊重视。由于汉高祖、汉文帝等政治活跃人物的关注，其政治文化地理方面的优势，超过西汉时期一般的郡国行政中心。

（一）"赵山北"之地的政治文化中心

《史记》卷八《高祖本纪》记载："分赵山北，立子恒以为代王，都晋阳。"所谓"赵山北"者，应当是使用了战国时期赵国区域划分的用语。宋代学者吕祖谦《大事记解题》卷九：

> 吕氏曰：《史记》书"分赵山北，立子恒以为代王"。子长少游四方，识舆地之大势，故其书法简明，得主名山川之。余意如此类非一，《汉书》多改之。盖班氏所未达也。

指出代国"分赵山北"的形势。又说：

> 秦汉之间，称山北、山南、山东、山西者，皆指太行。太行在汉属河内郡壄王、山阳之间。在今属怀州，在天下之中，故指此山以表地势焉。①

"山北"，应当是指太行山北。

《史记》卷四《周本纪》："平王之时，周室衰微，诸侯强并弱。齐、楚、秦、晋始大，政由方伯。"卷三二《齐太公世家》："是时周室微，唯齐、楚、秦、晋为强。""齐、楚、秦、晋"这些原本所谓"僻远"②、"僻陋之国"③，都迅速强大，国力超过了中原历史文化积累深厚的国家，甚至逐渐具有了压倒的优势。这些自边远地方崛起的国家，在战国时期多有迁都的表现。秦国由雍迁都到咸阳。④ 越国由会稽迁都到琅邪。楚国多

---

① （宋）王应麟《通鉴地理通释》卷二《历代州域总叙中》"汉九国"条："吕氏曰：《史记》书'分赵山北，立子恒以为代王'。子长少游四方，识舆地之大势，故其书法简明，得主名山川之。余意如此类非一，《汉书》多改之。盖班氏所未达也。"指出代国"分赵山北"的形势。又说："秦汉之间，称山北、山南、山东、山西者，皆指太行。太行在汉属河内郡壄王、山阳之间。在今属怀州，在天下之中，故指此山以表地势焉。"
② 《史记》卷六九《苏秦列传》。
③ 《史记》卷七〇《张仪列传》。
④ 王子今：《秦定都咸阳的生态地理学与经济地理学分析》，《人文杂志》2003 年 5 期。

次迁都，李学勤称之为"楚国政治中心的东移"①，其实其大的趋向可以说是向东北方向移动。②赵国都城有赵献侯时自晋阳至中牟（今河南汤阴西），赵敬侯元年（前386）又由中牟至邯郸（今河北邯郸）的迁徙过程。③这些国家都城的迁徙，都有向中原方向移动的趋势。

秦国都城自雍迁至咸阳之后，雍依然是宗庙和祭祀重心所在，具有文化中心的地位。《史记》卷六《秦始皇本纪》："先王庙或在西雍，或在咸阳。"秦王政九年（前238），"四月，上宿雍。己酉，王冠，带剑"。嬴政成人礼的仪式，也要在雍举行。有学者据此强调"雍城的不落地位"④。推想赵国都城自晋阳迁至邯郸之后，晋阳旧有的神学地位和宗法地位亦不会明显下降。晋阳原本据有的"赵山北"地方的区域领导地位，也不会动摇。

（二）秦王政即位初"晋阳反"

历史进入秦始皇时代，晋阳发生的一次事变恰好和这一转折点相叠合。《史记》卷六《秦始皇本纪》记载：

> 晋阳反，元年，将军蒙骜击定之。

事在公元前246年。"晋阳反"，发生在秦庄襄王去世，秦王政即位之初。秦庄襄王即曾经以质子身份客居邯郸的子楚。因吕不韦的经营，后来成为秦孝文王的继承人，《史记》卷五《秦本纪》司马贞《索隐》："三十二而立，立三年卒，葬阳陵。"据《秦本纪》记载，秦庄襄王在位期间，秦统一的步骤有重要的推进："庄襄王元年，大赦罪人，修先王功臣，施德厚骨肉而布惠于民。东周君与诸侯谋秦，秦使相国吕不韦诛之，尽入其国。秦不绝其祀，以阳人地赐周君，奉其祭祀。使蒙骜伐韩，韩献成皋、巩。秦界至大梁，初置三川郡。二年，使蒙骜攻赵，定太原。三年，蒙骜攻魏高都、汲，拔之。攻赵榆次、新城、狼孟，取三十七城。四月日食。王龁攻上党。初置太原郡。魏将无忌率五国兵击秦，秦却于河外。蒙骜败，解而去。五月丙午，庄襄王卒，子政立，是为秦始皇帝。"秦庄襄王

---

① 李学勤：《东周与秦代文明》，文物出版社1984年版，第12页。
② 王子今：《战国秦汉时期楚文化重心的移动——兼论垓下的"楚歌"》，《北大史学》第12辑，北京大学出版社2007年版。
③ 《史记》卷四三《赵世家》："献侯少即位，治中牟。""敬侯元年，……赵始都邯郸。"
④ 徐卫民：《秦都城研究》，陕西人民教育出版社2000年版，第88页。

在位时灭东周，初置三川郡、太原郡，为统一确定了更雄厚的基础。

秦庄襄王的功业，有可能与吕不韦推进统一进程的政治设计和军事谋略有重要关系。《史记》卷八五《吕不韦列传》："庄襄王元年，以吕不韦为丞相，封为文信侯，食河南雒阳十万户。"据《史记》卷五《秦本纪》，正在这一年，"东周君与诸侯谋秦，秦使相国吕不韦诛之，尽入其国"。秦置三川郡。唐人李商隐《井泥四十韵》诗所谓"嬴氏并六合，所来因不韦"①，就突出强调了吕不韦的历史作用。②

根据"五月丙午，庄襄王卒"，"晋阳反，元年，将军蒙骜击定之"的记述，可知"晋阳反"当在五月丙午之后，十月之前。

然而，《史记》卷一五《六国年表》在"晋阳反"之公元前246年一栏，却有不同的记录：

（秦）始皇帝元年，击取晋阳。
（赵孝成王）二十年，秦拔我晋阳。

《史记》卷五《秦本纪》："（秦庄襄王）二年，使蒙骜攻赵，定太原。三年，蒙骜攻魏高都、汲，拔之。攻赵榆次、新城、狼孟，取三十七城。四月日食。王龁攻上党。初置太原郡。魏将无忌率五国兵击秦，秦却于河外。蒙骜败，解而去。""晋阳反"，很可能是在蒙骜军失利，不能控制局势之后。《资治通鉴》卷六《秦庄襄王三年》关于"晋阳反"的记录是："五月丙午，王薨。太子政立，生十三年矣。国事皆决于文信侯，号称仲父。晋阳反。"胡三省注："是年，秦攻得晋阳，置太原郡；未久而秦有庄襄王之丧，故反。"宋人吕祖谦《大事记》卷六的处理方式是：

秦庄襄王三年
五月丙午王薨子政立是为秦始皇帝国事皆委于吕不韦号称仲父以《本纪》《列传》修
晋阳反《本纪》
秦始皇帝政元年魏安釐王三十一年
蒙骜击定晋阳以《本纪》修

---

① 《李义山诗集》卷下。
② 参见王子今《论吕不韦及其封君河南事》，《洛阳工学院学报》2002年第1期。

又清人陈厚耀《春秋战国异辞》卷二五下《秦始皇帝》：

晋阳反
元年，将军蒙骜击定之《史·秦始皇本纪》

清人马骕《绎史》卷一四八《秦并天下》也写道："晋阳反。元年、将军蒙骜击定之。"

林剑鸣《秦史稿》没有讨论"晋阳反"事件。① 《史记》卷四三《赵世家》"（孝成王）二十年，秦王政初立。秦拔我晋阳"的记载为马非百《秦集史》的《郡县志下》所关注，然而误引作《史记·晋世家》。② 沈长云等《赵国史稿》写道："赵孝成王二十年，秦国夺取了被称为赵国柱国之地的晋阳。"附录《赵国大事年表》："公元前 246 年，秦拔赵晋阳。"也不言"晋阳反"事。③ 杨宽《战国史》写道：公元前 247 年，秦"平定了赵的晋阳，重新建立太原郡（《史记·秦本纪》、《赵世家》、《魏世家》）"。书后附录《战国大事年表》的表述是："公元前 246 年"，"秦派蒙骜平定晋阳，重建太原郡"④。所谓"平定"，所谓"重建"、"重新建立"，都体现了对"晋阳反"史事的重视。

杨宽《战国史》附录《战国郡表·秦国设置的郡》"太原郡"栏内就"设置经过"写道："原为赵地。公元前二五九年为秦攻取，次年被赵收复。公元前二四七年秦又攻取这个地区三十七城，后二年设置太原郡（《史记·秦本纪》、《燕世家》）。郡治晋阳（《水经·汾水注》。晋阳在今山西太原西南）。"⑤ 推想秦王政即位初"晋阳反"事，可能也是晋阳"为秦攻取"，"未久而秦有庄襄王之丧"，又"被赵收复"。所以随后的再次征服，秦国史书的正式记载是"元年，将军蒙骜击定之"，赵国史书

---

① 林剑鸣：《秦史稿》，上海人民出版社 1981 年版。附录《秦史大事年表》："公元前 247 年，平定晋阳，重建太原郡。"第 464 页。应是沿承杨宽《战国史》成说。杨宽《战国史》上海人民出版社 1980 年版附录《战国大事年表》："公元前 246 年"，"秦派蒙骜平定晋阳，重建太原郡"。第 581 页。
② 马非百：《秦集史》，中华书局 1982 年版，下册第 664 页。
③ 沈长云等：《赵国史稿》，第 215、603 页。
④ 杨宽：《战国史》（增订本），上海人民出版社 1998 年版，第 425、720 页。
⑤ 杨宽：《战国史》（增订本），第 681 页。关于"太原郡"、"所在地"，杨宽写道："因地区在太原而得名。辖境相当于今山西句注山以南，霍山以北，五台、阳泉以西，黄河以东地区。"

则称秦王政元年的再次陷落为"(赵孝成王)二十年,秦拔我晋阳"①。

与"晋阳反"类似史例,在秦始皇时代的秦统一战争中仅发生4例:(1)秦王政"初即位","晋阳反"。(2)"(秦王政)八年,王弟长安君成蟜将军击赵,反,死屯留,军吏皆斩死,迁其民于临洮。②将军壁死,卒屯留、蒲鹝反,戮其尸。"(3)秦王政二十一年,"新郑反。昌平君徙于郢"③。(4)秦王政二十三年,"荆将项燕立昌平君为荆王,反秦于淮南"。4例"反"事,2例发生于赵。第1例"晋阳反"尤为引人注目。

(三)"太原郡为毐国"

在秦王政尚未亲政,吕不韦专权的时代,嫪毐曾经以特殊身份介入秦上层政治生活。

《史记》卷六《秦始皇本纪》记载了嫪毐得太后专宠,甚至得到太原郡地封国之赐的情形:

> 嫪毐封为长信侯。予之山阳地,令毐居之。宫室车马衣服苑囿驰猎恣毐。事无小大皆决于毐。又以河西太原郡更为毐国。

所谓"河西",裴骃《集解》引徐广曰:"'河',一作'汾'。"

嫪毐虽然只有短暂的政治影响,④然而专权一时。⑤所谓"河西太原郡更为毐国"或者"汾西太原郡更为毐国",以秦国"事无小大皆决于毐"的情势考虑,其遗存有探索的必要。

《秦始皇本纪》司马贞《索隐》:"嫪,姓;毐,字。按:《汉书》嫪氏出邯郸。"葛承雍讨论嫪毐事迹,也重视"嫪氏出邯郸"的说法。⑥如

---

① 《六国年表》:"(秦)始皇帝元年,击取晋阳。"与"(赵孝成王)二十年,秦拔我晋阳"对应。

② 司马贞《索隐》:"言屯留之民被成蟜略众共反,故徙之于临洮郡也。"

③ 睡虎地秦墓竹简《编年记》:"廿一年,韩王死。昌平君居其处。"睡虎地秦墓竹简整理小组:《睡虎地秦墓竹简》,文物出版社1978年版,第7页。

④ 秦王政九年(前238),嫪毐因为秽乱宫闱的行为终于败露,在嬴政往雍(今陕西凤翔)行郊礼时发动兵变,以窃取的秦王玺和太后玺调动卫戍部队及附近地方军进攻蕲年宫。嬴政抢先发军平定变乱,追斩嫪毐,又在咸阳一举清洗了嫪毐集团成员数百人。蕲年宫之变,是秦国历史上规模较大又直接震动王族上层的一次罕见的内部动乱。嬴政因嫪毐政变事涉及吕不韦,不久就宣布免去其丞相之职。秦王政十二年(前235),又迫使吕不韦自杀。嬴政全面把握了国家权力。

⑤ 《汉书》卷二五上《郊祀志上》颜师古注:"始皇初立,政在太后、嫪毐。"

⑥ 葛承雍:《秦国嫪毐为匈奴人的推测》,《历史学家茶座》2006年第3期。

果嫪毐确实出身赵国，在"宫室车马衣服苑囿驰猎恣毐"的权力背景下，选择"太原郡"以为封地，自然考虑到了晋阳地理条件的优越。《汉书》卷二七中之下《五行志中之下》正是这样记述的：

> 秦始皇帝即位，尚幼，委政太后。太后淫于吕不韦及嫪毐。封毐为长信侯，以太原郡为毐国。宫室苑囿自恣，政事断焉。

所谓"宫室苑囿自恣"在"以太原郡为毐国"句后，值得注意。《文献通考》卷三〇五《物异考十一·恒寒》采用了这一记载。《山西通志》卷一六一《祥异一》："始皇元年，封嫪毐为长信侯，以太原郡为毐国。宫室苑囿自恣，政事断焉。"如果《五行志》文意可以理解为"毐国""太原郡"中有嫪毐的"宫室苑囿"，显然也是值得考古学者注意的。我们或许可以因晋阳可能保留有体现较高消费生活等级的文物遗存，而有所期待。

（四）"高皇帝居晋阳"

《史记》卷九三《韩信卢绾列传》记载了汉高帝七年（前200）汉军与匈奴军的一次大规模的军事对抗：

> 匈奴复聚兵楼烦西北，汉令车骑击破匈奴。匈奴常败走，汉乘胜追北，闻冒顿居代谷，高皇帝居晋阳，使人视冒顿，还报曰"可击"。上遂至平城。上出白登，匈奴骑围上，上乃使人厚遗阏氏。阏氏乃说冒顿曰："今得汉地，犹不能居；且两主不相厄。"居七日，胡骑稍引去。时天大雾，汉使人往来，胡不觉。护军中尉陈平言上曰："胡者全兵，请令强弩傅两矢外向，徐行出围。"入平城，汉救兵亦到，胡骑遂解去。汉亦罢兵归。

关于"居晋阳"决计击冒顿的情节，《汉书》卷三三《韩王信传》记载："匈奴复聚兵楼烦西北，汉令车骑击匈奴，常败走。汉乘胜追北。闻冒顿居代谷，上居晋阳，使人视冒顿。还报曰：'可击。'上遂至平城，上白登。"

刘邦"居晋阳"时策划了对匈奴的大规模的主动进攻。不过，这次军事行动没有实现预期的战果,反而以七日之围,成为王朝的耻辱。① 晋阳以决战匈奴的前敌指挥部所在的地位,并没有因胜算与胜战获得历史光荣。②《韩信卢绾列传》所谓"匈奴常败走,汉乘胜追北",是冒进导致挫败的起因。同一情形,《汉书》卷一下《高帝纪下》写道,"上从晋阳连战,乘胜逐北。"强调轻敌倾向的发生,自"晋阳"开始。

值得我们注意的史实,还有"高皇帝居晋阳"之前,晋阳可能曾经被匈奴占领。《史记》卷九三《韩信卢绾列传》记载:"上以韩信材武,所王北近巩、洛,南迫宛、叶,东有淮阳,皆天下劲兵处,乃诏徙韩王信王太原以北,备御胡,都晋阳。信上书曰:'国被边,匈奴数入,晋阳去塞远,请治马邑。'上许之,信乃徙治马邑。秋,匈奴冒顿大围信,信数使使胡求和解。汉发兵救之,疑信数间使,有二心,使人责让信。信恐诛,因与匈奴约共攻汉,反,以马邑降胡,击太原。"刘邦"诏徙韩王信王太原以北"的动机,是看重他"材武",又有所王"皆天下劲兵处"的经历,指望他能够"备御胡"。然而不料在匈奴军事强权的重压下,韩王信竟然"降胡",甚至与匈奴合军攻汉。刘邦亲自率领汉军主力在代地与匈奴直接对抗。"七年冬,上自往击,破信军铜鞮,斩其将王喜。信亡走匈奴。其与白土人曼丘臣、王黄等立赵苗裔赵利为王,复收信败散兵,而与信及冒顿谋攻汉。匈奴使左右贤王将万余骑与王黄等屯广武以南,至晋阳,与汉兵战,汉大破之,追至于离石,复破之。"《史记》卷五七《绛侯周勃世家》有周勃随刘邦击韩王信和匈奴联军的军功记录,涉及在晋阳城下作战以及攻克晋阳的战役:"以将军从高帝击反韩王信于代,降下

---

① 白登之围,在汉王朝最高统治者的心中留下了沉痛的记忆。《史记》卷一〇〇《季布栾布列传》:"单于尝为书嫚吕后,不逊,吕后大怒,召诸将议之。上将军樊哙曰:'臣愿得十万众,横行匈奴中。'诸将皆阿吕后意,曰'然'。季布曰:'樊哙可斩也!夫高帝将兵四十余万众,困于平城,今哙奈何以十万众横行匈奴中,面欺!'"《史记》卷一一〇《匈奴列传》:"高祖崩,孝惠、吕太后时,汉初定,故匈奴以骄。冒顿乃为书遗高后,妄言。高后欲击之,诸将曰:'以高帝贤武,然尚困于平城。'于是高后乃止,复与匈奴和亲。""(汉武帝)下诏曰:'高皇帝遗朕平城之忧,……'"

② 《史记》卷九九《刘敬叔孙通列传》记载了刘邦在"晋阳"确定进攻匈奴决策的另一细节:"汉七年,韩王信反,高帝自往击之。至晋阳,闻信与匈奴欲共击汉,上大怒,使人使匈奴。匈奴匿其壮士肥牛马,但见老弱及羸畜。使者十辈来,皆言匈奴可击。上使刘敬复往使匈奴,还报曰:'两国相击,此宜夸矜见所长。今臣往,徒见羸瘠老弱,此必欲见短,伏奇兵以争利。愚以为匈奴不可击也。'是时汉兵已逾句注,二十余万兵已业行。上怒,骂刘敬曰:'齐虏!以口舌得官,今乃妄言沮吾军。'械系敬广武。遂往,至平城,匈奴果出奇兵围高帝白登,七日然后得解。高帝至广武,赦敬,曰:'吾不用公言,以困平城。吾皆已斩前使十辈言可击者矣。'乃封敬二千户,为关内侯,号为建信侯。"

霍人。以前至武泉，击胡骑，破之武泉北。转攻韩信军铜鞮，破之。还，降太原六城。击韩信胡骑晋阳下，破之，下晋阳。后击韩信军于砺石，破之，追北八十里。还攻楼烦三城，因击胡骑平城下，所将卒当驰道为多。勃迁为太尉。"①《史记》卷九五《樊郦滕灌列传》记载夏侯婴功绩，也写道："从击韩信军胡骑晋阳旁，大破之。"灌婴战功，亦有："从击韩信胡骑晋阳下，所将卒斩胡白题将一人。"②

（五）代王"都晋阳"

《史记》卷八《高祖本纪》："（十一年）分赵山北，立子恒以为代王，都晋阳。"《汉书》卷一下《高帝纪下》写道：

> （十一年冬）太尉周勃道太原入定代地，至马邑，马邑不下，攻残之。……
> （春正月）诏曰："代地居常山之北，与夷狄边，赵乃从山南有之，远，数有胡寇，难以为国。颇取山南太原之地益属代，代之云中以西为云中郡，则代受边寇益少矣。王、相国、通侯、吏二千石择可立为代王者。"燕王绾、相国何等三十三人皆曰："子恒贤知温良，请立以为代王，都晋阳。"

刘恒立为代王，是以代地频仍的战事为背景的，特别是"与夷狄边"，"数有胡寇"的形势，形成了"难以为国"的政治困境。代地，在高帝时代是汉王朝与匈奴作战的主战场，又长期承担着抗御匈奴主力的边防重任。刘恒封代王时，最高执政集团对这一严重形势是有所考虑的。刘邦"颇取山南太原之地益属代，代之云中以西为云中郡"的行政区划调整，以图"代受边寇益少"，减轻代地所承受的北边少数民族的军事压力。

全祖望《鲒琦亭集外编》卷二八《读史记汉兴诸侯王表》指出："文帝王代，始都晋阳，前此皆都代。"③刘恒"都晋阳"，执政中心位置的确

---

① "下晋阳"的记载，《汉书》卷四〇《周勃传》同。
② 《绛侯周勃世家》所谓"下晋阳"，言晋阳已经被匈奴控制。而《史记》卷一一〇《匈奴列传》："是时汉初定中国，徙韩王信于代，都马邑。匈奴大攻围马邑，韩王信降匈奴。匈奴得信，因引兵南逾句注，攻太原，至晋阳下。高帝自将兵往击之。会冬大寒雨雪，卒之堕指者十二三，于是冒顿详败走，诱汉兵。"只说匈奴军"至晋阳下"。
③ 杨燕起、陈可青、赖长扬编：《历代名家评〈史记〉》，北京师范大学出版社1986年版，第396页。

定，很可能与四年前"高皇帝居晋阳"的经历有关。而代王刘恒在吕氏之乱后终于登基得到最高执政权力，则"晋阳"因此居于特殊的地位。

刘恒是以治理代国的执政经验为基础，主持汉王朝的全国政务的。以晋阳为基点的代国经营的成功，是成就"文景之治"的重要因素之一。

《史记》卷八《高祖本纪》裴骃《集解》："如淳曰：'《文纪》言都中都。又文帝过太原，复晋阳、中都二岁，似迁都于中都也。'"据《汉书》卷二八上《地理志上》和《续汉书·郡国志五》，两汉时期，晋阳和中都都是太原郡属县。据谭其骧主编《中国历史地图集》标示，两汉晋阳在今山西太原西南，中都在今山西平遥西。①

刘恒的次子刘武曾经封为代王，都中都。三子参曾经被封为太原王亦号曰代王，都晋阳。《史记》卷五八《梁孝王世家》记载："孝文帝凡四男：长子曰太子，是为孝景帝；次子武；次子参；次子胜。孝文帝即位二年，以武为代王，以参为太原王，以胜为梁王。二岁，徙代王为淮阳王。以代尽与太原王，号曰代王。"所谓"以武为代王"，裴骃《集解》："徐广曰：'都中都。'"张守节《正义》："《括地志》云：'中都故城在汾州平遥县西十二里。'"所谓"以参为太原王"，裴骃《集解》："徐广曰：'都晋阳。'"张守节《正义》："《括地志》云：'并州太原地名大明城，即古晋阳城。智伯与韩魏攻赵襄子于晋阳，即此城是也。'"《汉书》卷四七《文三王传·代孝王刘参》："代孝王参初立为太原王．四年，代王武徙为淮阳王，而参徙为代王，并得复太原，都晋阳如故。"在刘参经营晋阳的时代，其地位依然是重要的。

（六）汉文帝"幸太原""复晋阳、中都民三岁"

《史记》卷一〇《孝文本纪》记载了汉文帝三年（前177）"幸太原"，又"复晋阳、中都民三岁"事：

> 五月，匈奴入北地，居河南为寇。帝初幸甘泉。六月，帝曰："汉与匈奴约为昆弟，毋使害边境，所以输遗匈奴甚厚。今右贤王离其国，将众居河南降地，非常故，往来近塞，捕杀吏卒，驱保塞蛮夷，令不得居其故，陵轹边吏，入盗，甚敖无道，非约也。其发边吏骑八万五千诣高奴，遣丞相颍阴侯灌婴击匈奴。"匈奴去，发中尉材

---

① 谭其骧主编：《中国历史地图集》，地图出版社1982年版，第2册第17—18、59—60页。

官属卫将军军长安。

辛卯，帝自甘泉之高奴，因幸太原，见故群臣，皆赐之。举功行赏，诸民里赐牛酒。复晋阳、中都民三岁。留游太原十余日。

济北王兴居闻帝之代，欲往击胡，乃反，发兵欲袭荥阳。于是诏罢丞相兵，遣棘蒲侯陈武为大将军，将十万往击之。祁侯贺为将军，军荥阳。七月辛亥，帝自太原至长安。乃诏有司曰："济北王背德反上，诖误吏民，为大逆。济北吏民兵未至先自定，及以军地邑降者，皆赦之，复官爵。与王兴居去来，亦赦之。"八月，破济北军，虏其王。赦济北诸吏民与工反者。

汉文帝即位不过两年又八个月，就亲赴太原。这似乎表现出这位从封地代国前往长安即皇帝位的西汉王朝新的最高执政者对太原地方的特别关注。

《汉书》卷四《文帝纪》对同一史事有这样的记述："五月，匈奴入居北地、河南为寇。上幸甘泉，遣丞相灌婴击匈奴，匈奴去。发中尉材官属卫将军，军长安。上自甘泉之高奴，因幸太原，见故群臣，皆赐之。举功行赏，诸民里赐牛酒。复晋阳、中都民三岁租。留游太原十余日。济北王兴居闻帝之代，欲自击匈奴，乃反，发兵欲袭荥阳。于是诏罢丞相兵，以棘蒲侯柴武为大将军，将四将军十万众击之。祁侯缯贺为将军，军荥阳。秋七月，上自太原至长安。诏曰：'济北王背德反上，诖误吏民，为大逆。济北吏民兵未至先自定及以军城邑降者，皆赦之，复官爵。与王兴居去来者，亦赦之。'八月，虏济北王兴居，自杀。赦诸与兴居反者。"除平叛事记录稍详外，汉文帝"幸太原"情节较《史记》简略。

荀悦《汉纪》卷七《孝文皇帝纪上》也有如下记载："五月，匈奴寇北地、河南。丞相灌婴击之。卫将军军长安。上自至高奴，因幸太原。见群臣故人，皆赐之，举功行赏。复晋阳、中都民三岁租。留太原，游十余日。济北王兴居闻上自击胡，乃发兵反。秋，大旱。七月，上自太原还。八月，将军柴武击济北王兴居。兴居自杀。赦诸与兴居反者。"

看来，史家都对汉文帝"幸太原""复晋阳、中都民三岁"事予以重视，而司马迁的记述更为详尽。[①] 而刘恒"欲往击胡"、"欲自击匈奴"、"自击胡"的表现，有仿效汉高祖刘邦当年自击匈奴，"从晋阳连战，乘胜逐北"的迹象。而晋阳也将在战事爆发的情势下，因军事基地和战争指挥中心的地位，再一次成为牵动全国军政的重心所在。

---

① 参见王子今《论汉文帝三年太原之行》，《晋阳学刊》2005 年第 4 期。

二 《封龙山颂》及《白石神君碑》"北岳"考论

河北元氏《封龙山颂》和《白石神君碑》透露出当时社会神秘主义信仰在山川神崇拜方面的重要信息，也有助于我们理解当时人有关"五岳"的意识。碑文所见封龙山"北岳之英援"说及白石神君"气通北岳"说，都体现元氏地方封龙山、白石神君祀所和秦汉"北岳"之祀之间的特殊关系。从现有资料看，秦汉时期的"北岳"，很可能是指地处今河北中部的恒山，而山西浑源的"北岳"祠祀兴起稍晚。《封龙山颂》所谓"遭亡新之际，去其典祀"，似乎暗示大致在王莽时代，传统"北岳"祠祀内容发生了重要的变化。

（一）封龙山"北岳之英援"说

方传鑫《〈封龙山颂〉简介》写道："《封龙山颂》汉延熹七年（164）十月立，隶书十五行，行二十六字，无撰书者姓名。宋洪适《隶释》及郑樵《通志略》均有著录，后湮佚。道光二十七年（1847）十一月，元氏知县刘宝楠发现于河北元氏西北四十五里的王村山下，即命工运入城中。"

宋代文献有关"封龙山碑"的著录，有《隶释》卷三："右《无极山碑篆额》，在真定。此山与三公山、封龙山、灵山、白石山，皆在元氏。"同书卷二七："汉《封龙山碑》二，在获鹿县南四十五里山上，延熹七年立。"又《通志》卷七三："（两汉）《封龙山碑》，镇州。"

其实，此碑自宋以后至于"刘宝楠发现"，并非绝对的"湮佚"或者所谓"湮没不彰"[①]。元人著《河朔访古记》卷上写道：

（元氏县）三十里封龙山下，其庙两两相对，若泰阶六符之状，盖三台近于轩辕故庙于此山。今榜曰：天台三公之庙。庙有《汉封龙山颂碑》一通，《汉三公山碑》一通。县西故城西门外八都神坛，亦有《三公山碑》一通，汉光和四年常山相冯巡所立。坛侧又有《唐三公山碑》一通。八都者，总望八山而祭于此。明帝永平中幸此，诏复租税六年，劳来县吏，下及走卒，皆蒙恩赐。其后章帝北

---

① 方传鑫《〈封龙山颂〉简介》，《封龙山颂》，上海书画出版社2000年版，第1页。

巡,又幸元氏,祀光武于县堂,祀明帝于始生堂,皆奏乐焉。《白石神君碑》、《无极山碑》二汉刻,皆在封龙山下。①

又如明人杨士奇《东里集》续集卷二〇《跋·汉封龙山碑》:

> 右《封龙山碑》,在元氏县。汉延熹七年,至今千二百余年。石刻虽颇剥蚀,而文字尚可寻究。碑首云"封龙山者,北岳之英也"。此本得之刘智安主事。

可知元明两代文献中,依然透露了有关《封龙山碑》的若干信息。

在"刘宝楠发现"之前,学界对《封龙山碑》亦多关注。清顾霭吉《隶辨》卷八:

> 《封龙山碑》,延熹七年。《天下碑录》云:在获鹿县南四十五里山上。②

又如《御定佩文斋书画谱》卷六一写道:

> 《封龙山碑》。《封龙山碑》二,在获鹿县南四十五里山上。延熹七年立。《汉隶字原》③

清人倪涛《六艺之一录》卷三八也说到有"《封龙山碑》二":

> 《封龙山碑》

---

① 《四库全书总目提要》:"臣等谨案:《河朔访古记》三卷不著撰人名氏,明焦竑《国史经籍志》著录,亦不云谁作。考元刘仁本《羽庭集》,有是书序。曰:今翰林国史院编修官博啰洛氏纳新易之,自其先世徙居鄞,至正五年,挈行李出浙渡淮,溯大河而济,历齐鲁陈蔡晋魏燕赵之墟,吊古山川城郭,丘陵宫室,王霸人物,衣冠文献,陈迹故事,暨近代金宋战争疆场更变者,或得于图经地志,或闻诸故老旧家,风流遗俗,一皆考订。夜还旅邸,笔之书。又以其感触兴怀,慷慨激烈,成诗歌者,继之总而名曰《河朔访古记》凡一十六卷云云。则此书实为纳新作。焦氏考之未审。序称十六卷,焦氏作十二卷,亦误也。"古来金石著录,多言《封龙山碑》,此云《汉封龙山颂碑》,其"颂"字合于碑文,值得注意。
② 《天下碑录》,无名氏撰,《汉隶分韵》已有引录。《四库全书总目提要》:"臣等谨案《汉隶分韵》七卷,不著撰人名氏,亦无时代,考其分韵,以一东二冬三江等标目,是元韵,非宋韵矣。"
③ 《汉隶字原》即《汉隶字源》,宋娄机撰。

> 《汉封龙山碑》二，在获鹿县南四十五里山上。延熹七年立。《天下碑录》
>
> 《封龙山碑》，李公绪记，在北直隶真定府元氏县西北。《古今碑刻记》
>
> 封龙山，一名飞龙山。势如伏龙，有飞举状。其山诸峰，曰"华盖"，曰"熊耳"，曰"飞首"，皆奇峻。

同书卷一一四又写道：

> 《三公山碑》，光和四年。《集古录目》：在定州。《金石录》云：在真定元氏。定州与元氏县，今属真定府。《后汉书·郡国志》：常山郡元氏有三公塞。即此山也。定州，汉为中山国。《集古》误也。额题云"三公之碑"四隶字，两旁又有"封龙君灵山君"六隶字，颇大。《隶释》云：封龙山与灵山是两山之名，揭其神于额之旁者，是配食三公之祠。光和四年左卫樊子义立而赞美举将冯巡几二百言冯君乃常山相也。《金石录》云：《集古》以为《北岳碑》。岂欧阳公未尝见其额乎？①

可能所谓"《封龙山碑》二"，包括以"颇大"之隶字题"封龙君"的《三公山碑》。

《畿辅通志》卷一九：

> 长山，元氏县西北四十里，顶有石墙围砌，可容万人。南麓有长山泉。其相接者曰黄山，与封龙山隔溪相对。又西北十里曰白石山。无极以下诸山与封龙山皆冈脉相接，所谓县境六名山也。东汉光和中俱锡以封号，载在祀典。《县志》

元氏"县境六名山"，"东汉光和中俱锡以封号，载在祀典。"可知封龙山地方，曾经是汉代重要祀所集中的祠祀中心之一。《封龙山颂》写道：

> 元氏封龙山之颂

---

① 《汉隶字源》卷一："三公山碑。光和四年立。在真定府元氏。《集古》以为北岳碑，《金石》云：恐欧公未见其额。"

> 惟封龙山者，北岳之英援，三条之别神，分体异处，在于邦内。① 礊硌吐名，② 与天同燿。能烝云兴雨，与三公、灵山协德齐勋。国旧秩而祭之，以为三望。遭亡新之际，去其典祀。延熹七年，岁贞执涂，月纪豕韦，常山相汝南富波蔡□、长史甘陵广川沐乘敬天之休，虔恭明祀，上陈德润加于百姓，宜蒙珪璧七牲法食。
>
> 圣朝克明，靡神不举。戊寅，诏书应时听许，允勅大吏郎巽等与义民修缮故祠，遂采嘉石，造立观阙。黍稷既馨，牺牲博硕，神歆感射，三灵合化，品物流形，农寔嘉谷，粟至三钱，天应玉烛。于是纪功刊勒，以炤令问。其辞曰：
>
> 天作高山，寔惟封龙。平地特起，灵亮上通。嵯峨，崝峻，高丽无双。神燿赫赫，理物含光。赞天休命，德合无疆。惠此邦域，以绥四方。国富年丰，稽民用章。刻石纪铭，令德不忘。
>
> ……

其中"北岳之英援"字样，特别值得我们注意。

（二）白石神君"气通北岳"说

同样出于河北元氏的《白石神君碑》也有说到"北岳"的文字。其碑额为"白石神君碑"，碑文写道：

> 盖闻经国序民，莫急于礼。礼有五经，莫重于祭。祭有二义，或祈或报。报以章德，祈以弭害。古先哲王，类帝禋宗。望于山川，遍于群神。建立兆域，修设坛屏。所以昭孝息民，缉宁上下也。白石神君居九山之数，参三条之壹，兼将军之号，秉斧钺之威，体连封龙，气通北岳，幽赞天地，长育万物。触石而出，肤寸而合。不终朝日，而澍雨沾洽。前后国县，屡有祈请，指日刻期。应时有验。犹自挹损，不求礼秩。县界有六名山，三公、封龙、灵山，先得法食去。光和四年，三公守民盖高等，始为无极山诣太常求法食。相县以白石神君道德灼然，乃具载本末上尚书，求依无极为比，即见听许。于是开柘旧兆，改立殿堂，营宇既定，礼秩有常。县出经用，备其牺牲。碑

---

① 断句从袁维春《秦汉碑述》，北京工艺美术出版社1990年版，第253页；高文《汉碑集释》，河南大学出版社1997年版，第243页。此句或亦可读作："惟封龙山者，北岳之英，援三条之别神，分体异处，在于邦内。"

② "礊硌"，大声貌。《文选》卷一八嵇叔夜《琴赋》"礧硠礊硌"李周翰注。

奉其珪璧，絜其粢盛。旨酒欣欣，燔炙芬芬。敬恭明祀，降福孔殷。故天无伏阴，地无蠹阳，水无沉气，火无灾燀。时无逆数，物无害生。用能光远宣朗，显融昭明。年谷岁熟，百姓丰盈。粟升五钱，国界安宁。尔乃陟景山，登峥嵘，采玄石，勒功名。其辞曰：

岩岩白石，峻极太清。晧晧素质，因体为名。惟山降神，髦士挺生。济济俊义，朝野充盈。灾害不起，五谷熟成。乃依无极，圣朝见听。遂兴灵宫，于山之阳。营宇之制，是度是量。卜云其吉，终然允臧。匪奢匪俭，率由旧章。华殿清闲，肃雍显相，玄图灵象，穆穆皇皇。四时禋祀，不愆不忘。择其令辰，进其馨香。牺牲玉帛，黍稷稻粮。神降嘉祉，万寿无量。子子孙孙，永永蕃昌。

……

所谓"体连封龙，气通北岳"，也说明东汉祠祀白石神君所在，应与当时的"北岳"相当接近。

（三）欧阳修《北岳碑》误会

上文引《六艺之一录》"《金石录》云：《集古》以为《北岳碑》。岂欧阳公未尝见其额乎？"又《汉隶字源》卷一："《三公山碑》。光和四年立。在真定府元氏。《集古》以为《北岳碑》，《金石》云：恐欧公未见其额。"

宋欧阳修《集古录》卷一确曾说到《北岳碑》：

《后汉北岳碑》岁月见本文　集本
右《汉北岳碑》，文字残灭尤甚，莫详其所载何事。第其隐隐可见者，曰光和四年，以此知为汉碑尔。其文断续不可次序，盖多言珪币牲酒黍稷丰穰等事，似是祷赛之文。其后有二人姓名，偶可见云：南阳冠军冯巡字季祖，甘陵夏方字伯阳。其余则莫可考矣。

宋赵明诚《金石录》卷一七则指此为《汉三公碑》，以为《集古录》误：

《汉三公碑》。
右《汉三公碑》，欧阳公《集古录》有《北岳碑》，云：文字残缺尤甚，其可见者，曰光和四年，以此知为汉碑尔。其文多言珪币牲酒黍稷丰穰等事，其后二人姓名，偶可见云：南阳冠军冯巡字季祖，

> 甘陵夏方字伯阳。余尝托人于北岳访求前代刻石几尽，独无汉碑。今此碑所书事及二人姓名，与《集古》所载皆同。又光和四年立。惟其额题曰"三公之碑"。而《集古》以为《北岳碑》，岂欧阳公未尝见其额乎？"三公"者，山名。其事亦载于《白石神君》与《无极山碑》。三山皆在真定元氏云。

欧阳修《集古录》误以《三公山碑》为《北岳碑》，固然有诸多祠所"皆在真定元氏"，颇易混杂的因素，但是，为什么题为《北岳碑》呢？是看到了如《封龙山颂》"北岳之英援"或《白石神君碑》"气通北岳"一类文字，或者得到了其他有关"北岳"的信息吗？

封龙山、白石神君祠所和秦汉"北岳"之祀之间，是否存在某种关系呢？

（四）秦汉恒山之祀

《史记》卷二八《封禅书》说天下山川祠祀："昔三代之居皆在河洛之间，故嵩高为中岳，而四岳各如其方。"及秦并天下，重新规范祠祀制度，"令祠官所常奉天地名山大川鬼神可得而序也"，"于是自崤以东，名山五"，"曰太室。太室，嵩高也；恒山；泰山；会稽；湘山"。

《史记》卷二《夏本纪》引《禹贡》："常、卫既从，大陆既为。"裴骃《集解》："郑玄曰：'《地理志》恒水出恒山，卫水在灵寿，大陆泽在钜鹿。'"司马贞《索隐》："此文改恒山、恒水皆作'常'，避汉文帝讳故也。常水出常山上曲阳县，东入滱水。卫水出常山灵寿县，东入虖池。郭璞云'大陆，今钜鹿北广河泽是已'。"可知恒山就是常山。[①] 对于《史记》卷二《夏本纪》引《禹贡》"常山"的解释，司马贞《索隐》又写道："常山，恒山是也，在常山郡上曲阳县西北。"[②] 张守节《正义》引《括地志》："恒山在定州恒阳县西北百四十里。道书《福地记》云：'恒山高三千三百丈，上方二十里，有太玄之泉，神草十九种，可度俗。'"司马迁在《史记》卷二八《封禅书》中说到舜"禋于六宗，望山川，遍群神；辑五瑞，择吉月日，见四岳诸牧，还瑞"的制度："岁二

[①] 《汉书》卷三《高后纪》："不疑为恒山王。"颜师古注："如淳曰：'今常山也，因避文帝讳改曰常。'"

[②] 《史记》卷四三《赵世家》"合军曲阳"，裴骃《集解》："徐广曰：'上曲阳在常山，下曲阳在钜鹿。'"张守节《正义》："《括地志》云：'上曲阳故城在定州曲阳县西五里。'按：合军曲阳，即上曲阳也，以在常山郡也。"

月，东巡狩，至于岱宗。岱宗，泰山也。柴，望秩于山川。遂觐东后。东后者，诸侯也。合时月正日，同律度量衡，修五礼，五玉三帛二生一死贽。五月，巡狩至南岳。南岳，衡山也。八月，巡狩至西岳。西岳，华山也。十一月，巡狩至北岳。北岳，恒山也。皆如岱宗之礼。"据张守节《正义》引《括地志》，关于"恒山"所在也说："恒山在定州恒阳县西北百四十里。《周礼》云并州镇曰恒山。"后来因避汉文帝刘恒讳而改称"常山"的"恒山"，秦汉时期曾经是重要祀所。然而对于其方位，唐代学者的认识当是基于唐时恒山位置，未必符合秦汉时期的实际情形。

从现有资料看，秦汉时期的"北岳"，很可能是指地处今河北中部的恒山。《史记》卷四三《赵世家》："毋恤曰：'从常山上临代，代可取也。'"张守节《正义》："《地道记》云：'恒山在上曲阳县西北百四十里。北行四百五十里得恒山岌，号飞狐口，北则代郡也。'"① 如果从"飞狐口"向南"四百五十里"的方位判断，"恒山"应当在邻近今河北石家庄的地区。《续汉书·郡国志二》"中山国"条下写道："上曲阳，故属常山。恒山在西北。"刘昭《注补》："有泉水，干吉得神书。《晋地道记》：'自县北行四百二十五里，恒多山坂，名飞狐口。'"② 此所谓"恒多山坂"，与张守节《正义》所引"得恒山岌"不同，且并无"恒山在上曲阳县西北百四十里"字样。看来，司马彪《续汉书》与《晋地道记》有关"恒山"的认识似乎并不相同。后人引《晋地道记》，可能均将《续汉书·郡国志二》所谓"上曲阳……恒山在西北"与刘昭《注补》所引《晋地道记》文字相混杂，于是出现"恒山在上曲阳县西北百四十里"之说。

中原人山川神崇拜系统中的"北岳"，很可能随着文化圈的向北扩展，于是有由近及远的变化。③ 战国晚期至于秦汉时期的"北岳"，应当受到赵人神秘主义信仰体系的影响。

《史记》卷二八《封禅书》记载，秦始皇东至海上求三神山，"其明

---

① 《汉书》卷二八上《地理志上》颜师古注："张晏曰：'恒山在西，避文帝讳，故改曰常山。'"

② 《义门读书记》卷一五也注意到这一说法："《后书·郡国志》：上曲阳故属常山，恒山在西北。注引《晋地道记》云：自县北行四百二十五里，恒多山坂，名飞狐口。按此则飞狐口即代郡之常山关，与上曲阳相接者也。"

③ 清人蒋廷锡《尚书地理今释》"北岳"条写道："《禹贡》作'恒山'。汉避文帝讳改'常山'，在今山西大同府浑源州南二十里，接直隶真定府界。按'恒山'自班固《汉志》载于上曲阳（今真定府曲阳县），郦道元《水经注》以下咸宗之。然今曲阳县治去山趾一百四十里，不若浑源之近。"所谓"今真定府曲阳县"，即今河北曲阳。

年，始皇复游海上，至琅邪，过恒山，从上党归"[1]。其事在秦始皇二十九年（前218），《秦始皇本纪》写道："旋，遂之琅邪，道上党入。"分析秦始皇回归路线，此"恒山"应在今河北省中部，距离封龙山及白石神君祠所不远处。我们通过《封禅书》记录汉武帝封禅泰山时有关"恒山"的事迹，可以推知秦始皇"过恒山"并不是没有意义的。司马迁写道："（天汉三年）复至泰山修封。还过祭恒山。"所谓"祭恒山"，应是属于"至泰山修封"的系列祭祀活动的重要内容之一。

（五）"北岳"的转移

《史记》卷四三《赵世家》："王军取鄗、石邑、封龙、东垣。"张守节《正义》引《括地志》："封龙山一名飞龙山，在恒州鹿泉县南四十五里。邑因山为名。"明人石珤《登封龙山赋》：

> 石子抱病，登于封龙，览燕赵之墟，望沧溟之浦，慨然太息。顾谓二三子曰：美乎佳哉！此陶唐氏之故都也。巨岳雄峙，长河骏奔。崇冈复阜，如抱如蹲。万壑潆流，汇为九泽。大行崛立，溢出平原。川横夏后之樵，地藏虞舜之璧。[2]

所谓"地藏虞舜之璧"，是说这里曾经是古来祠祀之所。祠祀之所地藏宝璧的这一说法，是可以得到文献记载的证明的。如《晋书》卷一一○《慕容儁载记》记载：

> 常山大树自拔，根下得璧七十、珪七十三，光色精奇，有异常玉。（慕容）儁以为岳神之命，遣其尚书郎段勤以太牢祀之。

又《十六国春秋》卷二十《前燕录五·慕容儁下》："（光寿二年）二月，（慕容）儁常山寺王母祠前大树自拔，乃于根下得璧七十、珪七十二，光色精奇，有异常玉，（慕容）儁以为岳神之命，遣尚书郎段勤用太牢祀之。每祀，有一虎往来祠侧，性颇驯狎，而不害于物。"又《太平御览》卷三九引崔鸿《前燕录》曰："慕容儁寿光三年常山寺大树根下得璧七十二、圭七十，光色精奇，有异常玉。"又《太平御览》卷八〇六引《晋书

---

[1] "过恒山"，梁玉绳《史记志疑》卷一六："案：'恒'字宜避。"
[2] 《畿辅通志》卷一一五。

·载记》曰:"燕常山大树自拔,根下得璧七十三。光色精奇,有异常玉。慕容儁以为岳神之命,遣其尚书郎段勤以太牢祀之。"又如《山堂肆考》卷一五七"以太牢祠"条下写道:"《前燕录》:慕容儁寿光元年常山得璧七十一,光色甚异。后以为神岳之命,以太牢祠之。"

虽然对珪璧的数量记载不一,但是从地下得到前代祠祀遗物玉珪和玉璧,可能是确实的。联想到《封龙山颂》中所谓"宜蒙珪璧七牲法食",可知封龙山地方曾经是一处祠祀中心。而有关珪璧出土之解释,所谓"以为岳神之命","以为神岳之命",都暗示这种类似于"地藏虞舜之璧"的行为与"北岳"崇拜的特殊关系。

还有一个现象值得注意,这就是山西浑源的"北岳"祠祀遗址没有发现汉代的遗存。

宋赵明诚《金石录》卷一七说,"余尝托人于北岳访求前代刻石几尽,独无汉碑"。明倪岳《青溪漫稿》卷一一关于位于山西浑源的"北岳"恒山之祀,也说到"唐宋碑刻,具载其事",而"汉碑不存,无所于考"。顾炎武《北岳辨》也说:"自唐以上,征于史者如彼;自唐以下,得于碑者如此。"[1] 同样指出了山西浑源"北岳"未能得到碑刻文字证实的情形。

看来,山西浑源的"北岳"祠祀兴起稍晚。此前的"北岳"祠祀,应是发生于另一地方。[2]《封龙山颂》所谓"分体异处,在于邦内",或许可以作为"北岳"祠祀变化的一种解释。此所谓"邦",应即"惠此邦域,以绥四方"的"邦域"。

其实,关于"北岳"所在,古来就有未可确定的说法。清代学者姚鼐《五岳说》写道:"或问五岳所居,前儒异说恶所定。诸曰:是不可定也。昔舜摄天子,一岁中周历四方,《书》第言东巡之为岱宗而已,南、西、北曷尝言其岳之为某山哉?"[3] 阎若璩《北岳中岳论》也说,中岳曾经有嵩高、霍山等不同说法。[4] 顾炎武《北岳辨》说到"四岳不疑而北岳疑之者"的情形。他还特别指出:"古之帝王,望于山川,不登其巅也,望而祭之。故五岳之祠,皆在山下,而肆觐诸侯,考正风俗,是亦必于大

---

[1] 《亭林文集》卷一。
[2] 阙名《恒山记》说:"自汉宣帝神爵元年祀北岳常山于曲阳,唐宋祀典皆在定州。至宋始有恒山没于辽,从曲阳县望祀着说。明人乃定浑源元岳为恒山。"《小方壶斋舆地丛钞》第四帙。
[3] 《小方壶斋舆地丛钞》第四帙。
[4] 同上。

山之阳，平易广衍之地，而不在险远旷绝之区也，明甚。且一岁之中，巡狩四岳，南至湘中，北至代北，其势有所不能。故《尔雅》诸书，并以霍山为南岳，而汉人亦祭于灊。"① 所谓"四岳不疑而北岳疑之者"，体现了"北岳"地理定位因区域文化演变而产生的复杂性。而既然"南岳"曾经有相继南移的情形，则"北岳"曾经北移，自然也是可以理解的了。

还应当指出，《封龙山颂》所说"以为三望"，体现出相当崇高的祠祀等级。《春秋·僖公三十一年》："夏四月，四卜郊，不从，乃免牲，犹三望。"杜预注："三望，分野之星、国中山川皆郊祀，望而祭之。"《公羊传·僖公三十一年》："三望者何？望祭也。然则曷祭？祭大山、河、海，曷为祭大山、河、海？山川有能润于百里者，天子秩而祭之。触石而出，肤寸而合，不崇朝而徧雨乎天下者，唯大山尔。河、海润于千里。"这里"大山"，又写作"泰山"。既然说封龙山"以为三望"，则可知其地位，在汉代神祀系统中，已经大略等同于"大山、河、海"或"泰山、河、海"。由此，理解《封龙山颂》所谓"螺硌吐名，与天同燿，能承云兴雨，与三公、灵山协德齐勋"等说法，可以有更真切的认识。

如果封龙山曾经作为"北岳之英援"，白石神君信仰中心又"气通北岳"，即"北岳"曾经在临近封龙山及白石神君祀所处，而后则"分体异处"，中心祀所北移，后来至于山西浑源地方的推想能够成立，则可进一步讨论"北岳"祠祀移动的时间。思考这一问题，似乎可以参考《封龙山颂》中的这段文字："遭亡新之际，去其典祀。"② 就是说，大致在王莽时代，传统"北岳"祠祀内容发生了重要的变化。

三 西汉"齐三服官"辨止

西汉时有官营手工业机构"齐三服官"。对于所谓"三服官"，或理解为"三服之官"，主管织作"三服"（首服、冬服、夏服），或理解为有"服官"三所，与"三工官"同样。分析相关历史现象，可以推知后一种意见应当更接近历史真实。

---

① 《亭林文集》卷一。
② "亡新"，是东汉习用语。《隶释》卷五《梁相孔耽神祠碑君》："遭亡新之际……"《后汉书·苏竟传》."自亡新之末，失行算度，以至于今。"又《王符传》："……此则又甚于亡新之时也。"

（一）两汉"齐三服官"

讨论西汉纺织业的发展水平和官营手工业的管理形式，不能不注意到有关"齐三服官"的历史记录。

《汉书》卷二四上《食货志上》记载："元帝即位，天下大水，关东郡十一尤甚。二年，齐地饥，谷石三百余，民多饿死，琅邪郡人相食。在位诸儒多言盐铁官及北假田官、常平仓可罢，毋与民争利。上从其议，皆罢之。又罢建章、甘泉宫卫，角抵，齐三服官，省禁苑以予贫民，减诸侯王庙卫卒半。又减关中卒五百人，转谷振贷穷乏。其后用度不足，独复盐铁官。""齐三服官"是所罢"与民争利"的官营手工业设置之一。其直接原因，或许亦与"二年，齐地饥，谷石三百余，民多饿死，琅邪郡人相食"的严重灾情有关。然而据《汉书》卷九《元帝纪》记载，罢"齐三服官"事，其实在发生"齐地饥"灾难三年以后：初元五年（前44）夏四月，"罢角抵、上林宫馆希御幸者、齐三服官、北假田官、盐铁官、常平仓"。对于"齐三服官"，颜师古注：

> 李斐曰："齐国旧有三服之官。春献冠帻縰，为首服；纨素，为冬服；轻绡，为夏服。凡三。"如淳曰："《地理志》曰齐冠带天下。胡公曰服官主作文绣，以给衮龙之服。《地理志》襄邑亦有服官。"师古曰："齐三服官，李说是也。縰与纚同，音山尔反，即今之方目纱也。纨素，今之绢也。轻绡，今之轻纱也。襄邑自出文绣，非齐三服也。"

《汉书》卷七二《贡禹传》可见谏大夫贡禹因"是时年岁不登，郡国多困"奏言："今大夫僭诸侯，诸侯僭天子，天子过天道，其日久矣。承衰救乱，矫复古化，在于陛下。臣愚以为尽如太古难，宜少放古以自节焉。《论语》曰：'君子乐节礼乐。'方今宫室已定，亡可奈何矣，其余尽可减损。故时齐三服官输物不过十笥，方今齐三服官作工各数千人，一岁费数钜万。蜀广汉主金银器，岁各用五百万。三工官官费五千万，东西织室亦然。厩马食粟将万匹。臣禹尝从之东宫，见赐杯案，尽文画金银饰，非当所以赐食臣下也。东宫之费亦不可胜计。天下之民所为大饥饿死者，是也。今民大饥而死，死又不葬，为犬猪食。人至相食，而厩马食粟，苦其大肥，气盛怒至，乃日步作之。王者受命于天，为民父母，固当若此乎！天不见邪？"贡禹可能是《食货志》所说"多言盐铁官及北假田官、常平仓可罢，毋与民争利"的"在位诸儒"之一。于是，"天子纳善其忠，乃下诏令太仆减食谷马，水衡减食肉兽，省宜春下苑以与贫民，又罢角抵诸戏及齐三服官，迁禹为光禄大夫"。对于"齐三服官"，颜师古注："三服官主作天子之服，在齐地。"

虽然史籍有汉元帝罢"齐三服官"的明确记载，但是似乎这一满足宫廷织品消费的专营机构实际上并没有完全撤销。《汉书》卷一一《哀帝纪》说，绥和二年（前7），诏曰"制节谨度以防奢淫，为政所先"，要求有关官员"其议限列"。于是"有司条奏"诸种限制，其中包括"齐三服官、诸官织绮绣，难成，害女红之物，皆止，无作输"①。

汉章帝建初二年（77）又有关于省罢齐地华贵织品生产的诏令。《后汉书》卷三《章帝纪》："（春三月）癸巳，诏齐相省冰纨、方空縠、吹纶絮。"李贤注："'纨'，素也。'冰'言色鲜洁如冰。《释名》曰：'縠，纱也。''方空'者，纱薄如空也。或曰'空'，孔也，即今之方目纱也。'纶'，似絮而细。'吹'者，言吹嘘可成，亦纱也。《前书》齐有三服官，故诏齐相罢之。"可知西汉"齐三服官"的生产惯式和经营传统，东汉时依然得以继承。

（二）"三服官"与"三季衣服"误解

关于"齐三服官"之所谓"三"，按照李斐和颜师古的理解，是"春献冠帻緌，为首服；纨素，为冬服；轻绡，为夏服。凡三"。"三服官"就是"三服之官"。这一解释为后来诸多学者认可。② 而清人朱鹤龄《禹贡长笺》卷二写道："汉世陈留、襄邑置三服官，使制作衣服。是兖州纻锦美也。"自是地域的错误理解。

李剑农关于两汉工业生产的论述中提到"齐三服官"，直录"李斐注"③。翦伯赞《秦汉史》也沿用李斐和颜师古的说法，以为"（颜师古）这个注文，正是三服官的说明"，"所谓齐三服官，即指设在山东的服物

---

① 对于"无作输"，颜师古注引如淳曰："其所作已成未成皆止，无复作，皆输所近官府也。"颜师古以为："如说非也，谓未成者不作，已成者不输耳。"

② 如《白孔六帖》卷七五、《册府元龟》卷一〇五、《海录碎事》卷一〇上、《玉海》卷八一、《六帖补》卷一五、《西汉会要》卷二四、《齐东野语》卷一〇、《文献通考》卷二二、《两汉博闻》卷五、《资治通鉴》卷二八胡三省注、《山堂肆考》卷二三〇、《禹贡锥指》卷四、《艺林汇考·服饰篇》卷一〇、《历代通鉴辑览》卷一八、《月令辑要》卷一、《渊鉴类涵》卷九四、《格致镜原》卷二七、《读书纪数略》卷五一等，均引李斐说。

③ 李剑农：《先秦两汉经济史稿》，中华书局1962年版，第1/2页。

制造场。此种服物制造场制作服物，大概皆系供给宫廷的御用品"①。吕思勉《秦汉史》在《秦汉时人民生活》一章中关于"齐三服官"，亦采用李斐、颜师古的解释。② 巫宝三解释贡禹上奏中"齐三服官"，也说："指设在齐郡临淄的服官，为天子制作春、夏、冬三季衣服。"③

（三）"三服官""言其有官舍三所"说

然而对于李斐和颜师古的"齐三服官"解说，早已有学者提出异议。宋代学者吴仁杰《两汉刊误补遗》卷二"三服官"条下写道：

> 《元纪》：罢三服官。李斐曰："三服之官，春献冠帻縰，为首服；纨素，冬服；轻绡，夏服"。师古曰李说〔是〕。仁杰按："《地理志》：齐郡临淄县有服官。所谓'三服官'者，盖言其有官舍三所，非谓其为首服、冬服、夏服而名官也。贡禹论'三服官作工各数千人'，言'各'，则知其非一矣。《汉纪》载此疏，乃去'各'字，非也。襄邑亦有服官，独不罢，盖所供龙衮之属，礼不可阙。至临淄三官岁输物不过十笥，如冰雪、方空縠、吹纶絮，皆轻靡，而岁费数钜万，此固可省者。禹又言'三工官官费五千贯'，亦谓每一工官为费若此。如颜、李之说，'三服官'以'三服'为名，则'三工官'又可名'三工之官'耶？"

明人王祎《大事记续编》卷三也说：

> 李斐曰："齐国旧有三服之官，春献冠帻縰，为首服；纨素，为冬服；轻绡，为夏服。凡三。"吴莘曰："按《地理志》齐郡临淄县有服官。'三服官'者，言有官舍三所，非谓首服、冬服、夏服而名官也。贡禹论'三服官作工各数千人'，言'各'，则知其非一矣。《汉纪》载此疏，乃去'各'字，非也。襄邑有服官，独不罢，盖所供龙衮之属，礼不可缺。至临淄三官，固可省者。禹又言'三工官费五千万'，亦谓每一工官为费若此也。"

---

① 翦伯赞：《秦汉史》，北京大学出版社1983年版，第206页。
② 吕思勉：《秦汉史》，上海古籍出版社1983年版，下册第580页。
③ 巫宝三：《中国经济思想史资料选辑（两汉部分）》，中国社会科学出版社1988年版，第181页，乔迁执笔。

吴仁杰的见解，王祎引录则称"吴莘"。今按《宋史》卷二〇四《艺文志三》有"钱之望、吴莘《楚州图经》二卷"，而卷二〇二《艺文志一》有"吴仁杰《古易》十二卷，又《周易图说》二卷，《集古易》一卷"，"吴仁杰《尚书洪范辨图》一卷"，"吴仁杰《禘祫绵蕞书》三卷"，"吴仁杰《乐舞新书》二卷"，卷二〇三《艺文志二》有"吴仁杰《两汉刊误补遗》十卷"，卷二〇四《艺文志三》有"吴仁杰《庙制罪言》二卷，又《郊祀赘说》二卷"，卷二〇五《艺文志四》有"吴仁杰《盐石论》丙丁二卷"，则"吴莘"、"吴仁杰"各有其人。王祎所说"吴莘"，或为"吴仁杰"之误。① 吴仁杰《两汉刊误补遗》有较高的学术价值，清人朱彝尊《曝书亭集》卷四五《吴氏〈两汉刊误补遗〉跋》说到刘攽《汉书刊误》，"今吴氏是编本以补刘氏之遗，而文多于刘，足以征其博洽也已"。不过吴莘也有汉史文献研究论著《西汉补注》十卷和《西汉鉴》十卷，见《郡斋读书志》卷五上。我们现在还不能判明吴莘著作中是否也有关于"齐三服官"的讨论。二吴若意见相同，似乎也未能断定这段文字的著作权究竟应当归于哪一位吴姓学者。但是现在看来，王祎因吴莘《西汉补注》、《西汉鉴》两书产生误解而张冠李戴的可能性是相当大的。

王先谦《汉书补注》也采用了"所谓'三服官'者，盖言其有官舍三所"的说法：

> 吴仁杰曰："《地理志》：齐郡临淄县有服官。所谓'三服官'者，盖言其有官舍三所，非谓其为首服、冬服、夏服而名官也。贡禹论'三服官作工各数千人'，言'各'，则知其非一矣。《汉纪》载此疏，乃去'各'字，非也。襄邑亦有服官，独不罢，盖所供龙衮之属，礼不可缺。至临淄三官岁输物不过十笥，如冰纨、方空縠、吹纶絮，皆轻靡，而岁费数钜万，此固可省者。禹又言'三工官官费五千贯'，亦谓每一工官为费若此。如颜、李之说，'三服官'以'三服'为名，则'三工官'又可名'三工之官'耶？"先谦曰：

---

① 吴仁杰、吴莘都活动于淳熙年间。宋陈振孙《直斋书录解题》卷八说到"教授雷州吴莘商卿"，晁公武《郡斋读书志》卷五上又说"商卿建宁人"。关于吴仁杰，《直斋书录解题》卷二谓"国子录郡吴仁杰斗南"，宋周应合《景定建康志》谓"洛阳吴仁杰"，《续文献通考》则说"仁杰字斗南，昆山人"，宋周必大《文忠集》卷一六有《跋吴仁杰所藏张旭草书〈酒德颂〉》，其中写道："张颠，苏人，吴君斗南与之同郡，宝藏其书，固宜然矣。"清人朱彝尊《曝书亭集》卷四五《吴氏〈两汉刊误补遗〉跋》说："仁杰字斗南，别号蠹隐居士，本昆山人，其称河南者，举郡望而然。"

"吴说是。"①

吴说最有力的论据是贡禹说"三服官作工各数千人"中的"各"字,"言'各',则知其非一矣"。日本学者佐藤武敏在《汉代丝织品的生产形态》一文中写道:"《汉书补注》认为吴仁杰之说是妥当的。我认为,从贡禹所言'作工各数千人'来看,将三服官解作是因为将工场一分为三,故而称作三服官为合适。但是,《前汉纪》引贡禹的奏文曰'今齐三服官,作工数千人',在数千人之上没有'各'字。这可能是《前汉纪》给省略了吧。"②《前汉纪》卷二一原文如下:"大夫僭诸侯,诸侯僭天子,天子过天道。今齐三服官,作工数千人,一岁所费数千万,杯椀器物皆文画,金银饰之。厩马数万匹。民饥而死,或人相食,厩马食粟,患其大肥,乃日步作之。王者受命于天,为民父母,固当如是乎?"对比《汉书》记载,其他文句也有"省略",则"去'各'字"似不足为怪。值得注意的是,《资治通鉴》卷二八虽胡三省注从李斐说,而正文不"去'各'字",仿"荀《纪》"体例的宋人王益之《西汉年纪》卷二二记述此事,亦保留"各"字,③ 与《前汉纪》不同。《通志》卷一〇〇的记载亦有"各"字。

傅筑夫在论述汉代手工业的组织形式和管理机构时也指出:"齐三服官的织丝作坊,规模都很宏大,都是各有数千工人的大型工场手工业,……"④ 显然重视了贡禹"三服官作工各数千人"中的"各"字的意义。英国学者崔瑞德、鲁惟一编《剑桥中国秦汉史》也取这一意见。⑤ 范文澜在评论西汉官营手工业时,也曾经说:"汉皇室在齐郡临淄设服官三

---

① 《汉书补注》,中华书局1983年版,上册第123页。
② 〔日〕佐藤武敏:《汉代丝织品的生产形态》,黄金山译,《日本学者研究中国史论著选译》,中华书局1993年版,第3卷第498页。佐藤武敏还指出:"《汉书》的贡禹上奏文里,与三服官同时出现的还有三工官,据如淳注云,三工官是指《汉书·地理志》所见的河内怀、蜀郡成都、广汉的工官。然颜师古注则认为,三工官是少府属官,指考工室、右工室、东园匠。但二者都把三工官看作是三个工官。"
③ 《四库全书总目提要》评价王益之《西汉年纪》:"司马光《通鉴》所载《汉书》皆本班、马二书及荀《纪》为据,其余鲜所采撷。益之独旁取《楚汉春秋》、《说苑》、《新书》,广征博引,排比成书,视《通鉴》较为详密。至所作《考异》,于一切年月舛误、纪载异同、名地错出之处,无不参稽互核。"
④ 傅筑夫:《中国封建社会经济史》,人民出版社1982年版,第2卷第332页。
⑤ 〔英〕崔瑞德、鲁惟一编:《剑桥中国秦汉史》,杨品泉等译,中国社会科学出版社1992年版,第622页;Denis Twitchett, Michael Loewe 编:《剑桥中国史·秦汉编》,韩复智主译,南天书局有限公司1996年版,第666页。这一部分内容为日本学者西嶋定生执笔。大陆版译文为:"临淄的三服官,每个拥有几千名工人。"台湾版译文为:"临淄的三个服官的工场每个雇用了数千名佣工。"一说"三服官",一说"三个服官",后者的译意似更为明朗。

所，称为三服官。起初丝织物每年不过十箱。汉元帝时，三服官扩充到各有织工数千人，每年费钱数万万，专制冰纨、方空縠、吹絮纶等精细丝织物。"① 有的论著沿承这一认识，如李仁溥在总结汉代官营纺织业的规模时也说："初时，三服官丝织物不过十箱，汉元帝时（公元前四八至三三年），三服官扩至各有织工数千人，每年费钱数万万。"但是对于"三服"的解释，依然从李斐说。② 可知对史料仍缺乏准确的理解。更多的论著则回避了对"齐三服官"的争议，在记述有关史实如贡禹上奏或汉元帝诏令时对"齐三服官"不作具体的解释。③

（四）《历代职官表》的理解

清乾隆《钦定历代职官表》卷三七关于内务府体制的历代沿革，说到汉代提供皇家生活消费的部门，也涉及"三服官"：

> 颜师古《汉书注》：李斐曰：齐国旧有三服之官，春献冠帻縰，为首服；纨素，为冬服；轻绡，为夏服。凡三。
>
> 《急就篇》："齐国给献素缯帛。"④ 注："齐有三服官。贡禹言'故时齐三服官，输物不过十笥'。"
>
> 谨案：汉官既有东织、西织，供天子服御。而又有"三服官"主作首服、冬服、夏服，以给衮龙之用。于齐设之。今内务府所辖有江宁、苏州、杭州三织造官，正汉"三服官"之遗制也。

---

① 范文澜：《中国通史》，人民出版社1978年版，第2册第76页。"吹絮纶"为"吹纶絮"之误。

② 李仁溥：《中国纺织史稿》，岳麓书社1983年版，第38、64页。

③ 如翦伯赞主编：《中国史纲要》，人民出版社1979年版，第114页，田余庆执笔；林剑鸣：《秦汉史》，上海人民出版社1989年版，上册第563页；田昌五、安作璋主编：《秦汉史》，人民出版社1993年版，第215页；白寿彝总主编：《中国通史》，上海人民出版社1995年版，第4卷上册第563页，邹贤俊执笔；林甘泉主编：《中国经济通史·秦汉经济卷》，经济日报出版社1999年版，上册第500页，陈绍棣执笔；吴淑生、田自秉：《中国染织史》，上海人民出版社1986年版，第68页，其中引文"齐三服官作工各数千人"误作"齐三服官作工种数千人"。陈直《关于两汉的手工业》写道："官府的齐三服官（即临淄服官），作工有数千人，一岁费巨万。"忽略了贡禹所谓"三服官作工各数千人"中的"各"字，以"三服官"为一处。《两汉经济史料论丛》，陕西人民出版社1980年版，第71页。

④ 陈直说："《急就篇》东汉人增附两章，第一章首两句云：'齐国给献素缯帛，飞龙凤皇相追逐。'""丝织品的花纹，以《急就篇》文字最为具体，以现时出土的材料来印证，多相符合。"《两汉经济史料论丛》，陕西人民出版社1980年版，第77页。

同卷又说到北齐制度：

> 《通典》：北齐官，第三品太府卿，第四品太府少卿，第五品主衣都统、尚食、尚药典御，从五品中尚食、中尚药典御，从六品中尚食、中尚药等丞，从八品钩盾左右尚方左藏掖庭东西牛羊司诸署令，正九品细作署令。
>
> 谨案：北齐官承魏制，不设少府而以太府寺及门下省分统其职。其殿中监为门下省之所统属，六局中尚药、尚食、典御又为中侍中省之所分隶。与前代之制异而职守固有在也。至所设泾州、雍州、定州诸丝绫局，即汉"三服官"之遗意，与今之织造监督为相近焉。

乾隆《钦定历代职官表》的作者虽然也沿用了李斐、颜师古对"齐三服官"的理解，然而进行具体的说明时，又有"至所设泾州、雍州、定州诸丝绫局，即汉'三服官'之遗意"，"今内务府所辖有江宁、苏州、杭州三织造官，正汉'三服官'之遗制也"的说法。均说其机构分置三地，实际上又与吴仁杰"言其有官舍三所"的说法相一致。清代皇家工官制度史研究者的这种认识，体现出内心对吴仁杰观点的认同。北齐"所设泾州、雍州、定州诸丝绫局"，从设置的地理分布看，似与《汉书》如淳注理解的"三工官"的分布类似。而"今内务府所辖有江宁、苏州、杭州三织造官"的制度，其地点相对集中，与"齐三服官"的情形确实十分相近。

（五）"三服官""作输"成品

那么，是否有这种可能，即"齐三服官"确实"有官舍三所"，然而也确实是以此三处工场分别"主作首服、冬服、夏服"呢？乾隆《钦定历代职官表》似乎有这种倾向。也有汉代经济史研究者提出了类似的认识。如曾延伟沿用李斐、颜师古说，然而又解释"齐三服官作工各数千人"为"这个三服官机构在不断扩张，到成帝时已役使人工万人左右"[1]。逄振镐解说"三服"也用"李斐注"，然而又说："'各数千人'，三服当有万人左右。"[2] 这样似乎既坚持了李斐、颜师古说，又关照到"齐三服

---

[1] 曾延伟：《两汉社会经济发展史初探》，中国社会科学出版社1989年版，第109—110页。

[2] 逄振镐：《秦汉经济问题探讨》，华龄出版社1990年版，第202页。

官作工各数千人"的"各"字，两种解释相互融并。不过，这样的理解则意味着"官舍三所"即三处皇家丝织业基地各有专营，分别"主作首服、冬服、夏服"。汉代丝织业是否已经达到如此高的专业化生产的程度，服务于宫廷的手工业生产单位是否有必要实行如此细密的分工，显然还需要文献资料和考古资料的进一步的支持。

《汉书》卷一一《哀帝纪》说"齐三服官、诸官织绮绣，难成，害女红之物，皆止，无作输"，可知"输"贡宫廷的，是织物而非成衣，如淳注引胡公曰"服官主作文绣，以给衮龙之服"，也体现了同样的事实。《后汉书》卷三《章帝纪》所见"诏齐相省冰纨、方空縠、吹纶縠"，也可引为旁证。以为"置三服官，使制作衣服"，"制作服物"的说法，自当修正。从常情考虑，通常不应忽略宫中各色人等身材差异，而于数千里外预先制作成衣。此外，李斐说："春献冠帻縰，为首服；纨素，为冬服，轻绡，为夏服，凡三。"有转引者以为"为天子制作春、夏、冬三季衣服"，将"春献"之"首服"看作春季衣服（即春秋季衣服），也是明显的误解。而李斐所谓"齐国旧有三服之官"，则因尚未看到资料凭证，自然未可深信。

关于"齐三服官"的意见分歧历时久远。就皇族消费史、手工业管理史和地方经济史研究的角度来说，"齐三服官"的真实设置情形都有澄清的必要。通过有关讨论，我们还认识到，对人们通常以为久已熟知的史料的理解，其实或有存在疑问的可能。学人应当因此自警，注意避免误识；亦应因此自励，不断追求真知。

四　秦汉时期环渤海地区的文化风格

秦汉时期文献中，常见"燕、齐"连称之例。当时燕、齐濒临渤海的地方具有共同的区域文化风格。燕、齐环渤海地区作为方术文化重要的发源地，所盛行的神仙迷信以其特殊的富有神秘主义特色的宣传方式，多次使居于天下之尊的帝王深为迷醉。秦汉时期的海上求仙热潮于是成为中国文化史上的奇观。秦皇汉武"并海"巡行等政治实践所透露出的海恋情结，也反映了对燕、齐文化的特殊重视。秦汉时期出身环渤海地区的人物有相当活跃的历史表演。他们知识构成较为新异、文化视野较为宽广的特征，颇为引人注目。东汉以后辽东、辽西人物影响历史进程的现象尤为引人注目。

环渤海地区以鱼盐之利较早取得经济的进步。有迹象表明，战国以来这一地区的商业活动已经比较活跃。当时辽东、辽西地区与中原地区之间，有频繁的商业往来。燕、齐环渤海地区除了陆路交通条件之优越而外，海上交通的便利，对于文化的沟通与交流也发生了重要的作用。除了徐福求仙、楼船军击朝鲜等政府组织的大规模的航海活动而外，民间自发的海上航行相当频繁。每逢战乱，多见渡海避难史事。正是在这种以海洋作为基本文化环境条件的背景下，环渤海地区的文化风格具有了值得社会史学者和文化史学者重视的特色。

（一）"燕齐""缘海之边"

秦汉时期文献中，常见"燕、齐"连称之例。

例如《史记》卷二七《天官书》："燕、齐之疆，候在辰星，占于虚、危。"张守节《正义》："辰星、虚、危，皆北方之星，故燕、齐占候也。"《史记》卷一《五帝本纪》："肇十有二州，决川。"裴骃《集解》也引录马融的解释："禹平水土，置九州。舜以冀州之北广大，分置并州。燕、齐辽远，分燕置幽州，分齐为营州。于是为十二州也。"就大的区域划分来说，"燕、齐"，有时可以被视为一体。又如：

《史记》卷八《高祖本纪》："使韩信等辑河北赵地，连燕、齐，……"

《史记》卷三〇《平准书》："彭吴贾灭朝鲜，置沧海之郡，则燕、齐之间靡然发动。"

《史记》卷七三《白起王翦列传》："王翦子王贲，与李信破定燕、齐地。"

《史记》卷九二《淮阴侯列传》："燕、齐相持而不下，则刘项之权未有所分也。"

《史记》卷一〇〇《季布栾布列传》："燕、齐之间皆为栾布立社，号曰栾公社。"

《史记》卷一三〇《太史公自序》："信拔魏赵，定燕、齐，使汉三分天下有其二。"

《汉书》卷五一《贾山传》："为驰道于天下，东穷燕、齐，南极吴、楚，江湖之上，濒海之观毕至。"颜师古注："濒，水涯也。濒海，谓缘海之边也。毕，尽也。濒音频，又音宾，字或作滨，音义同。"

《后汉书》卷二八下《冯衍传》："瞻燕、齐之旧居兮，历宋、楚之名都。"

"燕、齐"连称，又见于《史记》卷二八《封禅书》、《史记》卷一一五《朝鲜列传》、《汉书》卷二五《郊祀志》、《后汉书》卷八五《东夷列传》等。

　　显然，秦汉时期，燕、齐之地具有共同的区域文化风格，而就其文化地理条件来说，最引人注目者，是同样濒临当时或写作"勃海"、"浡海"、"渤澥"的渤海，既为"缘海之边"，又呈环绕之势。

（二）"燕人""卢生"故事

　　《淮南子·道应》说，"卢敖游乎北海。"高诱注："卢敖，燕人，秦始皇召以为博士，亡而不反也。"所说即《史记》卷六《秦始皇本纪》中"卢生"故事："三十二年，始皇之碣石，使燕人卢生求羡门、高誓。""始皇巡北边，从上郡入。燕人卢生使入海还，以鬼神事，因奏录图书，曰'亡秦者胡也'。始皇乃使将军蒙恬发兵三十万人北击胡，略取河南地。"卢生又劝说秦始皇："臣等求芝奇药仙者常弗遇，类物有害之者。方中，人主时为微行以辟恶鬼，恶鬼辟，真人至。人主所居而人臣知之，则害于神。真人者，入水不濡，入火不爇，陵云气，与天地久长。今上治天下，未能恬倓。愿上所居宫毋令人知，然后不死之药殆可得也。"于是，秦始皇宫廷更为严备，行为更为隐秘。卢生又与侯生议谋："始皇为人，天性刚戾自用，起诸侯，并天下，意得欲从，以为自古莫及己。专任狱吏，狱吏得亲幸。博士虽七十人，特备员弗用。丞相诸大臣皆受成事，倚辨于上。上乐以刑杀为威，天下畏罪持禄，莫敢尽忠。上不闻过而日骄，下慑伏谩欺以取容。秦法，不得兼方不验，辄死。然候星气者至三百人，皆良士，畏忌讳谀，不敢端言其过。天下之事无小大皆决于上，上至以衡石量书，日夜有呈，不中呈不得休息。贪于权势至如此，未可为求仙药。"于是乃亡去。卢生逃亡事件，据说竟然成为"坑儒"惨剧的直接起因。

　　这位颇有影响的所谓"方士"或"方术士"，《史记》卷六《秦始皇本纪》及《淮南子·道应》高诱注皆说是"燕人"，而《说苑·反质》则说是"齐客"。对于记载的这一分歧，有的研究者曾经指出，其发生的原因在于燕、齐两国都有迷信神仙的文化共同性："盖燕、齐二国皆好神仙之事，卢生燕人，曾为齐客，谈者各就所闻称之。"①看来，"燕、齐二国皆好神仙之事"的文化共性已经为有见识的学者所重视。

（三）"燕、齐海上之方士"的文化影响

顾颉刚曾经分析神仙学说出现的时代背景和这种文化现象发生的地域渊源。他写道："鼓吹神仙说的叫做方士，想是因为他们懂得神奇的方术，或者收藏着许多药方，所以有了这个称号。《封禅书》说'燕、齐海上之方士'，可知这班人大都出在这两国。"②《史记》卷二八《封禅书》的原文是："自齐威、宣之时，驺子之徒论著终始五德之运，及秦帝而齐人奏之，故始皇采用之。而宋毋忌、正伯侨、充尚、羡门高最后皆燕人，为方仙道，形解销化，依于鬼神之事。驺衍以阴阳主运显于诸侯，而燕、齐海上之方士传其术不能通，然则怪迂阿谀苟合之徒自此兴，不可胜数也。"可知这一地区兴起的方士群体，至于"不可胜数"的规模。

燕、齐神仙迷信在汉武帝时代又曾经出现"震动海内"的热潮。据《史记》卷二八《封禅书》，方士李少君曾以尝游海上见蓬莱仙者之说诱惑汉武帝，于是有"遣方士入海求蓬莱安期生之属"的举措。"居久之，李少君病死。天子以为化去不死，而使黄锤史宽舒受其方。求蓬莱安期生莫能得，而海上燕、齐怪迂之方士多更来言神事矣。"胶东人栾大亦曾经以方术贵宠，"大见数月，佩六印，贵震天下，而海上燕、齐之间，莫不搤捥而自言有禁方，能神仙矣"。《汉书》卷二五下《郊祀志下》则有这样的记载："秦始皇初并天下，甘心于神仙之道，遣徐福、韩终之属多赍童男童女入海求神采药，因逃不还，天下怨恨。汉兴，新垣平、齐人少翁、公孙卿、栾大等，皆以仙人黄冶祭祠事鬼使物入海求神采药贵幸，赏赐累千金。大尤尊盛，至妻公主，爵位重絫，震动海内。元鼎、元封之际，燕、齐之间方士瞋目扼腕，言有神仙祭祀致福之术者以万数。"

方术文化作为民间文化的强大潜流，实际上对于中国文化的主体内涵和表层形态一直有着有力的影响。要全面深刻地认识和理解中国文化，是不能不重视方术文化的研究的。而战国至于秦汉燕、齐环渤海地区作为方

---

① 黄晖：《论衡校释》引《梧丘杂札》，中华书局1990年版，第2册第321页。
② 顾颉刚：《秦汉的方士与儒生》，群联出版社1955年修正版，第10—11页。

术文化重要发源地的地位，也不可以忽视。

（四）秦皇汉武"并海"之行

秦始皇、汉武帝的政治实践中，都透露出一种海恋情结。其"并海"巡行的壮举，也反映了对燕、齐文化的特殊重视。《史记》卷六《秦始皇本纪》记载："二十八年，始皇东行郡县"，曾经行至海上，"乃并海以东，过黄、腄，穷成山，登之罘，立石颂秦德而去"。秦始皇二十九年（前218）《之罘刻石》写道："皇帝东游"，"临照于海"。其东观曰："皇帝春游，览省远方，逮于海隅，遂登之罘，昭临朝阳，观望广丽。"所谓"临照于海"，所谓"昭临朝阳"，都依托海日涌腾的辉煌宏大的自然景观，有意营造一种"圣烈""广丽"的政治文化气象。秦始皇统一天下后凡5次出巡，其中4次行至海滨，往往"并海"而行，多行历燕、齐之地：

> 二十八年（前219）第2次出巡，上泰山，又"并渤海以东，过黄、腄，穷成山，登之罘，立石颂秦德而去，南登琅邪"。
>
> 二十九年（前218）第3次出巡，再次"登之罘"，"旋，遂之琅邪"。
>
> 三十二年（前215）第4次出巡，"之碣石"，"刻碣石门"。
>
> 三十七年（前210）第5次出巡，"上会稽，祭大禹，望于南海"，"还过吴，从江乘渡，并海上，北至琅邪"，又由之罘"并海，西至平原津"。

秦始皇东巡曾经"之碣石"，"刻碣石门"，辽宁绥中发现分布较为密集的秦汉建筑遗址，其中占地达15万平方米的石碑地遗址，有人认为"很可能就是秦始皇当年东巡时的行宫"，即所谓"碣石宫"①。也有学者指出，河北北戴河金山嘴到横山一带发现的秦行宫遗址，与辽宁绥中的建筑遗址都是碣石宫的一部分。② 对于这样的认识虽然有不同的意见，③ 但是与陕

---

① 辽宁省文物考古研究所：《辽宁绥中县"姜女坟"秦汉建筑遗址发掘简报》，《文物》1986年第8期。

② 河北省文物研究所：《河北省新近十年的文物考古工作》，《文物考古工作十年（1979—1989）》，文物出版社1991年版，第31页。

③ 参看董宝瑞《"碣石宫"质疑》，《河北大学学报》1987年第4期；《"碣石宫"质疑：兼与苏秉琦先生商榷》，《河北学刊》1987年第6期。

西临潼秦始皇陵园出土物相类似的所谓"高浮雕夔纹巨型瓦当"的发现，说明这处建筑遗址的性质很可能确实与作为天下之尊的秦始皇帝的活动有关。

据司马迁在《史记》卷六《秦始皇本纪》中的记载，秦二世元年（前209），亦曾经由李斯、冯去疾等随从，往东方巡行。这次出行，时间虽然颇为短暂，行程却甚为辽远，也行历燕、齐之地："二世东行郡县，李斯从。到碣石，并海，南至会稽，而尽刻始皇所立刻石。""遂至辽东而还。"《史记》卷二八《封禅书》则记述说："二世元年，东巡碣石，并海南，历泰山，至会稽，皆礼祠之，而刻勒始皇所立石书旁，以章始皇之功德。"史念海论述秦汉交通路线时曾经指出："东北诸郡濒海之处，地势平衍，修筑道路易于施工，故东出之途此为最便。始皇、二世以及武帝皆尝游于碣石，碣石临大海，为东北诸郡之门户，且有驰道可达，自碣石循海东行，以至辽西辽东二郡。"[①] 秦二世元年东巡，往复两次巡行并海道路，[②] 三次抵临碣石。所谓"碣石宫"遗迹，应当也有这位秦王朝最高统治者活动的遗存。

秦二世的辽东之行，对于认识当时环渤海地区的交通条件十分重要。史念海说："始皇崩后，二世继立，亦尝遵述旧绩，东行郡县，上会稽，游辽东。然其所行，率为故道，无足称者。"[③] 其实，秦二世"游辽东"，并不曾循行始皇"故道"。然而秦始皇三十七年出巡，"至平原津而病"，后来在沙丘平台逝世，乘舆车队驶向往咸阳的归途。可是这位志于"览省远方"，"观望广丽"的帝王，在"至平原津"之前，是不是已经有巡察辽东的计划呢？此后帝车"遂从井陉抵九原"，"行从直道至咸阳"，只不过行历了北疆长城防线即所谓"北边"的西段，要知道如果巡视整个"北边"，显然应当从其东端辽东启始。或许在秦始皇最后一次出巡时曾追随左右的秦二世了解这一计划，于是有自会稽北折，辗转至于辽东的行旅实践。倘若如此，秦二世"游辽东"的行程，自然有"遵述旧绩"的意义。[④]

---

① 史念海：《秦汉时期国内之交通路线》，《文史杂志》第3卷第1、2期，《河山集》四集，陕西师范大学出版社1991年版，第573页。
② 王子今：《秦汉时代的并海道》，《中国历史地理论丛》1988年第2期。
③ 史念海：《秦汉时期国内之交通路线》，《文史杂志》第3卷第1、2期，《河山集》四集，陕西师范大学出版社1991年版，第546页。
④ 王子今：《秦二世元年东巡史事考略》，《秦文化论丛》第3辑，西北大学出版社1994年版。

百年之后，历史上又出现了一位满怀热望，频繁奔赴东方海滨，在燕、齐大地留下深刻辙迹的帝王，这就是汉武帝。

司马迁在《史记》卷二八《封禅书》中记录了汉武帝出巡海上的经历。他第一次东巡前往海滨，是在元封元年（前110）："上遂东巡海上，行礼祠'八神'。齐人之上疏言神怪奇方者以万数，然无验者。乃益发船，令言海中神山者数千人求蓬莱神人"。"宿留海上，予方士传车及间使求仙人以千数。"此后往泰山行封禅之礼。随后又再次东行海上："方士更言蓬莱诸神若将可得，于是上欣然庶几遇之，乃复东至海上望，冀遇蓬莱焉。奉车子侯暴病，一日死。上乃遂去，并海上，北至碣石，巡自辽西，历北边至九原。"

第二年，即元封二年（前109），汉武帝又曾东至海滨："其春，公孙卿言见神人东莱山，若云'欲见天子'。""遂至东莱，宿留之数日，无所见，见大人迹云。复遣方士求神怪采芝药以千数。"元封五年（前106），汉武帝又在南巡之后行至海滨："北至琅邪，并海上。"汉武帝又一次东巡海上，是在太初元年（前104）："东至海上，考入海及方士求神者，莫验，然益遣，冀遇之。……临勃海，将以望祀蓬莱之属，冀至殊廷焉。"同年作建章宫，在太液池中营造"蓬莱、方丈、瀛洲、壶梁，象海中神山龟鱼之属"。太初三年（前102），汉武帝又有海上之行："东巡海上，考神仙之属，未有验者。"

除了《史记》卷二八《封禅书》中这6次记录外，《汉书》卷六《武帝纪》还记载了晚年汉武帝4次出行至于海滨的情形：

> （天汉）二年春，行幸东海。
> （太始三年）行幸东海，获赤雁，作《朱雁之歌》。幸琅邪，礼日成山。[①] 登之罘，浮大海。
> （太始四年）夏四月，幸不其，祠神人于交门宫，若有乡坐拜者。作《交门之歌》。
> （征和）四年春正月，行幸东莱，临大海。

汉武帝最后一次行临东海，已经是68岁的高龄。

秦汉帝王东巡海上，其深层心理，有接近并探求神仙世界的期望，也表露出对海洋神奇壮阔之气象的神往。回顾其历史，可以发现当时环渤海

---

① 颜师古注引孟康曰："礼日，拜日也。"如淳曰："祭日于成山也。"

地区的文化风格对于黄河中游文化重心地区曾经表现出强大的神秘诱惑。秦皇汉武并海巡行的成功实践，同时也可以说明环渤海地区特殊的交通条件。

（五）渤海"神山"追求

秦始皇出巡时，曾经屡屡在东方宣示威德，其远行除了"东抚东土"的目的之外，还有明确的"兴利致福"的企求。《史记》卷六《秦始皇本纪》还记载："既已，齐人徐市等上书，言海中有三神山，名曰'蓬莱'、'方丈'、'瀛洲'，仙人居之。请得斋戒，与童男女求之。于是遣徐市发童男女数千人，入海求仙人。"秦始皇时代狂热的求仙运动，由此而开始。张守节《正义》引《汉书》卷二五《郊祀志》："此三神山者，其传在渤海中，去人不远，盖曾有至者，诸仙人及不死之药皆在焉。其物禽兽尽白，而黄金白银为宫阙。未至，望之如云；及至，三神山乃居水下；临之，患且至，风辄引船而去，终莫能至云。世主莫不甘心焉。"传说中的海中"三神山"，所谓"未至，望之如云；及至，三神山乃居水下；临之，患且至，风辄引船而去，终莫能至"，表现出海市蜃楼的特征。

前引卢生对秦始皇所谓"天下之事无小大皆决于上，上至以衡石量书，日夜有呈，不中呈不得休息"的批评，《汉书》卷二三《刑法志》说："（秦始皇）专任刑罚，躬操文墨，昼断狱，夜理书，自程决事，日县石之一。"服虔有这样的解释："县，称也。石，百二十斤也。始皇省读文书，日以百二十斤为程。"对于秦始皇这种难能可贵的勤政风格，卢生等人却从滨海地区"恬侠"、"舒缓"的文化传统出发，① 以"贪于权势"予以指责，并且断定如此是不可能求得仙药的。

通过卢生等人的话，可以看到东方燕、齐文化"恬侠"、"舒缓"的节奏特色与秦人"狭厄"、"酷烈"、"褊急"、"很刚"的文化风格②的矛盾和对立。

《史记》卷八六《刺客列传》有"以雕鸷之秦，行怨暴之怒"的说法，社会生活节奏的急骤，影响到政治心理的特质，而政治心理的特质，

---

① 《史记》卷一二九《货殖列传》说："（齐地）其俗宽缓阔达。"《汉书》卷八三《朱博传》也说："齐郡舒缓养名。"颜师古注："言齐人之俗，其性迟缓，多自高大以养名声。"

② 《荀子·议兵》："秦人其生民以狭厄，其使民以酷烈。"郝懿行《荀子补注》："狭厄犹狭隘也。""酷烈"体现政治文化的风格，可以与《史记》卷六八《商君列传》所谓"商君，其天资刻薄人也"对照读。《商君书·垦令》又说到"褊急之民"、"很刚之民"。

又决定了政治形式的特色。秦以国势之强盛、军威之勇进以及民气之急烈，于东方得"虎狼之国"的恶名。① 所谓"虎狼之秦"，以其暴烈与贪戾，② 形成了严重威胁东方列国的所谓"秦患"③。

卢生等海上方士出亡的事件，或许可以看作两种不同的文化传统再次碰撞迸射的火花。这一火花随即又引发了文化史上震惊千古的爆炸性的事变——"焚书坑儒"。

战国秦汉时期"燕、齐海上之方士"的活跃，是有特定的文化条件的。

沿海地区的自然景观较内陆有更奇瑰的色彩，有更多样的变幻，因而自然能够引发更丰富、更活跃、更浪漫的想象。于是海上神仙传说久已表现出神奇的魅力，而沿海士风，也容易表现较为自由的特色。而中国海洋探索的努力和早期海洋学的进步，因此获得了必要的条件。

除了《史记》卷二八《封禅书》海上"三神山"之说而外，又有海上"五神山"之说。如《列子·汤问》：

> 渤海之东不知几亿万里，有大壑焉，实惟无底之谷，其下无底，名曰"归墟"。八弦九野之水，天汉之流，莫不注之，而无增无减焉。其中有五山焉：一曰"岱舆"，二曰"员峤"，三曰"方壶"，四曰"瀛洲"，五曰"蓬莱"。其山高下周旋三万里，其顶平处九千里。山之中间相去七万里，以为邻居焉。其上台观皆金玉，其上禽兽皆纯缟。珠玕之树皆丛生，华实皆有滋味；食之皆不老不死。所居之人皆仙圣之属；一日一夕飞相往来者，不可数焉。而五山之根无所连箸，常随潮波上下往还，不得暂峙焉。

海上多彩的风光和神秘的景趣，曾经吸引了许多博物好奇之士。《韩非子·十过》说："昔者田成子游于海而乐之，号令诸大夫曰：'言归者死。'"《说苑·正谏》也写道："齐景公游于海上而乐之，六月不归，令

---

① 《史记》卷六九《苏秦列传》苏秦语、楚威王语，卷七一《樗里子甘茂列传》游腾语，卷七五《孟尝君列传》苏代语，卷八四《屈原贾生列传》屈平语。又卷四〇《楚世家》：昭雎曰："秦虎狼，不可信。"卷七《项羽本纪》：樊哙曰："秦王有虎狼之心。"

② 《史记》卷四三《赵世家》："秦暴"，卷九七《郦生陆贾列传》："暴秦"，卷六九《苏秦列传》："秦之行暴"，卷八六《刺客列传》："秦王之暴"、"秦王贪"，卷六《秦始皇本纪》："秦王怀贪鄙之心"，卷七二《穰侯列传》："秦贪戾之国也"。

③ "秦患"之说，见《史记》卷四〇《楚世家》、卷四四《魏世家》、卷六九《苏秦列传》、卷七〇《张仪列传》、卷七五《孟尝君列传》。

左右曰：'敢有先言归者致死不赦！'"《史记》卷六《秦始皇本纪》：秦始皇二十八年（前219）"南登琅邪，大乐之，留三月"，甚至"乃徙黔首三万户琅邪台下，复十二岁"，也使人联想到海上风景的神奇魅力。在这样的条件下，以神秘主义为主要特征的方术文化是很容易产生，同时也很容易形成广泛的影响的。

陈寅恪在著名论文《天师道与滨海地域之关系》中曾经指出，汉时所谓"齐学"，"即滨海地域之学说也"。他认为，神仙学说之起源及其道术之传授，必然与滨海地域有关，自东汉顺帝起至北魏太武帝、刘宋文帝时代，凡天师道与政治社会有关者，如黄巾起义、孙恩作乱等，都可以"用滨海地域一贯之观念以为解释"，"凡信仰天师道者，其人家世或本身十分之九与滨海地域有关"[1]。陈寅恪所提出的论点，无疑是一项重要的文化发现。

（六）环渤海地区的行政控制

秦并天下，临渤海置辽东、辽西、右北平、临淄、胶东诸郡。

汉初，汉高帝五年（前202）形势，环渤海地区有燕国（临渤海有辽东、辽西、右北平、渔阳、广阳诸郡）、赵国（临渤海有巨鹿郡），及济北、临淄、胶东诸郡。汉高帝十二年（前195）形势，临渤海为燕国、赵国、齐国疆土。汉文帝统治后期，滨渤海地区除直属中央政权的勃海郡辖有有限的海岸以外，都分别属燕国、济北国、齐国、淄川国、胶东国所有。平定吴楚七国之乱后，汉景帝乘势收取诸侯王国属郡归汉，特别重视收夺边郡的管辖权。于是燕国旧有的辽东、辽西、右北平、渔阳诸郡直属中央，而济北国临渤海地区置平原郡，胶东国临渤海地区置东莱郡。除齐国、淄川国所有的渤海海岸大略不变外，燕国原有的临海地区丧失了9/10以上，济北国和胶东国已经不再有入海口。[2]

汉景帝的这一举措，体现了西汉王朝对濒临渤海地区的特殊重视。

在汉武帝实现新的统一之后，西汉王朝在环渤海地区置郡，依次为辽东、辽西、右北平、渔阳、勃海、千乘、齐、北海、东莱9郡。首府为蓟县（今北京）的广阳国、首府为乐成（今河北献县）的河间国、首府为剧县（今山东昌乐西北）的淄川国、首府为高密（今山东高密西）的高

---

[1] 陈寅恪：《天师道与滨海地域之关系》，《中央研究院历史语言研究所集刊》第3本第4分册，收入陈寅恪文集之二《金明馆丛稿初编》，上海古籍出版社1980年8月版，第1页至第40页。

[2] 参见周振鹤《西汉政区地理》，人民出版社1987年版，第9—15页。

密国、首府为即墨（今山东平度东）的胶东国，都被中央政府辖区与海岸隔离。东汉时，环渤海则有辽东郡、辽西郡、右北平郡、渔阳郡、勃海郡、乐安国、北海国、东莱郡 8 郡国。

（七）环渤海地区人才分布

《汉书》与《后汉书》立传者的籍贯，可以作为分析当时人才分布的资料之一，而区域文化的特征，也可以因此得到反映。

两汉出身环渤海地区的历史人物，见于史籍的有：

西汉时期 20 人

右北平郡无终县　徐乐（《汉书》卷六四上《徐乐传》）

勃海郡　隽不疑（《汉书》卷七一《隽不疑传》）

高成县　鲍宣（《汉书》卷七二《鲍宣传》）

千乘郡　兒宽（《汉书》卷五八《兒宽传》）

齐郡　浮丘伯、服生、即墨成、衡咸、周堪、炔钦、辕固、胡母生（《汉书》卷八八《儒林传》），楼护（《汉书》卷九二《游侠传》），娄敬（《汉书》卷四三《娄敬传》），邹阳（《汉书》卷五一《邹阳传》），薛方、栗融（《汉书》卷七二《鲍宣传》）

北海郡　禽庆、苏章（《汉书》卷七二《鲍宣传》）

东莱郡　费直（《汉书》卷八八《儒林传》）

东汉时期 77 人

辽东郡　李久（《后汉书》卷三八《法雄传》），李敏（《三国志》卷八《魏书·公孙度传》）

襄平县　公孙度（《三国志》卷八《魏书·公孙度传》）

辽西郡令支县　公孙瓒、公孙范（《后汉书》卷七三《公孙瓒传》），韩当（《三国志》卷五五《吴书·韩当传》）

右北平郡　郭凉（《后汉书》卷二二《杜茂传》），魏攸（《后汉书》卷七三《刘虞传》）

土垠县　程普、程咨（《三国志》卷五五《吴书·程普传》）

无终县　田畴（《后汉书》卷七三《刘虞传》）

渔阳郡　盖延（《后汉书》卷一八《盖延传》），王梁（《后汉书》卷二二《王梁传》），鲜于辅（《后汉书》卷七三《公孙瓒传》），王松（《三国志》卷一四《魏书·刘放传》），傅容（《三国志》卷二六《魏书·牵招传》）

雍奴县　田豫、田彭祖（《三国志》卷二六《魏书·田豫传》）

勃海郡　任峻（《后汉书》卷七六《循吏列传·王涣传》），王调（《后汉书》卷六三《李固传》），公族进阶（《后汉书》卷六七《党锢列传》），郭凤（《后汉书》卷八二上《方术列传上·谢夷吾》），韩宣（《三国志》卷二三《魏书·裴潜传》裴松之注引《魏略》）

高城县　巴肃（《后汉书》卷六七《党锢列传·巴肃》）

重合县　苑康（《后汉书》卷六七《党锢列传·苑康》），双福（《水经注》卷一六《谷水》）

乐安国　任燠（《三国志》卷一六《魏书·仓慈传》），周宣（《三国志》卷二九《魏书·周宣传》）

临济县　牟长、牟纡（《后汉书》卷七九上《儒林列传上·牟长传》），周璆（《后汉书》卷六六《陈蕃传》）

千乘县　欧阳歙、欧阳复（《后汉书》卷七九《儒林列传上·欧阳歙》）

博昌县　任旐（《三国志》卷二七《魏书·王昶传》裴松之注引《别传》）、任嘏（《后汉书》卷三五《郑玄传》，《三国志》卷二七《魏书·王昶传》裴松之注引《别传》）①

益县　国渊（《三国志》卷一一《魏书·国渊传》）②

北海国　巴茂（《后汉书》卷三七《丁鸿传》），临孝存（《后汉书》卷七〇《孔融传》），徐房（《后汉书》卷八三《逸民列传·逢萌》），王和平（《后汉书》卷八二下《方术列传下·王和平》），孙乾（《三国志》卷三八《蜀书·孙乾传》，孙邵（《三国志》卷四七《吴书·吴主权传》）

剧县　滕抚（《后汉书》卷三八《滕抚传》），滕延（《后汉书》卷七八《宦者列传·侯览》），滕耽、滕胄、滕胤（《三国志》卷六四《吴

---

① 王先谦《后汉书集解》在对于《续汉书·郡国志四》"乐安国"条的解说中写道："郡人任嘏见《郑玄传》。""乐安国博昌"条下则说："任旐子昭见《魏志·王昶传》。"《后汉书》卷三五《郑玄传》："乐安国渊、任嘏，时并童幼，玄称渊为国器，嘏有道德，其余亦多所鉴拔，皆如其言。"李贤注："嘏字昭光，魏黄门侍郎也。"西北师范大学李迎春在帮助笔者校订这部书稿时，发现所引用《后汉书集解》的说法"可能有如下问题"："（1）据《三国志》'乐安任昭先，淳粹履道'及裴注'昭先名嘏'，则任昭可能是'任昭先'；（2）据裴注'父旐，字子旟，以至行称'之文，'任旌'可能是'任旐'；（3）关于'任旌'，似未见于《三国志·王昶传》，而'任旐'似也仅见于《王昶传》裴注中；（4）据裴注'昭先名嘏。《别传》曰：嘏，乐安博昌人'之文，似任昭先就是《后汉书·郑玄传》中的'任嘏'。查两人皆乐安人，皆为魏黄门侍郎，人生经历几乎一致，只是李贤注'嘏字昭光'，而'光'与'先'极可能是因字形相似而误。如此，则任昭先就是任嘏。"这一分析是正确的。

② 《三国志》卷一一《魏书·国渊传》写作"乐安盖人也"，王先谦《后汉书集解》以为"盖，益之讹"。

书·滕胤传》)

营陵县　王脩(《三国志》卷一一《魏书·王脩传》),是仪(《三国志》卷六二《吴书·是仪传》)

都昌县　逢萌(《后汉书》卷八三《逸民列传·逢萌》)

安丘县　牟融、牟麟(《后汉书》卷二六《牟融传》),郎颛(《后汉书》卷三〇下《郎颛传》),周泽(《后汉书》卷七九下《儒林列传下·周泽》),甄宇、甄普、甄承(《后汉书》卷七九下《儒林列传下·甄宇》)

淳丁县　淳于恭、淳于孝(《后汉书》卷三九《淳于恭传》)

朱虚县　邴原(《三国志》卷一一《魏书·邴原传》),管宁(《三国志》卷一一《魏书·管宁传》)

胶东县　公沙穆、公沙孚(《后汉书》卷八二下《方术列传下·公沙穆》)

东莱郡　司马均(《后汉书》卷三六《贾逵传》),王基(《后汉书》卷三五《郑玄传》),王颀(《三国志》卷二八《魏书·毌丘俭传》)

黄县　李笃(《后汉书》卷六七《党锢列传·张俭》),李忠、李咸、李纯、李广(《后汉书》卷二一《李忠传》),太史慈、太史亨(《三国志》卷四九《吴书·太史慈传》)

曲成县　王扶(《后汉书》卷三九《王扶传》)

长广县　刘熹(《后汉书》卷五《安帝纪》)

不其县　张步(《后汉书》卷一二《张步传》),王仲(《后汉书》卷七六《循吏列传·王景》)

十分显然,东汉时期,出身环渤海地区的人物有更为活跃的历史表演。而西汉时齐地人物远较燕地密集的情形也有明显的改变,辽东、辽西人物影响历史进程的现象尤为引人注目。

在秦汉时期,出身环渤海地区的人才,曾经发挥过引人注目的历史文化作用。齐地是儒学基地,《汉书》卷八八《儒林传》所载9人及《后汉书》卷七九《儒林列传》所载6人事迹,都值得注意。列名《后汉书》卷六七《党锢列传》的东莱郡人1人和勃海郡人3人,更是士人中之精英。出身齐郡的娄敬以其定都关中的建议,影响了西汉一代的历史。而出身勃海郡的隽不疑和鲍宣,在西汉中晚期相继参与上层政务。据《汉书》本传,隽不疑"名声重于朝廷,在位者皆自以为不及也",鲍宣"常上书谏争,其言少文多实",因事系狱,曾有太学生千余人集会请愿,终于使其减罪。是为汉代最早的一次太学生运动。辽西郡人公孙瓒、辽东郡人公孙度都曾经以勇力雄踞北边。班固称千乘郡人兒宽所谓"儒雅"、"名臣"、"群士"、"异人"诸语,[1] 是可以代表这一地区杰出人才的特征的。

（八）环渤海地区经济与交通

燕、齐地方久以鱼盐之利据有经济优势。《禹贡》写道："海岱惟青州"，"海滨广斥"，"厥贡盐绨，海物惟错"。《周礼·夏官·职方氏》也说："东北曰幽州"，"其利鱼盐"。《史记》卷三二《齐太公世家》记载：齐太公至国，"通商工之业，便鱼盐之利，而人民多归齐，齐为大国"。齐桓公时，益"设轻重鱼盐之利"。又《史记》卷一二九《货殖列传》：燕"有鱼盐枣栗之饶"，也说明了这一事实。

海洋资源开发等方面的优势，又推进了其他经济领域的进步。李学勤曾经举列燕下都、辽宁抚顺莲花堡战国晚期遗址、河北兴隆大副将沟燕国冶铁遗址出土的铁器和铁范，分析战国时期燕国的冶铁业的发展："根据考古发掘来看，燕国的冶铁工业应该说比较发达，铁器的普遍及其技术的发展，超过以往人们的想象。"他指出："研究战国史的人常说强秦弱燕，但是迄今发现的秦国铁器却没有燕国那样丰富普遍。"[2]

战国时期，燕国和齐国都通行刀钱，反映了两国文化的接近。辽宁朝阳、锦州、沈阳、抚顺、辽阳、鞍山、营口、旅大等地出土的窖藏战国时期赵、魏、韩诸国铸造的布币,[3] 也可以说明在环渤海地区较偏远的地方，也与中原保持着密切的经济联系。当时辽东、辽西地区与中原地区之间，有频繁的商业往来。

燕、齐环渤海地区除了陆路交通有所谓"东北诸郡濒海之处，地势平衍，修筑道路易于施工，故东出之途此为最便"的条件之外，海上交通的便利，也对于文化的沟通与交流发生了重要的作用。

《后汉书》卷八三《逸民列传·逢萌》说，北海都昌人逢萌在王莽专政时"将家属浮海，客于辽东"，"及光武即位，乃至琅邪劳山"。《后汉书》卷三八《法雄传》记载，活动于"滨海九郡"的张伯路起义军曾经由东莱"遁走辽东，止海岛上"，又"复抄东莱间"，在情势危急时再次"逃还辽东"。可见东莱与辽东间海上往来的便利。北海朱虚人邴原、管宁，东莱黄县人太史慈，乐安益县人国渊，平原人王烈等，都有汉末至于

---

[1] 《汉书》卷五八《公孙弘卜式兒宽传》赞曰。
[2] 李学勤：《东周与秦代文明》，上海人民出版社2007年版，第209—210页。
[3] 金德宣：《朝阳县七道岭发现战国货币》，《文物》1962年第3期；邹宝库：《辽阳出土的战国货币》，《文物》1980年第4期。

辽东，又得归故郡的经历。《三国志》卷一一《魏书·管宁传》裴松之注引《傅子》说，管宁至辽东，"越海避难者，皆来就之而居，旬月而成邑"。可知当时山东半岛居民越海北渡辽东半岛，绝不是个别人的异常行为，而是曾经形成一定规模的移民运动。

《史记》卷一一五《朝鲜列传》说："朝鲜王满者，故燕人也。自始全燕时尝略属真番、朝鲜，为置吏，筑鄣塞。秦灭燕，属辽东外徼。汉兴，为其远难守，复修辽东故塞，至浿水为界，属燕。燕王卢绾反，入匈奴，满亡命，聚党千余人，魋结蛮夷服而东走出塞，渡浿水，居秦故空地上下鄣，稍役属真番、朝鲜蛮夷及故燕、齐亡命者王之，都王险。"《后汉书》卷八五《东夷列传》也写道："濊北与高句骊、沃沮，南与辰韩接，东穷大海，西至乐浪。濊及沃沮、句骊，本皆朝鲜之地也。""汉初大乱，燕、齐、赵人往避地者数万口，而燕人卫满击破准而自王朝鲜，传国至孙右渠。"燕、齐环渤海地区是中原与朝鲜文化联系的中介，也是予朝鲜半岛以直接文化影响的地区。秦汉时期往东北方向人口流动和文化传播的这一趋势，也是历史文化学者应当注意的。《史记》卷三〇《平准书》记载彭吴经营朝鲜，置沧海郡时，"燕、齐之间靡然发动"①，也指出了这一地区同朝鲜地区密切的文化关系。

五　泰山：秦汉时期的文化制高点

秦汉时期是在中国文化进程中具有重要影响的历史阶段。秦汉时期，泰山具有文化象征的意义，成为社会上下共同尊崇的对象。如《淮南子》说："太山之容，巍巍然高。"② 还写道："登泰山，履石封，以望八荒，视天都若盖，江、河若带。"又说："九州不可顷亩也，八极不可道里也，太山不可丈尺也，江海不可斗斛也。"③《论衡》："泰山之高巍然。"④ "夫天之高下，犹人之察太山也。"⑤ 都赞美泰山的高伟。言之极端者甚至以为可以与"天"相比。这种文化影响延续至今。

---

① 《汉书》卷二四下《食货志下》："彭吴穿秽貊、朝鲜，置沧海郡，则燕、齐之间靡然发动。"
② 《淮南子·说山》。
③ 《淮南子·泰族》。
④ 《论衡·书虚》。
⑤ 《论衡·说日》。

一座山峰的文化作用，能够如此稳重，如此长久，这一情形，无论在中国历史上还是在世界历史上都是罕见的。

从文化史视角分析相关现象，对于认识秦汉社会意识史有积极的作用，同时也有益于说明泰山文化生成与演进的若干特征。

（一）齐鲁先进文化的象征

秦汉时期，齐鲁文化以儒学深沉的内涵和雄大的气象，具有先进文化的地位。儒学由齐鲁西渐，在各地普及，后来又成为社会意识的主流。

《论语·八佾》写道："季氏旅于泰山。子谓冉有曰：'女弗能救与？'对曰：'不能。'子曰：'呜呼！曾谓泰山不如林放乎？'"孔子的感叹，体现出泰山在儒学思想领袖心目中的崇高地位。《孟子·尽心上》："孟子曰：'孔子登东山而小鲁，登太山而小天下。故观于海者难为水，游于圣人之门者难为言。"泰山，又被看作圣人之学宏大高远的象征。《文选》李善注："孟子曰：太山之高，参天入云。"可以看作孔子"登太山而小天下"，以泰山形容伟大崇高的解说。《韩诗外传》卷三："夫太山不让砾石，江海不辞小流，所以成其大也。"《春秋繁露·竹林》："夫泰山之为大弗察弗见，而况微眇者乎？"也都说泰山高大。在齐鲁地区，人们又用泰山来比类文化行为和精神境界的高尚。如《孟子·公孙丑上》："子贡曰：'见其礼而知其政，闻其乐而知其德，由百世之后，等百世之王，莫之能违也。自生民以来，未有夫子也。'有若曰：'岂惟民哉？麒麟之于走兽，凤凰之于飞鸟，太山之于丘垤，河海之于行潦，类也。圣人之于民，亦类也。出于其类，拔乎其萃，自生民以来，未有盛于孔子也。'"在齐鲁文化深厚的基底上，泰山正是这样象征着圣德，同时也具有了神性。

回顾历史，在秦汉时期这一文化高地上，儒学曾经是顶峰。汉武帝和董仲舒"罢黜百家，表章'六经'"[①] 的文化政策，使得儒学逐渐成为国家意识形态的正统。泰山自上古传说时代即作为正统政治权力之符号的地位，也因儒学的传布而扩展了影响。

古人说，"岱为山宗"[②]，泰山"为五岳之长"[③]。泰山在五岳中领导地位的形成，也是与齐鲁文化的先进性有关的。

---

① 《汉书》卷六《武帝纪》。
② 《礼记集说》引贾逵云。
③ 《风俗通义·山泽·五岳》。

《史记》卷一二九《货殖列传》说："泰山之阳则鲁，其阴则齐。"泰山于是兼有齐、鲁不同风格的文化优势。然而泰山在秦汉时期具有神秘主义特色的信仰体系中的特殊地位，又使得其文化影响远远超过了齐鲁地域，而成为华夏文化共同体公认的尊崇对象。

（二）"泰山""大海"组合

立足于西部和中部的秦汉帝王东望泰山，在他们看来，泰山的高大，是以神秘浩瀚的海洋作为背景的。

齐地由于海洋资源的早期开发得以富足。《管子》于是曾经提出"海王之国"的设计。秦始皇多次东巡海上，即使部分因素在于寻海上仙山，求长生之药，主要动机还在于强化行政实力，实现与秦统一时代最为接近的法家名著《韩非子》中"明照四海之内"[①]，"富有四海之内"[②]，"独制四海之内"[③] 表露的对极端权力的追求。汉武帝类似的行动，也在宣示"天子以四海为家"[④] 的政治意识。他们海上行旅的辛劳，也表现出对海外世界的求知热忱。燕齐海上方士作为探索海洋文化和海洋学的先行者，在秦皇汉武身边形成影响，不是偶然的。

秦汉帝王对海洋的关注，往往和对泰山的尊崇相关。他们的海上之行往往同时礼祀泰山。秦始皇、汉武帝都是如此。汉武帝元封五年（前106）出巡，宣告"会大海气，以合泰山"，显示出他们意念中"泰山"和"大海"的神圣组合。

《史记》卷二八《封禅书》记载，汉武帝单独和侍中奉车子侯上泰山。又写道，既已封泰山，无风雨灾，而方士们又宣传"蓬莱诸神若将可得"，于是汉武帝欣然期待，希望"东至海上望"时可以相遇。然而奉车子侯暴病，一天就去世了，汉武帝于是放弃了海上之行。在泰山得到的神异征兆决定了汉武帝上"蓬莱之神"追求的行动。钱钟书指出："秦始皇封禅，而不死之方术则别求之海上三山；……汉武乃二而一之，故下文公孙卿曰：'封禅七十二王，唯黄帝得上泰山封'；申公曰：汉主亦得上封，上封则能登天矣'，又丁公曰：'封禅者，合不死之名也。'是泰岱之效，不减蓬瀛，东封即可，无须浮海。"[⑤] 可知在汉武帝的意识中，"泰

[①] 《韩非子·奸劫弑臣》。
[②] 《韩非子·六反》。
[③] 《韩非子·有度》。
[④] 《史记》卷八《高祖本纪》。
[⑤] 钱钟书：《管锥编》，中华书局1979年版，第1册第289页。

岱"与"蓬瀛","封禅"与"浮海",山海之间是存在着特殊的神秘联系的。

《淮南子·地形》论述四方形势,其中说到各地物产之美。如:"东方之美者,有医毋闾之珣玕琪焉。东南方之美者,有会稽之竹箭焉。南方之美者,有梁山之犀象焉。西南方之美者,有华山之金石焉。西方之美者,有霍山之珠玉焉。西北方之美者,有昆仑之球琳、琅玕焉。北方之美者,有幽都之筋角焉。东北方之美者,有斥山之文皮焉。"最后又写道:"中央之美者,有岱岳,以生五谷桑麻,鱼盐出焉。"高诱注:"岱岳,泰山也,王者禅代所祠,因曰'岱岳'也。五谷、桑麻、鱼盐,所养人者。"其中对于"鱼盐"的强调值得重视。《淮南子·地形》这段文字,与《尔雅·释地》略同,只是后者作"中有岱岳,与其五谷、鱼盐生焉。九府"。以泰山为"中央",是齐鲁之地渊源久远的观念。其"东方"之山所谓"医毋闾"者,《淮南子》高诱注:"医毋闾,山名,在辽东属国。"《尔雅》郭璞注:"医毋闾,山名,今在辽东。"由此可知,以泰山为"中央"的地理观,很可能是将海域包括在内的。

(三) 东方神学体系的重心

西汉帝国全面继承了秦的神祇系统。秦地和齐地,在当时正统礼祀体系中,形成了一西一东两个宗教文化的重心。

《汉书》卷二八《地理志》中所记录各地正式的祀所,共计352处,然而仅右扶风雍县就有"太昊、黄帝以下祠三百三所"。滨海郡国有24所,占全国总数的6.82%。如果不计右扶风雍县的祀所,则滨海郡国占48.98%之多。全国列有正式祀所的县,共37个,滨海郡国有15个,占40.54%,比重也是相当大的。

据《史记》卷二八《封禅书》记载,秦始皇出巡远方,曾经"东游海上,行礼祠名山大川及八神"。这里所说的"八神",即一曰"天主",祠天齐;二曰"地主",祠泰山梁父;三曰"兵主",祠蚩尤;四曰"阴主",祠三山;五曰"阳主",祠之罘;六曰"月主",祠之莱山;七曰"日主",祠成山;八曰"四时主",祠琅邪。汉武帝东巡海上,同样"行礼祠'八神'"。这样的仪式似不止一次:"至如他名山川诸鬼及八神之属,上过则祠。"按照顾炎武《〈劳山图志〉序》的说法,秦皇汉武时代,"八神之祠遍于海上,万乘之驾常在东莱"。秦始皇、汉武帝东行,都曾经庄严礼祀"八神"。这一行为,体现出来自西部高原的帝王对东方神学传统的全面承认和充分尊重。

我们看到，在"八神"之中，是包括泰山的："二曰'地主'，祠泰山梁父。盖天好阴，祠之必于高山之下，小山之上，命曰畤；地贵阳，祭之必于泽中圜丘云。"

原本属于齐人神秘主义文化系统中之主要崇拜对象的所谓"八神"，包括大地之神、阴阳之神、日月之神、四时之神、兵战之神，构成了比较完备的祭祀体系。尤其值得我们注意的是，"八神"之中，有六神完全位于海滨。而泰山因为与封禅这种政治正统地位追求的关系，在"八神"之中最受重视。

（四）东方万物始，故主人生命

秦汉时期，泰山被看作神仙居所。汉镜铭文"八子九孙治中央，东上泰山见神人"，"福熹进兮日以萌，食玉英兮饮澧泉，驾文龙兮乘浮云，白虎引兮上泰山，凤凰舞兮见仲仙"，"上太山，见神人，食玉英，饮沣泉，驾交龙，乘浮云"等，都体现了泰山和神仙信仰的关系。

汉诗《步出夏门行》："过谒王父母，乃在太山隅。离天四五里，道逢赤松俱。"陈直系《小校经阁金文》卷一五"上太山"镜铭文字"上太山，见神人，食玉英，饮醴泉，驾交龙，乘浮云，宜官秩，保子孙，贵富昌，乐未央"，以为可作为说明汉诗中之习俗语与古器物之联系的一例。① 东王父、西王母、赤松子，都是汉代传说中的神人仙人。神仙居于太山，太山与天相近，反映了汉代人对于泰山神性的认识。

秦汉时期，"泰山"，在民间意识中还有另外的神秘含义。《春秋繁露·循天之道》说："东方生而西方成。"东方是生命起始的方向。与当时生命意识的觉醒相联系，东岳泰山被看作生命的主宰。正如《白虎通义·巡狩》所说："东方为岱宗者，言万物更相代于东方也。"《风俗通义·山泽·五岳》写道："东方泰山。《诗》云：'泰山岩岩，鲁邦所瞻。'泰山，山之尊者，一曰'岱宗'。'岱'者，始也；'宗'者，长也。万物之始，阴阳交代。云触石而出，肤寸而合，不崇朝而遍雨天下，其惟泰山乎。故为五岳之长。"所谓"'岱'者，始也"，《续汉书·祭祀志上》刘昭《注补》引《风俗通》作："'岱'者，胎也。""胎"，也许更近于"始"之古义，也更富有生命气息。

---

① 陈直：《汉诗中之习俗语与古器物之联系》，《文史考古论丛》，天津古籍出版社1988年版，第46页。

《乐府诗集》卷四一《相和歌辞十六》有《泰山吟》二首，其题解曰："《乐府解题》曰：'《泰山吟》，言人死精魄归于泰山，亦《薤露》、《蒿里》之类也。'"说《泰山吟》通常以"言人死精魄归于泰山"为主题，类同于《薤露》、《蒿里》一类丧歌、挽歌。晋人崔豹《古今注》卷中《音乐》写道："《薤露》、《蒿里》，并丧歌也。出田横门人，横自杀，门人伤之，为之悲歌。言人命如薤上之露，易晞灭也；亦谓人死，魂魄归于蒿里。""至孝武时，李延年乃分为二曲，《薤露》送王公贵人，《蒿里》送士大夫庶人，使挽柩者歌之，世呼为'挽歌'。"

传说"蒿里"原是山名，其地位于泰山之南，当地以为死者葬地，后来成为墓地与阴间的代语。《汉书》卷六三《武五子传·广陵厉王刘胥》记载，刘胥临死，"自歌曰：'欲久生兮无终，长不乐兮安穷！奉天期兮不得须臾，千里马兮驻待路。黄泉下兮幽深，人生要死，何为苦心！何用为乐心所喜，出入为淙为乐亟。蒿里召兮郭门阅，死不得取代庸，身自逝。'"其中"蒿里召兮郭门阅"句，颜师古注："蒿里，死人里。"《初学记》卷九引《汉书》："元狩五年，禅蒿里。"注曰："蒿里，山名也。"今按《汉书》卷六《武帝纪》："（太初元年）十二月，禅高里，祠后土。"所谓"高里"，伏俨解释说："山名，在泰山下。"颜师古又说："此'高'字自作'高下'之'高'，而死人之里谓之'蒿里'，或呼为'下里'者也，字则为'蓬蒿'之'蒿'。或者既见太山神灵之府，高里山又在其旁，即误以'高里'为'蒿里'。混同一事，文学之士共有此谬，陆士衡尚不免，况其余乎？今流俗书本此'高'字有作'蒿'者，妄加增耳。"大约"高里"也就是"蒿里"的说法，在"流俗"意识中，似乎是可以成立的。也就是说，"蒿里"在泰山神山系统之内，在汉代可能已经成为民间意识内容。

泰山之神称"泰山府君"，后世又俗称"东岳大帝"。一般以为，魏晋以来，道教传说人死魂皆归泰山，以泰山神为地下之主。其实，这一观念的形成，还要早得多。《博物志》卷一《山水总论》："《援神契》曰：五岳之神圣，四渎之精仁，河者水上伯，上应天汉。太山，天帝孙也，主召人魂。东方万物始成，故知人生命之长短。"《太平御览》卷八八六引《博物志》曰："《援神契》曰：五岳之神圣，四渎之精仁，太山，天帝孙也，主召人魂。东方万物始，故主人生命之长短。"前者称"知"人生命之长短，后者称"主"人生命之长短。当以后者为是。

《风俗通义·正失》有"封泰山禅梁父"条，可以看到一则关于汉武帝的神异传说，也体现了同样的意识："俗说岱宗上有金箧玉策，能知人年寿修短。武帝探策得'十八',因读曰'八十',其后果得耆长。"《初学记》卷五及《太平御览》卷三九均引作"因倒读曰'八十',其后果寿长八十"。这一泰山"能知人年寿修短"的传说,也是值得重视的。

反映泰山神在民间信仰中作为阴间主司的文物资料,有汉墓出土镇墓文的有关内容。例如:"生人属西长安,死人属东太山。"① "生属长安,死属太山,死生异处,不得相防(妨)。"② 有学者指出,东汉都城不在长安,则所谓"生人属长安,死人属东太山"的说法,当是从西汉时流传下来的。③

泰山,又是统理地下秩序的管制中枢。顾炎武《日知录》卷三〇有"泰山治鬼"条,其中写道:"尝考泰山之故,仙论起于周末,鬼论起于汉末","三代以上无仙论","元、成以上无鬼论"。所谓"泰山治鬼"的民俗,起初或许与《盐铁论》"今富者祈名岳,望山川"风习有关,"自京平之际而谶纬之书出,然后有如《遁甲开山图》所云泰山在左,亢父在右,亢父知生,梁父主死"。赵翼《陔余丛考》卷二五也有"泰山治鬼"条,论述"泰山治鬼"的说法,在汉魏间已经盛行。这一情形的发生,正是因为泰山在当时社会的文化理念中,具有神圣万能的地位。

(五) 帝王封禅的文化圣地

《史记》卷一《五帝本纪》陈述黄帝行迹,说到这位先古圣王曾经"东至于海,登丸山,及岱宗"。关于"丸山",裴骃《集解》:"《地理志》曰丸山在琅邪朱虚县。"对于"岱宗",张守节《正义》解释说:"泰山,东岳也。在兖州博城县西北三十里也。"《尚书·尧典》说到尧四方巡守的情形:"岁二月,东巡守,至于岱岳","五月,南巡守,至于南岳","八月,西巡守,至于西岳","十有一月,朔巡守,至于北岳"。"五载一巡守。"这一说法为《史记》卷一《五帝本纪》采用,写作:"二月,东巡狩,至于岱岳","五月,南巡狩;八月,西巡狩;十有一月,北巡狩"。"五岁一巡狩。""巡狩"就是"巡守"。《孟子·梁惠王下》:"天子适诸侯曰'巡狩'。'巡狩'者,巡所守也。"巡狩可以理解为以泰山为轴心的四方视察。而往往与巡狩相联系的封禅行为,则明确将

---

① 罗振玉:《古器物识小录》,《辽居杂著丙编》。
② 罗振玉:《贞松堂集古遗文》卷一五。
③ 吴荣曾:《镇墓文中所见到的东汉道巫关系》,《文物》1981年第3期。

泰山作为礼仪圣地。

《孔丛子》卷上《巡狩》说："子思游齐，陈庄伯与登泰山，而观见古天子巡狩之铭焉。陈子曰：我生独不及帝王封禅之世。子思曰：子不欲尔……"封禅，是宣示天地认可帝王执政合法性的仪式。《风俗通义·山泽·五岳》写道："王者受命易姓，改制应天，功成封禅，以告天地。孔子曰：'封泰山，禅梁父，可得而数七十有二。'"《太平御览》卷三九引《白虎通》又有这样的说法："王者受命必封禅。封者，广厚也。皆刻石纪号，著己之功绩以自劾也。天以高为尊，地以厚为德，故增泰山之高以报天，禅梁甫之址以报地也。"秦汉时期关于"封禅"的理论，都是以泰山作为确定的"封禅"地点的。泰山，可以看作以"封禅"作为主体仪礼的思想体系的地理支点。

泰山的神性，在汉代人的意识中也有深刻的文化印痕。这据说也与"王者""封禅"有关。《淮南子·说林》说："太山不上小人。"高诱注："太山，东岳也，王者所封禅处，不令凶乱小人得上其上也。"

《史记》卷二八《封禅书》记载，齐桓公时曾经提出封禅泰山的动议。管仲则予以劝阻。他说："秦缪公即位九年，齐桓公既霸，会诸侯于葵丘，而欲封禅。管仲曰：'古者封泰山禅梁父者七十二家，而夷吾所记者十有二焉。昔无怀氏封泰山，禅云云；虙羲封泰山，禅云云；神农封泰山，禅云云；炎帝封泰山，禅云云；黄帝封泰山，禅亭亭；颛顼封泰山，禅云云；帝喾封泰山，禅云云；尧封泰山，禅云云；舜封泰山，禅云云；禹封泰山，禅会稽；汤封泰山，禅云云；周成王封泰山，禅社首：皆受命然后得封禅。'"因为泰山的神圣，封禅被看作庄严至上的政治仪式。不过，所谓七十二家先古圣王封禅泰山的传说，其实并没有太多的根据。《文献通考》卷八四《郊社考十七》有《封禅》条，其中以秦始皇封禅起首，并且有关于先秦封禅传说的辨析："按：文中子曰：封禅非古也，其秦汉之侈心乎！而太史公作《封禅书》则以为古受命帝王未尝不封禅，且引管仲答齐桓公之语以为古封禅七十二家，自无怀氏至三代俱有之。盖出于齐鲁陋儒之说，《诗》《书》所不载，非事实也。当以文中子之言为正。故今叙封禅，以秦始皇为首，而管仲所言七十二家，则姑存其说，附始皇封禅之后。"这样的处理，是比较妥当的。其实可以说，司马迁是第一位在史书中正式记录"封禅"这一特殊文化现象的学者。"古封禅七十二家""非事实也"的说法，大抵可信。不过，这应当是以秦始皇和汉武帝封禅仪式为标准而言。此前古代君王曾经以较原始较朴陋的形式"封禅"，也是可能的。

关于秦始皇封禅和汉武帝封禅的记述，是司马迁《史记》卷二八《封禅书》最富有文化深意的内容。

关于秦始皇封禅，司马迁写道："即帝位三年，东巡郡县，祠驺峄山，颂秦功业。于是征从齐鲁之儒生博士七十人，至乎泰山下。诸儒生或议曰：'古者封禅为蒲车，恶伤山之土石草木；扫地而祭，席用葅秸，言其易遵也。'始皇闻此议各乖异，难施用，由此绌儒生。而遂除车道，上自泰山阳至巅，立石颂秦始皇帝德，明其得封也。从阴道下，禅于梁父。其礼颇采太祝之祀雍上帝所用，而封藏皆秘之，世不得而记也。始皇之上泰山，中阪遇暴风雨，休于大树下。诸儒生既绌，不得与用于封禅之礼，闻始皇遇风雨，则讥之。"总的说来，秦始皇封禅泰山时，"其礼颇采太祝之祀雍上帝所用"，仍然继续沿用了秦地传统礼仪，也就是说，封禅泰山本身，在某种意义上可以说是向东方文化的一种礼拜，秦始皇有心这样做，然而却又不能十分彻底。秦始皇的文化性格和秦王朝的文化特色，于是可以由此得到片断的体现。

汉武帝封禅，是司马迁亲身经历的文化史上的重要事件。司马谈对于封禅的文化感觉，必定给司马迁造成强烈的心理震撼。司马迁对于这种仪式的理解，也在《史记》中有关"封禅"的记录中有所透露。于是有人说："《史记》一书，惟《封禅》为大。""一句一字之中，嘻笑怒骂，无所不有"，"究竟我见有尽，意义无穷"①。司马迁在《史记》卷二八《封禅书》中写道："今天子初即位，尤敬鬼神之祀。元年，汉兴已六十余岁矣，天下艾安，缙绅之属皆望天子封禅改正度也，而上乡儒术，招贤良，赵绾、王臧等以文学为公卿，欲议古立明堂城南，以朝诸侯。草巡狩封禅改历服色事未就。会窦太后治黄老言，不好儒术，使人微伺得赵绾等奸利事，召案绾、臧，绾、臧自杀，诸所兴为皆废。"然而文化史的进程不久就发生了重要的转折。司马迁写道："后六年，窦太后崩。其明年，征文学之士公孙弘等。"正是在这样的文化背景下，汉武帝重新计划施行"封禅"大典。对于汉武帝封禅，历史上评议颇多，亦不乏非难之辞。与帝王正统性追求相关的质疑，其实司马迁已经曲折地提出。有人称之为"讥讽"②，有人称之为"隐讽"③，或说"有讽意，无贬词"④。然而，我们这里的讨论所更为关注的，是封禅作为特殊的政治文化现象发生于泰山

---

① 吴见思：《史记论文》第三册《封禅书》。
② 牛运震：《史记评注》卷四。
③ 沈湛钧：《知非斋古文录·书史记封禅书后》。
④ 高塘：《史记钞》卷二《封禅书》。

的历史意义。

秦始皇、汉武帝"封禅"故事所体现的文化特色,有的学者注意到其跨地域的共同表现,称之为"封禅文化",并且指出:"这一封禅文化,不仅在时间方面起源很早,空间方面分布亦甚广。"甚至"封禅文化的分布,不仅限于亚洲,它还东渡太平洋,远抵中美洲和南美洲"。分析论者所谓"太平洋区各地的封禅文化"[①] 的研究,当然是十分宏大的课题,承当者需要世界视野和跨文化的考察路径。而泰山在这种所谓"封禅文化"中的特殊地位,自然是不可以忽视的。

六 《全汉赋》辑注班彪《冀州赋》疑议

费振刚、胡双宝、宗明华辑校《全汉赋》,1993年4月由北京大学出版社推出,为汉史研究者提供了诸多方便,受到学界欢迎。然而其中仍不免微瑕。如所辑录班彪《冀州赋》,就有讨论的必要。其中涉及交通行为和交通观念,值得交通史研究者重视。

(一) 历九土而观风

费振刚等辑校《全汉赋》所录班彪《冀州赋》全文如下:

> 夫何事于冀州,聊托公以游居。历九土而观风,亦惭人之所虞。遂发轸于京洛,临孟津而北厉。想尚甫之威虞,号苍兕而明誓。既中流而叹息,美周武之知性。谋人神以动作,享鸟鱼之瑞命。赡淇澳之园林,善绿竹之猗猗。望常山之峨峨,登北岳而高游。嘉汉武之干干,亲饰躬于伯姬。建封禅于岱宗,瘞玄玉于此丘。遍五岳与四渎,观沧海以周流。鄙臣恨不及事,陪后乘之下僚。今匹马之独征,岂斯乐之足娱。且休精于敝邑,聊卒岁以须臾。
>
> 漱余马乎洹泉,嗟西伯于牖城。
>
> 感鬼藻以进乐兮。
>
> 过荡阴而吊晋鄙,责公子之不臣。

[①] 凌纯声:《北平的封禅文化》,《中国边疆民族与环太平洋文化》,联经出版事业公司1979年版,第1378—1384页。

班彪写道："聊托公以游居","历九土而观风"。其行程记述,"遂发轸于京洛,临孟津而北厉",有"中流"之"叹息",又"赡淇澳之园林,善绿竹之猗猗;望常山之嵯峨,登北岳而高游"。也有经历"洹泉"、"庸城"、"荡阴"的记录。

(二)《冀州赋》?《游居赋》?

费振刚等在"校记"的第一条写道:

> 本篇残篇,录自《艺文类聚》卷六、二八。又参校《初学记》卷八、《后汉书·郡国志》注、《水经注·荡水注》。"冀州赋",《类聚》卷二八引、《水经注·荡水注》引、《后汉书·郡国志》一注引均作"游居赋"。《类聚》卷六引、《初学记》卷八引、《文选》李善本颜延之《秋胡诗》注引均作"冀州赋",今从。

篇名一作《冀州赋》,一作《游居赋》,据残篇首句"夫何事于冀州,聊托公以游居",可知是一篇,而《艺文类聚》卷六作《冀州赋》,卷二八作《游居赋》。卷六《冀州赋》60字,除个别异字外,皆在卷二八《游居赋》168字之中。辑校者从《类聚》卷六引、《初学记》卷八引、《文选》李善本颜延之《秋胡诗》注引,定名《冀州赋》,虽言之有据,但是应当注意两个事实:(1)现存残篇字数最多的《艺文类聚》卷二八作《游居赋》;(2)现今所见年代最早的资料《水经注·荡水》所引作《游居赋》。其文曰:"荡水又东与长沙沟水合,其水导源黑山北谷,东流径晋鄙故垒北,谓之晋鄙城,名之为魏将城,昔魏公子无忌矫夺晋鄙军丁是处。故班叔皮《游居赋》曰'过荡阴而吊晋鄙,责公子之不臣'者也。"明代学者徐应秋《玉芝堂谈荟》卷三〇《〈世说〉注》及顾起元《说略》卷一三《典述中》都说"裴松之注《三国志》亦旁引诸书,史称与孝标之注《世说》可为后法,今观其所载……"云云,所列裴注所引诸书,即包括"班叔皮《游居赋》"。虽今本《三国志》裴注已不见班彪此赋,但明人此说,似仍可作为本篇题名原作《游居赋》的旁证。

《艺文类聚》卷六作《冀州赋》,卷二八作《游居赋》,很可能与前者在《州部》题下,后者在《人部·游览》题下有关。《初学记》卷八作《冀州赋》,亦因在《州郡部·河东道》题下。而从残篇内容看,实多言往冀州途中观感，除"常山"、"北岳"外，[1] 如"京洛"，"孟津"，"淇澳"，"洹泉"，"鄘城"，"荡阴"等地，均不在"冀州"。班彪的这篇赋作，似乎以"游居"为主题的可能性更大。

汉赋中以地名作篇题的，有都邑，如扬雄《蜀都赋》，傅毅《洛都赋》，班固《西都赋》、《东都赋》，张衡《西京赋》、《东京赋》、《南都赋》，徐干《齐都赋》，刘桢《鲁都赋》等；有宫苑，如枚乘《梁王菟园赋》，司马相如《上林赋》、《长门赋》，王褒《甘泉赋》，扬雄《甘泉赋》、《长杨赋》，刘歆《甘泉赋》，李尤《德阳殿赋》、《平乐观赋》，王延寿《鲁灵光殿赋》，杨修《许昌宫赋》等；有山岭，如司马相如《梓桐山赋》，杜笃《首阳山赋》，班固《终南山赋》，刘桢《黎阳山赋》等；有关津，如李尤《函谷关赋》，蔡邕《汉津赋》等。所指说皆比较具体。汉赋除了我们讨论的班彪这篇赋作外，没有以州名作篇题的。以区域为论说内容者，仅有扬雄《河东赋》相近。而郡与州的地域规模差别甚大，不宜简单类比。但是就扬雄《河东赋》现存文字而言，说到河东郡以外的地方，并没有多于河东地名，[2] 与班彪被定名为《冀州赋》者有所不同。

（三）赋文校记讨论

"历九土而观风"句，校记："'土'，《类聚》作'州'。自开头至'聊卒岁以须臾'一节，以《类聚》卷二八所录为底本，参校《类聚》卷六、《初学记》。"今按："'土'，《类聚》作'州'"之说不确。仅《类聚》卷六作"州"，而校注者以其"所录为底本"的《类聚》卷二八明作"历九土而观风"。

"亦惭人之所虞"句，校记："'惭'、'虞'，《类聚》卷六、《初学记》作'哲'，[3] '娱'。影印宋淳熙本《类聚》'哲'作'慗'。"今按："'惭'、'虞'"还是"'哲'、'娱'"，显然应从《类聚》卷六、《初学记》卷八。下文有"想尚甫之威虞"，如此临近，似乎不当都用"虞"字

---

[1] 秦及西汉时"北岳"在"常山"。后来北移。参见王子今《关于秦始皇二十九年"过恒山"——兼说秦时"北岳"的地理定位》，《秦文化论丛》第11辑，三秦出版社2004年版；《〈封龙山颂〉及〈白石神君碑〉北岳考论》，《文物春秋》2004年第4期。班彪时代，可能尚在转换过程中。

[2] 扬雄《河东赋》于"大河"、"汾阴"、"介山"、"安邑"、"龙门"、"盐池"之外，也说到"西岳"、"殷周之虚"、"彭城"、"南巢"、"豳岐"等地。

[3] 今按：此处标点"，"应作"、"。

结句。又"影印宋淳熙本",衍"影印"二字。《全汉赋》"例略"列举"本书辑录校勘主要用书",其一一,即"艺文类聚,影印宋绍兴间刻本、汪绍楹校订排印本",可知此说"宋淳熙本",似为"宋绍兴本"之误。

"赡淇澳之园林"句,今按:"赡"字为"瞻"字之误。《艺文类聚》卷六、《初学记》卷八、《续汉书·郡国志一》刘昭《注补》、《水经注·荡水》所引均无此句,而辑校者以为底本的《艺文类聚》卷二八所见此句明作"瞻淇澳之园林"。他书引录如明张溥编《汉魏六朝百三家集》卷一一,四库本《御定历代赋汇》外集卷一〇、《御定渊鉴类函》卷三〇八均作"瞻"。"赡"字误植无疑。

"善绿竹之猗猗"句,今按:据汪绍楹校本排印的中华书局上海编辑所1965年11月版《艺文类聚》,卷二八引文作"美绿竹之猗猗"。四库本《艺文类聚》卷二八作"善绿竹之猗猗"。他书引文均作"善"。考虑到上文有"美周武之知性"句,似当以"善"为是。然辑注者失记。

"望常山之峩峩"句,校记:"'峩',《初学记》作'嵯'。"今按:校记注号标在"望常山之峩峩"最后一个"峩"字之后,容易使人产生误解,以为《初学记》作"望常山之峩嵯"或者"望常山之嵯嵯"。实际上,《初学记》卷八作"望常山之崟峩"。校记应以"'峩峩',《初学记》作'崟峩'"为是。其实,据汪绍楹校本排印的中华书局上海编辑所1965年11月版《艺文类聚》卷六作"望常山之峨峨",校记似乎也有必要说明。

"建封禅于岱宗"句,校记:"'禅',《初学记》作'坛'。"今按:其实不仅是"《初学记》作'坛'",《艺文类聚》卷六也作"坛"。与下句"瘗玄玉于此丘"对应,似《艺文类聚》卷六与《初学记》卷八"建封坛"可从。

还应当指出,"遍五岳与四渎",《艺文类聚》、《初学记》"遍"均为"徧",似应从之用"徧"。"五岳"及此前"北岳","岳"字,四库本《艺文类聚》卷六作"嶽",据汪绍楹校本排印本《艺文类聚》卷六作"岳",而各本卷二八及《初学记》均作"岳",既然"以《类聚》卷二八所录为底本",似不必改"岳"为"嶽"。

七 西河郡建置与汉代山陕交通

两汉西河郡形势特殊,跨河为治的行政区域设置方式值得注意。考察相关情形，应当注意交通条件的意义。

（一）两汉西河郡跨河为治的特殊形势

《汉书》卷二八下《地理志下》："西河郡，户十三万六千三百九十，口六十九万八千八百三十六。"在临河24郡国中户口数位列第12，除北边西边长城防线10郡外，户口数多于弘农郡与信都国。西河郡所属，"县三十六"，其中16县《中国历史地图集》以为"无考"[1]。是为西汉诸郡中无考县名最多的一郡。

可考定县址的20县中，河西12县：富昌、平定、美稷、大成、圜阴、鸿门、增山、圜阳、广衍、虎猛、谷罗、阴山。河东8县：中阳、皋狼、平周、蔺、离石、隰成、土军。其他县址无可确考者，有"乐街，莽曰截虏"，"宣武，莽曰讨貉"，从王莽所更改的富有政治色彩的县名看，其地当临近抗击匈奴的前线，位于河西的可能性较大。千章，据《史记》卷二一《建元以来王子侯者年表》，代共王子刘遇封千章侯，事又见《汉书》卷一五上《王子侯表上》，其地当原属代国，在河东无疑。西都，《汉书补注》："先谦曰：赵国赵地，武灵王时秦取之，见《赵世家》。"然而《史记》卷四三《赵世家》唯见"（武灵王）十年，秦取我中都及西阳"，不见"西都"。裴骃《集解》："徐广曰：'《年表》云：秦取中都、西阳、安邑。十一年，秦败我将军英。太原有中都县、西河有中阳县。'"看来王先谦所依据的材料，似乎倾向于"西都"位于河东。

《续汉书·郡国志五》："西河郡，武帝置，雒阳北千二百里也。十三城，户五千六百九十八，口二万八百三十八。"属县有：离石、平定、美稷、乐街、中阳、皋狼、平周、平陆、益兰、圜阴、蔺、圜阳、广衍。其中乐街、平陆、益兰《中国历史地图集》以为无考，[2] 其余10县，5县在河西（平定、美稷、圜阴、圜阳、广衍），5县在河东（离石、中阳、皋狼、平周、蔺）。根据上文推断，可知"乐街"可能在河西。平陆，王先谦《后汉书集解》："今地阙，李兆洛云：当在今山西境。"益兰，《后汉书集解》："今地阙，李兆洛云：当在今陕西境。"

总之，两汉西河郡治地分跨黄河两岸，两岸分区行政县的分布大体相

---

[1] 谭其骧主编：《中国历史地图集》，地图出版社1982年版，第2册第18页。所列"朔方郡无考县名"，"西河郡：駼虞，鹄泽，乐街，徒经，广田，益阑，宣武，千章，武车，饶，方利，西都，平陆，鹃是，博陵，盐官"。

[2] 谭其骧主编：《中国历史地图集》，第2册第60页。所列"并州刺史部无考县名"，"西河郡：乐街，平陆，益兰。"

当，户口数当亦不致过于悬殊。西汉时郡治在河西平定（今陕西府谷西北），东汉顺帝时郡治迁往河东离石（今山西离石）。为黄河所分割的河西与河东两部分似乎没有主次之分。

这一现象，体现出西河郡建置的独有特色。

据《汉书》卷二八《地理志》，西汉 103 郡国中，临长江者 12 郡国，其中 7 郡国以江为界，5 郡国跨江为治。此 5 郡国皆地当长江上游，且无如西河郡国那样两岸治区规模相当者。临黄河者 24 郡国，其中 17 郡国以河为界，7 郡国跨河为治。此 7 郡国中金城、北地、朔方、五原、云中 5 郡国地当上游，且北边长城构筑正依托河势。勃海郡居黄河入海处，河分九派。独有西河郡在黄河水势迅猛湍急的河段跨数百公里河道，对东西两岸实行统一的行政管理，情形比较特殊。

值得注意的是，秦代并非如此。① 而这种情形自魏晋之后又发生了变化。也就是说，在西河地区跨河设置行政区是汉代特有的现象。

显然，汉代西河郡建置及其上述特点，是以两岸便利的交通为条件的。

（二）汉代西河地区的交通条件

《史记》卷一〇《孝文本纪》记载，汉文帝三年（前 177）五月，"匈奴入北地，居河南为寇，帝初幸甘泉"。六月，"发边吏骑八万五千诣高奴，遣丞相颍阴侯灌婴击匈奴"。"辛卯，帝自甘泉之高奴，因幸太原，见故群臣，皆赐之。举功行赏，诸民里赐牛酒。复晋阳中都民三岁。留游太原十余日。"济北王刘兴居"闻帝之代，欲往击胡，乃反，发兵欲袭荥阳。于是诏罢丞相兵，遣棘蒲侯陈武为大将军，将十万往击之"。"七月辛亥，帝自太原至长安。"

汉文帝为代王时都中都（今山西平遥西），此行重游故地，因而有"复晋阳中都民三岁"及"举功行赏""赐牛酒"之举。这次出行由高奴（今陕西延安）至太原，当经由东西横贯西河郡的交通线。文帝由甘泉至太原，又由太原返回长安，首尾不过 20 日，其中"留游太原十余日"，则行程不过数日，可见这条交通线之近捷便利。② 汉文帝在甘泉谴责匈奴背约入侵，说："汉与匈奴约为昆弟，毋使害边境，所以输遗匈奴甚厚。

---

① 参看谭其骧主编《中国历史地图集》，第 2 册第 5—6、9—10 页。上郡与太原郡隔河分治。

② 参见王子今《论汉文帝三年太原之行》，《晋阳学刊》2005 年第 4 期。

今右贤王离其国，将众居河南降地，非常故，往来近塞，捕杀吏卒，驱保塞蛮夷，令不得居其故，陵轹边吏，入盗，甚敖无能，非约也。"文帝此行，其实又有抚慰北边，视察军备，"欲往击胡"的意义。他所经行的西河道路，实际上是长城防线以南又一横贯东西的、有充实军备意义的战略交通线。①

西河郡本身，是西汉帝国防御匈奴的重要战备基地之一。《汉书》卷六《武帝纪》记载，汉武帝元狩四年（前119）冬，"有司言关东贫民徙陇西、北地、西河、上郡、会稽凡七十二万五千口，县官衣食振业，用度不足"。徙民于西河，为充实北边，加强军备。元封元年（前110），汉武帝曾亲自行历北边，也经过西河郡地。《汉书》卷六《武帝纪》记载："行自云阳，北历上郡、西河、五原，出长城，北登单于台，至朔方，临北河。勒兵十八万骑，旌旗径千余里，威震匈奴。"这次兼有军事演习与检阅性质的巡行经过西河郡，也说明西河军事地位的重要和交通条件的优越。《汉书》卷九四上《匈奴传上》说，贰师将军李广利被匈奴军包围，"几不得脱，汉兵物故什六七"，于是"汉又使因杅将军出西河，与强弩都尉会涿邪山"。看来，西河郡还曾经作为远征军的集结地。

《史记》卷三〇《平准书》说，汉武帝"初置张掖、酒泉郡，而上郡、朔方、西河、河西开田官，斥塞卒六十万人屯田之"。《史记》卷二九《河渠书》说，汉武帝时"用事者争言水利，朔方、西河、河西、酒泉皆引河及山谷以溉田"。也说到西河郡在当时国防系统中的重要地位。《后汉书》卷八七《西羌传》载虞诩上疏，说到雍州之域的形势："水草丰美，土宜产牧，牛马衔尾，群羊塞道。北阻山河，乘厄据险，因渠以溉，水舂河漕，用功省少，而军粮饶足。故孝武皇帝及光武筑朔方，开西河，置上郡，皆为此也。"指出西河郡当时是为北边军事防务服务的军粮供应基地。而据《史记》卷一一八《淮南衡山列传》，伍被为淮南王谋，批评秦时暴政，也说到"转负海之粟致之西河"。"西河"曾经是西北边地的代称，很可能曾经作为东方地区支持西北边防的军粮转运中心。

楚汉战争时，刘邦军平定三秦后，从临晋（今陕西大荔东）渡河，下河内，至雒阳，与项羽争夺中原。遂遣韩信"从夏阳以木罂缻渡军，袭安邑"，又"引兵东，北击赵、代"②，形成了对项羽军侧翼的压力。夏

---

① 关于长城防线的交通条件，参见王子今《秦汉长城与北边交通》，《历史研究》1988年第6期。

② 《史记》卷九二《淮阴侯列传》。

阳，在今陕西韩城南。韩信这一具有战略意义的军事行动，史称"涉西河"①。黄河北起山西偏关与内蒙古准格尔旗间，南迄山西吉县与陕西宜川间的河段，西汉时归于西河郡治内。西河郡循河水流向形成南北狭长的形势。在此长达数百公里的河道上若没有类似临晋、夏阳那样的津渡，是不可想象的。《续汉书·郡国志一》："（河东郡）北屈，有壶口山，有采桑津。"河东北屈（今山西吉县北）对岸，即为西河阴山（今陕西宜川东）。成书于东汉三国前后的《水经》也记载"河水又南为采桑津"。采桑津是见诸先秦典籍的著名津渡，② 除此之外，当多有其他津渡便利西河郡所治黄河东西间的往来。

《后汉书》卷七二《董卓传》："灵帝末，黄巾余党郭太等复起西河白波谷，转寇太原，遂破河东，百姓流转三辅。"白波谷，《中国历史地图集》标定于今山西襄汾西南，③ 然而其地不在"西河"郡治内，而属于河东郡，因而与"转寇太原，遂破河东"的记载相抵牾。白波谷是否在黄河以西尚难以确知，而太原等地"百姓流转三辅"，也可以说明西河郡交通条件沟通黄河两岸的作用。

战国时期秦国与赵国涉越黄河的军事外交活动，可以使人们认识到两汉西河地区交通条件的历史基础，《史记》记载：

（1）卷四三《赵世家》：赵肃侯二十二年（前328），"赵疵与秦战，败，秦杀疵河西，取我蔺、离石"。

（2）卷五《秦本纪》：秦惠文王更元后八年（前317），"伐取赵中都、西阳"。

（3）卷四三《赵世家》：赵武灵王十三年（前313），"秦拔我蔺，虏将军赵庄"。

（4）卷四三《赵世家》：赵武灵王二十年（前306），"西略胡地，至榆中林胡王献马"。

（5）卷四三《赵世家》：赵惠文王二年（前297），"主公行新地，遂出代，西遇楼烦王于西河而致其兵"。

（6）卷四三《赵世家》：赵惠文王三年（前296），"灭中山，迁其王于肤施"，"北地方从，代道大通"。

---

① 《史记》卷九二《淮阴侯列传》："广武君李左车说成安君曰：'闻汉将韩信涉西河，虏魏王，禽夏说，新喋血阏与，……'"
② 《左传·僖公八年》。
③ 谭其骧主编：《中国历史地图集》，第2册第42—43页。

（7）卷五《秦本纪》：秦昭襄王二十二年（前285），"与赵王会中阳"。

（8）卷四三《赵世家》：赵惠文王二十年（前279），"王与秦昭王遇西河外"。

（9）卷五《秦本纪》：秦庄襄王三年（前247），"攻赵榆次、新城、狼孟，取三十七城"。

（10）卷四三《赵世家》：孝成王二十年（前246），"秦拔我晋阳"。

（11）卷六《秦始皇本纪》：秦王政十五年（前232），"大兴兵"，"一军至太原，取狼孟"。

（12）卷六《秦始皇本纪》：秦王政十九年（前228），"秦王之邯郸，还，从太原、上郡归"。

（1）秦于河西杀赵将，又取赵河东地。（2）中都，在今山西平遥西；西阳，即今山西中阳。（1）与（3）所谓赵地"蔺"地当今山西离石西，两汉均为西河郡属县。（4）所谓"榆中"在今内蒙古伊金霍洛旗至陕西榆林一带，相当于西汉河西郡河西地区大部，郡治所在平定县也在这一地区。（6）肤施，在今陕西榆林与米脂间。（9）《赵世家》作"秦拔我榆次三十七城"。榆次，即今山西榆次；狼孟，即今山西阳曲。（10）《秦始皇本纪》作"晋阳反，元年，将军蒙骜击定之"。（12）秦王政自邯郸还，"从太原、上郡归"，必然经过汉西河郡所统辖的地区。凡此诸例，都说明西河地区东西交通的便利。

西河郡形势南北狭长，必当有南北交通线贯通，方可布达统一政令，行施政治控制。司马迁在《史记》卷二九《河渠书》中说道，他曾"北自龙门至于朔方"，显然当时循黄河有交通道路南北贯通。

《战国策·魏策一》："魏武侯与诸大夫浮于西河，称曰：'河山之险，岂不亦信固哉！'"吴起于是指出，"河山之险，信不足保也"，如果"为政不善"，终究要走向败亡。《史记》卷六五《孙子吴起列传》记此事，称"（魏）武侯浮西河而下"。魏武侯浮河行舟，可能是经过宜川、吉县以下河面。而《史记》卷四三《赵世家》记述赵武灵王语："寡人无舟楫之用，夹水居之民，将何以守河、薄落之水。"则显然是指汉代西河郡境内的黄河水面。《战国策·赵策二》："寡人且聚舟楫之用，求水居之民，以守河、薄落之水。"河水在西境，薄落水在东境，加强东西河防，需发展水上交通能力。虞诩上疏说到"水春河漕，用功省少，而军粮饶足"，体现出汉代西河郡黄河水路航运的便利，也构成西河郡交通发展的优越条件之一。

西河郡的地位以及与之相适应的交通形势在东汉时又有所变化。

《后汉书》卷一下《光武帝纪下》：汉光武帝建武十年（34），"省定襄郡，徙其民于西河"。建武二十三年（47），"匈奴薁鞬日逐王比率部曲遣使诣西河内附"。由于北边局势的变化，西河郡成为直接临敌的边郡。《后汉书》卷二《明帝纪》：明帝永平八年（65），"北匈奴寇西河诸郡"。《后汉书》卷二三《窦固传》：永平十六年（73），"太仆祭肜、度辽将军吴棠将河东、北地、西河羌胡及南单于兵万一千骑出高阙塞"击匈奴。

匈奴薁鞬日逐王比率部曲遣使诣西河内附事，《后汉书》卷八九《南匈奴列传》记作："比密遣汉人郭衡奉匈奴地图，二十三年，诣西河太守求内附。""于是款五原塞，愿永为蕃蔽。"汉光武帝于是"听南单于入居云中"，"又转河东米䊻二万五千斛，牛羊三万六千头，以赡给之"。粮畜转运，当经过西河郡交通道路。此后，南单于与北单于战不利，"于是复诏单于徙居西河美稷，因使中郎将段郴及副校尉王郁留西河拥护之，为设官府、从事、掾史。令西河长史岁将骑二千，弛刑五百人，助中郎将卫护单于，冬屯夏罢"。"南单于既居西河，亦列诸部王，助为捍戍。"《后汉书》卷二四《马严传》说，马严就曾"将北军五校士、羽林禁兵三千人屯西河美稷，卫护南单于"。《后汉书》卷八九《南匈奴列传》说，骑都尉秦彭也曾"将兵屯美稷"。然而南匈奴又多次"起兵反畔"，"寇钞美稷"，以致西河郡地连年为兵车战马纵横践踏。①

《后汉书》卷六五《张奂传》说，汉桓帝永寿元年（155），南匈奴叛，以7000人"寇美稷"，一时"东羌复举种应之"，张奂"进屯长城"，"因据龟兹，使南匈奴不得交通东羌"。龟兹，在今陕西榆林北。当时内附的少数民族往往利用其交通能力上的优势造成缘边诸郡的动乱，而西河郡的交通形势尤其使东汉王朝对各族联合反叛的威胁至为忧惧。西河郡也多有羌人留居。②《后汉书》卷八七《西羌传》说，汉安帝时，"零滇等

---

① 仅《后汉书》帝纪记载涉及美稷的战事，就有卷五《安帝纪》：永初三年（109）"南单于叛，围中郎将耿种于美稷"；卷六《顺帝纪》；永和五年（140）"南匈奴左部句龙大人吾斯、车纽等叛，围美稷"；卷七《桓帝纪》：永寿元年（155）"南匈奴左薁鞬台耆、且渠伯德等叛，寇美稷"等。

② 《后汉书》卷八七《西羌传》：汉安帝元初四年（117），"西河虔人种羌万一千口诣邓遵降"。

自称'天子'于北地，招集武都、参狼、上郡、西河诸杂种，众遂大盛，东犯赵、魏，南入益州"。所谓"东犯赵、魏"，也必然利用了西河郡交通条件。

居西河郡匈奴及羌人屡次作乱，寇掠无常，汉顺帝永和五年（140）以发兵抗击"转运日增，三军疲苦"，"乃徙西河治离石"，将西河郡治所迁到黄河以东。这就是所谓"还南房于阴山，归西河于内地"①。

北方游牧族的内迁，促进了西河地区畜牧业的发展。《后汉书》卷二四《马援传》说，相马之术，自古相传，"近世有西河子舆，亦明相法，子舆传西河仪长孺"。西河郡世代出相马名师，可以说明当地畜牧业发展的水平。马援曾经说："夫行天莫如龙，行地莫如马。"养马业的繁荣，必然进一步促成交通的进步。《续汉书·百官志二》写道，羽林郎"常选""六郡良家补"，其中就包括西河郡。其出发点，"本武帝以便马游猎"，看来，西河郡在北方游牧族影响下，已经成为以骑乘为主要形式、交通条件堪称优异的地区。

汉光武帝建武年间，调郭伋任并州牧。《后汉书》卷三一《郭伋传》记载，郭伋政声良好，"前在并州，素结恩德，及后入界，所到县邑，老幼相携，逢迎道路"。"始至行部，到西河美稷，有童儿数百，各骑竹马，道次迎拜。伋问：'儿曹何自远来？'对曰：'闻使君到，喜，故来奉迎。'"竹马，是儿童跨骑竹竿仿拟跃马奔走的一种传统民间游戏形式。晋人杜夷《幽求子》说："年五岁间有鸠车之戏，七岁有竹马之欢。"鸠车竹马，都是模仿交通行为的儿童游戏，② 关于中国古代儿童"竹马"之戏的较早的记载与西河郡有关，似乎也可以从一个侧面反映当地人的交通生活。

（三）黄河中游地理形势的变化与西河郡沿革

东汉西河郡地域较西汉稍有削减，但总的形势未有大的变化。而三国魏时，汉西河郡故地河西全部及河东大部已为羌胡所居。全郡仅占据原西河郡东南一隅，共4县。西晋西河郡形势略同。从此之后，在原西河郡故地不再有跨黄河为治的现象。

这种变化固然有民族关系演化与农牧业区界推移等多方面的因素，但

---

① 《后汉书》卷八九《南匈奴列传》。
② 参见王子今《汉代民间的玩具车》，《文物天地》1992年2期；《"竹马"源流考》，《比较民俗研究》第8号，日本筑波大学比较民俗研究会1993年9月。

是交通条件的作用也不容忽视。而决定西河地区交通条件的重要因素之一，是黄河水文条件以及两岸地形的变迁。

史念海在《历史时期黄河在中游的下切》一文中指出，远在史前时期，黄河中游的河谷就已形成，下切也不断发展。这样的下切是怎样演变的？欲探求历史时期的下切过程，可以借助于若干能确定年代的古代遗迹和有关河岸高低的数字，再辅之以文献记载和古老传说，则可略得其梗概。他列举甘肃靖远县城、宁夏青铜峡北、内蒙古托克托县以南直至山陕两省交界处黄河沿岸各地、陕西府谷县城、陕西宜川和山西吉县之间的壶口、陕西旧潼关县城、河南旧陕县城等7处遗迹以为论述依据。值得注意的是，其中有3处涉及我们讨论的汉代西河郡属地。

内蒙古托克托县到山陕两省交界处的黄河河床，在浑河口附近分为两段。由其下段可以明显地看到，"黄河在这里的下切使河谷深邃，河床狭窄"。有的地段河谷仅宽150米。这段狭窄的河谷有4个特色：一是几乎没有滩地；二是两岸形成壁立的陡岸；三是陡岸均为石质；四是上下落差较大。这种不利于发展航运且难以用桥梁和渡船沟通两岸的地形条件是逐步形成的。据推测，在历史时期初期，这一段黄河河床较现在高40米至70米。

通过陕西府谷县城附近的历史遗迹分析，从宋代至今，这里的黄河下切应为14米多。

在陕西宜川与山西吉县之间的壶口附近，是黄河下切更为深入、在整个流域中最为明显的地方。这里的河谷高低悬殊，由于下切很深，河水由高泻下，形成著名的壶口瀑布。郦道元《水经注·河水四》说到壶口孟门山："此石经始禹凿，河中漱广，夹岸崇深，倾崖返捍，巨石临危，若坠复倚，古之人有言，水非石凿而能入石，信哉。"指出河水千百年来以强大力量切蚀石质河床的事实。

显然，在两汉西河郡地域中南北穿割的黄河河段，都因历年下切而造成地理条件的变异。

史念海还发现北魏初年宁夏青铜峡北旧渠口下移的情形，是由于旧渠口不能进水，而旧渠口不能进水是由于黄河河床的下切。他还推断："旧渠的淤塞废弃，可能至迟在公元141年（东汉顺帝永和六年）。"[1]

上文已经指出，汉代西河郡引黄灌溉曾经是相当普遍的情形，如

---

[1] 史念海：《历史时期黄河在中游的下切》，《河山集》二集，三联书店1981年版，第159—188页。

《史记》卷二九《河渠书》所谓西河"引河""以溉田"。然而，从后来这一地区黄河两岸地形看，在没有强大提水动力的条件下，显然已不可能向陡立的岸壁上引渠灌溉了。

郦道元在《水经注·河水三》中说到所谓"吕梁洪""为河之巨崄"的形势，有"其岩层岫衍，涧曲崖深，巨石崇竦，壁立千仞，河流激荡，涛涌波襄，雷奔电泄，震天动地"等文句。注家或以为其地无可确指，或以为即河曲县西南天桥峡。今山西河曲即属于汉代西河郡地域。由郦道元所描述的黄河水势及两岸地形，也可以了解黄河在这一区段的下切作用，造成了交通的严重障碍。

正是由于黄河两岸交通条件的变化以及其他因素的综合作用，导致两汉西河郡跨河为治的行政管理形式难以继续维持，魏晋以后，地域分跨黄河两岸的西河郡不复存在，古所谓"西河"后来终于成为山陕之间的界河。

本书内容初刊信息

《论战国晚期河洛地区成为会盟中心的原因》,《中州学刊》2006 年第 4 期。

《论吕不韦及其封君河南事》,《洛阳工学院学报》2002 年第 1 期。

《秦汉时期中原的"群都"(与吕宗力合署)》,《史学月刊》2011 年第 9 期。

《秦汉时期的"天下之中"》,《光明日报》2004 年 9 月 21 日。

《汉代南阳的交通地理形势——兼论诸葛亮躬耕南阳的战略选择》,《南都学坛》2004 年第 1 期。

《从鸡峰到凤台:周秦时期关中经济重心的移动》,《咸阳师范学院学报》2010 年第 3 期。

《秦人的蜀道经营》,《咸阳师范学院学报》2012 年第 1 期。

《秦汉区域地理学的"大关中"概念》,《人文杂志》2003 年第 1 期。

《战国秦汉时期楚文化重心的移动——兼论垓下的"楚歌"》,《北大史学》第 12 辑,北京大学出版社 2007 年 1 月。

《论西楚霸王项羽"都彭城"》,《湖湘论坛》2010 年第 5 期。

《芒砀山泽与汉王朝的建国史》,《中州学刊》2008 年第 1 期。

《两汉时期"梁宋"地区的商路》,《河南科技大学学报(社会科学版)》2004 年第 4 期。

《论申屠蟠"绝迹于梁砀之间"——兼说汉代"处士"的文化表现与历史形象》,《中州学刊》2009 年第 6 期。

《沛谯英雄的两次崛起与汉王朝的兴亡》,《安徽史学》2011 年第 2 期。

《北辺交通と漢帝国の文化の拡大》,《シルクロードを拓く漢とユーラシア世界》(〔财〕なら・シルクロード博記念国際交流財団/シルクロード学研究センター,平成 19 年 1 月);Transportation in the Northern Territories and the Dissemination of the Han Culture, Opining up the

Silk Road The Han and the Eurasian World（The Nara International Foudation Commemorating the Silk Road Exposition/Research Center for Silk Roabology）。

《秦汉时期河套地区的历史文化地位》，《宁夏社会科学》2006 年第 2 期。

《秦汉关中水利经营模式在北河的复制》，《河套文化论文集（二）》，内蒙古人民出版社 2007 年 2 月。

《汉代燕地的文化坐标》，汉代文明国际学术研讨会论文集，燕山出版社 2009 年 5 月。

《秦汉"北边"交通格局与九原的地位》，2012·中国"秦汉时期的九原"学术论坛专家论文集，内蒙古人民出版社 2012 年 6 月。

《汉代北边"亡人"：民族立场与文化表现》，《南都学坛》2008 年第 2 期。

《秦汉农人流动对都市生存空间的压抑》，《学术月刊》2010 年第 8 期。

《公元前 3 世纪至公元前 2 世纪晋阳城市史料考议》，《晋阳学刊》2010 年第 1 期。

《〈封龙山颂〉及〈白石神君碑〉北岳考论》，《文物春秋》2004 年第 4 期。

《西汉"齐三服官"辨正》，《中国史研究》2005 年第 3 期。

《秦汉时期的环渤海地区文化》，《社会科学辑刊》2000 年第 5 期。

《泰山：秦汉时期的文化制高点》，《光明日报》2010 年 12 月 2 日"光明讲坛"。

《〈全汉赋〉辑注班彪〈冀州赋〉疑议》，高敏先生八十华诞纪念文集，线装书局 2006 年 6 月。

《西河郡建置与汉代山陕交通》，《晋阳学刊》1990 年第 6 期。

后　记

　　我最初承担的两个国家社会科学基金资助课题是"秦汉交通史研究"（1989年立项）和"秦汉区域文化研究"（1992年立项），最终成果为学术专著《秦汉交通史稿》和《秦汉区域文化研究》。① 工作虽然可以说告一段落，但是研究兴趣依然保留有一种惯性。学术视角也比较注意秦汉交通与秦汉区域文化的关系。

　　收入本书的成果，就是在这样的情形下陆续完成的。

　　作为交通史断代研究的成果，严耕望自谓"耗时四十年，文繁逾百万"的巨制《唐代交通图考》，堪称具有经典意义的名著。其成就在于以所论证的若干史实，描绘出了唐代交通的完整图景，其中多有极其重要的发现，然而又绝不仅仅是罗列有关交通的史料而已，对于交通与政治、经济、军事、文化的关系亦每每有透彻的论述。严耕望说，"交通为空间发展之首要条件，盖无论政令推行，政情沟通，军事进退，经济开发，物资流通，与夫文化宗教之传播，民族感情之融合，国际关系之亲睦，皆受交通畅阻之影响，故交通发展为一切政治经济文化发展之基础，交通建设亦居诸般建设之首位。"

　　交通与行政的关系又特别受到重视。就唐代而言，严耕望特别关注交通与"国疆"及"军镇"的关系。"州军镇戍星罗弈布"，与交通条件密切相关。② 李学勤就秦汉交通史，也发表过强调交通"和国家政治组织""有着相当密切的关系"的意见。③ 本书进行的工作，或许可以看作实践这一学术观点的努力。所提出的认识，希望有益于秦汉交通史、秦汉文化

---

　　① 王子今：《秦汉交通史稿》，中共中央党校出版社1994年版；《秦汉区域文化研究》，四川人民出版社1998年版。

　　② 严耕望：《唐代交通图考》，中央研究院历史语言研究所专刊之83，1985年版，第1、3、6页。

　　③ 李学勤：《〈秦汉交通史稿〉序》，王子今：《秦汉交通史稿》，中共中央党校出版社1994年版，第1页。

史、秦汉行政史以及中国古代交通史研究的深化。其中的疏误，也期望得到读者的教正。

本书出版，承中国人民大学科学研究基金（中央高校基本科研业务费专项资金资助）项目"中国古代交通史研究"（10XNL001）的支持。先后有不少朋友予以鼓励和指教，宋杰教授拨冗赐序，均深心感铭，不敢慢忘。西北师范大学李迎春博士帮助校正文稿，认真严谨，纠正了许多错误，中国社会科学出版社郭沂纹编审亦为本书推出，多有辛劳，谨此一并深致谢意。

王子今

2012 年 12 月 12 日

于北京大有北里